EDIÇÕES BESTBOLSO

Dicionário de nomes

Nelson Oliver, natural do Rio de Janeiro, é jornalista, escritor, editor e designer gráfico. Colaborou com publicações da Editora Cedibra, Bloch Editores, Rede Globo e *Revista Nacional*. Nelson criou, em parceria com Álvaro Piano, o jornal *Religare*, publicação esotérica de grande sucesso, e foi também editor da revista *Mulher de negócios*. *Dicionário de nomes* é resultado de 15 anos de pesquisa e estudo.

Nelson Oliver

Dicionário de Nomes

Todos os nomes do mundo

4ª edição

EDIÇÕES
BestBolso
RIO DE JANEIRO – 2013

CIP-BRASIL. CATALOGAÇÃO NA FONTE
SINDICATO NACIONAL DOS EDITORES DE LIVROS, RJ

Oliver, Nelson
O53d   Dicionário de nomes / Nelson Oliver – 4ª ed. – Rio de Janeiro:
4ª ed. BestBolso, 2013.

ISBN 978-85-7799-230-0

1. Nomes pessoais - Dicionários. I. Título.

CDD: 929.403
09-5561   CDU: 81'373.231(038)

Dicionário de nomes, de autoria de Nelson Oliver.
Título número 155 das Edições BestBolso.
Quarta edição impressa em janeiro de 2013.
Texto revisado conforme o Acordo Ortográfico da Língua Portuguesa.

Copyright © 2009 by Nelson Oliver.

Nenhuma parte desta obra poderá ser reproduzida, seja em partes ou no seu
todo, guardada pelo sistema retrieval ou transmitida de qualquer modo ou
por qualquer outro meio, seja ele eletrônico, mecânico, de fotocópia, de
gravação, internet ou outros, sem prévia autorização escrita do autor, exceto
em casos de breves citações realizadas em artigos ou críticas literárias.
Todos os direitos reservados e protegidos pela Lei 9.610 de 19-02-98.

www.edicoesbestbolso.com.br

Design de capa: Simone Villas-Boas

Direitos exclusivos de publicação em língua portuguesa para o Brasil em
formato bolso adquiridos pelas Edições BestBolso um selo da Editora Best
Seller Ltda.
Rua Argentina 171 – 20921-380 – Rio de Janeiro, RJ – Tel.: 2585-2000.

Impresso no Brasil

ISBN 978-85-7799-230-0

À memória de meu pai Nelson,
e de Murilo e Marilda Machado de Mello e Alvim

A influência do nome sobre a pessoa

Sim, que existe em um nome, que existe em uma palavra?
"Meu nome assentava bem", dizia Pilar, a irmã de Franco
para explicar, candidamente, seus pequenos privilégios.
Mas a rosa seria perfumada mesmo que mudasse de nome,
disse Shakespeare. E uma rosa é uma rosa,
é uma rosa, confirmou Gertrude Stein.

Carlos Fuentes

Nomen, omen ("Nome, augúrio"): a máxima de Plauto indica a importância dada à escolha do nome pelas civilizações tradicionais, cientes de que este incorpora e transmite ao seu portador as qualidades fonéticas, semânticas, culturais e espirituais a ele associadas. No Ocidente – onde a inconsciência e os modismos formam a base da nomeação – tal assertiva é rejeitada como mera crendice sem fundamentação científica. Mas, ainda assim, a influência do nome na personalidade recebe atenção da psicologia no estudo da construção da identidade do indivíduo.

Para a psicóloga Elaine Pedreira Rabinovich, doutora em psicologia social pela USP e que investigou os sistemas de nomeação de 1989 a 1996, "o nome influencia as dinâmicas sociais, culturais e familiares. Se o seu nome é uma homenagem a alguém, ele está vinculado à história dessa família".

François Bonifaix, pesquisador francês e autor do livro *Le traumatisme du prénom* (O trauma dos nomes próprios), enumera as crises da infância, adolescência e maturidade derivadas de prenomes ou sobrenomes incomuns, sugerindo que o conhecimento da história do próprio nome revela-se um fator de fortalecimento da identidade e superação das crises.

8   DICIONÁRIO DE NOMES

Do ponto de vista da psicologia esotérica, podemos comparar o funcionamento da mente às ordenações da harmonia musical. O músico pode combinar os sons para criar harmonia ou dissonância. De uma maneira parecida, os nomes mesclam valores conscientes para criar uma harmonia ou uma dissonância mental. A mente da criança, ao nascer, possui poucas conexões (que correspondem aos acordes musicais). Somente quando as atividades conscientes específicas, coordenadas e expressas por meio dos símbolos existentes no nome, estimulam as células cerebrais a responderem a esses símbolos, a criança começa a desenvolver um padrão mental. Esse padrão é reconhecido como personalidade e reflete as qualidades da inteligência expressas pelo nome.

Quando as crianças respondem ao chamado de suas mães, estão indicando que se identificaram com o nome e pensam que são aquele nome. A inteligência é expressa conscientemente apenas por meio da linguagem, e o nome nos dá nossa expressão inteligente individual. Desse modo, somos nossos próprios nomes.

As doenças nada mais são do que o corpo refletindo as características contraditórias da mente, pois a mente controla o corpo. Assim, a resposta para a pergunta "O que se encontra em um nome?" é: "Nada." Mas a resposta para a pergunta "O que se encontra em seu nome?" é: "Você." Notaram a diferença? O Nada e o Ser? Notaram também como é importante a escolha do nome do seu filho? Por isso você deve evitar principalmente nomes dúbios, complicados ou de significados vazios como Neuda ("nós não sabemos") ou Saionara ("adeus; até logo"). Veja o caso de um maestro francês nascido em 1812, chamado Louis George Maurice Adolph Roch Albert Abel Antonio Alexandre Noé Jean Lucien Daniel Eugene Joseph-Le-Brun Josephe-Barême Thomas Thomas Thomas-Thomas Pierre Arbon Pierre-Maurel Barthelemi Artus Alphonse Bertrand Dieudonne Emanuel Josue Vincent Luc Michel Jules-De-La-Plane Jules-Bazin Julio Cesar Jullien. O pobre homem pôs fogo no Crystal Palace (Nova York) durante uma apresentação de "The Firemen's Quadrille", causando, como seria de esperar, grandes transtornos aos bombeiros e espectadores. Para abonar a provável insanidade dos pais, o maestro morreu louco, em 1856.

A INFLUÊNCIA DO NOME SOBRE A PESSOA 9

[A propósito, você sabe qual era o nome completo de D. Pedro I (1708-1834), imperador do nosso Brasil? Ah? Sim: Pedro de Alcântara Francisco Antônio João Carlos Xavier de Paula Miguel Rafael Joaquim José Gonzaga Pascoal Cipriano Serafim de Bragança e Bourbon. Se não fosse imperador, D. Pedro I talvez se tornasse maestro. Como o maestro francês. Seu filho, D. Pedro II (1825-91), ganhou um nome um pouquinho menor: Pedro de Ancântara João Carlos Leopoldo Salvador Bibiano Francisco Xavier de Paula Miguel Gabriel Rafael Gonzaga.]

Vale também assinalar a tentativa de registro de um Akuma ("demônio"), no Japão, e de um Brfxxccxxmnpccccllmmnprxvclmnckssqlbb11116 que uma família sueca tentou dar ao filho, em 1996. Para o bem das crianças envolvidas, o registro de tais barbaridades foi rejeitado pelas cortes de seus países. No Brasil, temos legiões de nomes esdrúxulos: Ácido Acético Etílico da Silva; Alfredo Prazeirozo Texugueiro; Éter Sulfúrico Amazonino Rios; Hypotenusa Pereira; Lynildes Carapunfada Dores Fígado; Manoel Sovaco de Gambá; Necrotério Pereira da Silva; Otávio Bundasseca; Tallisibeth Enwandung Esterhazy; Xisto Betuminoso Zeno Valoes; Tom Mix Bala; Tospericagerja (em homenagem à seleção do tri: Tostão, Pelé, Rivelino, Carlos Alberto, Gérson e Jairzinho); Trazibulo José Ferreira da Silva; Treze de Maio de 1888; Tuzleuda Fragalhães. Imaginem o que deve sentir um Colapso Cardíaco da Silva, um Amando Alceu Homem, um Caio Pinto, um Décio Cascudo. Aliás, nomes dessa natureza são legião, não só no Brasil, mas em todo o mundo. E não pensem que isso é coisa só do populacho. O destampatório é generalizado. Engloba engenheiros, advogados, editores importantes, maestros, militares, atletas, celebridades, artistas famosos, professores e administradores, não só do nosso país, mas dos Estados Unidos, da Inglaterra, França, Itália, Índia, Nova Zelândia etc. Vejamos alguns exemplos que colhemos mundo afora: Adamhnan Judaydon Caoilte Lugh Keaney; Constant Agony Crystal Toot; Cotton Mather (filho de Increase Mather); Dysart Plantagenet Tollemache-Tollemache; Jesus-Christ-Came-Into-The-World-To-Save Barebone; Lt. Gen. His Highness Shri Shri Shri Shri Shri Shri Shri Shri Shri Shri Shri Shri Shri Shri Shri Shri

10 DICIONÁRIO DE NOMES

Shri Shri Shri Shri Shri Shri Shri Shri Shri Shri Shri Shri Shri Shri Shri
Shri Shri Shri Shri Shri Shri Shri Shri Shri Shri Shri Shri Shri Shri Shri
Shri Shri Shri Shri Shri Shri Shri Shri Shri Shri Shri Shri Shri Shri Shri
Shri Shri Shri Shri Shri Shri Shri Shri Shri Shri Shri Shri Shri Shri Shri
Shri Shri Shri Shri Shri Shri Shri Shri Shri Shri Shri Shri Shri Shri Shri
Shri Shri Shri Shri Shri Shri Shri Shri Shri Shri Shri Shri Shri Shri Shri
Shri Shri Shri Shri Shri Shri Shri Shri Shri Shri Shri Shri Shri Shri Shri
Shri Shri Shri Maharajadhiraj Raj Rajeshwar Shri Maharja-I-Rajgan
Mararaja Sir Yadvindra Singh Mahendra Bahadur Yadu Vanshavatans
Bhatti Kul Bhushan Rajpramukh Of Patiala; Strangeways Pigg
Strangeways; Thusnelda Neusbickle; Urinal McZeal; Vaseline Love
Jackson; Plein d'Amour Pour La Patrie, Droit de l'Homme Tricolor.

O QUE FAZER PARA MUDAR A SITUAÇÃO?

No Brasil, os insatisfeitos com o nome recebido pouco podem
fazer para reverter a situação, pois neste país, jurídica e incompreensi-
velmente, o prenome é imutável. A Lei Federal de Registros Públicos
nº 6.015, de 1973, que, entre outras coisas regula o registro civil de
pessoas naturais, permite poucas exceções para a troca de nomes, in-
cluídas nos seguintes casos:

- Prenomes suscetíveis de expor ao ridículo os seus portadores
  (como, por exemplo, Rolando Caio da Rocha);
- Erros de grafia (Uálter, por Válter, etc.);
- Substituição por apelidos públicos notórios (como a inclusão
  do "Lula" ao sobrenome do Presidente da República, Luiz Inácio
  Lula da Silva);
- Inclusão no Programa de Proteção à Testemunha;
- Mudança de identidade sexual (no caso dos transexuais);
- Adoção.

Sob o princípio de que "é melhor prevenir do que remediar", no
Brasil o escrivão tem o direito de recusar-se a registrar um nome pas-
sível de expor seu portador ao ridículo. Em Portugal, a Conservatória
dos Registros Centrais decide pela aprovação ou não dos pedidos que

lhe chegam, enquanto nos Estados Unidos não há restrições a quaisquer nomes: modificações de grafia, prenomes compostos por partes de vários nomes, extravagâncias de pais românticos, novas formas para nomes de personagens literários, figuras históricas ou celebridades, tudo é permitido. Por esta razão, um tal de Ivan Karamanov mudou seu nome para John Dinkof Doikof.

Particularmente, acreditamos que a escolha de nomes é algo de âmbito privado, não sendo admissível a ingerência do Estado. No entanto, quanto à ortografia, é bom lembrar – à imprensa e aos cartórios – que estamos voltando a meados do século XIX, em que cada um quase podia ter a sua própria ortografia, tal a anarquia reinante.

Naquela época, dígrafos helenizantes ou latinizantes que nunca existiram no original – como o th em Thiago, inúmeros *gg*, *cc*, e *yy* no meio de palavras, formando absurdos ortográficos como o citado *Thiago, Hyppolitho, Ignez, lyrio, satyra, posthumo ou tradicção*, levaram o historiador da língua J.J. Nunes a chamar esse período ortográfico de "período pseudoetimológico".

Até que, em 1943, Brasil e Portugal firmaram um Acordo Ortográfico, sancionado – apenas! – em 1955 pelo presidente Café Filho, e desde então, com base nesse acordo bilateral, surgiu uma ortografia oficial que, se não respeitada, instauraria a balbúrdia ortográfica na imprensa e, principalmente, na educação de nossas crianças.

O SAMBA DO CRIOULO DOIDO

Finalizando, acrescentamos ao samba do crioulo doido a helenização da cultura afro-brasileira ao substituir-se o I de Iemanjá por um despropositado Y grego em Yemanjá. Por ironia, enquanto no Brasil consideramos "chique" o uso de *ipsilones*, *dablios* e *cás*, nos Estados Unidos a moda é "trocar o *y* de volta para *i* ou suprimir tudo e, mais uma vez, você tem um efeito chique e novo. Abbe, Audre, Cathi, Evonne, Kathe, Maggi, Mari, Nelle, Rubi e Sali têm a mesma pronúncia do antigo, mas, indubitavelmente, têm um "cheirinho" de novo

DE ONDE VÊM NOSSOS NOMES?

1. NOMES HEBRAICOS

Os mais antigos nomes pessoais já registrados encontram-se nas Escrituras Sagradas das diversas religiões mundiais, e para nós, do Ocidente, a Bíblia tem sido a fonte recorrente de pesquisa, onde muitos nomes são usados até hoje na forma original. As origens dos nomes hebraicos são as mais fáceis de serem encontradas, sendo que várias estão explicadas no próprio texto bíblico.

Quando Sara, mulher de Abraão, descobriu que iria ser mãe, ela disse: "Todos que souberem disso irão rir", pois Abraão estava, então, com 100 anos. E deram ao filho o nome de Isaac cuja raiz hebraica, *tzachok*, significa "riso". Da mesma forma, o nascimento do primeiro filho deixou Jacó e Lia tão emocionados que lhe deram o nome de Ruben. Em hebraico, '*Re'u 'ben*' significa "Olhem, um filho!"

De modo geral, os nomes bíblicos podem dividir-se nas seis categorias seguintes:

Nomes teofóricos – neles o nome de Deus é incorporado como prefixo ou sufixo: Isaías ("Salvação do Senhor"), Jehoiakim ("Deus irá estabelecer").

Nomes de esperança – expressam uma aspiração ou um desejo a ser realizado. Raquel, que pensava ser estéril, deu a seu filho o nome de José, que significa "crescer", "acrescentar".

Nomes com características pessoais – expressam uma peculiaridade física do portador. Harim, por exemplo, significa "nariz chato", Labão significa "branco" e Korah significa "calvo".

Nomes que relembram experiências de vida – como o nome Moisés, que significa "o retirado das águas" ou Eva, "a mãe de todos os seres viventes". Em Êxodo 2: 22, é assim narrado o nascimento do filho de Séfora e Moisés: "E ele lhe pôs o nome de Gerson, dizendo: Tenho sido um viandante em terra estranha."

Nomes de animais – especula-se que podem ter sido dados porque o animal era comum na localidade em que se vivia, ou porque características da criança lembravam o animal, ou porque seus pais cultuavam o animal em questão. Assim sendo, encontramos Débora, que significa "abelha" ou Jonas, que significa "pombo".

Nomes de plantas e flores – pelos mesmos motivos dos nomes dos animais, temos Susana significando "rosa" e Tamara, significando "palmeira".

2. NOMES ROMANOS

Entre os antigos romanos apenas cerca de vinte prenomes eram suficientes para se nomearem os meninos, sendo o mais comum Caius ou Gaius. Tão frequente era o nome Gaius que se tornou símbolo dos homens romanos. No casamento, independentemente dos prenomes dos noivos, a noiva deveria recitar a fórmula ritual *"Ubi tu Gaius, ego Gaia",* significando "Onde você for Gaius, eu deverei ser Gaia". Dos nomes romanos, Caio (*Caius*), Lúcio (*Lucius*), Otávio (*Octavius*), Marcos (*Marcus*), e Tito (*Titus*) ainda hoje são usados na língua portuguesa.

Além do prenome ou *praenomen*, o romano tinha o seu nome de classe ou *nomen* e o seu nome de família ou *cognomen*. O nome de classe englobava um número de famílias com ancestral comum e o nome de família indicava um ramo daquela classe. Assim, *Caius Julius Caesar* pertencia à família *Caesar*, da classe *Julia*, com prenome *Caius*.

Nomes femininos romanos

Normalmente não havia prenomes para as meninas, recebendo estas o nome de classe com a terminação "a", indicando a forma feminina. Desse modo, a filha de Caius Julius Caesar recebeu o nome de Julia e, caso ele tivesse mais filhas, a primeira se chamaria Julia major, e as outras Julia minor, Julia tertia, Julia quarta, Julia quinta e assim sucessivamente.

3. NOMES DE SANTOS

Os nomes de santos, encontrados em todos os países europeus e suas colônias, dada a influência da religião, vieram do hebraico,

14 DICIONÁRIO DE NOMES

aramaico, grego, latim e, eventualmente, de algumas línguas orientais. No Brasil, ou na América Latina em geral, nomes incomuns de santos, como Emerenciana, Procópio, Lupicínio ou Austregésilo, são adotados.

4. NOMES PROTESTANTES

Após a Reforma, os cristãos convertidos ao protestantismo utilizaram apenas os nomes de santos citados na Bíblia, e não os canonizados pela Igreja Católica. Mais tarde, adotaram nomes abstratos ou palavras de conotação religiosa como Fé, Esperança, Caridade, Prudência, Conforto ou Misericórdia.

5. NOMES DE FLORES E PLANTAS

As flores e as plantas oferecem uma outra fonte de nomes, especialmente para as meninas, sendo inúmeras as Rosas, Hortênsias ou Margaridas.

6. NOMES DE ANIMAIS

Podem nos ser incompreensíveis os motivos que, na Antiguidade, levaram os pais a nomearem seus filhos como "urso" (Bernardo) ou "cobra" (Ofélia).

No entanto, o fato de as cobras surgirem renovadas de sua periódica troca de pele levou os antigos a associá-las à imortalidade e à sabedoria derivadas da longa experiência de vida. É por isso que a cobra esteve presente nos diademas reais egípcios, no escudo da deusa da sabedoria, Atenas, no caduceu de Apolo, o deus da cura, e é, ainda hoje, o símbolo da medicina. O nome Ofélia, então, levava a conotação de juventude eterna e sabedoria.

Do mesmo modo, os pais de Bernardo ("urso guerreiro") desejavam que seu filho fosse saudável e vigoroso, uma vez que os caçadores primitivos admiravam a força do urso e a coragem do javali. Se para nós o lobo lembra ferocidade, para os romanos era um símbolo de proteção nacional, dada sua associação com a loba que amamentou os fundadores de Roma, Rômulo e Remo.

7. NOMES DA GEOGRAFIA

Um ponto no mapa, uma região que tenha um nome interessante ou traga alguma conotação romântica para os pais pode se tornar um nome de criança. Assim, Jordana e Laís remetem ao célebre rio Jordão, sendo Laís o antigo nome da cidade de Dan, situada ao norte da Palestina e edificada numa colina onde brotam as nascentes do rio Jordão, hoje chamada Tell-el-Kadi. Florência, Fátima ou Mariana são outros exemplos de nomes muitas vezes influenciados pelas respectivas cidades.

8. NOMES DA HISTÓRIA OU DE PESSOAS FAMOSAS

Alguns pais, empolgados por algum acontecimento histórico marcante ou por serem admiradores de alguma personalidade importante, podem celebrar o evento ou o herói por meio do nome dado ao filho nascido naquele dia ou época. Os únicos problemas são a criança ressentir-se por ter que carregar o peso de um nome ilustre ou, na excitação do momento, fazerem como os pais do menino que recebeu o nome de General Douglas MacArthur, tendo a criança de suportar as gozações dos colegas com seu prenome de General. No Brasil, os pais que batizaram os filhos durante a Copa de 1970 com o nome Rivelino foram objeto de inflamado discurso do deputado federal Rui Santos contra a "criatividade" nas nomeações, uma vez que Rivelino é o sobrenome do grande jogador. Um pai chegou ao extremo de batizar o filho com o nome Riveljairérson, em homenagem a Rivelino, Jairzinho e Gérson pelo tricampeonato mundial de futebol. Ainda no Brasil encontramos nomes como Elvis Presley, John Kennedy, Marlon Brando, Lyndon Johnson, Ronivon e até John Weissmüller, que teria recebido na sua infância o apelido de Mula, devido à difícil pronúncia do seu nome.

9. NOMES POR FISSÃO

É o processo pelo qual um nome pode ser dividido em duas ou mais partes, cada uma originando outro nome independente. No Brasil já foram encontrados nomes como Merijane (de Mary Jane), Dinálio (filho de Dina e Virgílio), os irmãos Helenócrates e Socrelena (filhos de Sócrates com Helena), Prodamor Conjugal de Marimel (produto do amor do casamento de Mário e Amélia), Catacisco e Ciscorina (filhos de Catarina com Francisco).

10. DIMINUTIVOS

Uma das exceções para a alteração de nomes prevista na Lei federal de Registros Públicos é a substituição ou acréscimo de apelidos públicos notórios, como o já citado caso do presidente Luiz Inácio Lula da Silva. A premissa adotada pela lei é a de que a finalidade do nome é identificar a pessoa, sendo lógico, então, acatar legalmente o apelido pelo qual ela é, de fato, conhecida. Os nomes encurtados, alterados ou alongados são criações dos pais como demonstração de afeto, sendo os diminutivos ou infantilizações os mais comuns.

Interessante é o caso do indivíduo de nome Garibaldi, cujo pai o chamava de Garibaldino e a mãe, para demonstrar ainda mais carinho, só o tratava por Garibaldinetto. Sua avó, tentando ser mais amorosa que o casal, beliscava suas bochechas chamando-o de Garibaldinettuccio, até o dia em que, para apressar a vinda do menino, passaram a chamá-lo de Dino, nome italiano moderno e popular que é simplesmente a forma carinhosa encurtada de nomes como Bernardino, Gerardino e Garibaldino.

Alguns desses diminutivos se tornaram nomes independentes (com ou sem o som da consoante final do nome ao qual eles estão ligados): Etta, Yetta, Ina, Mina, Tina, Lyn, Lita, Nita, Rita, Zita. Às vezes, um nome pode passar por um ciclo completo – ser diminuído e, então, ser reconstruído – assim: Geraldine para Geri.

A INVENÇÃO DOS SOBRENOMES

Se os nomes foram criados provavelmente ao mesmo tempo em que surgiu a fala, os sobrenomes, ao contrário, são bastante recentes.

Na narrativa da Criação encontrada no Gênesis, todos tinham apenas um único nome: Adão ("homem formado da terra"), Eva ("a vivente"), Caim ("o recebido"), Abel ("névoa, vapor").

Nos tempos remotos, a noção de família ainda não havia se estabelecido. A tribo se unia apenas para proteção mútua, a população era nômade, reduzida e não possuía bens para legar, à exceção de potes de barro, flechas e arcos.

À época de Cristo, os sobrenomes referiam-se apenas ao lugar de nascimento (Jesus de Nazaré), à filiação (Jesus, filho de José) ou às linhagens ancestrais (da casa de Davi).

Apenas quando se tornaram dominantes política e economicamente, os romanos sentiram necessidade de traçar sua descendência criando um sistema de nomeação bastante complexo, mas ainda distante do nosso nome de família, por estender-se também aos escravos e outros dependentes.

Além do prenome ou *praenomen*, o romano tinha o seu nome de classe ou *nomen* e o seu nome de família ou *cognomen*. O nome de classe englobava um número de famílias com ancestral comum e o nome de família indicava um ramo daquela classe. Assim, *Caius Julius Caesar* pertencia à família *Caesar*, da classe *Julia*, com prenome *Caius*.

Nomes romanos de classe

O significado dos nomes de classe não tem sua origem comprovada, sendo a tradição oral a responsável por algumas de suas acepções tais como "coxo" para *Claudius*, ou "produtor de feijão" para *Fabius*.

Os nomes das classes romanas originaram muitos dos atuais nomes próprios como Leila, de *Laelius*, nome da classe *Laelian*; Cláudio e Cláudia, de *Claudius*, nome da classe *Claudian*; Fábio e Fabíola, de *Fabius*, nome da classe *Fabian*.

18   DICIONÁRIO DE NOMES

Alguns nomes brasileiros derivados dos nomes de classe romanos terminam em iano, tais como Fabiano ou Juliano. Isso se deve ao fato de que, quando um romano se transferia para uma outra família com um nome de classe diferente, ele mantinha o seu nome com a mudança de *ius* para *anus* e incorporava o nome de classe da nova família. Por isso, o nome de *Caius Octavius*, o futuro imperador *Augusto*, se tornou *Caio Julius Caesar Octavianus* (posteriormente, *César Augusto*) após sua adoção pela família de seu tio-avô *Caius Julius Caesar*, o imperador Júlio César.

Nomes romanos de família

Para aqueles que se sentem constrangidos com um nome ou sobrenome incomum, é bom lembrar que os nomes de família romanos frequentemente eram apelidos não muito lisonjeiros.

Cícero, o maior dos oradores romanos, na verdade chamava-se *Marcus Tullius Cicero*, tendo o seu nome de família – *Cicero* – o significado de "pequena ervilha". Segundo Plutarco, o primeiro homem a chamar-se Cícero tinha uma deformidade na ponta do nariz, chamada de *cicer* ou "pequena ervilha", em latim. Ao sobressair-se como tribuno no mundo romano, Cícero foi dissuadido a usar o nome, sempre ridicularizado pelos oponentes, mas, em vez disso, determinou-se a torná-lo famoso, gravando em seus objetos de prata os nomes *Marcus Tullius* e uma pequena ervilha no lugar do nome de família.

SOBRENOMES NAS IDADES MÉDIA E MODERNA

Embora não haja concordância a respeito da data exata, sabe-se que há novecentos anos, ou seja, apenas depois da Conquista Normanda, os sobrenomes se espalharam pela Europa, tendo sido usados primeiro pelos nobres ("sir names") e derivavam do local de residência da família. Assim, os primeiros Vanderbilts moravam perto de um monte, os Fords num lugar onde se podia atravessar um regato e os Lindberghs, num declive de montanha.

Mesmo imitados pelos plebeus, os sobrenomes não eram amplamente difundidos até o fim da Idade Média, o que, em 1465, obrigou Eduardo V, na Inglaterra, a criar uma lei forçando alguns criminosos irlandeses a adotarem sobrenomes, para impedir que escapassem da identificação. O texto da lei nos dá uma ideia de como se originaram os segundos nomes: "Eles devem ter um sobrenome de alguma cidade, ou de alguma cor como Black ou Brown, ou de alguma arte ou ciência, como Smith ou Carpenter, ou algum ofício, como Cooke ou Butler." Dessa forma, as profissões de carpinteiro e alfaiate geraram os sobrenomes Carpenter e Taylor.

Encontramos a origem dos primeiros nomes de família principalmente em apelidos associados a alguma característica do antepassado. Dessa forma, surgiram os sobrenomes Calado, Cândido, Bicudo, Leal, Amoroso, Nobre ou Bueno.

Esta forma de criação de nomes é típica em todas as línguas. Um homem forte chamado João tornou-se John Strong, um Pedro de cabelos pretos tornou-se Peter Black e um Miguel albino ficou conhecido como Michael White. Os prefixos teutônico, gaélico e irlandês – Fitz, Mac ou Mc e O' – de Fitzgerald, McDonald e O'Hara têm a mesma função.

Também frequentes são os nomes de animais como Coelho, Pinto, Carneiro, Leitão e Leão, ou de árvores, como Nogueira, Oliveira, Carvalho, Pereira, Pinheiro, surgidos na Península Ibérica, principalmente, durante os três séculos de perseguição aos judeus, que, para escapar dos processos e das torturas da Inquisição, substituíram seus antigos nomes por outros de mais difícil identificação.

As Américas se tornaram um grande atrativo para os cristãos-novos, que aqui aportaram em grande número, se distribuíram por vários países como Brasil, Argentina, Chile, Peru, México e ilhas do Atlântico e, integrando-se à sociedade, prosperam economicamente, alcançando posições de destaque. Judeus portugueses emigrados do nordeste brasileiro fundaram em 1654 a primeira comunidade judaica da América do Norte, na cidade de Nova York.

Outras procedências dos sobrenomes seguem o mesmo percurso da criação dos prenomes:

20   DICIONÁRIO DE NOMES

Nomes de profissões ou instrumentos profissionais – Ferreira, Machado.

Nomes de lugares – Barcelos, Braga, Castelo Branco, Setúbal, Cantanhede.

Nomes ligados à natureza – Ribeiro, Rocha, Flores, Prado, Campos, Lago, Silva.

Nomes relacionados ao cristianismo – Reis, Cruz, Nascimento, Trindade, Assis.

Nomes ligados a eventos – Guerra, Batalha.

PATRONÍMICOS

Patronímico é um nome formado a partir do nome do pai ou de outro antepassado masculino. Oswald, filho de John, tornou-se Oswald Johnson, patronímico formado pela adição da sílaba *son* (filho) ou da letra *s* após o nome do pai. Watson é, portanto, "filho de Wat ou Walter" e Tennyson é "filho de Dennis". Edson é o "filho de Eduardo", Anderson é o "filho de André" e os Thompsons são os "filhos de Tom". Em outras partes do Reino Unido, uma sílaba como Mac ou uma letra como O' era colocada na frente do nome do pai. Mac (também encurtado para Mc) é o gaélico para *son* (filho), uma marca indubitável de um nome escocês ou irlandês. Assim deparamos com essa legião quase interminável de patronímicos como:

McClements, McClintock, McCloy, McClumpha, McConachie, McConachy, McConagh, McConnal, McConnel (variantes de McDonald, McCorkill, McCorkle, McCormack, McCorquodale, McCoy, McCrimmon, McCrindell, McCrindle, McCrossan, McCruddan, McCrum, McCrystal, McCulloch, McCurtin, McCusker, McCutcheon, McDaid, McDa(i)rmid, McDearmid, McDermaid, McDerment, McDermid, McDermit, McDermot, McDermott, McDevitt, McDonald, e assim por diante).

O' É DE ORIGEM irlandesa e curiosamente *Fitz* é uma variação de *fils* (pronuncia-se *feece*), a palavra francesa para filho. Estes nomes iniciados por Fitz, tais como Fitzgerald, Fitzjames, Fitzmaurice, Fitzjohn foram introduzidos na Inglaterra pelos normandos.

A INFLUÊNCIA DO NOME SOBRE A PESSOA 21

O emprego russo dos patronímicos é tão interessante que requer um tratamento especial. O nome completo de um russo é composto de três partes: o prenome, o patronímico e o nome de família. Danielovitch significa "filho de Daniel", assim como Petrovna "filha de Pedro".

Na língua portuguesa, entretanto, não existe uma partícula que dê conotação patronímica, apenas acrescenta-se ao final do nome paterno a palavra Filho (ex., José Roberto Y. Filho). Contudo, tem-se uma forma de nomeação patronímica muito comum no interior do Brasil na "fórmula" nome + de + nome do pai (ex: Zé de Adolfo, Zé da Zilda), e tem sua correspondência no acréscimo "son" ao nome ou sobrenome dos povos de língua inglesa.

ALGUNS PATRONÍMICOS REPRESENTATIVOS

arábico	-ibn
aramaico	-bar, Bar
armênio	-ian
chinês	-tse
dinamarquês	-sen
holandês	-zon, -sen
inglês	-son, -s, -kin
finlandês	-nen
francês	-de
alemão	-sohn, -zohn
grego	-idas, -ides (antigo); -p(o)ulos, -oula (moderno)
hebraico	-ben, Ben
irlandês	O', Mac, Mc, Fitz
italiano	-i
latim	-idius, -ilius
normando	Fitz
norueguês	-sen, -datter
polonês	-ski, -czyk, -wiak, -wicz
romeno	-esco, -escu, -vici

russo	-i(t)ch, -vich, -ef, -ev, off; -vna (feminino)
saxão	-ing
escocês	Mac
espanhol	-ez
sueco	-son
galês	Ap, Up, -s

ALTERAÇÃO DOS NOMES AO LONGO DA HISTÓRIA

Possivelmente inventados em algum passado distante e herdados inúmeras vezes, os nomes perderam há muito seu significado original. Se Cecília já significou "cega", Paulo, "pequeno" e Tomás, "gêmeo", isto não implica que seus atuais portadores tenham essas características. Atualmente, a sonoridade, a tradição familiar e/ou a associação com pessoas de renome pesam mais que o significado da palavra.

Se o seu nome lhe soa muito comum e você preferiria um nome mais nobre, vejamos o caso do imperador romano Júlio César. Apesar de alguma incerteza quanto ao étimo, alguns estudiosos acreditam que o nome tenha origem no latim *caesaries*, que significa "que tem o cabelo comprido; cabeludo" e que o imperador, nesse caso, poderia ter herdado seu nome de algum ancestral de cabelos ou barbas longas. Para completar, Júlio – criado a partir de *Julius*, o filho de Enéas, na Eneida, de Virgílio – significa "fofo" ou "barba fofa". Temos, então, que o grande Júlio César chamava-se na verdade "cabeludo fofo" e a bela Julieta (diminutivo de Júlia), de Shakespeare, "fofinha barbuda". Embora vários pesquisadores procurem suavizar o significado dos nomes, conhecê-los na realidade de sua origem é mais informativo e interessante do ponto de vista cultural.

Uma das dificuldades, principalmente na pesquisa dos nomes de família, diz respeito às mudanças pelas quais eles passaram ao longo do tempo. Por isso, o trabalho genealógico costuma muitas vezes ser comparado a estar-se perdido numa selva.

Existem algumas razões para mudanças dos nomes com o passar do tempo:

Razões governamentais

Nomes, registros e informações sobre os cidadãos estão sujeitos às leis e regulamentos estabelecidos pelos governos, com o fito de organizá-los, mas nem sempre os executores das leis conseguiram fazê-lo com perfeição. Imagine-se um escrivão de uma pequena cidade do sul do Brasil se esforçando para entender um sotaque alemão ou italiano, escrevendo o nome das famílias para as futuras gerações. Tanto os indivíduos como as famílias receberam nomes novos simplesmente porque um escrivão não conseguiu entender o que estava sendo dito.

Razões alfabéticas

Os alfabetos russo, polonês, grego e alemão, por exemplo, não são semelhantes ao nosso, portanto, são usadas letras diferentes para sons diferentes. Cada escrivão poderia interpretar os sons à sua maneira, gerando diferentes grafias. A educação e a caligrafia foram outros fatores contribuintes. A palavra Müller quantas vezes não foi registrada como Miller? Nossos antepassados não muito bem instruídos escreveram seus nomes sempre do mesmo modo? A educação e a caligrafia tornam-se outros fatores contribuintes. Quando escrito à mão, quem poderia afirmar com certeza que a última letra da palavra Capella era um "a" ou um "o"? Não poderia Capella ter-se transformado em Capello e depois em Capelo, ou vice-versa? Nossos antepassados não muito instruídos nem sempre escreveram seus nomes do mesmo modo. Daniel Boone assinava seu nome como Bone, Boon, ou como Boone. E hoje em dia, há mais de uma dúzia de modos de se escrever o mais comum dos nomes ingleses, Smith. Ainda na língua inglesa há mais de três dúzias da maneiras de se escrever Burke, e quase quatro dúzias de maneiras variadas de se escrever Baer, como em português há uma legião de variantes de Adalberto (Adalperto, Adelberto, Alberto, Aldeberto, Audeberto, Audiberto, Edelberto, Edilberto, Etelberto, Ethelberto etc.) ou de Adelmar (Adalmir, Adalmiro, Agilmar, Agilmaro, Aldemar, Aldemário, Aldemir, Aldemiro, Aldimar,

24 DICIONÁRIO DE NOMES

Aldimário, Aldimir, Aldimiro, Alzemar, Dalmar, Delmar, Delmir, Delmiro, Edelmar, Edelmir, Edelmiro, Edilmar, Edilmaro, Elmário, Elmério, Oldemar, Oldemário etc.). Ainda no Brasil já foram encontrados Washington, Wellington e Wendell grafados nas formas Uóston, Uóshinton, Welinton, Uélinton e Uendel. Ocorrem também o despreparo e os descuidos de pais e escrivães ao registrarem nomes como Abigair (Abigail), Arcino (Alcino), Cylvina (Silvina), Dolival (Dorival), Dilceu (Dirceu), Deusdete (Deusdedit), Gamalier (Gamaliel), Gérfesson (Jéferson), Jalbas (Jarbas), Merênda (Emerência), Niusa (Neusa), Orélia (Aurélia), Rivaldávia (Rivadávia), Sidinei (Sidney), Valeuska etc. (é possível exigir-se a reparação imediata, quando ocorre um erro ortográfico que modifica completamente o nome). É conhecido no Brasil o célebre caso do humorista, chargista e jornalista Millôr Fernandes. Segundo explicou o próprio Millôr, o escrivão que o registrou confundiu o t com um l e o n com o r. Não fosse isso, hoje talvez ele estivesse assinando Mílton Fernandes, em vez de... Bem, dessa vez passa. Porque Millôr é único em todos os sentidos. Talvez, se não fosse Millôr, ele jamais fosse o Millôr!

Pressões sociais

Adorados como símbolos de status no Brasil, os nomes estrangeiros não eram bem-vistos no início do século, pois remetiam aos imigrantes e profissões desvalorizadas como operários e camponeses. Nas duas guerras mundiais, nomes italianos ou alemães não podiam ser revelados por seus portadores, pois havia o perigo de sofrerem represálias. As famílias italianas, alemãs e japonesas enfrentaram grandes problemas nesses duros tempos devido às suas origens genealógicas. Imagine o que não sentia um empregador americano sabendo que seu filho estava sendo atingido no além-mar por balas disparadas pelos alemães. Devido à aproximação linguística entre o seu idioma e o inglês, os alemães puderam ocultar a sua verdadeira origem com o simples artifício de transformar a grafia de seus nomes de modo que ganhassem a sonoridade inglesa. Também os nomes africanos, dos negros dos tempos da escravidão no Brasil, como *Dara, Jamila* e *Dandara*, só recentemente passaram a ser valorizados. Apenas os nomes indígenas não sofreram discriminação, possivelmente por remeterem a um símbolo da identidade nacional, sempre tendo sido registrados os *Peris, Ubiracis, Ubirajaras, Jandiras, Jussaras* e *Jaciras*.

Razões intencionais

Suponhamos que dois parentes próximos tenham se desentendido seriamente e um mudou a grafia do seu nome, de modo a parecer não pertencerem mais à mesma família. Da mesma forma, um parente distante deixou a esposa, a família e, para não ser encontrado, fez pequenas modificações no seu nome (por exemplo, *Burle Marx* para *Burlamaqui*), o mesmo acontecendo com um foragido da justiça. Ou uma letra foi acrescentada ou retirada porque tornava-se muito confuso para os outros pronunciarem corretamente o nome original; ou porque uma simples alteração poderia dar um maior status ao seu portador; ou um nome foi reduzido para que os outros pudessem escrevê-lo com mais facilidade. Ou, como no caso de desportistas, escritores, artistas plásticos e personalidades do mundo artístico (cinema, TV e teatro), que, não raro, adotam um *pseudônimo*, seja por razões estéticas ou por acreditarem que assim poderão se identificar melhor com seu público.

Contudo, seja qual for o motivo, seja ele governamental, alfabético, social ou intencional, os nomes das famílias passaram por várias mudanças no decorrer do tempo. Não se surpreenda se você encontrar alguma mudança relacionada com a origem ou história do seu nome de família.

NOMES SEMELHANTES, NOMES QUE SE CORRESPONDEM E NOMES COM RAÍZES INVERTIDAS

Nomes semelhantes são os que possuem significado idêntico, sejam provenientes do mesmo idioma ou de idiomas diferentes, como por exemplo *Doroteia* e *Zenadora* ou *Gamaliel* e *Dieulecresse*.

26 DICIONÁRIO DE NOMES

Nomes correspondentes são aqueles cujos elementos podem ser combinados de modo diferente sem que o significado seja alterado. por exemplo, *Haroldo* e *Válter* são nomes que têm a mesma correspondência, apesar de terem seus elementos constituintes dispostos de modo inverso. *Haroldo* é constituído pelas raízes *here* ("exército") e *wald* ("regra"), enquanto que *Walter* por *wald* ("regra") e *here* ("exército"). Ambos significam "comandante do exército". A título de ilustração, vejamos outros nomes correspondentes (usamos o símbolo π para designar nomes com os elementos invertidos, como nos exemplos citados anteriormente).

Adélia = Edila

Agnes = Inês

Alexandre = Cassandro

Álfio = Albino

Alice = Adelaide = Alaíde

Alice = Ecila

Ananias π João

Assuero = Xerxes

Ataulfo = Adolfo

Audir, Odair = Oto, Otílio = Odir, Odílio, Odilon = Odilo

Áurea = Golda

Bianca = Blanca = Cândida = Candic

Breno = Mauro = Melánie

Bruno = Mauro

Cátia = Catarina = Agnes = Ariadne

Cecília = Sheila = Cileia = Célia = Celi

Célia = Sheila

Ciríaco = Domingos

Cláudia = Gladia

Cleandro π Ândrocles

Cleia = Cleise = Clio

Clenir = Clenira = Cleonice

Clícia = Climene

Consuelo = Consolação

Cristóvão = Cristal

Dália = Glenda

Danísia = Daniela

Darci = Derci

Deia = Diana

Denise = Dionísia

Desidério = Desiderato

Desirée = Desiderata = Desidéria

Dília = Odília

Dolores = Delora = Dorina

Dora = Doroteia

Dóris = Doroteia

Doroteia = Zenadora

Doroteia π Teodora

Doroteu = Zenadoro

Doroteu π Teodoro

Edila = Adila = Dila

A INFLUÊNCIA DO NOME SOBRE A PESSOA 27

Edmea = Edmeia = Edmunda
Elba = Ilva
Eleazar = Lázaro
Elenor = Eleonora =Elianor = Elinor
Eleonor = Leonor = Eleanor = Alienor = Helen = Helena
Elga = Olga
Elisa = Dido
Elisete = Betina = Elisabete = Elisa = Elsa = Élsia = Elzira = Ilza = Isabel = Lisbete
Elpídio = Esperança
Elva = Alfreda
Ênis = Inês
Felícia = Felicidade
Filodemo = Filolau
Filomena = Amata = Aimée = Davina = Mabel
Flávio = Fúlvio
Francisco = Francélio
Frutuoso = Eustáquio
Fulgêncio = Faetonte
Fúlvia = Gladir = Flávia
Gabriel = Gibran
Gamaliel = Dieulecresse
Genoveva = Jenifer
Gilvan = João = Giovani
Gisela = Arlene
Gladys = Cláudia
Glenda = Dália
Glicério = Dulce
Glória = Cleia
Graça = Mercedes = Mércia
Guilherme = William

Guilhermina = Velma = Vilma
Haroldo = Herivelto
Haroldo π Válter
Hérder = Egon
Herse = Rossano
Hildemar = Hilmar
Hildemar π Marilda
Ida = Idina
Ila = Amélia
Ilca = Egídia
Ina =Agnes
Iona = Jonas
Ione = Javan
Ione = Joana
Iraci = Débora = Melissa
Isaltina = Isolda = Isete
João = Aníbal
João π Ananias
Joel = Elias
Joel π Elias
Jonatas = Deusdedit = Deodoro = Deodato = Dieudonné = Natanael
Jorge = Arátor = Arécio = Arício =Agrécio
Josué = Jesus
Juarez = Jorge
Juvêncio = Juventino = Júnior = Juvenal
Laura = Dafne
Leci = Letícia
Leila = Lélia
Lia = Leia
Lilian, Lília, Lílian, Liliane = Elisabeth

28 DICIONÁRIO DE NOMES

Luís = Ludovico = Clóvis
Mafalda = Matilde
Magali = Margarida
Margarida = Deise = Perla
Marilda π Hildemar
Meire = Lúcia = Lucina
Miguel = Miqueias = Misael
Miriam = Maria = Marília
Munir = Anuar
Muriel = Maura
Nadeja = Elpídia
Nádia = Ângela
Neli = Helena
Nicanor = Alexandre
Nílson = Nélson = Nielsen
Nora = Eleonora = Honória
Olegário = Edgar
Orestes = Aarão
Osias = Oziel
Oto = Oton = Eudes = Odair
Pia = Débora
Prisco = Gerôncio = Macróbio
Quíncio = Pompeu
Radamés = Ramsés
Raísa = Iraída
Ramon = Raimundo
Rem = Irene
Rinaldo = Reginaldo
Roberto = Romário
Roi = Rubens = Rúbio
Rossini, Rossino = Rufino, Rutílio

Rui = Rodrigo
Rustan = Florestan
Sebastião = Augusto
Sérgio = Sérvio
Silas = Silvano
Silvério = Silas = Silvano = Silvestre = Silvino, Sílvio
Sulamita = Salomé
Tânia = Tatiana = Tiana
Tarcísio, Tarsício = Tarsílio, Tarsilo
Teodoro = Teodósio
Teodoro π Doroteu
Teódulo = Abdala
Teófilo π Filoteu
Tito = Átila
Tomas = Tomé = Dídimo = Tiago = Jacó = Zuínglio
Tônia = Antônia
Valdemar = Valdomir = Valdomiro
Valdevino = Balduíno
Valdir = Valdo = Valdeir
Valério = Valentim
Válter = Guálter = Valderez
Vander = Genoveva
Vanja = Vânia
Verner = Guarnério
Verônica = Berenice
Vilma = Guilhermina
Zaqueu = Inocêncio = Acácio

A ESCOLHA DOS NOMES

Na escolha dos nomes, o peso maior sempre foi o da tradição familiar desde que os gregos criaram uma espécie de hereditariedade dos nomes, dando ao bisneto o nome do bisavô. Esta tradição é a responsável pelo grande número de "Juniores", "Filhos" e "Netos". É necessário, no entanto, que o pai esteja preparado para aceitar o dia em que será chamado de "Humbertão" ou "Humberto velho" para distingui-lo de Humberto Jr. Ou que aos 80 anos, Armindo Neto ainda seja chamado de Armindinho, apenas porque seu avô foi o primeiro Armindo da família. Para contornar esses imprevistos, pode-se acrescentar um segundo nome – Humberto Luís ou Humberto José, por exemplo – diferenciando e, ao mesmo tempo, aproximando as duas gerações.

No caso das meninas torna-se mais fácil transmitir um nome favorito sem ter que repeti-lo sempre da mesma forma, pois o número de variações de alguns dos nomes femininos padrão é surpreendente. Existe, por exemplo, nada menos que uma centena de diferentes modos de se chamar uma menina de Maria, Cristina, Ana ou Rosa.

Não seja tão excêntrico, insensível e cruel a ponto de batizar seu filho com um "nome" como Brfxxccxxmnpccclllmmnprxvclmnckssqlbb11116, como ocorreu na Suécia. Evite nomes que possam vir a ser um fardo para a criança. O que talvez seja uma irresponsabilidade de um pai ou de uma mãe, pode se tornar uma experiência dolorosa para o filho. Elizabeth Hayward, uma distinta genealogista e autora de vários livros, cita estas sábias palavras de aconselhamento:

> Por favor, lembre aos pais que quando eles estão dando um nome a uma criança, não estão apenas dando um nome a um bebê. O que é adequado e manhoso para um bebê pode parecer bem imbecil em um cartão do seguro social, em um requerimento de um veterano, em um diploma ou em um cheque. E é ainda pior porque a maioria de nós existe como adulto por muito mais tempo do que como bebês.

Abreviaturas usadas nesta obra

A.T. – Antigo Testamento.
A.E.L. – Almanaque Estatístico de Lisboa.
ABL – Academia Brasileira de Letras.
atl. olímp. – atleta olímpico, atletas olímpicos.
bras. – brasileiro, brasileira, brasileiros, brasileiras.
CODEPN – The Concise Oxford Dictionary of English Place-Names.
fest. – festejado (a), festejados (as).
KCEDEL – Klein' s Comprehensive Etymological Dictionary of the English Language.
lit. – literalmente.
MPB – Música Popular Brasileira.
N.T. – Novo Testamento.
ODECN – The Oxford Dictionary of English Christian Names.
Personal. – Personalidade, personalidades.
S. – São, Santo, Santa.
séc. – século.
sign. – significa, significado, significando.

Glossário

AFÉRESE (AFERÊNCIA, FORMA AFERÉTICA)
Supressão de um fonema ou grupo de fonemas no começo da palavra.

AGLUTINAÇÃO
Reunião de dois ou mais radicais para a formação de uma palavra com uma única sílaba tônica.

ALCUNHA
Apelido; cognome.

ANAGRAMA
Palavra ou frase formada pela transposição das letras de uma nova palavra, a qual tem um significado único e autônomo, não raro dissociado das noções expressas por seus componentes. Ex.: Poder (Pedro); Natércia (Caterina).

ANTONOMÁSIA
Substituição de um nome próprio por um comum ou uma perífrase; cognome. Ex.: a águia de Haia (Rui Barbosa).

APÓCOPE
Supressão de fonema ou sílaba no fim da palavra. Ex.: mui (muito); são (santo).

APODO
Alcunha; apelido; epíteto zombeteiro.

COGNOME
Apelido; alcunha.

DISSIMILAÇÃO
Supressão ou diferenciação fonética motivada pela influência de outros fonemas existentes no mesmo vocábulo. Ex.: menhã por manhã.

ELISÃO
Supressão da vogal final de um vocábulo quando o seguinte principia por vogal. Ex.: dalgum (= de algum).

ÉTIMO
Vocábulo que constitui a origem de outro.

FORMA REGRESSIVA

Diz-se das formas mais simples que por analogia se deduzem de outras que, sendo primitivas, se supõem derivadas. Ex.: Dioclécio é a forma regressiva de Diocleciano.

GENTÍLICO

Diz-se do nome que designa a nação à qual se pertence. Ex.: brasileiro (*do Brasil*); italiano (*da Itália*).

HIPOCORÍSTICO

Diz-se de, ou vocábulo familiar carinhoso. Ex.: Zezinho, Bidu, Chico, Didi.

HOMÓFONO

Diz-se de, ou vocábulo que tem o mesmo som de outro com grafia e sentido diferente. Ex.: paço = palácio real, e passo = marcha.

MATRONÍMICO

Relativo a mãe, em especial quanto a nomes de família

METÁTESE

Transposição de fonemas dentro de um mesmo vocábulo; hipértese, comutação. Ex.: semper > sempre

NEOLOGISMO

Palavra ou expressão nova numa língua, como, p. ex., dolarizar, dolarização, no português.

NOME TEOFÓRICO

São nomes nos quais parte dele é constituída pelo nome de Deus, como prefixo ou sufixo. Ex.: Joel, sign. "O Senhor (Jeová) é Deus".

PATRONÍMICO

Relativo a pai, esp. quanto a nomes de família.

SINÉDOQUE

O Dicionário Aurélio explica como sendo um tropo que se funda na relação de compreensão e consiste no uso do todo pela parte, do plural pelo singular, do gênero pela espécie etc., ou vice-versa: o horizonte do leste; os Píndaros, os Virgílios, os Joões de Barros, os Machados, os Nabucos.

TOPONÍMICO

Nome próprio de lugar. Ex.: Europa, Espanha.

TRANSLITERAÇÃO

Representar (os caracteres de um vocábulo) por caracteres diferentes no correspondente vocábulo de outra língua.

Simbologia

ABELHA
inseto solar por excelência, a abelha representa a *alma*, a *imortalidade*, a *sabedoria* e a *ressurreição*. Foi o símbolo da França imperial. Simboliza também o *Espírito Santo*, a *eloquência*, a *poesia*, a *inteligência*, a *vitória* e a *riqueza*. Entre os celtas, era a provedora do hidromel, o líquido da imortalidade.

ÁGUIA
para os povos caçadores e conquistadores, como os antigos germânicos, representava o heroísmo, a ascensão social e espiritual e a vitória.

CORDEIRO
o cordeiro é um símbolo de simplicidade, inocência, pureza, doçura e obediência. No Apocalipse é usado para designar o Cristo. Isaías (53:7) anunciou que o Messias "como cordeiro foi levado ao matadouro". No Islã, um cordeiro é imolado ao fim do Ramadã, em comemoração ao sacrifício de Abraão.

CORNO
o corno é um símbolo primitivo de elevação, força e autoridade. Caracteriza também as grandes divindades fecundantes emanadas da Grande Mãe divina e evoca as forças vitais da Criação. A Cornucópia da Abundância, emblema de Baco, Ceres e da Fortuna, entre outros, simboliza a profusão gratuita dos dons divinos.

COROA
a coroação assinala o aspecto transcendente, divino e único de uma realização. A forma circular da coroa sugere a perfeição e a participação na natureza celeste, a separação entre o superior e o inferior, o céu e a terra, o divino e o humano. Personifica também a dignidade, o poder, a realeza e as ações impulsionadas e dirigidas pelas forças superiores. Sim-

36 DICIONÁRIO DE NOMES

boliza também a vitória transcendente, a saúde eterna e a superioridade. Entre os cristãos, é símbolo da Iniciação (Batismo) e da presença do Cristo.

CORVO
no Gênesis (8:7), simboliza a perspicácia, e, na Grécia, era o mensageiro dos deuses, com funções proféticas – consagravam-no ao deus Apolo. Entre os celtas era também considerada uma ave profética e os gauleses viam-no como um animal sagrado. Na mitologia escandinava são os companheiros de Odin e representam o princípio da Criação. Na heráldica é símbolo de longevidade e constância.

ESMERALDA
verde e translúcida, a esmeralda é a pedra da luz verde, que esotericamente é símbolo da Primavera, da renovação periódica das forças positivas da Terra e da vida manifestada. Entre os astecas era chamada *quetzalitzli* e, para os alquimistas, ela é a pedra de Hermes, o mensageiro dos deuses. A tradição esotérica diz que uma esmeralda caiu da fronte de Lúcifer, quan-

do da sua queda, e que o Graal é um vaso talhado numa enorme esmeralda.

ESPADA
os povos primitivos, em especial os germânicos, tinham uma veneração especial pela espada, símbolo solar e celeste, próprio do mais elevado desígnio e alta hierarquia, liberdade, força, bravura e poderio militar. Os antigos creditavam-lhe também o dom de afugentar os espíritos malignos – crença esta difundida, em especial, entre os romanos e os escoceses – ideia sempre associada aos heróis e cavaleiros defensores das forças da luz contra as trevas.

ESPIGA
a espiga é o símbolo do crescimento e da fertilidade, da chegada da maturidade nos reinos vegetal e animal, e do desenvolvimento psíquico.

FAVA
entre as antigas comunidades órficas e pitagóricas, a fava simbolizava o elemento essencial da comunhão com o Invisível, no início das cerimônias da primavera.

FOGO
nas antigas religiões do Egito, Mesopotâmia e Índia védica, o fogo foi símbolo da divindade. Para os antigos alquimistas, era considerado um agente purificador que atuava no centro das coisas existentes. Manter aceso o fogo sagrado significa manter a vigilância que une o homem ao seu deus interno, como também dinamizar o processo de transmutação das paixões animais na mais viva chama do espírito consciente.

GALO
na Índia, o galo personifica a energia solar e, na China, é um sinal de bom agouro. Entre os gregos simbolizava a luz nascente ao mesmo tempo em que anunciava com seu canto a chegada da alma do morto no além. Entre os povos nórdicos, simbolizava a vigilância guerreira, era o guardião da vida. Personifica também a altivez, a elevação moral e a firmeza.

GOLFINHO
o golfinho, símbolo da regeneração, adivinhação, conversão, sabedoria e prudência, foi honrado como um deus na cultura pré-helênica da ilha de Creta, e mais tarde em Delfos. Os cretenses acreditavam que na viagem para a Terra da Bem-Aventurança, os mortos eram transportados no dorso deste animal.

JAVALI
em tradições muito antigas, o javali personificava a autoridade espiritual que se sobrepõe à temporal, representada pelo urso. Entre os gauleses, constitui o alimento espiritual e aparece em muitas insígnias militares. Já entre os antigos gregos é o símbolo cosmogônico da substituição cíclica de uma ordem estabelecida (reino) por outra.

LANÇA
arma terrestre, em contraposição aos atributos celestes da espada, para os antigos germânicos a lança representou o espírito guerreiro, o poder, a coragem, a disposição para a luta e a força determinada e muitas vezes cega, capaz de defender, ao preço da própria vida, o território, os bens e até a honra. Em algumas culturas é emblema de retidão e também símbolo jurídico de proteção aos processos, contratos e debates.

LEÃO
emblema do evangelista Marcos, o leão é um símbolo solar de poder, justiça, soberania e autoridade. Nas Escrituras, o epíteto "Leão de Judá" era dado a Jesus. Entre os hindus, personificava a manifestação do Verbo e da energia divina. No Oriente, muitas vezes era o guardião que protegia as pessoas das influências malignas. Em heráldica, é o emblema da vigilância, autoridade, majestade e bravura. É o equivalente terrestre da águia.

LINHO
o linho representa também a Verdade ou a Substância de que é constituído o Universo. "O linho puro e brilhante simboliza a Verdade pura e genuína... Linho significa Verdade Divina." (Swedenborg)

LOBO
o lobo foi para os germânicos uma alegoria do poder destruidor, guerreiro, implacável e avassalador. Geralmente personificava o guerreiro feroz e sanguinário, que não dava nem pedia clemência.

LOUREIRO
simboliza a vitória e a imortalidade. Entre os antigos romanos, representava a glória. Na Grécia, era consagrado a Apolo, e com suas folhas coroavam-se os heróis, os gênios e os sábios. Tida como uma planta que possuía qualidades divinatórias, era utilizada pelas pitonisas antes de procederem aos oráculos. Os chineses extraíam dessa planta a droga da imortalidade, e alguns povos do norte da África ainda a utilizam como talismã protetor.

MIRTA
planta usada na Antiguidade na produção de perfumes mágicos cuja finalidade era a de atrair entidades do astral. Símbolo da compaixão, com ela coroavam-se os candidatos à Iniciação durante a celebração dos Mistérios.

NARCISO
o narciso era usado nas cerimônias sagradas dos Templos de Deméter e Elêusis. Entre os antigos gregos, simbolizava o entorpecimento da morte, e era este o perfume que envolvia Perséfone, quando Hades, seduzido por sua beleza, levou-a para os Infernos. Por causa de sua haste ereta, para os poetas árabes esta flor simboliza o servidor dedicado, consagrado ao serviço de Deus.

OLIVEIRA
símbolo da paz, fecundidade, purificação, força vital e recompensa, na Grécia a oliveira era consagrada a Atena e em Roma, a Júpiter e Minerva. No Islã é a árvore central e simboliza o Homem Universal e os profetas. Os judeus identificam-na com Abraão.

ORVALHO
signo divino por excelência, entre os antigos gregos o orvalho estava associado aos mitos da fecundidade, representando a água primordial (pura), o princípio condensador das forças geradoras próprias do princípio úmido. Nos livros sagrados hindus, simboliza a palavra divina. Para Lao-tsé, o sábio chinês, era o signo da união entre o céu e a terra.

POMBA
a pomba é uma ave sagrada que, entre outras coisas, personifica o Espírito Santo. No Gênesis é o Espírito de Deus pairando sobre as águas, o portador de paz e harmonia, que após o Dilúvio traz no bico um ramo de oliveira (planta que simboliza a paz). Na antiga Grécia, simbolizava a harmonia, Eros sublimado, a predominância do espírito sobre as paixões e os instintos.

POMBO
ave dócil por natureza, o pombo transformou-se em símbolo poético do amor, paz e harmonia. Na antiga Grécia era a personificação de Eros sublimado. Como um animal alado, é emblema da sublimação dos instintos e da predominância do espírito (suas asas indicam a participação na natureza divina). Jesus citava esta ave como exemplo de simplicidade.

SERPENTE
os orientais, de um modo geral, veem nela o símbolo do desenvolvimento e da reabsorção cíclica, a regeneração psíquica e a imortalidade. Segundo os hindus, a serpente desperta, ou Kundalini – identificada com o Espírito Santo –, através da meditação faz eclodir no homem as faculdades superiores e o conduz à recuperação do sentido de eternidade.

TESOURO
de um modo geral, os tesouros escondidos são símbolo da essência divina não manifestada. Personificam também o conhecimento, a

sabedoria e a imortalidade. São geralmente guardados em cavernas profundas e quase inacessíveis, ora vigiados por monstros e outros seres fantásticos, ora protegidos por obstáculos naturais quase intransponíveis, ensinando que os esforços (morais e espirituais) hercúleos devem ser desprendidos por aqueles que buscam a conquista do Espírito.

TOURO

o touro está associado à força criadora, à alma viril e combativa, ao poder e ardor irresistíveis. Associa-se também aos desejos e paixões sensuais indomados. No Oriente, simboliza a justiça, a força e a ordem cósmica. Os Vedas têm-no como um suporte do mundo, o qual mantém suspenso entre seus dois cornos. Os celtas viam neste animal um símbolo de virilidade. Tanto que a um herói de grande valor militar era dado o epíteto "touro do combate".

URSO

associado à Lua, nas diversas mitologias o urso assume os mais variados aspectos simbólicos. Sua imagem, porém, está ligada à obscuridade, às trevas e forças primitivas instintivas, às fases iniciais da evolução. Em alquimia, corresponde à matéria primeira (sua cor é negra). Entre os celtas e germanos, simbolizava as classes guerreiras e o poder temporal. Em heráldica, personifica o homem magnânimo, generoso.

VINHO

esotericamente o vinho está associado aos Mistérios Iniciáticos e representa o sangue de vida universal. Entre os antigos gregos é a beberagem da imortalidade, que substituía o sangue de Dioniso e proporcionava a embriaguês divina e a contemplação dos Mistérios celestes.

Nota do editor

O autor optou por listar inicialmente os Nomes Masculinos pelo fato de um grande número de nomes ter surgido na forma masculina.

Nomes Masculinos

A

ARÃO

No A.T., nome do irmão mais velho de Moisés e sumo sacerdote dos hebreus. Origina-se do hebraico *Aaron*, de *hâr-ôn*, sign. "montanhês". Na Inglaterra foi adotado como nome cristão após a Reforma, mas já havia sido encontrado em 1199, na forma *Aaron*. Interpreta-se também como "o elevado".

Personal.: Aaron Copland, compositor americano.

Variante(s): Aarón (*espanhol, russo*); Aronne (*italiano*); Aaron (*francês, inglês, alemão*).

ABEL

Do hebraico *Hébhel*, da voz *âbhal*, lit. "névoa; vapor". Há os sign. "sopro; exalação", derivados do assírio ou do sumérico *ibila* (filho), que não passam de desdobramentos do significado original. Nome adotado pelos cristãos, foi muito comum no séc. XIII. Em Portugal, surgiu no A.E.L. de 1838.

Personal.: Abel Newton, poeta.

Variante(s): Abel (*espanhol, francês, inglês, alemão*); Abèle (*italiano*).

ABELARDO

Do francês *Abélard*, de um antigo *Abeillard*, derivado de *abeille*, sign. "**criador de abelhas**". Na França medieval encontramos os cognomes *Abeille, Abeillon, Abeiller*, que, tal como *Abeillard*, eram dados aos tratadores de abelhas.

Personal.: Abelardo Gamara, escritor peruano.

Feminino(s): Abelarda.

Variante(s): Abelardo, Abeillar (*espanhol, italiano*); Abélard (*francês*); Abelard (*inglês*).

ABÍLIO

Segundo Drummond, origina-se do latim *Abiliu*, sign. "**aquele que não é vingativo**". Provavelmente de *a*, partícula de negação mais *bilis, is* (mau humor, cólera, indignação). Ver Abelardo.

Personal.: Abílio Manuel, cantor português.

DICIONÁRIO DE NOMES

Variante(s): Abélio (*português*); Abelio (*espanhol*); Abeille, Abeilhé, Abeilhon (*francês*).

ABNER
Do hebraico *Abiner*, de *ab* (pai) e *hiner* (luz), sign. "o (divino) pai é luz".
Personal.: Abner de Moura, escritor.

ABRAÃO
Do hebraico *Abraham*, originariamente *Abram* (pai elevado; pai ilustre; pai excelso), mas, segundo as Escrituras, o Senhor ordenara que o patriarca passasse a se chamar Abraham, lit. "pai das multidões", significado relacionado com seres e mundos manifestados, e não com homens. Na transposição das letras do nome, *Abraham* é *Brahma*, o deus criador do panteão hindu, periodicamente em manifestação. Os brâmanes dizem "estender-se em Brahma", assim como os hebreus diziam "dormir no seio de Abraão". Curiosamente, o persa *abarham* tem o significado de "essência; natureza", que também, como antropônimo, é a tradução de *Abrahão*.
Personal.: Abrahão Farc, ator.
Variante(s): Abrahão, Abrâmio (*português*); Abrahán (*espanhol*);

Abramo, Abrahamo (*italiano*); Habreham (*inglês*); Abraham (*inglês*); Ibrahim (*árabe*).

ACÁCIO
Masculino de *Acácia*. Era um dos sobrenomes de Hermes Trismegisto, porque aquele deus só fazia bem aos homens, e também alcunha dos cristãos primitivos. Equivale a *Inocêncio*. Ver Inocêncio e Acácia.
Personal.: Acácio Lima, ator.
Feminino(s): Acácia.
Variante(s): Acacio (*espanhol*); Acàcio, Agazio (*italiano*); Acace (*francês*).

ACIR
Do tupi, hipocorístico de *Moacir*. Ver Moacir.
Personal.: Acyr Cabral da Silva, jornalista.
Variante(s): Acyr (*português*).

ADAIR
Nome céltico de residência. De *Athadara*, sign. "passagem de uma vau sobre um carvalho". No Brasil é um nome comum a ambos os sexos, em virtude da terminação neutra em *r*.

ADALBERTO
Do germânico *Adalbert*, de *adal* (nobre) e *berth* (ilustre, brilhan-

NOMES MASCULINOS 47

te), sign. "nobre ilustre; ilustre por sua nobreza; brilho da nobreza". Não confundir com *Adalbero* ("urso nobre").
Personal.: Adalberto Silva, ator.
Feminino(s): Adalberta.
Variante(s): Adelberto, Alberto, Edelberto (*português*); Adalberto (*espanhol, italiano*); Adilberto (*italiano*); Adalbert (*francês, alemão*); Aubert, Adelbert (*inglês*).

ADÁLIO
O mesmo que *Adílio*. Ver **Adílio**.

ADALMIR
O mesmo que *Adelmar*. Ver **Adelmar**.

ADALVINO
O mesmo que *Etelvino*. Ver **Etelvino**.

ADAMASTOR
Do grego *Adamástor*, através do latim *Adamastore*, sign. "o indomável". Por extensão, "invencível".
Personal.: Adamastor Guerra, ator.
Variante(s): Adamastore (*italiano*).

ADAMOR
Nome inventado, provavelmente calcado no italiano *Adàmo*, com terminação arbitrária em *r*.
Ver **Adão**.

Personal.: Adamor Pinho, atl. olímp. bras.

ADÃO
Do hebraico *Adam* (homem), em conexão com *adama* (terra), ambos os termos sintetizando-se na tradução "**homem formado da terra**". Nome encontrado em Portugal na forma *Adam*, em obras redigidas no séc. XIII, quando foi muito popular, inclusive na Inglaterra e na Escócia. No séc. XVI caiu em desuso, voltando a ser adotado após a Reforma, tornando-se muito comum nestes países, entre as classes humildes do fim do séc. XIX.
Personal.: Adam Baldwin, ator.
Feminino(s): Adamina.
Variante(s): Adamor (*português*); Adán (*espanhol*); Adàmo (*italiano*); Adam (*francês, inglês, alemão, nórdico*).

ADAUTO
Do latim *Adauctus*, de *adauctu*, sign. "acrescentado; juntado". De origem religiosa, o nome surgiu com um santo martirizado no séc. III. Como os fiéis desconhecessem o seu nome, chamaram-no Adauctus, pelo fato de ter sofrido a morte juntamente com S. Félix.
Personal.: Adauto Ezequiel, cantor.
Feminino(s): Adauta.
Variante(s): Adaucto (*português*).

48 DICIONÁRIO DE NOMES

ADÉLCIO
1) O mesmo que *Délcio*, calcado no modelo *Adélfio*, ou 2) aglutinação de nomes como *Ademar*, *Adélio*, *Adélia* etc. com *Élcio*. Ver Délcio.

ADELFO
Do grego *Adelphoi*, de a copulativa e *delfús* (matriz), sign. "da mesma matriz; irmãos". Também traduzido por "fraternal". O mesmo que *Germano*. Ver Germano (1ª acepção).
Feminino(s): Adélfia, Adelfa.
Variante(s): Adélfio, Adelfos (*português*).

ADELINO
Masculino de *Adelina*. Ver Adelina.
Personal.: Adelino Fontoura, jornalista; Adelino Moreira, compositor.

ADÉLIO
Masculino de *Adélia*. Ver Adélia.
Personal.: Adélio Camargo, poeta.

ADELMAR
Do inglês antigo *Aethelmaer*, de *aethel* (nobre) e *maere* (famoso, ilustre, brilhante), sign. "nobre famoso". Por extensão, "famoso (ilustre, brilhante) pela nobreza". Ver Almir (2ª acepção).

Personal.: Dalmar Americano, escritor.
Feminino(s): Adelmara, Adelmira.
Variante(s): Adalmir, Adelmaro, Adelmir, Aldemar, Aldemir, Aldimar, Aldimir, Dalmar, Delmar, Delmir, Delmiro, Edelmar, Edelmir, Edilmar, Elmário, Elmério, Oldemar, Oldemário (*português*); Aymar (*inglês*).

ADELMIR
O mesmo que *Adelmar*. Ver Adelmar.

ADELMO
Do germânico *Adelhelm*, de *athal*, *edel* (nobre) e *helm* (elmo, proteção), sign. "(elmo) proteção da nobreza; nobre proteção; elmo protetor".
Personal.: Adelmo Oliveira, contista; Adelelmo Nascimento, maestro.
Feminino(s): Adelma.
Variante(s): Audelmo, Delmo, (*português*); Adelelmo (*português, espanhol, italiano*); Adelmo (*italiano*).

ADÉLSON
Do inglês *Edelson*, de *Edel*, mais a partícula *son* (filho), sign. "filho de Edel (Adélia)". A variante *Adelzon*, de origem holandesa e já encontrada no Brasil, tem a pronúncia *adelzôm*.

Personal.: Adelzon Alves, radialista.
Variante(s): Adelçon, Délson, Edélson, Edelsson, Idélson, Idelsson (*português*); Adelzon (*português, holandês*); Edelson (*inglês*); Edelzon (*holandês*).

ADELSTAN
Do inglês antigo *Athelstan*, de *aethel* (nobre) e *stan* (pedra). Pedra, neste caso, com o sentido de memorial, monumento de pedra, o que dá ao nome o significado "**monumento nobre de pedra; nobre memorial**". Possivelmente foi um nome de residência ou alcunha, relacionado com os marcos de conquista. Na Inglaterra surgiu durante a conquista normanda, tornando-se comum naquele país.
Feminino(s): Adelstana.
Variante(s): Adelstano, Adestan, Adestano, Adeustan, Adeustano, Deustan, Deustano (*português*); Adestan, Adstan, Aethelstan, Ainstain, Athelstan, Eadstan, Edstan (*inglês antigo*).

ADEMAR
Do germânico *Hadumar*, de *had*, *hade* (combate) e *mar* (glória, fama), sign. "**combatente glorioso (famoso)**". Há uma variante *Aimar*, que alguns autores dão como oriunda de *Ademar*, mas que na verdade está ligada ao inglês *Aymar* (Adelmar). Ver **Adelmar**.
Personal.: Ademar Silva, compositor.
Feminino(s): Ademara.
Variante(s): Adhemar, Azemar (*português*); Ademaro, Adimaro (*espanhol*); Admàro (*italiano*); Adhémar, Azémar (*francês*).

ADEMIR
Nome de étimo incerto. 1) De *Adjemir*, nome de uma cidade santa do Indostão, originado do árabe *adhem*, sign. "**estrangeiro**". O substantivo *adjem* é empregado pelos árabes para designar os povos não árabes, particularmente os persas. 2) Ou do árabe *Ad-Demiri*, de *Demir*, nome de uma cidade egípcia cujo significado é "**de ferro**". Este é o étimo provável.
Personal.: Ademir de Ornelas, poeta.

ADEODATO
O mesmo que *Deodato*. Ver **Deodato**.
Variante(s): Adeodato (*espanhol*); Adeodàto (*italiano*).

ADERALDO
Do germânico *Adelwald*, de *adal*, *edel* (nobre) e *wald* (governo),

50 DICIONÁRIO DE NOMES

sign. "o que governa com nobreza; governo da nobreza".
Variante(s): Adevaldo, Edevaldo, Ederaldo, Etelvaldo (*português*).

ADERBAL
Do fenício *athar Baal*, sign. "cultor de Baal". *Baal* origina-se do hebraico *Ba'al* (senhor), e era o nome genérico de muitas divindades semíticas. Está ligado ao hebraico *ba'al* (ele possuiu, ele casou), acadiano *belu*, *balu* (lei, governo, domínio, controle), árabe *báala* (ele possuiu), *ba'l* (marido), etíope *baála* (ele se casou). Ver Amílcar.
Personal.: Aderbal Júnior, diretor teatral.
Variante(s): Aderval (*português*); Adherbal (*francês*).

ADÉSIO
O mesmo que *Edésio*. Ver Edésio.

ADEVALDO
O mesmo que Aderaldo. Ver Aderaldo.

ADIL
Do árabe *Adil*, sign. "justo; reto; imparcial".
Personal.: Adil de Paula (Zuzuca), compositor.

ADÍLIO
Masculinos de *Adília, Adila*. O mesmo que *Adélio*. Ver Adélia e Adília.
Feminino(s): Adília.
Variante(s): Adálio, Adélio, Adilo, Atílio (*português*).

ADILO
O mesmo que *Adílio*. Ver Adílio.

ADÍLSON
Do inglês, de *Adiel*, mais a partícula *son* (filho), sign. "filho de Adiel". *Adiel*, de origem hebraica, traduz-se por "ornamento (beleza) de Deus".
Personal.: Adílson Ramos, cantor.
Variante(s): Dílson (*português*).

ADINEI
O mesmo que *Adnei*. Ver Adnei.

ADINO
Nome com dois étimos. 1) Do alemão *Adino*, o mesmo que *Adônis*. 2) Masculino de *Adina*. Ver Adônis e Adina (2ª e 3ª acepções).

ADIR
Do hebraico *Addir*, sign. "nobre; majestoso; grande; venerável".
Personal.: Adir Botelho, gravador bras.

ADÍRSON
De *Adir*, mais a partícula *son* (filho), sign. "filho de Adir". Não confundir com *Adílson*. Ver **Adir**. **Personal.**: Adirson de Barros, jornalista.

ÁDISSON
Do inglês antigo *Addison*, de *Ady*, forma familiar de *Adam* (Adão), mais a partícula *son* (filho), sign. "filho de Ady (Adão)". Ver **Adão**. **Personal.**: Ádisson Coutinho, jornalista; Addison Farmer, músico. **Variante(s)**: Ádison (*português*).

ADNEI
Do toponímico *Addeney*, originário do inglês antigo, encontrado nas formas *Adeweny*, *Eduney*, *Adney*, sign. "(da) ilha de Edwina". Tornou-se nome de residência em atribuição a alguém que nasceu ou viveu naquele lugar. Ver **Eduína**. **Feminino(s)**: Adineia, Adneia. **Variante(s)**: Ádinei, Adinei, Ádnei (*português*); Adney (*inglês*).

ADO
Masculino de *Ada*. Ver **Ada**. **Personal.**: Ado Benatti, poeta.. **Variante(s)**: Ado (*espanhol*).

ADOLFO
Forma latinizada do germânico *Athalwolf*, donde *Ataulfo*, e mais tarde, por evolução, *Adolfo*. De *athala*, *edel* (nobre) e *wulf*, *Wolf* (lobo), sign. "lobo nobre". Por extensão, "da linhagem dos guerreiros nobres". Ver "lobo" na seção Simbologia. **Personal.**: Adolph Caesar, Adolphe Menjou, atores. **Feminino(s)**: Adolfa. **Variante(s)**: Ataulfo (*português*); Adolfo (*espanhol, italiano*); Ataúlfo (*italiano*); Adolphe (*francês, alemão*); Adolph (*inglês*); Adolf (*inglês, alemão, nórdico*).

ADONIAS
Do hebraico *Adonijah*, sign. "(aquele) de quem Deus é o Senhor". Há uma identidade de significados entre *Adonias* e *Adônis*, pois ambos provêm da mesma raiz. *Adonias* é também a antiga denominação das festas lúgubres celebradas no Egito, Grécia e Roma, no séc. VI a.C., em honra a Adônis. Ver **Adônis**. **Personal.**: Adonias Filho, escritor.

ADONIRAN
Do hebraico *Adoni* (meu Senhor) e *ram* (excelso, elevado), sign. "meu Senhor (é) excelso (elevado)". Ver **Adonias** e **Adônis**.

52 DICIONÁRIO DE NOMES

Personal.: Adoniran Barbosa, compositor.
Variante(s): Adoniram (*português*).

ADÔNIS
Helenização do fenício *Adon*, lit. "**meu Senhor**", ou do hebraico *Adoni*. O nome provém da raiz *a-d-n* (governar, dominar, julgar, decidir) da qual também originou-se *Adhonáy* (Adonai), o nome hebraico de Deus. Ver Adonias.
Personal.: Adônis Karan, ator.
Variante(s): Adón (*espanhol*); Adòne (*italiano*); Adonis (*francês, latim*); Adino (*alemão*).

ADONÍSIO
Forma relativa de *Adônis*, sign. "**de (pertencente a; da natureza de) Adônis**". Ver Adônis.
Feminino(s): Adonísia.
Variante(s): Adonício, Adonízio (*português*).

ADRIANO
Do latim *Adrianus*, de *adrianu*, sign. "**natural da Ádria**". Em etrusco, *adria* traduz-se por "água". *Adrião* é a forma popular do nome, encontrada em Portugal em documentos que datam da segunda metade do séc. XII. Apesar de nunca ter sido muito comum na Inglaterra, a partir do séc. XII passou a surgir periodicamente naquele país, quando era então adotado por grande parte da população. Foi nome de vários papas.
Personal.: Adriano Reis, ator.
Feminino(s): Adriana.
Variante(s): Adrião, Adriônio (*português*); Adrián (*espanhol*); Adriano (*espanhol, italiano*); Adrien (*francês*); Hadrian (*inglês, alemão*); Adrian (*inglês*).

ADROALDO
Do germânico *Adloald*, *Adolwald*, de *uoda* (bens, riquezas) e *wald* (governo), sign. "**o que governa (administra) seus bens**".
Personal.: Adroaldo Lima, poeta.

AÉCIO
Do grego *Aétios*, lit. "**águia**", correlato ao latim *aquila*. As formas portuguesas *Ézio*, *Hésio* e *Hézio* são adaptações da variante italiana *Ezio*. Ver "águia" na seção Simbologia.
Personal.: Aécio Andrade, cineasta.
Feminino(s): Aécia.
Variante(s): Écio, Ézio, Hésio, Hézio (*português*); Ezio (*italiano*).

AEDO
Do grego *aoidos*, lit. "**cantor**". Nome que os antigos gregos davam aos poetas primitivos que

nas solenidades cantavam hinos, poesias épicas, cosmogonias ou teologias que eles próprios compunham, principalmente os que antecederam Homero. Em tais atividades eram apresentadas apenas obras de caráter místico, encargo este inicialmente tomado pelos sacerdotes, e mais tarde estendido aos artistas.
Feminino: Aede, Aeda.

AÉLSON
Nome criado a partir do modelo *Aílson*, com influência de *Nélson*.

AÉRTON
O mesmo que *Aírton*. **Ver Aírton.**
Personal.: Aérton Perlingeiro, apresentador de TV.

AFONSO
Do germânico *Adalfuns*, composto de *Athal* (nobre) e *funs, funsa* (pronto, inclinado), sign. "inclinação (aptidão) nobre". Alguns autores confundem *Adalfuns* com *Hathufuns* (*Ildefonso*), nome que possui outro significado. Encontrado em Portugal por volta do séc. XIII, foi nome de vários reis e nobres portugueses e espanhóis.
Personal.: Affonso Romano de Santanna, poeta; Affonso Arau, ator.
Variante(s): Adalfonso, Adefonso (*português*); Affonso, Alonso,

Alonzo (*espanhol*); Alfonso (*espanhol, italiano*); Alphonse (*francês*); Alphonso (*inglês*).

AFRÂNIO
Nome de étimo incerto, derivado 1) do latim *Afraniu*, e este, de *afri*, sign. "africano". 2) ou do grego *aphrós*, sign. "espuma branca".
Personal.: Afrânio Coutinho, ensaísta.
Feminino(s): Afrânia.

AFRODÍSIO
Do grego *Aphrodísios*, através do latim *Aphrodisiu*, sign. "consagrado a Afrodite". Masculino de *Afrodísia*. **Ver Afrodite.**
Feminino(s): Afrodísia.
Personal.: Afrodísio Castro, produtor de cinema.

AGAMENÃO
Do grego *Agamémnon*, de *ágan*, partícula superlativa, e *mémnon*, de *méno* (permanecer), sign. "constante; persistente; inalterável".
Variante(s): Agamenón (*espanhol*); Agamèmnone, Agamènnone (*italiano*).

AGENOR
Do grego *Agénos*, de *ágan* (muito) e *anér, andrós* (homem), sign.

54 DICIONÁRIO DE NOMES

"muito viril; varonil". Por extensão, "que tem muita força".
Personal.: Agenor Varhim, ator.
Feminino(s): Agenora.
Variante(s): Agénor (*espanhol*); Agènore (*italiano*); Agênor (*francês*).

AGESILAU
Do grego *Agesílaos*, de *agein* (conduzir) e *laós* (povo), sign. "o que conduz o povo; guia do povo". Alguns autores, sem explicar, traduzem erroneamente o nome por "caudilho (chefe) militar". *Agesílaos* é um sobrenome de Plutão, deus mitológico grego que tinha por missão conduzir (reunir) as almas dos homens após a morte.
Personal.: Agesilau de Siqueira, compositor.
Variante(s): Agesilào (*italiano*); Agésilas (*francês*).

AGEU
Do hebraico *Haggay*, da raiz *haghágh* (ele fez uma romaria, ele celebrou uma festa), sign. "nascido em um dia festivo". A forma grega é *Aggayos* e a latina, *Aggaeus*. Algumas fontes dão as traduções "alegria" e "festivo", que constituem desfigurações do sentido original.
Variante(s): Aggeu (*português*); Aggèo (*italiano*); Aggée (*francês*).

AGILDO
Do germânico *Anagildo*, de *anagildan* (oferecer), sign. "o oferecido", nome relacionado com a ideia tradicional das crianças serem ofertadas pelos deuses. Por extensão, "oferta dos deuses".
Personal.: Agildo Ribeiro, comediante.
Variante(s): Adagildo (*português*); Àgide (*italiano*).

AGNÉLIO
Forma relativa de *Agnelo*, sign. "de (pertencente a; da natureza de) Agnelo". Ver Agnelo.
Feminino(s): Agnélia.

AGNELO
Do latim *Agnellu*, diminutivo de *agnus*, lit. "cordeirinho". Por aproximação fonética, o nome ganhou outros significados: ligado ao grego *agnos* (ignorado), tornou-se símbolo do deus desconhecido; relacionado ao védico *agni* (fogo), tornou-se um símbolo sacrificial que expressa a renovação periódica do mundo. Ver "cordeiro" e "fogo" na seção Simbologia.
Personal.: Agnelo Fragoso, ator.
Feminino(s): Agnela.
Variante(s): Agnello (*italiano*); Agnel (*francês*).

NOMES MASCULINOS 55

AGOSTINHO
Forma relativa de *Augusto*, calcada no italiano *Agostino*, sign. "**de (pertencente a; da natureza de) Augusto**". Não se trata de um diminutivo, como pode parecer à primeira vista. Em Portugal o nome foi encontrado em documentos redigidos na primeira metade do séc. XVI. Ver **Augusto**.
Personal.: Agostinho dos Santos, cantor.
Feminino(s): Agostinha.
Variante(s): Agustín (*espanhol*); Agostino (*italiano*); Augustín (*francês*); Austen, Austin (*inglês*).

AGRIPA
Do latim *Agrippa,* nome que antigamente era dado pelos romanos às crianças que, ao nascer, primeiro mostravam os pés, sign. "**o que nasceu com os pés para adiante**". O primeiro elemento vem de uma raiz que significa "ponta", a mesma que se encontra no antropônimo *Agileu* (germânico *acke, ag, eg, agli*). O segundo é uma redução do substantivo latino para a palavra pé.
Personal.: Agripa D'Aubigué, escritor francês.
Variante(s): Agrippa *(italiano)*.

AGRIPINO
Do latim *Agrippinus*, forma relativa de Agripa, sign. "**de (per-**tencente a; da natureza de) Agripa". Ver Agripa.
Personal.: Agripino Grieco, Agripino Ether, críticos literários; Agripino de Paula, cineasta.
Feminino(s): Agripina.
Variante(s): Agripano, Auripino (*português*).

AGUINALDO
Do germânico *Aginal*, composto de *agin* (espada) e *wald* (governo, que governa), sign. "**aquele que governa pela espada**". Nome que se tornou popular no Brasil, a partir de 1897, pela influência de Emilio Aguinaldo, líder filipino da luta pela independência de seu país.
Personal.: Aguinaldo Rocha, ator; Agnaldo Rayol, cantor.
Feminino(s): Agnalda, Aguinalda.
Variante(s): Agnaldo (*português, espanhol*).

AHMAD
Do árabe *Ahmad, Ahmed*, sign. "**o mais louvado (adorado)**". Pronuncia-se *armád, arméd*. Nomes pelos quais também é chamado o profeta Maomé.
Personal.: Ahmed Kalil, ator.
Variante(s): Ahmad, Ahmed (*árabe*); Ahmet (*turco*).

AIDANO
Do inglês antigo *Aethan*, e este, diminutivo de *aid*, sign. "pequeno

56 DICIONÁRIO DE NOMES

fogo". O nome, que a princípio deve ter sido alcunha, surgiu com um monge irlandês do séc. VII, e foi redivivo no séc. XX.
Personal.: Aydano Motta, jornalista; Aidan Quinn, ator.
Variante(s): Aydano (*português*); Aidan (*inglês*); Aethan (*inglês antigo*).

AÍLSON
1) De *Eileen's son*, sign. "filho de Helena", variante originária do irlandês antigo. 2) Ou calcado em *Ílson*, o mesmo que *Hílson*. Ver Helena e Hílson.

AÍLTON
Provavelmente uma transformação intencional baseada em *Hílton* e inspirada nos modelos *Aílson* ou *Aírton*. Um nome que não é incomum no Brasil. Ver Hílton.
Personal.: Aílton Graça, ator; Aílton Escobar, compositor.

AÍRTON
Do inglês *Airtone*, nome de um rio cujo significado é "**corrente que brame; rio cuja corrente é de um ruído ensurdecedor**". Inicialmente, nome de residência atribuído a alguém que nasceu ou viveu junto a um rio com esta característica. A variante *Aérton*, originária do português, é uma modificação intencional do nome.
Personal.: Aírton Amorim, compositor; Ayrton Senna, piloto de F-1.
Variante(s): Aérton (*português*); Airton, Ayrton (*inglês*).

AJAX
Do grego *Aías*, através do latim *Ajax, Ajacis*. Segundo a lenda, tendo sido vencido pela eloquência de Ulisses na disputa pela posse das armas de Aquiles, Ajax foi acometido de insano furor que o levou a precipitar-se sobre o rebanho dos gregos, convencido de que se debatia com os adversários. Após ter matado um grande número de animais, ao voltar a si e percebendo-se alvo do escárnio geral, lançou-se sobre a espada dada por Heitor. Do sangue vertido pelo herói teria nascido uma flor púrpura cujas pétalas trazem gravadas as iniciais de seu nome – Ai! – interjeição que revela a dor de seu último suspiro, e que significa "**o que geme; o que deplora**". A mesma interjeição escreve a história do menino Jacinto: "Uma letra comum ao menino (Jacinto) e ao varão (Ajax), está estampada no meio das pétalas: esta é a

letra de um nome. Aquela, de uma queixa." Ver Jacinto.

Personal.: Ajax Camacho, diretor de TV.

Variante(s): Ajace, Ajácio *(português)*; Ayax *(espanhol)*; Aiàce *(italiano)*.

ALADIM

Do árabe. 1) De *alla eddin*, sign. "sublimidade da fé (religião)". 2) Ou de *Alla djinn*, lit. "gênio de Alá (Deus); gênio divino". Este é o étimo mais provável.

Personal.: Aladim Hermston, pseudônimo do escritor Teófilo Guimarães.

Variante(s): Aladino *(espanhol)*; Aladin *(francês, alemão)*; Aladdin *(inglês)*; Ala-Eddyn, Ala-ed-Din, Ala'al-Din *(árabe)*.

ALAIR

Variante de *Lair*. No Brasil, nome comum a ambos os sexos, em virtude da terminação neutra em *r*. Ver Lair.

Feminino(s): Alaíra.

ALAN

Nome derivado do céltico *Alla, Allen*. Foi introduzido na Inglaterra à época da conquista normanda, ganhando notabilidade com Alain Fergéant, conde da Britânia. No séc. XVI, a forma *Aleyn* foi a mais usual naquele país, confundindo-se muitas vezes com os gaélicos *Ailéne* e *Ailin*, e gerando um grande número de sobrenomes. Na França, surgiu nas variantes *Alain* e *Alein*, pronunciados *Allan* e *Allen* na Bretanha. Foi nome de um santo bretão muito popular. 1) Há um céltico *Alun*, sign. "paz; harmonia"; 2) uma palavra gaélica traduzida por "lindo; bonito" e 3) uma fonte inglesa origina o nome do gaélico *Ailène, Ailin*, ligando-o ao substantivo *ail* e lhe dando o significado de "pedra", referindo-se possivelmente a um marco de conquista. Este é o étimo provável do nome.

Personal.: Alan Bates, ator.

Feminino(s): Alaína, Alana, Alane.

Variante(s): Alaíno, Alano *(português)*; Alano *(espanhol)*; Alàno *(italiano)*; Alein *(francês)*; Alain *(francês, inglês)*; Alan, Allan *(inglês)*; Alein, Aleyn, Aleyne *(inglês antigo)*.

ALAOR

Do siríaco *Alaho*, lit. "Alá (Deus)". O nome provém do árabe *Allahu*, contração de *al-Ilahu*, de *al* (o) e *Ilah* (Deus), e é a designação maometana do Deus Supremo. Da mesma raiz surgiram os no-

58 DICIONÁRIO DE NOMES

mes *eloah* (plural: *elohim*) – um dos nomes de Deus, na Bíblia –, o aramaico *Elah* e *Elaha*, e ainda o siríaco *Allaha*.
Personal.: Alaor Prata, escritor.
Variante(s): Alaho (*siríaco*).

ALARICO
De *Alareiks*, de *all* (todo) e *rik*, *rich* (príncipe, governador, senhor, poderoso), através do latim *Alaricu*, sign. "governador de todos; senhor de tudo; todo-poderoso".
Personal.: Alarico Ribeiro, poeta.
Feminino(s): Alarica.
Variante(s) da 1ª acepção: Alarico (*espanhol, italiano*); Alaric (*francês, inglês*); Halary, Hallary (*francês*); Alarich (*alemão*).

ALBANO
Originário do latim *Albanus*, em Portugal o nome apareceu em documentos datados de 1773. *Albanus* era o adjetivo aplicado aos habitantes de Alba Longa, antiga cidade do Lácio, sign. "albano; de Alba Longa". O nome não tem relação com o adjetivo *albus*, como pode parecer à primeira vista, mas prende-se a uma raiz indo-europeia *alb* (montanha), presente nos substantivos *Alpes* e *Alburnus*, este último, um monte da Lucânia. Muitas vezes é dado erroneamente como sinônimo de *Albino*. Ver Albino.
Personal.: Albano Piccinini, cantor.
Variante(s): Albano (*espanhol*); Albàno (*italiano*); Albain, Albane, Auban (*francês*); Alban (*francês, inglês, alemão*); Alben, Albany (*inglês*).

ALBERI
Do inglês antigo *Alberi*, o mesmo que *Alberico*. Ver Alberico.

ALBERICO
Do germânico *Alberich*, composto de *alfi* (elfo) e *rich* (príncipe, governador, senhor, poderoso), sign. "senhor (rei) dos elfos". A variante *Alberi* origina-se do inglês antigo *Auberi*.
Personal.: Alberico de Souza Cruz, jornalista.
Feminino(s): Alberice.
Variante(s): Albarico (*português*); Alberico (*espanhol, italiano*); Albéric, Aubery (*francês*); Alberic (*inglês*); Alberich (*inglês, alemão*).

ALBERTINO
Albertino é a forma relativa do nome, sign. "de (pertencente a; da natureza de) Alberto". Ver Adalberto.
Personal.: Albertino Pimentel, compositor.

Feminino(s): Albertina.
Variante(s): Aubertin, Auburtin (*francês*); Albertinus (*latim*).

ALBERTO

Variante de *Adalberto*, nome que em Portugal surgiu em documentos que datam da segunda metade do séc. XII à primeira metade do séc. XVIII. Tornou-se popular no séc. XIX, após o casamento da rainha Vitória, da Inglaterra, com o rei Alberto, da Alemanha. Entre os judeus, é usado para substituir *Abraão*, porque começa com a mesma letra. Foi nome de muitos reis da Áustria, Bélgica, Suécia e Inglaterra.
Personal.: Alberto Perez, Helber Rangel, atores.
Feminino(s): Alberta.
Variante(s): Adalberto, Alperto, Audeberto, Elberto, Hélber (*português*); Alberto (*espanhol, italiano*); *Albert* (*francês, inglês, alemão*); Aubert, Auberty (*francês*); Alpert, Elbert (*inglês*).

ALBINO

Do latim *Albinus*, de *albus*, lit. "branco". O nome origina-se de uma família de médicos alemães, *Weiss*, latinizada *Albinus. Albus* é um branco sem brilho, que corresponde ao grego *albós* e, segundo Lucrécio, é um nome aplicado ao Sol, às estrelas e à primeira luz da manhã. A *albus* se contrapõe *candidus*, que é o branco brilhante, resplandecente, correspondente ao grego *leukós*. Segundo Sérvio (Geórg., III, 82), *aliud est candidum, is est quadam nitendi luce profusum, aliud album, quod pallori constat esse vicinum* ("uma coisa é o que é cândido, ou seja, imerso em certa luz, resplandecente, outra o que é alvo, manifestamente vizinho da palidez"). Na Inglaterra o nome popularizou-se na forma *Albin* (séc. XIII), e ainda hoje não é incomum na Alemanha. Às vezes é equivocadamente dado como sinônimo de *Albano*. O mesmo que *Álfio*.
Personal.: Albino Camargo, jornalista.
Feminino(s): Albina.
Variante(s): Alvino (*português*); Albuino (*espanhol*); Albino (*espanhol, italiano*); Albin (*francês, inglês, alemão, nórdico*); Aubin (*francês*).

ALCEBÍADES

Do grego *Alkibiádes*, de *Alkíbios* (Alcíbio), mais a partícula *ades*, que denota descendência, sign. "filho de Alcíbio". *Alcíbio* tem o significado de "muito forte".
Personal.: Alcebíades Gama, ensaísta.

60 DICIONÁRIO DE NOMES

Variante(s): Alcebíade (*português*); Alcibíades (*português, espanhol*); Alcibìade (*italiano*); Alcibiade (*francês*).

ALCEU
Do grego *Alkaíos*, do adjetivo *alkaíos*, lit. "forte". Também "homem de boa musculatura". Ver Alcides.
Personal.: Alceu Valença, compositor.
Feminino(s): Alceia, Alceste.
Variante(s): Alceo (*espanhol, italiano*); Alcée (*francês*); Alcaeus (*latim*).

ALCÍBIO
Originário do grego *Alkíbios*. 1) De *alké* (força) e *bios* (vida), sign. "o que possui muita força vital". 2) Ou de *alké* (força) e *bía* (poder, força), sign. "possuidor de uma força muito poderosa; muito forte".

ALCIDES
Alcides, do grego *Alkeídes*, através do latim *Alcides*. Segundo alguns autores, seria uma variante de *Alceu*, mas, segundo Virgílio, é um patronímico deste nome, pois o sufixo *des* denota descendência. Significa "filho (descendente) de Alceu". *Alcides* foi um cognome de Hércules, tirado de Alceu – nome de seu avô. Como *Alceu*, o nome passou a representar, figuradamente, um homem "forte", "de boa musculatura".
Personal.: Alcides Gerardi, compositor.
Feminino(s): Alcídea, Alcídia.
Variante(s): Alcides (*espanhol*); Alcide (*italiano*).

ALCINDO
Variante de *Alcino*. Ver Alcino.
Personal.: Alcindo Palmirano, pseudônimo do poeta inconfidente Manuel Inácio da Silva Alvarenga.
Feminino(s): Alcinda.
Variante(s): Alcindor (*português*).

ALCÍNIO
Forma relativa de *Alcino*, sign. "de (pertencente a; da natureza de) Alcino". Ver Alcino.
Feminino(s): Alcínea, Alcínia.
Variante(s): Alcíneo (*português*).

ALCINO
Do grego *Alkínoos*, composto de *alké* (força, poder) e *noós* (espírito, mente), sign. "dotado de um espírito (mente) forte (poderoso)". *Alcindo* é uma variante de *Alcino*.
Personal.: Alcino Bertoldi, poeta; Alcino Diniz, diretor de TV.
Feminino(s): Alcina.

NOMES MASCULINOS 61

Variante(s): Alcindor (*português*); Alcino (*espanhol*); Alcìnoo (*italiano*); Alcinous (*latim*).

ALCIONE
Ver este nome na seção de nomes femininos.
Personal.: Alcione Araújo, escritor.

ALCIR
Nome moderno surgido no Brasil, ao que tudo indica relacionado a *Alceu*, com sufixo arbitrário. Ver Alceu.
Personal.: Alcir Pires Vermelho, compositor.
Variante(s): Alcyr (*português*).

ALCUÍNO
Do germânico *Alkwinm*, de *alhs* (edifício fechado, templo) e *wine* (amigo), sign. "amigo do templo". Por extensão, "benfeitor do templo".
Personal.: Alcuin Loehr, político americano.
Feminino(s): Alcuína.
Variante(s): Alcuíno (*espanhol*); Alcuin (*francês, inglês*).

ALDAIR
Nome calcado em *Aldo*, com influência fonética de *Altair* e *Oldair*. A terminação arbitrária *ir* é muito comum no Brasil, em nomes criados a partir de um modelo preexistente. Ver Aldo e Alda.
Variante(s): Aldir (*português*).

ALDEBRANDO
Do germânico *Altbrand*, de *ald* (ancião, sábio, experiente) e *brand* (espada), sign. "experiente (sábio) no manejo da espada".
Feminino(s): Aldebranda.
Variante(s): Aldobrando (*espanhol, italiano*); Audebrand, Audobrand (*francês*).

ALDEMAR
O mesmo que *Adelmar*. Ver Adelmar.

ALDEMIR
O mesmo que *Adelmar*. Ver Adelmar.
Personal.: Aldemir Martins, gravador bras.

ALDEVINO
O mesmo que *Alduíno*. Ver Alduíno.

ALDIMAR
O mesmo que *Adelmar*. Ver Adelmar.

ALDIMIR
O mesmo que *Adelmar*. Ver Adelmar.

ALDINO
Nome com dois étimos. 1) Do inglês antigo *Ealdwine* (Alduíno), nome muito popular na Idade

62 DICIONÁRIO DE NOMES

Média, na forma *Aldin*. 2) Relativo aos *Aldo*, célebre família italiana de impressores tipográficos. Ver Aldo, Alduíno e Alda.
Feminino(s): Aldina.
Variante(s) da 1ª acepção: Aldeyn, Aldin, Aldwinus, Ealdwine (*inglês antigo*).

ALDIR

O mesmo que *Aldair*. Não confundir com *Audir*. Ver Aldair.
Personal.: Aldir Blanc, compositor.

ALDO

Masculino de *Alda*. Foi adotado como nome cristão na Inglaterra desde o final do séc. XIII. Ver Alda.
Personal.: Aldo de Maio, ator.
Variante(s): Aldo (*italiano, inglês*); Alde, Alden, Alder, Aldon (*francês*); Aldis, Aldous, Aldus (*inglês*).

ALDUÍNO

Do germânico *Alwin*, *Alwyn*, *Ealdwine*, de *eald*, *ald* (ancião, sábio, experiente) e *wine* (amigo), sign. "velho amigo; amigo experiente".
Personal.: Alduíno Estrada, poeta; Aldun Klieve, músico.
Feminino(s): Alduína.
Variante(s): Adelvino, Aldevino, Aldino, Aldoeno, Aldoíno, Elduíno, Oldaíno (*português*); Au-

doin (*francês*); Alduin, Aldwin, Eldwin (*inglês*).

ALÉCIO

O mesmo que *Aleixo*, *Aléxio*, *Alexis*. Ver Aleixo, Aléxio e Alexis.

ALEIXO

O mesmo que *Alexis* e *Aléxio*. Ver Alexis.
Personal.: Aleixo III, imperador do Oriente.

ALÉSIO

Masculino de *Alésia*. Ver Alésia.

ALEX

Hipocorístico de *Alexandre* e *Aléxio*. Ver Alexandre e Aléxio.
Personal.: Alex Karras, ator.
Feminino(s): Alexa.
Variante(s): Alec (*inglês*).

ALEXANDRE

Do grego *Aléxandros*, de *aléxo* (repelir, proteger, defender), e *anér*, *andrós* (homem), sign. "o que defende os homens". Por extensão, "o que repele os inimigos". Tornou-se popular com Alexandre Magno. Em Portugal foi encontrado em documentos que datam da segunda metade de séc. XVII. Na Inglaterra medieval foi encontrado na forma francesa *Alysaundre*.

Personal.: Alexandre Borges, ator.
Feminino(s): Alexandra.
Variante(s): Elisandro, Sandro (*português*); Aleandro, Alejandro, Alesandro (*espanhol*); Alessandro (*italiano*); Alexandre (*francês*); Aleister, Alister, Allistair, Allister (*inglês*); Alexander (*inglês, alemão*); Alastair (*gaélico*).

ALEXANDRINO
Nome com dois étimos. 1) Relativo a *Alexandre*, sign. "de (pertencente a; da natureza de) Alexandre". 2) "Natural de Alexandria". Alexandria é a cidade do Baixo Egito fundada por Alexandre, o Grande, que na Antiguidade foi um dos maiores focos da cultura helenista e centro artístico-literário do Oriente. Ver Alexandre.
Personal.: Alexandrino Borges, pintor.
Feminino(s): Alexandrina.
Variante(s): Alexandrin (*francês*).

ALÉXIO
Variante de *Alexis* encontrada em Portugal, em documentos redigidos na primeira metade do séc. XVI. Ver Alexis.

ALEXIS
Do grego *Aléxis*, de *aléxo* (repelir, proteger, defender), sign. "o que protege (defende); o que repele (as ameaças, os inimigos)", através do francês *Alexis*. Muito comum na ex-União Soviética na forma *Alekséy*. Ver Alexandre.
Personal.: Alexis Shemansky, ator.
Feminino(s): Aléxia.
Variante(s): Alécio, Aleixo, Alexo (*português*); Alejo (*espanhol*); Alèssio (*italiano*); Alexis (*francês, inglês*); Alex (*alemão*).

ALFEU
Nome com dois étimos. 1) Do grego *alphós*, pelo latim *Alpheu*, sign. "branco". 2) Do grego *Alphaiós*, e este, do hebraico *hhâlaph* (acabar, morrer, ir-se, mudar-se, dirigir-se a), com o sentido de "transitório; passageiro". Ver Aretusa.
Feminino(s): Alfeia.
Variante(s): Alfeo (*espanhol*); Alféo (*italiano*); Alphée (*francês*).

ÁLFIO
Do latim *Alfius*. Nome de origem itálica, do osco-umbro *alfos* (alvo), ligado a *Albus*, que os romanos pronunciavam *Alf*, daí *Alfius*. Significa "branco", e está calcado no grego *alphós*. Foi popularizado com a "Cavalleria Rusticana". Ver Albino, nome ao qual equivale.
Personal.: Álfio Cortini, cinegrafista; Alfius Gomes Velho, escritor.

64 DICIONÁRIO DE NOMES

Variante(s): Alfio (*espanhol*); Àlfio (*italiano*).

ALFONSO
O mesmo que *Afonso*. Ver Afonso.
Personal.: Alphonsus de Guimaraens, poeta bras.; Alphonse Daudet, escritor; Alphonso Alexander, ator.

ALFREDO
Do germânico *Alverad*, de *alp*, *alf* (gênio, elfo, duende) e *rat* (conselho). O significado deste nome, muitas vezes confundido com *Adalfredo*, gerou muitas dúvidas e controvérsias. Mas a versão "conselheiro engenhoso" é confirmada pelo mote gravado na gema do rei Alfredo, o Grande (séc. IX), conservada em Oxford.
Personal.: Alfredo Murphy, ator.
Feminino(s): Alfreda.
Variante(s): Alfrido, Elfrido, Elvo (*português*); Alfredo (*espanhol, italiano*); Alfred (*francês, inglês, alemão*); Aufray, Auffray, Auffret, Aufroy (*espanhol, italiano*).

ALI
Do árabe *Ali*, lit. "alto; sublime". É um dos nomes de Deus. Comparar com Alaor.
Personal.: Ali-Abul Hassan, rei mouro de Granada.
Variante(s): Ali (*árabe*).

ALÍCIO
Masculino de *Alícia*, e este, do italiano *Alicia* (Alice). Ver Alice.

ALÍDIO
Masculino de *Alídia*. Ver Alídia.
Personal.: Alydio de Carvalho, poeta.
Variante(s): Alydio (*português*).

ALÍPIO
Do grego *Alypios*, de *álupos*, sign. "o que não sente tristeza". Por extensão, "jovial".
Personal.: Alípio Rebouças, maestro.
Feminino(s): Alípia.
Variante(s): Alipio (*espanhol, italiano*); Alipius (*alemão*).

ALIRIANO
Forma relativa de *Alírio*, sign. "de (pertencente a; da natureza de) Alírio". Ver Alírio.
Feminino(s): Aliriana, Aliriane.

ALÍRIO
Nome originado do francês *Allaire, Allyre*, variantes de *Adalhard* (Adelardo), e este, de *adal* (nobre) e *hart* (destemido, forte, audaz), sign. "nobre destemido (forte, audaz)".
Personal.: Alírio Cavallieri, magistrado; Alírio Cerqueira Filho, escritor.

Feminino(s): Alíria.
Variante(s): Allaire, Allyre (*francês*); Allyrius (*latim*).

ALISON
1) Diminutivo medieval de *Alice*, muito comum na França do séc. XIII e na Inglaterra do séc. XVII. Hoje em dia é usual na Escócia. 2) Do inglês *Allison*, de *Alices'son*, sign. "filho de Alice". Ver Alice.
Personal.: Alison Fercy, Alyson Best, atores.
Variante(s): Alizon (*francês*); Alison, Allison, Allyson, Alson, Alyson (*inglês*).

ALMÁQUIO
Do latim eclesiástico *Almachius*, *Alamachius*, *Telemachius*, proveniente da corruptela grega *Telamáicos* (Telêmaco). Ver Telêmaco.
Personal.: Almáquio Cirne, escritor.
Variante(s): Almachius, Alamachius, Telemachius (*latim*).

ALMÁRIO
O mesmo que *Américo*. Ver Américo.

ALMERINDO
Forma relativa de *Almério*, sign. "de (pertencente a; da natureza de) Almério". *Almério* é uma variante de *Américo*. Ver Américo.
Feminino(s): Almerinda.

ALMÉRIO
O mesmo que *Américo*. Ver Américo.

ALMIR
Nome com três étimos. 1) Do germânico *Alamir*, de *al*, *ala* (tudo, todo) e *mir* (ilustre, célebre, famoso), sign. "famoso (célebre, ilustre) em tudo; o todo famoso; o conhecido de todos". 2) Contração de *Adalmir*, o mesmo que *Adelmar*. 3) Do árabe *al-mir*, lit. "o príncipe; descendente da família real". Ver Adelmar.
Personal.: Almir Sater, Almir Guineto, compositores.
Variante(s) da 1ª acepção: Almiro, Elmir, Elmiro, Eumir (*português*); Almiro (*italiano*).

ALOÍSIO
O mesmo que Aluísio. Ver Aluísio.
Personal.: Aloísio de Abreu, ator; Aloysio Legey, diretor de TV.
Feminino(s): Aluísia.

ALONSO
O mesmo que *Afonso*. Em Portugal, nome encontrado em documentos datados da segunda metade do séc. XVII. Ver Afonso.
Personal.: Alonso Fonseca, músico.
Variante(s): Alonzo (*espanhol*).

ALOYSIO
O mesmo que *Aluísio*. **Ver Aluísio**.

ALTAIR
Do árabe *al-tair*, de *al* (o, a) e *tair*, particípio de *tara* (voar), sign. "a voadora", redução de *al-nasr al tair* (a águia voadora), nome de uma estrela de primeira grandeza da constelação da Águia. No Brasil é um nome comum a ambos os sexos.
Personal.: Altair de Lima, ator.
Variante(s): Altaíro (*português*).

ALTAMIRO
Do germânico *Altmir*, de *alt*, *alda* (velho, ancião) e *mar*, *mir* (ilustre, brilhante, célebre, famoso), sign. "velho ilustre".
Personal.: Altamiro Carrilho, músico.
Feminino(s): Altamira.
Variante(s): Altamir, Altemar, Altimar (*germânico*).

ALTEMAR
O mesmo que *Altamiro*. **Ver Altamiro**.
Personal.: Altemar Dutra, cantor.

ALTINO
Nome originário do latim, com dois étimos. 1) De *Altinum*, sign. "natural (habitante) de Altino". *Altino* é uma antiga cidade italiana localizada na Venécia. 2) Também relacionado a *altus*, "alto", nome que provavelmente foi alcunha de indivíduos com estatura invulgar.
Personal.: Altino Bondesan, historiador.
Feminino(s): Altina.

ALTIVO
Antropônimo originado do adjetivo *altivo*, de mesmo significado.
Personal.: Altivo Diniz, ator.
Feminino(s): Altiva.

ALUÍSIO
Do germânico *Ludwig*, através do latim *Aloysius*, o mesmo que *Luís*. Ao que tudo indica, o nome tornou-se comum com um santo do séc. XVI, muito popular na Espanha. Foi adotado na Inglaterra pelos católicos romanos. **Ver Luís**.
Personal.: Aluísio de Oliveira, compositor.
Feminino(s): Aluísia.
Variante(s): Aloísio, Aloysio, Aluízio, Aluysio, Eloísio (*português*); Aloisio (*espanhol*); Aloyse (*francês*); Aloys (*inglês*).

ÁLVARO
Em torno deste nome há uma série de interpretações discordantes, mas as variantes encontradas no inglês antigo trazem luz à questão.

De *Aelphere, Alfare, Alvar*, desdo-bramentos de um mesmo nome, composto de *aelf, elf* (elfo, gênio) e *ara, are* (proteção, refúgio), sign. "gênio protetor". Por extensão, "gênio (guerreiro) que protege a todos".
Personal.: Álvaro Aguiar, ator.
Feminino(s): Álvara.
Variante(s): Alvaro (*espanhol, italiano*); Alvare (*francês*); Alvar (*inglês, alemão nórdico*).

ALVINO
Transformação de *Albuíno*, "amigo dos elfos".
Personal.: Alwyn Kurts, ator.
Feminino(s): Alvina.
Variante(s): Alvin, Alwin, Alwyn (*inglês, alemão*).

ALZIRO
Do árabe. Do feminino *al zaira* (visitadora), sign. "o visitador". Curiosamente, há naquele idio-ma uma forma *alzir*, que se refere a um "homem que alimenta in-tenso desejo pelo sexo oposto".
Personal.: Alziro Arruda, ator.
Feminino(s): Alzira.
Variante(s): Alzir, Elzir, Elziro (*português*).

AMADEU
Do baixo latim *Amadeus*, de *ama* e *Deu*, no sentido imperativo, sign. "ama a Deus". A forma *Amadis* vem do espanhol e foi nome de um herói de uma céle-bre novela de cavalaria.
Personal.: Amadeu Lindo, poeta; Amadeo Modigliani, pintor italiano.
Variante(s): Amideo (*espanhol*); Amadeo (*espanhol, italiano*); Amedeo, Amodeo (*italiano*); Amadieu, Amadis, Amédée (*fran-cês*); Amadee (*inglês*).

AMADO
Do latim *amatus*, lit. "amado". Nome que originariamente foi alcunha.
Feminino(s): Amada.
Personal.: Amado Batista, cantor.

AMADOR
Do latim *Amator*, de *amator, oris*, sign. "aquele que ama; amador". Em Portugal, nome encontrado em documentos que datam da segunda metade do séc. XVII.
Personal.: Amador Bueno, his-toriador.

AMÂNCIO
Do latim *Amantius*, derivado de *amans*, lit. "amante". Ver Amândio.
Feminino(s): Amância.
Variante(s): Amancio (*espanhol*); Amànzio (*italiano*); Amance (*francês*); Amans (*alemão*).

68 DICIONÁRIO DE NOMES

AMANDINO
Forma relativa de *Amândio*, sign. "de (pertencente a; da natureza de) Amândio". Ver Amândio.
Variante(s): Amantino (*português*).

AMÂNDIO
Amândio, do latim *amare*, sign. "aquele que está amando". Como aconteceu com Amata, nome da esposa de Latino e mãe de Lavínia, *Amândio, Amâncio, Amando* e demais derivados de *amare*, devem ter surgido como antropônimos na época de Augusto.
Personal.: Amândio Alves, ator.

AMANDO
Do latim *Amandu*, derivado do verbo *amare*, sign. "aquele que deve ser amado". Ver Amândio.
Personal.: Amando Fontes, escritor.
Feminino(s): Amanda.
Variante(s): Amando (*espanhol*); Amand (*francês, inglês*).

AMARILDO
O mesmo que *Amarílio*. Ver Amarílio.

AMARÍLIO
Masculino de *Amariles*. Ver Amariles.
Personal.: Amarílio Santos, ator.

Variante(s): Amarildo (*português*); Amaryllis (*latim*).

AMARO
Do latim *amaru*, lit. "amargo". Em Portugal, nome encontrado na segunda metade do séc. XVII.
Personal.: Amaro Cavalcanti, político; Amaro Miranda atl. olímp. bras.

AMÁSIO
Do latim *amasius*, português *amásio*, sign. "homem amancebado; amante; amásio". Ver Amândio.
Personal.: Amácio Mazzaropi (Mazzaropi), ator.
Feminino(s): Amásia.
Variante(s): Amácio (*português*); Amasio (*espanhol*); Amàsio (*italiano*).

AMAURI
Amauri é uma abreviação de *Amalrico*, e este, o mesmo que *Américo*. Ver Américo.
Personal.: Amaury Jr, apresentador de TV.
Variante(s): Amaury (*português*).

AMAURÍLIO
Forma relativa de *Amauri*, sign. "de (pertencente a; da natureza de) Amauri". Ver Amauri.
Feminino(s): Amaurília.

AMBRÓSIO
Masculino de *Ambrósia*, nome que em Portugal foi encontrado em documentos datados do séc. XVII. Ver Ambrósia.
Personal.: Ambrósio Fregolente, ator.
Feminino(s): Ambrósia.
Variante(s): Ambrosio (*espanhol*); Ambrogio (*italiano*); Ambroise (*francês*); Ambrose (*inglês*).

AMÉRICO
Do germânico, através do italiano *Americo* ou *Amerigo*. Neste nome houve a convergência dos nomes *Amalarico* e *Almerico*, conforme pode-se observar nas variantes *Amalaric*, *Amalricus*, *Almerich*, *Almeric*, *Americ*. *Amalarico* origina-se do germânico *Amalaric*, de *amala* (ativo, laborioso, trabalhador) e *rich* (príncipe, senhor, chefe, poderoso), sign. "príncipe laborioso" ou "chefe (senhor) do trabalho". O nome surgiu com o fundador da família real ostrogoda. *Almerico* provém do gótico *haims* (morada, casa) e *rich*, sign. "o chefe da casa; o que manda em seu lar". O nome *Américo* é, portanto, a junção de dois significados diferentes.
Personal.: Américo de Campos, jornalista; Almery Steves, ator; Emeric Marcier, pintor bras.

Feminino(s): América.
Variante(s): Almarico, Almário, Almerico, Almério, Almiro, Amalrico (*português*); Amauri (*português, inglês*); Américo (*espanhol*); Amerigo (*italiano*); Amaury, Americ, (*francês*); Americk, Emery (*inglês*); Emeric (*inglês, nórdico*).

AMÍLCAR
Do púnico *Ha-Melkarth*, fenício *Melgarth*, de *melk-karth*, sign. "rei da cidade". *Melcarte, Milcart*, também chamado "Baal de Tiro" nas antigas inscrições, foi o Deus Supremo dos fenícios, adorado em Tiro. Os fenícios identificavam-no com Hércules e anualmente acendiam uma fogueira em um templo dedicado a esse semideus. Foi nome de muitos generais cartagineses, entre eles, o pai de Aníbal.
Personal.: Amílcar de Castro, escultor.
Variante(s): Amílcar (*espanhol*); Amilcare (*italiano*); Amilcar (*francês*).

AMINTAS
Do grego *Amynthas* de *amyno* (defender, proteger, repelir), sign. "o que protege; o que repele (os perigos, os inimigos)". Ver Alexandre.

70 DICIONÁRIO DE NOMES

Personal.: Amintas Guilherme, cantor lírico.
Variante(s): Aminta, Amintes, Amintor (*português*); Amintas (*espanhol, italiano*); Amynta (*inglês*); Amyntas, Amyntes (*latim*).

AMIR

Do árabe *amir* (comandar), sign. "o que comanda; **comandante**". A princípio, *Amir* foi o título dos chefes muçulmanos tribais ou provincianos, estendido posteriormente a todos os grandes oficiais da coroa. Também significa "príncipe" ou "caudilho" árabe, e foi nome dado aos descendentes de Maomé.
Personal.: Amir Haddad, diretor teatral.
Variante(s): Emir (*português, árabe*).

AMÓS

Do hebraico *Amos*, lit. "nascido (pela graça de Deus)", através do grego *Amós*, correlato ao aramaico *amas* e ao árabe *amisa*.
Personal.: Amos Kolleck, ator.
Variante(s): Amos (*inglês, russo*).

ANACLETO

Do grego *Anákletos*, de *anakaléo* (gritar, chamar, invocar), sign. "chamado em voz alta; invocado". Outro significado: "**ressuscitado**".

De *anakaléo* surgiram os termos *anaclético*, que se referia ao som utilizado pelos gregos para invocar os exércitos, e *anacleticum*, sinal anunciado pelas trombetas para a retirada das tropas ou cessação dos combates.
Personal.: Anacleto Rosas, compositor.
Feminino(s): Anacleta.
Variante(s): Anacleto (*espanhol, italiano*); Anaclet (*francês*).

ANANIAS

Do hebraico *Hananiah, Hanan-Yah*. O primeiro elemento é *hannah* (Graça), da raiz *hanán* (ele mostrou-se gracioso, exibiu favor), relacionado ao aramaico *hanán*, siríaco *han*, árabe *hánna*, acadiano *jihnanuni*. O segundo é *Yah* (Javé, Jeová, Deus), o que dá ao nome o significado "Deus é gracioso (misericordioso); o gracioso (misericordioso) (é) Javé (Deus)". Outra interpretação: "Misericórdia (Graça) divina". O nome tem o mesmo significado de *Aníbal* (Hhannibaal) e *João*, este último, formado da inversão dos elementos de *Ananias* (Hanan-Yah / Yah-Hanan).
Variante(s): Ananías (*espanhol*); Anania (*italiano*).

ANASTÁCIO

Do grego *Anastásios*, de *anastasis*, sign. "**o ressuscitado**". Nome místico recebido pelos pagãos batizados, porque no batismo renasciam para uma nova vida. Em Portugal, foi encontrado em documentos datados de 1773. Foi nome de quatro papas e de dois imperadores do Oriente.

Personal.: Anastácio Fernandes, ator.

Feminino(s): Anastácia.

Variante(s): Anastasio (*espanhol, italiano*); Anastase (*francês*).

ANATÓLIO

Do grego *Anatólios*, de *anatolé* (levantar de um astro, Oriente), sign. "**do lado do Sol nascente; oriental**".

Personal.: Anatole Doca, ator.

Feminino(s): Anatólia.

Variante(s): Anátolo, Anatalão (*português*); Anatolio (*espanhol*); Anatole (*francês*).

ÂNDERSON

Do inglês Anderson, de *Andrew*, mais a partícula *son* (filho), *Ander's son*, sign. "**filho de Andrew (André)**". Na Inglaterra, tornou-se sobrenome, juntamente com as alcunhas *Dandy* e *Tandy*, por volta do séc. XII. Ver André.

Personal.: Anderson Müller, ator.

Variante(s): Anderson, Anderseson (*inglês*); Andersen (*dinamarquês*); Andersson (*sueco*).

ANDRÉ

Do grego *Andréas*, através do francês *André*, calcado no grego *andrós* (homem), sign. "**másculo; varonil**". A variante italiana *Andrea* tornou-se Andréa no Brasil e passou ao gênero feminino. Em Portugal, o nome foi encontrado em documentos datados do séc. XIII, na forma Andreu. Foi o nome do primeiro discípulo de Cristo, irmão de Simão Pedro e patrono da Rússia e da Escócia.

Personal.: André Valli, ator; Andrés Segovia, violonista espanhol.

Feminino(s): Andréa, Andreia.

Variante(s): Andrés (*espanhol*); Andrea (*italiano*); André (*francês*); Andre (*alemão*); Aindreas (*alemão, latim*); Andreas (*alemão, nórdico*); Ander (*alemão, suíço*); Andrei, Andrey (*russo*).

ANDREI

O mesmo que *André*. Ver André.

ANÉCIO

Masculino de *Aneci, Anécia, Anecy*. Ver Aneci.

ANÉLIO
Masculino de *Aneli*. Ver Anélia.

ANÉSIO
Masculino de *Anésia*. Ver Anésia.

ANGÉLICO
Do grego *angeliké*, através do latim *angelicus*, sign. "puro como um anjo; que se assemelha aos anjos; angelical".
Personal.: Fra Angelico, pintor místico da escola toscana.
Feminino(s): Angélica.
Variante(s): Angélico (*espanhol*).

ANGELINO
Forma relativa de *Ângelo*, sign. "de (pertencente a; da natureza de) Ângelo". Ver Ângelo.
Personal.: Angelino de Oliveira, compositor.
Feminino(s): Angelina.

ANGELITO
Diminutivo de *Ângelo*. Ver Ângelo.
Personal.: Angelito Mello, ator.
Feminino(s): Angelita.

ÂNGELO
Do grego *Ággelos*, latim *Angelus*, sign. "mensageiro; anjo". Nome usado pela primeira vez na forma Angelos, durante o período bizantino. Em Portugal, surgiu no A.E.L., edição de 1838. Muito frequente entre os judeus da Itália depois do ano 1255, o nome ainda hoje é muito comum naquele país.
Personal.: Ângelo Máximo, cantor; Angel Aranda, ator.
Feminino(s): Ângela.
Variante(s): Ángel (*espanhol*); Angelo (*italiano*); Angel (*francês, inglês*); Ange (*francês*); Angelus (*alemão, latim*).

ANÍBAL
Do púnico *Hhannibaal*, de *hannah* (Graça) e Baal, sign. "Baal é gracioso (misericordioso); o gracioso (misericordioso) (é) Baal; Graça de Baal". O primeiro elemento do nome é encontrado em *Ananias* e *João*, nomes aos quais semanticamente equivale. A variante *Annibal* e o derivado *Annibalianus* foram usados em Roma. *Hannibal* foi adotado como nome cristão na Cornuália no séc. XVI. Ver Amílcar.
Personal.: Aníbal Gonçalves, contista.
Variante(s): Aníbal (*espanhol*); Annibale (*italiano*); Annibal (*francês*); Hannibal (*inglês*).

ANICETO
Do grego *Aníketos*, de *aniketés*, sign. "o invencível".
Personal.: Aniceto de Meneses, compositor.

NOMES MASCULINOS

Variante(s): Aniceto (*espanhol, italiano*); Anicet (*francês*); Anicetus (*belga, latim*); Nikita (*russo*).

ANÍSIO
Masculino de *Anísia*. Já foi encontrada uma tradução equivocada, originária do grego *Ánysos*, de *anysis*, com o significado de "completo; perfeito". Não confundir com *Anício*. Ver Anísia.
Personal.: Anísio Silva, cantor.
Variante(s): Anísio (*espanhol*).

ANSELMO
Do germânico *Ansehelm*, de *Anse, ansi*, nome genérico dos deuses da mitologia escandinava, e *helm* (elmo, proteção), sign. "que está sob a proteção dos Anses (deuses)". Apesar de nunca ter sido muito popular na Bretanha, onde ocorreu a partir do séc. XII, a variante *Anselm* foi confundida com *Ancel* (Ancelino), devido à pronúncia *ancelm*. Entre os lombardos, surgiu com S. Anselm (1033-1109), tornando-se um nome muito comum.
Personal.: Anselmo Duarte, Anselmo Vasconcelos, atores.
Feminino(s): Anselma.
Variante(s): Anselmo (*espanhol, italiano*); Anselme (*francês*); Anselm (*inglês, alemão*); Ansel, Ansell (*inglês*).

ANTÃO
De *Antom*, uma forma arcaica de *Antônio*. Ver Antônio.
Personal.: Antão Morais, jurista.
Variante(s): Antom (*português antigo*).

ANTENOR
Do grego *Anténor*, de *antí* (contra) e *anér, andrós* (homem), sign. "homem que se opõe; oponente".
Personal.: Antenor Barreto, jornalista.
Variante(s): Antenor (*espanhol, latim*); Antenore (*italiano*); Anténoro (*francês*).

ANTERO
Do grego *anthêrós*, ligado a *anthós* (flor), lit. "florido". O nome às vezes é confundido com *Anteros* (contra-amor).
Personal.: Antero de Oliveira, ator.
Variante(s): Antério (*português*); Anthère (*francês*); Antero (*nórdico*).

ANTONINO
Forma relativa de *Antônio*, sign. "de (pertencente a; da natureza de) Antônio". Ver Antônio.
Personal.: Antonin Artaud, ator.
Feminino(s): Antonina.
Variante(s): Antonino (*espanhol, italiano*); Antonil (*espanhol*); Antonin (*francês*).

ANTÔNIO

Do grego *Antónios*, e este, do latim *Antonius*, sign. "inestimável; digno de apreço". A popularidade do nome deve-se a Antônio, o Grande, asceta egípcio cujo culto foi difundido no Oriente, no tempo das Cruzadas. Foi nome de uma gens romana, cujo mais famoso membro foi Marco Antônio. Na forma *Antony* difundiu-se na França medieval. Comum na Inglaterra do séc. XII, ainda hoje é muito popular naquele país. Na Escócia, aparece na forma *Anton*.
Personal.: Antônio de Castro Alves, poeta bras.; Antônio Calloni, Anthony Quinn, atores.
Feminino(s): Antônia.
Variante(s): Antonio (*espanhol, italiano*); Antoine (*francês*); Antoni (*francês*); Anthony (*inglês*); Anton (*escocês, alemão, nórdico, eslavo*); Antonius (*alemão, latim*).

ANUAR

Do árabe *Anwar*, lit. "o iluminado". A forma *Anuari*, com o mesmo significado, foi nome de um famoso poeta persa do séc. XII.
Personal.: Anwar Sadat, ex-presidente do Egito.
Variante(s): Anvar (*russo*); Anwar (*árabe*); Anuari (*persa*).

APARÍCIO

Do latim *apparitio*, lit. "aparição". De origem religiosa, é um antigo nome designativo das festas da Epifania. Em Portugal, foi encontrado em documentos datados da primeira metade do séc. XVI.
Personal.: Aparício Fernandes, poeta.
Feminino(s): Aparícia.
Variante(s): Aparicio (*espanhol*).

APELES

O mesmo que *Apolônio*. Foi um nome muito comum entre os antigos judeus gregos, adotado como abreviação de *Apelônio* (Apolônio). Ver **Apolônio**.
Personal.: Apeles Porto Alegre, escritor.
Variante(s): Apélio (*português*); Apeles (*italiano, francês, inglês*); Apelle (*italiano, francês*).

APOLINÁRIO

Do latim *Apollinaris*, sign. "consagrado a Apolo". Em Portugal, nome encontrado na segunda metade do séc. XVII. O mesmo que *Apolônio*. Ver **Apolo**.
Feminino(s): Apolinária.
Variante(s): Apolinar (*espanhol*); Appollinàre (*italiano*); Apollinaire (*francês*).

APOLINO
O mesmo que *Apolônio*. Ver Apolônio.

APOLO
Do grego *Apóllon*, cujo significado primitivo é: "o espírito do calor, o princípio de criação e vida (que tem seu centro no Sol)". Na mitologia grega, Apolo foi o deus da poesia, da música, da dança, da arte, da medicina, do dia, dos pastores e dos oráculos.
Personal.: Apolo Corrêa, ator.
Variante(s): Apolo (*espanhol*); Apollo (*italiano, inglês, holandês, belga, latim*); Apollon (*francês*).

APOLÔNIO
Do grego *Apollónios*, lit. "consagrado a Apolo". O mesmo que *Apolinário*. Ver Apolo.
Personal.: Apolônio de Tralles, escultor grego que viveu por volta do ano 200 a.C.
Feminino(s): Apolônia.
Variante(s): Apolino, Apollonios (*português*); Apolonio (*espanhol*); Apollònio (*italiano*); Apollone (*francês*).

APRÍGIO
Do latim *Aprigiu*, de *aper, apri* (javali), sign. "caçador de javalis".
Personal.: Aprígio de Oliveira, jornalista.

AQUILES
Do grego *Achilléus*. O nome origina-se de um desdobramento da onomatopeia primitiva *ber*, encontrada no segundo elemento de *Her-acles* (*Heracles, Hércules*) e de outros nomes de deuses gregos associados ao *calor*. Significa "espírito de vida; calor da criação; fogo vivo; luz do mundo", em outras palavras, "o Sol". Ver Apolo e Hércules.
Personal.: Aquiles de Almeida, poeta; Aquiles Donato, escritor.
Feminino(s): Aquileia.
Variante(s): Aquiles (*espanhol*); Achille (*italiano, francês, inglês*); Achilles (*inglês, alemão*).

ARAMIS
O nome foi uma criação de Alexandre Dumas para o romance *Os três mosqueteiros*. Durante a narração, Bazin, escudeiro de Aramis, informa que o nome de seu senhor é o de um demônio Simara lido ao contrário, vocábulo que deriva do árabe *sammur* e significa "negro; escuro". Coincidentemente há em persa as palavras *aramish*, *aramis*, traduzidas por "descanso, repouso".
Personal.: Aramis Trindade, ator.

ANCÂNGELO
De origem religiosa, *Arcângelo* (ou *Arcanjo*) a príncipio foram

sobrenomes dado a uma criança nascida em dia consagrado a algum arcanjo. A origem prende-se ao latim *archangelus*, e este, ao grego *archággellos*, de *árch* (chefe, príncipe) e *ággelos* (mensageiro, anjo), sign. "príncipe dos anjos".
Personal.: Arcangello Ianelli, pintor bras.
Variante(s): Arcángel (*espanhol*); Arcàngelo (*italiano*); Archange (*francês*).

ARDUÍNO
Do germânico *Hartwin*, de *hard* (firme, forte) e *win* (amigo), sign. "firme na amizade; amigo forte".
Personal.: Arduíno Colassanti, ator.
Feminino(s): Arduína.
Variante(s): Harduíno (*português*); Arduíno (*espanhol*); Arduino (*italiano*); Ardoin, Ardowin, Hardouin (*francês*).

ARGEMIRO
Do germânico *Erchanmir*, de *ercan* (nobre, nascido livre) e *mar*, *mir* (ilustre, famoso), sign. "ilustre na nobreza; nobre ilustre".
Personal.: Argemiro Corrêa, poeta.
Feminino(s): Argemira.
Variante(s): Argemiro (*espanhol*); Argemire (*francês*).

ARGEU
Do grego *Argaíos*, de *argós* (branco), com o sentido de "brilhante; luminoso". Nome dado aos bonecos de junco que nos idos de maio os sacerdotes gregos atiravam ao Tibre, numa possível representação dos antigos sacrifícios humanos. Ver Albino.
Personal.: Argeu Ferrari, ator.
Variante(s): Argeo (*espanhol, italiano*); Argée (*francês*).

ARI
Abreviação do hebraico *Aryeh*, lit. "leão". Nome que os antigos hebreus davam a Jerusalém, cidade que personificava a força proveniente de Deus. Ver "leão" na seção Simbologia.
Personal.: Ary Fontoura, Arye Gross, atores.
Variante(s): Ary, Arie (*inglês, alemão, holandês*); Arye (*hebraico*).

ARIANO
Nome com três étimos. 1) De *ariana*, designação dada pelos gregos aos países que os orientais chamavam Iran. Significa "aquele que é do país dos ários; da raça ariana". O étimo vem do zende *aihrya* (nobre). 2) Nome dado aos sectários de *Ario*, herege cuja oposição à igualdade das pessoas da Santíssima Trindade originou

NOMES MASCULINOS 77

o arianismo, em 318 da era cristã
3) Masculino de *Ariana*. Ver Ariana (1ª acepção).
Personal.: Ariano Suassuna, escritor.
Variante(s): Ariyan (*inglês*).

ARIEL
Do hebraico *Ari-el*, lit. "leão de Deus; leão do Senhor". Os místicos judeus têm em *Ariel* o nome poético de Jerusalém.
Personal.: Ariel Coelho, Ariel Borghi, Ariel Besse, atores.
Feminino: Ariela.
Variante(s): Ariel (*espanhol, italiano*); Aryell (*inglês*).

ARILDO
Nome com dois étimos. 1) Do germânico, de *harjis* (exército) e *hild* (combate), sign. "combatente do exército" ou "combatente aguerrido". 2) Forma reduzida de *Ariovaldo*. Ver Ariovaldo.
Personal.: Harildo Deda, ator; Arild Andersen, músico.
Feminino(s): Arilda.
Variante(s): Harildo (*português*).

ARÍLSON
O mesmo que *Arielson*. Ver Ariel.

ARIOVALDO
Do germânico *Hariwald*, sign. "emissário real; arauto". O nome originou o substantivo francês *héraut*, e daí o português *arauto*.
Personal.: Ariovaldo Pires, compositor.
Feminino(s): Ariovalda.
Variante(s): Arivaldo, Arildo (*português*).

ARÍSIO
Forma relativa de Ari, sign. "de (pertencente a; da natureza de) Ari". Ver Ari.
Personal.: Arísio Marçal da Cruz, atl. olímp. bras.

ARISTEU
Do grego *Aristeús*, *Aristaîos*, de *áristos*, lit. "o que é o melhor; o que se distingue; ótimo".
Personal.: Aristeu, o Velho, geômetra grego do fim do séc. IV a.C.
Variante(s): Aristão, Arístio, Ariston (*português*); Aristeo (*espanhol*); Aristèo (*italiano*); Aristaeus (*latim*).

ARISTIDES
Do grego *Aristeídes*. O nome oferece dificuldade de interpretação. 1) De *áristos* (excelente, ótimo, melhor, exímio, distinto, nobre) e *eîdos* (forma, imagem), sign. "(o melhor) aspecto; que possui uma aparência nobre". 2) Ou de *áristos* e *ádos*, sign. "ilustre por sua descendência". 3) O mais

provável é que seja um patronímico de *Aristeu*, sign. "filho (descendente) de Aristeu". Ver Aristeu.
Personal.: Aristides Ávila, romancista.
Variante(s): Arístides (*espanhol*); Aristide (*italiano, francês*).

ARISTÓTELES
Do grego *Aristóteles*, de *áristos* (excelente, ótimo, melhor, exímio, distinto, nobre) e *télos* (fim), sign. "o que está destinado a ser o melhor".
Personal.: Aristóteles Pena, ator.
Feminino(s): Aristotelina.
Variante(s): Aristóteles (*italiano, francês, inglês*); Aristòtele (*italiano*); Aristote (*francês*); Aristotle (*inglês*).

ARLAN
Do germânico *Hariland*, de *hari, heri* (exército) e *land* (país, terra, pátria), sign. "da terra (pátria) de guerreiros". Não confundir com *Orlando*. Ver Orlando.
Personal.: Arland Christ, educador americano.
Feminino(s): Arlanda, Arlana.
Variante(s): Arlando, Arlano, Harlano (*português*); Arland, Arlaud (*francês*); Arland, Harlan (*inglês*).

ARLEI
Nome de residência originário de *Herley*, toponímico inglês que significa "da floresta de campainhas", entendendo-se que *campainha* se refere a uma flor.
Personal.: Arley Cooper, desportista americano.
Variante(s): Arleigh, Arley, Harley (*inglês*).

ARLINDO
Do germânico *aar* (águia) e *lind* (escudo), sign. "escudo da águia". Por extensão, "protetor heroico". Ver "águia" na seção Simbologia.
Personal.: Arlindo Barreto, ator.
Feminino(s): Arlinda.

ARMANDO
Do germânico *Hariman*, de *hari, heri* (exército) e *mann* (homem), através do francês *Armand, Armant*, sign. "homem do exército; militar". A forma germânica *Hermann*, adotada na Inglaterra por famílias judaicas oriundas da Alemanha, foi introduzida naquele país pelos normandos.
Personal.: Armando Bogus, Herman Bing, atores.
Feminino(s): Armanda.
Variante(s): Armindo, Armino, Hermando, Hermano (*português*); Armando (*espanhol, italiano*); Armandi, Ermano, (*italiano*); Armand (*francês, inglês*).

ARMÊNIO

Gentílico originário do latim *armeniu*, lit. "natural da Armênia".
Personal.: Armênio Seabra, ator.
Feminino(s): Armênia.
Variante(s): Armeny (*francês*).

ARMINDO

O mesmo que *Armando*. Ver Armando.

ARMÍNIO

Nome com dois étimos. 1) O mesmo que *Hermínio*. 2) Forma relativa de *Armino*, sign. "de (pertencente a; da natureza de) Armino". Ver Hermínio e Armino (1ª acepção).
Feminino(s): Armínia.
Variante(s): Arminio (*espanhol*); Arminìo (*italiano*); Arminius (*alemão, latim*).

ARMINO

O mesmo que *Hermínio*. Ver Hermínio.

ARNALDO

Do germânico *Arnoald*, de *aar, arin, arn* (águia) e *wald* (dominar, ter poder, ter fortaleza, governar), sign. "o que domina como a águia; poderoso (forte) como a águia". *Ernald* e *Ernold*, representando o nativo *Earn-*weald, foram encontrados naquele país no séc. XII.
Personal.: Arnaldo Antunes, cantor; Arnaud Rodrigues.
Feminino(s): Arnalda.
Variante(s): Ernaldo, Ernoldo, (*português*); Arnoldo (*português, espanhol, italiano*); Arnold (*francês, eslavo*); Arnaud (*francês*).

ARNÔ

Tradução fonética do francês *Arnaud*, o mesmo que Arnaldo. As variantes *Arnoald, Arnald* e *Arnold* surgiram em tempos remotos na Inglaterra, como também as variantes francesas *Arnaud* e *Arnaut*, levadas pelos normandos.
Personal.: Arno Holza, escritor alemão.

ARNOLDO

O mesmo que *Arnaldo*. Ver Arnaldo.

ARNON

Do hebreu *Arnon*, sign. "alegre; exultante; o que brada (grita) de alegria". As Escrituras fazem menção a um rio Arnom, palavra hebraica traduzida por "o que corre rápido", que não deve ser confundida com o étimo em questão.
Variante(s): Arnone (*italiano*).

ARQUIMEDES
Do grego *Archimédes*, do prefixo superlativo *archi* e de *med*, do verbo *médomai* (pensar), sign. "o que pensa muito".
Personal.: Archimedes Lalos, ator.
Variante(s): Archimedes (*português*); Arquímedes (*espanhol*); Archimède (*italiano, francês*); Archimedes (*inglês*).

ARSÊNIO
Do grego *Arsénios*, calcado em *ársen*, correlato ao zende *arshan*, sign. "másculo; viril". Ver André.
Personal.: Arsênio Cintra, pintor; Arsenio Hall, ator.
Feminino(s): Arsênia.
Variante(s): Arsenio (*espanhol*); Arsènio (*italiano*); Arsène (*francês*).

ARTUR
Nome de origem céltica, adotado pelos judeus para substituir *Abraão*, que inicia com a mesma letra. 1) De *artva*, lit. "pedra", que está em estreita relação com a lenda (a espada tirada da pedra). 2) Ou de *art* (urso) e *ur* (grande), sign. "grande urso", relacionado ao vasconço *artuz* e ao grego *árktos*, ambos traduzidos por "urso". Ao que tudo indica, o nome surgiu pela primeira vez com o rei Artur (*Arthus*), em torno do qual se estruturaram as lendas da Távola Redonda. **Ver "urso" na seção Simbologia.**
Personal.: Arthur Moreira Lima, pianista.
Variante(s): Arcturo (*espanhol*); Arturo (*espanhol, italiano*); Arthur (*francês, inglês, holandês, nórdico*); Artus (*francês, alemão*).

ASCENSO
Do latim *ascensu*, lit. "ascensão; elevação". Ao que tudo indica, nome de origem religiosa relacionado à Ascensão de Nosso Senhor, ocorrida, segundo S. Lucas, no quadragésimo dia após a sua Ressurreição. Em Portugal, aparece em documentos que datam da segunda metade do séc. XVII.
Personal.: Ascenso Ferreira, poeta.
Feminino(s): Ascensão.

ASDRÚBAL
Do púnico *Azrúba'al, Aazrô Ba'al*, sign. "protegido de Baal". Foi um nome muito comum entre os cartagineses. Ver Amílcar.
Variante(s): Asdrúbal (*espanhol*); Asdrùbale (*italiano*).

ASSUERO
Do antigo persa *khchoovârcha* ou *khsajarsha*, sign. "leão rei", por metonímia, "herói entre os dominadores". O nome aparece

NOMES MASCULINOS 81

em antigos documentos na forma *Ksherse*. É o mesmo que *Xerxes*.
Personal.: Assuero Garritano, compositor.
Variante(s): Assueiro, Xerxes (*português*); Assuèro (*italiano*); Ahhashvêrôsh (*hebraico*); Assuerus (*latim*).

ASTOLFO
Do germânico *Aistulf*, de *ast*, *heist* (combate) e *wolf* (lobo), sign. "aquele que combate como o lobo; combatente feroz".
Personal.: Astolfo Araújo, Astolfo Delgado, cineastas.

ASTOR
Nome com dois étimos. 1) Do grego *Astur*, sign. "brilho de astro; que brilha como um astro". 2) Do francês *Astur*, de *autour*, sign. "que está sempre à volta (de alguém)", sem dúvida, atribuído a um homem rapace.
Personal.: Astor Dias, contista.
Variante(s): Astorre (*italiano*); Astor (*francês*).

ASTROGILDO
Do germânico *Austregildis*, de *austr* (brilhante) e *gild* (digno de valor), sign. "brilhante pela dignidade (pelo valor)".
Personal.: Astrogildo César, poeta.

Feminino(s): Astrogilda.
Variante(s): Austregildo (*português*).

ATALIBA
Corruptela do espanhol *Atabalipa*, e este, tradução do quíchua *Aiahualipa* (Ataualpa), lit. "galo". Já encontrado no Brasil, o nome surgiu com Atabalipa ou Atahualpa, último rei inca do Peru, morto por Pizarro quando este chegou ao país, em 1532. Ver "galo" na seção Simbologia.
Personal.: Ataliba Santos, ator.
Variante(s): Ataualpa (*português*); Atabalipa, Atahualpa (*espanhol*).

ATAULFO
Do germânico *Athaulf*, o mesmo que *Adolfo*. Ver Adolfo.
Personal.: Ataulfo Alves, compositor.
Variante(s): Ataúlfo (*espanhol*).

ÁTICO
Do grego *attikós*, sign. "natural da Ática". *Ática* origina-se de *akté* (praia abrupta, promontório, rochedo), nome da península onde se encontra Atenas.
Personal.: Ático Lebrão, editor.
Feminino(s): Ática.
Variante(s): Áticos (*espanhol*); Àttico (*italiano*); Atticus (*francês, latim*).

ÁTILA

Do gótico *Attila*, diminutivo da *atta*, lit. "paizinho". Ver Tito.
Personal.: Átila Iório, Átila Almeida, atores; Attila Mizser, atl. olímp. húngaro.

ATÍLIO

Masculino de *Atília*. **Ver Atília.**
Personal.: Atílio Correia Lima, urbanista, planificador de Goiânia.
Variante(s): Atilio (*espanhol*); Attilio (*italiano*); Attilius (*francês, latim*).

ATOS

Do grego *Áthos*, provalmente de *thoós*, lit. "agudo". É possível que tenha derivado do nome dos rochedos localizados na Península de Salônica, onde se despedaçou a armada de Xerxes ao tentar invadir a Grécia. Modernamente o nome surgiu com um personagem de os *Os três mosqueteiros*, de Alexandre Dumas.
Personal.: Atos Damasceno, jornalista, escritor; Athos Carlos Pizoni, atl. olímp. bras.

AUDIR

Nome que possui dois étimos e não deve ser confundido com *Aldir*. 1) Do persa *audir*, sign. "irmão do pai; tio". 2) O mesmo que *Oto, Oton*. **Ver Oto.**
Feminino(s): Audira.

AUDO

O mesmo que *Oto, Oton*. Não confundir com *Aldo*. **Ver Oto.**
Feminino(s): Auda.

AUDOMÁRIO

Do germânico *Otmar*, de *ot, od, aud, odo* (riqueza, opulência) e *mar* (ilustre, brilhante), sign. "ilustre pela riqueza". Não confundir as variantes deste nome com *Aldemar, Aldemário*, variantes de *Adelmar*.
Feminino: Audomara.
Variante(s): Audemar, Audemaro, Audomaro (*português*).

AUGUSTO

Do latim *Augustus*, de *augustus*, sign. "sagrado; consagrado; sublime; elevado". Nome que era conferido aos imperadores romanos para lhes assinalar um caráter sagrado. Foi adotado como segundo nome (Augusta) entre as princesas germânicas do período pós-renascentista, exemplo do que ocorreu com os imperadores romanos. Em Portugal, surgiu no A.E.L. de 1838.
Personal.: Augusto dos Anjos, poeta; Auguste Rodin, escultor francês.
Feminino(s): Augusta.
Variante(s): Augusto (*espanhol, italiano*); Auguste (*francês*); Au-

gust (*inglês, alemão*); Augustus (*alemão, latim*); Águst, Aukusti (*nórdico*).

AURELIANO
Do latim *Aurelianus*, relativo a *Aurélio*, sign. "de (pertencente a; da natureza de) Aurélio". Ver Aurélio.
Personal.: Aureliano Santos, ator.
Feminino(s): Aureliana, Aureliane, Aurelina.
Variante(s): Aurelino (*português*); Aureliano (*espanhol, italiano*); Aurélien (*francês*); Aurelian (*inglês*).

AURÉLIO
Do latim *Aurelius*, de *aurum* (ouro), sign. "dourado; filho do ouro". O nome origina-se da mesma voz indo-europeia da qual procede a palavra *aurora*.
Personal.: Aurélio Buarque de Holanda, lexicógrafo bras.
Feminino(s): Aurélia.
Variante(s): Aurelio (*espanhol*); Aurèlio (*italiano*); Aurèle (*francês*); Aurel (*inglês*); Aurelius (*alemão, holandês, latim*).

ÁUREO
Masculino de *Áurea*. Ver Áurea.
Personal.: Áureo Ameno, radialista; Auro de Moura Andrade, poeta.

Variante(s): Auro (*português, espanhol*); Aureus (*alemão, latim*).

AURIANO
Forma relativa de *Áureo*, sign. "de (pertencente a; da natureza de) Áureo". Ver Áureo.

AURIMAR
Nome criado a partir da aglutinação do latim *aurum*, *auri* (ouro, da cor do ouro) e *mare*, *maris* (mar), sign. "mar dourado". No Brasil, é um nome comum a ambos os sexos.
Personal.: Aurimar Rocha, ator.

AURINO
Masculino de *Aurina*, e este, o mesmo que *Auriana*. Ver Auriana.
Personal.: Aurino Cassiano, ator.

AURY
Do inglês *Aury*, diminutivo de *Aurel* (Aurélio). Ver Aurélio.
Personal.: Aury Cahet, ator.
Variante(s): Uri (*português*); Aury (*inglês*).

AUSTREGILDO
O mesmo que *Astrogildo*. Ver Astrogildo.

AUTRAN
Do germânico *Aldran*, de *ald* (ancião, velho) e *hramn* (corvo),

84 DICIONÁRIO DE NOMES

sign. "velho corvo". Curiosamente existe uma antiga raiz *hramm*, que significa "ocultar-se" e que tem estreita correlação com o elemento *bram*, que originou o nome *Brahma*, o Deus Criador dos hindus. Ver "corvo" na seção Simbologia.
Personal.: Autran Dourado, escritor.
Variante(s): Autrano *(português)*; Audrain, Audran, Autrand *(francês)*.

AVALONE
Do inglês *Avalon*, de uma raiz *afal* (maçã), sign. "ilha das maçãs". *Avalach*, a "maçã que concede a imortalidade". Nas tradições célticas, Avalon é uma ilha habitada por mulheres que atraem os heróis para torná-los imortais.
Personal.: Avalone Filho, ator.
Variante(s): Avalon, Avallon *(inglês)*.

AVELINO
Masculino de *Avelina*, que é o mesmo que *Evelyn, Evelina*. Ver Evelyn.
Personal.: Avelino Argento, dramaturgo; Avelino Palma, atl. olímp. bras.
Feminino(s): Avelina.
Variante(s): Evalino, Evelino *(português)*.

AXEL
Do antigo nórdico *öxull*, inglês antigo *eaxl*, saxão antigo *ahsa*, germânico *Achse, sign.* "carroça, carruagem". Nome, provavelmente, dado a um fabricante de carroças.
Personal.: Axel Madsen, escritor.

AZARIAS
Do hebraico *Hhazariah, Azaryah*, sign. "Deus (o Senhor) ajudou".
Personal.: Azarias Dias de Melo, maestro.
Variante(s): Azaria *(português)*.

B

BALBINO
Do latim *Balbinu*, diminutivo de *balbus*, sign. "gago; balbuciante". *Balbus* origina-se da raiz indo-europeia *balbal* (que imita a maneira confusa de falar).
Feminino(s): Balbina.
Variante(s): Balbino (*espanhol, italiano*).

BALDUÍNO
Do germânico *Baldavin*, de *balt, bald* (ousado, audaz, destemido) e *win* (amigo), sign. "amigo ousado (audaz, destemido)". Nos tempos antigos foi um nome muito comum a condes, reis e imperadores.
Personalidade(s): Balduíno I, rei da Bélgica.
Feminino(s): Balduína.
Variante(s): Baldvino, Valdevino, Valdivino (*português*); Balduíno (*espanhol*); Baldovino (*espanhol, italiano*); Balduìno (*italiano*); Balduin (*francês, alemão*); Baudoin, Baudouin, Baudowin (*francês*); Baldwin (*inglês*).

BALTAZAR
Do assírio *Bel sar uxur*, hebraico *Belsassar, Beltshatztzár*, babilônico *Balt-shar-usur*, sign. "salve a vida do rei (senhor)".
Personal.: Batalsar García, revolucionário equatoriano.
Variante(s): Baltasar, Balthazar (*português, francês*); Baltasar (*espanhol*); Baldassare (*italiano*); Balthasar (*inglês, alemão*); Baltassar, Balsázar (*hebraico*).

BARTOLOMEU
Do sírio-hebraico *Bar Tholmai*, aramaico *bar Talmáy*, lit. "filho de Tholmai". O antropônimo *Tholmai* deriva da raiz *tholm*, e traduz-se por "que suspende (as águas)". Em Portugal, nome encontrado em documentos datados do séc. XIII.
Personal.: Bartolomeu Pires, músico.
Variante(s): Bartolomé (*espanhol*); Bartolomeo (*italiano*); Bartholomé, Bartholomon (*francês*); Brathomew (*inglês*).

BASÍLIO

Do grego *Basíleios, Basílios,* de *basíleios* (régio, real), sign. "de linhagem real". Em Portugal, Basileu foi encontrado em documentos datados do séc. XVI.
Personal.: Basílio de Magalhães, historiador.
Feminino(s): Basília.
Variante(s): Basileo, Basileu, Basilio (*espanhol*); Basìlio (*italiano*); Basile, Bazile, Bazille, (*francês*); Basil, Basill (*inglês*).

BATISTA

Do grego *Baptistas,* de *baptistes* (submergir), frequentativo de *bápto* (submergir na água), sign. "o que batiza". O nome surgiu com João Batista, que batizou Jesus às margens do rio Jordão. Nome muito comum em países católicos e às vezes na Inglaterra anglicana, geralmente após *João*.
Variante(s): Bautista (*espanhol*); Battista (*italiano*); Baptiste, Bautiste (*francês*); Baptist (*inglês*).

BELARMINO

O mesmo que "belo arminho". *Armino* e *arminho* foram nomes antigamente dados à malha que ficava junto ao casco do cavalo, e designa também um mamífero cuja pele é alva e levíssima no inverno. Ao que tudo indica, originariamente foi sobrenome.
Personal.: Belarmino Austregésilo Augusto de Athayde, jornalista.
Feminino(s): Belarmina.
Variante(s): Belarmino (*espanhol*); Bellarmin (*francês*).

BELCHIOR

O mesmo que *Melchior.* Ver Melchior.

BELINO

Diminutivo de *Belo,* primitivamente sobrenome calcado no adjetivo *belo. Belo* é também a forma babilônica do hebreu *ba'al* (senhor) ou Bahal, deus supremo dos fenícios.

BELISÁRIO

Do grego *Belisários,* de *bélos* (flecha, dardo), sign. "arremessador de dardos; flecheiro".
Feminino(s): Belisária.
Variante(s): Belisario (*espanhol*); Belisàrio (*italiano*); Bélisaire (*francês*); Belisar (*alemão*).

BELMIRO

1) Do germânico *bern* (urso) e *mir* (ilustre), sign. "urso ilustre", com transliteração em *bern* (*bern* para *bel*) e elisão. 2) Ou do árabe *Belamir,* de *bel* (filho) e *amir* (príncipe), sign. "filho de príncipe"

NOMES MASCULINOS 87

Personal.: Belmiro Braga, poeta.
Feminino(s): Belmira

BELQUIOR
O mesmo que *Melchior*. Ver Melchior.

BEMVINDO
Nome surgido da expressão *bemvindo*, ao que tudo indica, dado a um filho muito desejado.
Personal.: Benvindo Sequeira, ator; Benevenuto Jordão, historiador.
Variante(s): Benvindo, Benvenuto (*português*); Benevenuto, Benvenuti (*italiano*).

BENEDITO
Do latim *Benedictus*, de *benedico* (falar bem de alguém), no sentido de invocar a proteção divina em favor de uma pessoa, sign. "bendito; abençoado; louvado". *Bene* e *Beni* são formas familiares carinhosas do nome.
Personal.: Benedito Rui Barbosa, dramaturgo; Benedito Lacerda, compositor.
Feminino(s): Benedita.
Variante(s): Bento (*português*); Benedicto, Benito (*espanhol*); Benedetto (*italiano*); Benedic, Benedit, Benoit (*francês*); Benoist (*espanhol, italiano*); Benedict (*inglês*).

BENÍCIO
Nome de provável origem latina.
1) De *bene* e *ire*, sign. "o que vai bem", étimo que parece forçado. 2) Ou modificação de *Vinício*, através do espanhol *Benicio*, étimo provável do nome. Ver Vinício.
Variante(s): Benecio, Benicio (*espanhol*).

BENITO
Forma popular espanhola de *Benedito*. Ver Benedito.
Personal.: Benito Maresca, cantor lírico.
Feminino(s): Benita.

BENJAMIM
Do hebraico *Ben-iamin*, *Binyamín*, de *ben* (filho) e *yamin* (mão direita), sign. "filho da mão direita; o bem-amado". O segundo elemento do nome relaciona-se ao aramaico-siríaco *yammín* e ugárico *ymm* (mão direita), árabe *yáman*, etíope *yaman* e acadiano *imnu* (mão direita, lado direito). Entre os antigos, o lado direito era considerado auspicioso.
Personal.: Benjamin Cattan, ator.
Variante(s): Benjamín (*espanhol*); Beniamino (*italiano*); Benjamin (*francês, inglês, alemão*).

BENTO
Variante de *Benedito*. Em Portugal, nome encontrado em documentos datados do séc. XVI. Ver Benedito.
Personal.: Bento Arruda, escritor.
Feminino(s): Benta.

BERALDO
Do germânico *Beroald*, de *ber* (urso) e *walt* (governador), sign. "urso guerreiro". Entre os antigos germânicos, o urso simbolizava a classe guerreira e o poder temporal.
Personal.: Beraldo Bandeira, jornalista.
Feminino(s): Beralda.
Variante(s): Beraldi, Béraud, Beraud, Bérault, Berold, Béroud (*francês*).

BERILO
Do latim *beryllium*, lit. "berilo"; O berilo é uma pedra semipreciosa.
Personal.: Berilo Facio, cineasta.
Variante(s): Birilo (*português*).

BERNARDINO
Diminutivo de *Bernardo*. Nome encontrado em Portugal no séc. XVII, na forma *Bernardim*.
Personal.: Bernardino Vivas, músico.
Feminino(s): Bernardina.

Variante(s): Bernardim (*português antigo*); Bernardino (*espanhol, italiano*); Bernardin, Bernardon (*francês*); Bernir (*inglês*).

BERNARDO
Bernardo origina-se do germânico *ber* (urso) e *hart* (forte), sign. "forte como um urso". Os judeus adotaram este nome para substituir *Baruch*, que começa com a mesma letra. A forma *Bernard* foi introduzida na Inglaterra durante a conquista normanda. Na Bretanha foi usado para substituir o cognato *Beornheard*, muito comum naquele país por volta do séc. XII, declinando após a Reforma. *Bernardino*, diminutivo de *Bernardo*, foi encontrado em Portugal no séc. XVII, na forma *Bernardim*.
Personal.: Bernardo Castro Alves, Bernd Broaderup, atores; Bernard Addison, músico.
Feminino(s): Bernarda.
Variante(s): Bernardo (*espanhol, italiano*); Bernhardo (*italiano*); Barnard, Bernard (*francês, inglês*).

BERTINO
Masculino de *Bertina*. Ver Bertina.
Personal.: Bertino Alves de Souza, atl. olímp. bras.
Variante(s): Bertino (*espanhol*); Bertini (*italiano*); Bertin (*francês*).

BERTO
Masculino de *Berta*. Ver **Berta**.
Personal.: Berto Filho, apresentador de TV; Berto de Campos, crítico; Bert Lahr, jogador de futebol americano.
Variante(s): Berto (*espanhol, italiano*); Bert (*francês, inglês*).

BERTOLDO
Do germânico *Berahtold*, de *bertho* (ilustre, brilhante, famoso) e *walt* (governador), sign. "governador ilustre (brilhante, famoso)".
Personal.: Bertoldo di Giovanni, escultor italiano.
Variante(s): Bertaldo (*português*); Bertoldo (*espanhol*); Berthod (*francês*); Berthold (*francês, inglês, alemão*); Bertl, Bertold (*inglês*); Bertolt (*alemão*).

BERTRAM
Do germânico *Berahthraben*, compostos de *berhta* (ilustre, brilhante, famoso) e *hraben* (corvo), sign. "corvo famoso".
Personal.: Bertrand Duarte, ator.
Variante(s): Beltrão, Bertrando, Bertrano (*português*); Beltrán (*espanhol*); Bertrando (*italiano*); Beltran, Bertrand (*francês*); Bertram (*inglês, alemão*).

BIANCO
Masculino de *Bianca*. Ver **Bianca**.
Personal.: Bianco Bianchi, atl. olímp. italiano.
Variante(s): Branco (*português*); Bianco (*italiano*).

BOAVENTURA
Do italiano *Bonaventura*, de *buona ventura*, sign. "**boa sorte**". Normalmente no Brasil é adotado como sobrenome.
Personal.: Bonaventura Bottone, ator.
Variante(s): Bonaventura (*italiano, alemão, belga*); Bonaventure (*francês, inglês, alemão*).

BOLÍVAR
Nome de residência originário do basco *bolu* (moinho) e *ibar* (ribeira), sign. "**do moinho da ribeira**". A princípio foi alcunha e, depois, sobrenome. Modernamente já foi encontrado como prenome, por influência de Simon Bolívar, célebre personagem histórico e estadista venezuelano.
Personal.: Bolivar Guedes, atl. olímp. bras.
Variante(s): Bolivar (*português*).

BONIFÁCIO
Do latim *Bonifatius*, de *bonum* e *facere*, sign. "**o que faz o bem;**

90 DICIONÁRIO DE NOMES

benfeitor". Nome surgido no A.E.L., em 1838.

Personal.: Bonifazio Veroneso, pintor italiano.

Variante(s): Bonifacio (*espanhol, italiano*); Bonifazio (*italiano*); Boniface (*francês, inglês*).

BÓRIS

Do eslavo *Boris*, de *boru* (combate), sign. "**lutador; combatente**". Relaciona-se com o antigo eslavo *barjq, brati* (lutar). É um nome muito comum na Comunidade de Estados Independentes (países que compunham a antiga União Soviética).

Personal.: Bóris Freire, escritor; Boris Karloff, Borje Ahistedt, atores.

Variante(s): Boris (*italiano, inglês, alemão*).

BRANCO

Do adjetivo *branco*. O mesmo que *Bianco*. Ver Bianco.

BRASILINO

Nome que significa "natural do Brasil; brasileiro".

Personal.: Brasilino Moreira, ator.

BRASÍLIO

O mesmo que *Brasilino*. Ver Brasilino.

Personal.: Brasílio Itiberê, escritor; Brasílio de Oliveira, ensaísta.

BRÁULIO

Do germânico *Brahuila*, sign. "**radiante; resplandecente**". O nome está ligado à raiz que o originou, o antigo alto-alemão, holandês e sueco *brand* (lâmina de espada, facho, tição), presente em nomes como *Brandão* e *Hildebrando*.

Personal.: Bráulio Vieira, escritor.

Variante(s): Braulio (*espanhol*).

BRENO

Nome ligado às onomatopeias do calor e do sopro (*ber / jan*), sign. "**sopro criador; espírito de vida; espírito criador, produtor, gerador e fecundante (do céu e da terra)**". Uma fonte dá a Breno o significado de "chefe", interpretação esta ligada a fatos históricos. Segundo os historiadores, os chefes dos exércitos gauleses que invadiram Roma e Delfos eram chamados pelo mesmo nome – Brennos – o que os levou a acreditar que significava "chefe", mas não imaginavam que os invasores referiam-se ao poder místico que se encontrava acima deles próprios e lhes outorgava supe-

rioridade de força sobre os exércitos inimigos.
Personal.: Breno Mello, Breno Moroni, atores.
Feminino(s): Brena.
Variante(s): Briano (*português*); Brenno (*italiano*); Brian, Brien, Bryan, Bryant (*inglês*); Brenainn (*irlandês*).

BRÍCIO
Nome que se tornou comum na França e na Inglaterra durante a Idade Média, como consequência da popularidade de S. Britius. 1) A origem provável liga-se ao celta *brigh*, irlandês *brig*, sign. "forte; poderoso; superior". 2) Segundo outras fontes, origina-se do asturiano *bricio*, lit. "berço".
Personal.: Brício de Abreu, jornalista.
Feminino(s): Brícia.

Variante(s): Brígio, Brítio, Brízio (*português*); Bricio (*espanhol*); Brice, Bryce (*francês, inglês*); Brisse (*francês*); Brictius, Britius (*latim*).

BRÍGIDO
Masculino de *Brígida*. Ver Brígida e Breno.

BRUNO
Do germânico *brun*, lit. "marrom; moreno". O nome foi encontrado na Inglaterra, no séc. X, com um Bruno of Cologne. Equivale a *Mauro*. Ver Mauro.
Personal.: Bruno Gagliasso, ator; Bruno de Cadiz, escritor.
Feminino(s): Bruna.
Variante(s): Bruno (*espanhol, italiano francês, inglês, alemão*); Brun (*francês, russo*); Brunon (*francês*); Bruns (*inglês*).

C

CAETANO

Do latim *Caietanus*, sign. "natural de Gaeta". *Gaeta* é uma antiga cidade italiana, cujo nome significa "poço; caverna subterrânea". Em Portugal, nome encontrado em documentos datados de 1773.
Personal.: Caetano Veloso, cantor.
Feminino(s): Caetana.
Variante(s): Cayetano (*espanhol*); Gaetan, Gaetano (*italiano*); Caétan, Gaétan (*francês*).

CAIO

Do latim *Gaius*, de *gaudere*, sign. "feliz; contente; alegre". É um prenome de origem romana.
Personal.: Caio Blat, Caio Junqueira, atores.
Variante(s): Cayo (*espanhol*); Caio, Gaio (*italiano*); Caius, Gaius (*latim*).

CALVINO

O nome surgiu com Jean Chauvin, que introduziu no séc. XVI a Reforma na França. *Calvinu* é a latinização de *Chauvin*, lit. "calvo".
Personal.: Calvino Homem de Melo, historiador; Calvin Hill, jogador de futebol americano.
Variante(s): Calvino (*espanhol*); Calvin (*espanhol, francês, inglês*).

CAMILO

Era um nome genérico dado aos deuses samotrácios relacionados com o fogo. Samotrácios, os mais elevados Espíritos Planetários, os sete planetas conhecidos na Antiguidade, cujo pai, o oitavo, era o Sol. A palavra Cabire deriva da voz semita *Habir* (Grande) – hebraico *Kabir, Kabirim* – também na acepção de "os poderosos". Mas dos oito deuses planetários, somente quatro eram conhecidos, um deles denominado Cadmilos, nome ligado a Cadmo, sign. "filho do Primogênito". *Cadmo* (o primeiro, o primogênito) é o Sol. Na assimilação latina – *Camillus*, já corrompida — passou a significar "mensageiro; menino nobre; mensageiro (sacerdote) de Jú-

NOMES MASCULINOS   93

piter" e também "meninos de coro", entre os romanos.

Personal.: Camilo Andrade, ator; Camilo Lima, poeta.

Feminino(s): Camila.

Variante(s): Camilo (*espanhol*); Camille (*francês*); Camillo (*inglês*).

CÂNDIDO

Do latim *Candidus*, masculino de *Cândida*. **Ver Cândida.**

Personal.: Cândido Barbosa, jornalista; Cândido Mariano da Silva Rondon, sertanista.

Variante(s): Cândedo, Cândio (*português*); Cándido (*espanhol*); Candide (*francês*).

CARLOS

Nome originado do germânico *karal, kerl*, lit. "homem do povo". Juntamente com *Cecil, Cecílio*, os judeus adotam-no para substituir *Chaim*, que começa com a mesma letra. Em Portugal foi registrado em documentos datados do séc. XVII. Introduzido na Inglaterra pelos normandos, já foi encontrado naquele país, no séc. XII, na forma *Carle*, tornando-se comum a partir do séc. XIX. Durante o séc. XVII surgiu na Irlanda, quando começou a ser adotado como tradução dos nativos *Cathal, Cathaoir* e *Turlough*, o mesmo acontecendo com o gaélico *Teárlach*.

Personal.: Carlos Vereza, Carlos Zara, Carlo Battisti, atores.

Feminino(s): Carla.

Variante(s): Carlos (*espanhol*); Carlo (*italiano*); Charles (*francês, inglês*); Charlez (*francês*); Carl (*inglês*); Carel (*alemão*); Karl (*alemão, nórdico, eslavo*).

CARLSON

De *Carlson*, patronímico inglês formado de *Carl* (Carlos), mais a partícula *son* (filho), sign. "**filho de Carl (Carlos)**". **Ver Carlos.**

Personal.: Carlson Gracie, desportista bras.; Carlson Wade, escritor americano.

Variante(s): Cárson (*português*); Carlsson (*nórdico*).

CARMELO

Do hebraico *Karmél*, lit. "**pomar (campo, jardim) bem cultivado; jardim fértil; vinha de Deus**". Do nome de uma cidade de Judá e de uma cadeia montanhosa da Palestina Central, hoje chamada Jabel Kurmul. **Ver Carmo.**

Personal.: Carmelo Cruz, pintor bras.

Feminino(s): Carmela.

Variante(s): Carmo (*português*);

Carmelo (*espanhol*); Carmèlo (*italiano*); Carmel (*francês, inglês*); Carmelus (*latim*).

CARMINO
Masculino de *Carmem, Carmen*. Ver Carmem.
Personal.: Carmino de Pilla, atl. olímp. bras.; Carmine Capobianco, ator.
Feminino(s): Carmina.
Variante(s): Carmine (*italiano*).

CARMO
O mesmo que *Carmelo*. Nome às vezes adotado como feminino, geralmente após Maria (Maria do Carmo). Ver Carmelo.
Personal.: Carmo Nacarato, Carmo Dalla Vecchia, atores.

CÁRSON
O mesmo que *Carlson*. Ver Carlson.

CASIMIRO
Nome derivado do polaco *kazimier*, de *kazati, kazac* (ensinar, pregar) e *mir* (paz), sign. "aquele que prega a paz".
Personal.: Casimiro de Abreu, poeta; Casimiro Rocha, compositor.
Feminino(s): Casemira, Casimira.

Variante(s): Casemiro (*português*); Casimiro (*espanhol, italiano*); Casimir (*francês, inglês*); Kasimir (*alemão, eslavo*).

CASSIANO
Nome com dois étimos. 1) Do latim *Cassianu*, sign. "natural de Cássia". 2) Forma relativa de *Cássio*, sign. "de (pertencente a; da natureza de) Cássio". Ver Cássio.
Personal.: Cassiano Ricardo, poeta; Cassiano Botica, contista.
Feminino(s): Cassiana.
Variante(s): Casiano (*espanhol*); Cassiano (*italiano*); Cassien (*francês*); Kassian (*alemão*).

CÁSSIO
Masculino de *Cássia*. Ver Cássia.
Personal.: Cássio Magnani, poeta.
Feminino(s): Cássia.
Variante(s): Casio (*espanhol*); Cássio, Gássio (*italiano*).

CASTOR
Do grego *Kástor*, de *kékasmai* (eu me distingo), cognato do antigo indiano *sasadúh* (distinguir-se, brilhar), sign. "distinto; brilhante".
Personal.: Castor McCord, músico.
Variante(s): Cástor (*espanhol*); Càstore (*italiano*).

CATULO
Do latim *Catullu*, calcado em *catus*, sign. "**astuto; sagaz; engenhoso**". Não confundir com *Cátulo* (cãozinho).
Personal.: Catulo da Paixão Cearense, poeta.
Feminino(s): Catulina, Catula.
Variante(s): Catulo (*espanhol*); Catullo (*italiano*); Catulle (*francês*).

CAUBI
Do tupi *ka'a* (folha) e *uo'vi* (azul), sign. "**folha azul**". O nome surgiu com um líder indígena bras. que participou da fundação da cidade de São Paulo.
Personal.: Cauby Peixoto, cantor.
Variante(s): Caobi, Cauby (*português*).

CECÍLIO
Do latim *Caecilius*, derivado de *caecus*, lit. "**cego; míope**". Nome que se tornou muito popular na Inglaterra, devido à fama de Cecil Rhodes (1853-1902), adminstrador da África do Sul. É nome de muitos personagens importantes da história romana. Os judeus adotam-no para substituir Chaim, que começa com a mesma letra.
Personal.: Cecil Thiré, ator; Cecil Bridgewater, músico.

Feminino(s): Cecília.
Variante(s): Cecil (*inglês*).

CELESTINO
Do latim *Celestinu*, de *coelestis*, lit. "**celeste; celestial; divino; do céu**".
Personal.: Celestino Pinto, atl. olímp. bras.; Celestine Randall, ator inglês.
Variante(s): Celestino (*espanhol, italiano*); Célestin (*francês*); Colestin (*alemão*).

CELINO
Forma relativa de *Célio*, sign. "**de (pertencente a; da natureza de) Célio**". Ver Célio.

CÉLIO
Nome com dois étimos. 1) Do etrusco *celi*, sign. "**setembro**", provavelmente relacionado aos nascimentos ocorridos neste mês. Passou ao latim na forma *Coelius* (por atração de *coeli, coelorum*) pela influência de Celes Vibena, chefe etrusco que prestou auxílio militar aos romanos. 2) Masculino de *Célia*. Ver Célia (**1ª e 2ª acepções**).
Personal.: Célio Azevedo, produtor de TV; Célio Borja, político.

96 DICIONÁRIO DE NOMES

CELSO
Do latim *Celsus*, de *celsus*, sign. "alto; elevado; sublime".
Personal.: Celso Bernini, ator; Celso Freitas, apresentador de TV.

CÉLSON
Nome criado a partir da, aglutinação de *Celso* e *Nélson*.
Personal.: Célson Guimarães, ator.

CÉSAR
Do latim *Caesar*, com dúvidas quanto ao étimo. O nome originou os vocábulos *czar* e *kaiser*, no russo e no alemão, respectivamente. 1) Plínio deriva-o da expressão *"a caeso matris utero"*, pois o nome teria surgido com Júlio César, general e estadista romano supostamente nascido pelo processo hoje denominado *cesariana*. *Caeso* tem o significado de "cortado, talhado". 2) Outra explicação é que derivaria de *caesaries*, sign. "que tem o cabelo comprido".
Personal.: César Augusto, ator.
Variante(s): Cézar (*português, russo*); César (*espanhol, francês*); Cesare (*italiano*); Caesar (*inglês, latim*); Casar, Kaiser (*alemão*).

CESÁRIO
Do latim *Cesarius*, forma relativa de *Coesar* (César), sign. "de (pertencente a; da natureza de) César". *Cesarino* tem o mesmo significado. Ver César.
Personal.: Cesário Campos, escritor; Cesário Araújo, historiador.
Feminino(s): Cesária.
Variante(s): Cesáreo (*espanhol*); Cesario (*espanhol, italiano*); Cesarione (*italiano*); Césaire (*francês*); Coesarius (*latim*).

CÍCERO
Do latim *Cicero*, de *cicer*, sign. "grão-de-bico". Segundo Plutarco, o nome teria se originado da verruga que levava no nariz um antepassado de Cícero, o grande orador romano.
Personal.: Cícero Nunes, compositor.
Feminino(s): Cícera.
Variante(s): Cicerón (*espanhol, russo*); Cicerone (*italiano*); Cìceron (*francês*).

CID
Do árabe *seid*, *sayyid*, marroquino *síd*, sign. "chefe, senhor". Um autor derivou do árabe *As-sid* ou *As-saliod*, lit. "o chefe; o homem superior", o El Cid, título

dado pelos árabes da Península a Rodrigo Diaz Bivar, herói espanhol do séc. XI.
Personal.: Cid Moreira, locutor.
Variante(s): Cídio *(português)*; Cid *(espanhol, francês)*; Cyd *(inglês)*.

CÍDIO
O mesmo que *Cid*. **Ver Cid.**

CINCINATO
Do grego *kíkinnos*, latim *cincinnus*, sign. "caracol de cabelo", isto é, "cabelo encaracolado". Antropônimo surgido do sobrenome de Lúcio Quíncio, famoso estadista romano. **Ver Crispim.**
Personal.: Cincinato Pereira Brás, poeta.
Feminino(s): Cincinata.
Variante(s): Cincinnàto *(italiano)*; Cincinnatus *(latim)*.

CIPRIANO
Do latim *Cyprianu*, derivado de *cyprius*, sign. "**natural da ilha de Chipre; cipriota**". *Chipre* origina-se do grego *Cyprus* (ilha dos ciprestes). Em Portugal, nome encontrado em meados do séc. XI.
Personal.: Cypriano Pires, músico.
Feminino(s): Cipriana.

Variante(s): Cipião, Ciprião *(português)*; Cipriano *(espanhol, italiano)*; Cyprien *(francês)*; Cyprian *(inglês)*; Cyprianus *(inglês, latim)*; Cypriaen *(alemão)*.

CIRANO
Do francês *Ciram*, derivado do germânico *Sigram*, de *sig* (vitória) e *hramm, ram, hraban* (corvo), sign. "**corvo da vitória**". Neste antropônimo, corvo tem o sentido de "guia".
Personal.: Cirano Heleno, ator.
Feminino(s): Cirana.
Variante(s): Ciram, Cyran, Cyrane, Cyriane *(francês)*; Cyrano *(inglês)*.

CIRILO
Do grego *Kyrillos*, calcado em *kyros*, sign. "**senhor; que tem plena autoridade**". O nome foi encontrado na Inglaterra por volta do séc. XVII, tornando-se comum a partir do séc. XIX. Ver Ciro.
Personal.: Cyril Ritchard, ator.
Feminino(s): Cirila.
Variante(s): Cirilo *(espanhol)*; Cirillo *(italiano)*; Cyril, Cirille *(francês)*; Cyrill *(inglês, alemão)*; Ciril *(inglês)*.

CIRINO

O mesmo que *Quirino*. Ver Quirino.

CIRO

Do grego *Kyros*, lit. "senhor; que tem plena autoridade", relacionado ao antigo persa *Kurush*, acadiano *Kurash*, hebraico *Kóresh* e egípcio *Kawarusha*. *Kurush* é o nome persa do Sol, o que está de acordo com a divinização (autoridade) daquele astro. Surgido com Ciro, o grande rei da Pérsia, é adotado nos Estados Unidos como nome cristão.
Personal.: Ciro Monteiro, Ciro Aguiar, cantores.
Feminino(s): Cira.
Variante(s): Cyr (*francês*); Cyrus (*inglês, latim*).

CLARÊNCIO

Do latim *Clarentius*, sign. "cheio de brilho; brilhante; muito ilustre". A forma *Clarence* surgiu na Inglaterra, na segunda metade do séc. XIV, tornando-se nome cristão a partir do fim do séc. XIX.
Personal.: Clarence Williams, músico.
Feminino(s): Clarência.
Variante(s): Clarens, Clarent (*francês*); Clarence (*inglês*).

CLARIMUNDO

Hibridismo formado pelo latim *claru* (ilustre) e o germânico *mund* (proteção), sign. "protetor ilustre".
Feminino(s): Clarimunda.
Variante(s): Claremonde (*francês*); Esclairmonde (*espanhol, italiano*); Clairmond, Clarimond (*inglês*).

CLAUDINO

Forma relativa de *Cláudio*, sign "de (pertencente a; da natureza de) Cláudio". Ver Cláudio.
Personal.: Claudino Caiado de Castro, atl. olímp. bras.
Feminino(s): Claudina.

CLAUDINOR

O mesmo que *Claudionor*. Ver Claudionor.

CLÁUDIO

Do latim *Claudiu*, de *claudus*, sign. "coxo; manco; claudicante".
Personal.: Cláudio Cavalcanti, Cláudio Marzo, atores.
Feminino(s): Cláudia, Claudina.
Variante(s): Clódio (*português*); Claudio (*espanhol, italiano*); Claude (*francês, inglês*); Claud (*inglês*).

CLAUDIONOR
Nome provavelmente formado da aglutinação de *Cláudio* e *Honório*. Ver Cláudio e Honório.
Personal.: Claudionor Cruz, compositor.
Feminino(s): Claudionora.
Variante(s): Claudinor (*português*).

CLEANTO
Do grego *Kléanthes*, de *kléos* (glória) e *ánthos* (flor), sign. "flor da glória" ou "aquele cuja glória floresce".
Personal.: Cleantho d'Albuquerque, poeta.
Feminino(s): Cleanta.
Variante(s): Cleantes, Cleantho (*português*); Cleante (*italiano*); Cléanthe (*francês*); Cleanth (*inglês*); Cleanthes (*latim*).

CLÉBER
Nome de origem germânica, originário de *klaeber*, sign. "colador de cartazes". Primitivamente, sobrenome dado a alguém que se dedicava a este mister.
Personal.: Cléber Holanda, ator.
Variante(s): Clébio, Kléber, Klébio (*português*).

CLÉCIO
Do bretão, através do francês *Cleuziou*, *Clézio*, sign. "obstácu-

lo". *Cleuziou* foi uma designação primitiva dos fossos de proteção que circundavam os antigos castelos. Passou a nome de residência ou alcunha, atribuída a alguém dotado de grande força ou resistência física.
Personal.: Klecius Caldas, compositor.
Feminino(s): Clécia.
Variante(s): Clésio, Cléssio, Klécius (*português*); Clézio, Cleuziou (*francês*).

CLEDIR
Ver Cleide, na seção de nomes femininos.

CLEITON
Nome de residência originário do toponímico inglês *Clayton*, nas variantes *Cleoton*, *Cletone*, *Cleeton*. O primeiro elemento é o inglês antigo *claeg*, inglês moderno *clay* (terra argilosa). O segundo é *ton* (lugar, cidade), sign. "do lugar (cidade) cuja terra é argilosa".
Personal.: Cleiton Feitosa, ator; Clayton Matim, cantor.
Variante(s): Cleyton, Clíton (*português*); Clayton, Cliton, Kleyton (*inglês*).

CLEMÊNCIO
Ver Clemente.

100 DICIONÁRIO DE NOMES

CLEMENTE

Clemêncio e *Clemente* são nomes que têm o mesmo significado. Originam-se do latim *Clemens*, de *clemem, clementis*, sign. "clemente; brando; bondoso". Em Portugal, as variantes surgiram no séc. XIII. Na Inglaterra, a forma *Clement* surgiu no século anterior, por influência de S. Clement, discípulo de São Paulo, tornando-se muito popular naquele país até a época da Reforma.
Personal.: Clemente Viscaíno, ator.
Feminino(s): Clemência.
Variante(s) de Clemêncio e Clemente: Clemente (*espanhol, italiano*); Clémens, Clémence, Clément (*francês*); Clemens (*inglês*); Klemens (*inglês, alemão*).

CLEMENTINO

Forma relativa de *Clemente*, sign. "de (pertencente a; da natureza de) Clemente". Ver Clemente.
Personal.: Clementino Kelé, ator.
Feminino(s): Clementina.
Variante(s): Clementino (*espanhol*); Clémentin (*francês*).

CLEO

Masculino de *Clea*. No Brasil, nome comum a ambos os sexos. Ver Clea.

Personal.: Cleo Ventura, ator.
Feminino(s): Clea, Cleia.
Variante(s): Cleo (*espanhol, francês*); Cléo (*francês*).

CLEOMENES

Do grego *Kleoménes*, de *kléos* (glória) e *ménos* (valor, desejo ardente), sign. "aquele que deseja ardentemente a glória".
Personal.: estatuário grego do séc. I a.C.; nome de três reis de Esparta.

CLÉRIO

Do francês *Clary*, e este, do latim *Clariacum*, sign. "do domínio (da propriedade) de Clarus". O antropônimo *Clarus* tem o sentido de "ilustre; célebre; esclarecido". Inicialmente foi um nome de residência.
Feminino(s): Cléria.
Variante(s): Clary (*francês*).

CLERY

Do francês *Clery*, antropônimo calcado em *Clair*. Ver Clair.
Personal.: Clery Cunha, ator.

CLÉSIO

O mesmo que *Clécio*. Ver Clécio.

CLÉSSIO

O mesmo que *Clécio*. Ver Clécio.

CLETO

Nome originário do grego, com dois étimos. 1) De *klétos*, sign. "chamado; escolhido", na Grécia antiga, nome provavelmente relacionado com o engajamento militar. 2) Hipocorístico de *Anacleto*. Ver Anacleto.

Personal.: Cleto Mergulhão, cineasta; Cletus Fisher, desportista americano.

Feminino(s): Cleta, Clita.

Variante(s): Cleto (*espanhol, italiano*); Clet (*francês*); Cletus (*inglês, latim*); Cletis (*inglês*).

CLÉVER

Nome com dois étimos. 1) De um toponímico inglês, *Clewer*, inicialmente relacionado a *um morador de um morro íngreme*. Mais tarde tornou-se nome de residência. 2) Do alemão, *klever*, lit. "taipeiro".

Variante(s): Kléver *(português)*; Cleaver, Cleever, Cleve (inglês).

CLÉVIO

O mesmo que *Luís*. Ver Luís.

CLÍTON

O mesmo que *Cleiton*. Ver Cleiton.

Personal.: Clíton Vilela, ator.

CLODOALDO

Do germânico *Hlodowald*, de *hlot* (fama) e *wald* (governador, senhor, príncipe), sign. "governador (príncipe, senhor) ilustre (famoso)".

Personal.: Clodoaldo Silva, atleta paraolímpico bras.

Feminino(s): Clodoalda.

Variante(s): Clodevaldo, Clodovaldo, (*português*); Clodoaldo (*espanhol, italiano*).

CLODOMIR

Do germânico *Hlodomir*, de *hlot* (fama) e *maer, mir* (famoso), sign. "muito famoso" ou "ilustre e famoso".

Personal.: Clodomir Viana Moog, historiador; Clodomir Bezerra, jornalista.

Feminino(s): Clodomira.

Variante(s): Clodomiro (*espanhol*); Clodomir (*francês*).

CLÓVIS

Nomes derivados do germânico *Chlodowech, Chlodowich*, através da forma latinizada *Chlodovicu*. O mesmo que *Luís*. Ver Luís.

Personal.: Clóvis Aquino, ator; Clóvis da Mata, poeta.

Variante(s): Clodoveu, Clodovico, Clodovil, Clóvio (*português*).

CONRADO

Do germânico *Cunrad, Conrad*, de *kuon* e *rat*, sign. "conselheiro prudente".
Personal.: Conrado Assis, músico.
Variante(s): Conrado (*espanhol*); Corrado (*italiano*); Conrade, Conrath (*francês*); Conrad (*francês, inglês, alemão, nórdico*); Kunrath (*alemão*).

CONSTÂNCIO

Ver Constante.
Feminino(s): Constância.

CONSTANTE

Constâncio e *Constante* são nomes que têm o mesmo significado. Originam-se do latim *Constantius*, de *constante*, sign. "constante; perseverante; que tem firmeza de ânimo".
Personal.: Constantino Gonçalves, poeta.
Feminino(s): Constância, Constantina.
Variante(s) de Constâncio e Constante: Constanzo (*espanhol, italiano*); Constante (*espanhol, italiano, francês*); Constance (*francês*); Constant, Constans (*francês*).

CONSTANTINO

Forma relativa de *Constâncio* e *Constante*, sign. "de (pertencente a; da natureza de) Constâncio (**Constante**)". Foi nome de reis da Escócia e de imperadores romanos e bizantinos. Ver Constante.
Feminino(s): Constantina.
Variante(s): Constantino (*espanhol, italiano*); Constantin (*francês, inglês, alemão*); Constantini, (*francês*); Constantine (*inglês*).

CORNÉLIO

Do latim *Cornelius*, nome de significado incerto. Possivelmente de *cornu* (chifre), sign., por extensão, "duradouro, estável". Foi nome de uma famosa *gens* romana e de um centurião convertido por São Pedro, tornando-se comum nos Países Baixos por volta do séc. III da era cristã. As formas *Cornelius* e *Corney* são encontradas na Irlanda, como tradução do nativo *Conchubhar*. Ver "corno" na seção Simbologia.
Personal.: Cornélio Pires, jornalista.
Feminino(s): Cornélia.
Variante(s): Cornelio (*espanhol*); Cornèlio (*italiano*); Corneil, Corneille, (*francês*); Cornell, Cornelys (*inglês*); Cornelius (*inglês, alemão, latim*).

COSME

Do grego *Kosmâs*, de kósmos, lit. "ordem; ornamento; conjunto

NOMES MASCULINOS 103

harmoniosamente composto". A forma *Cosimo*, originou-se na Itália e, juntamente com *Cosmo*, tornou-se favorito naquele país, sendo adotado, inclusive, pela família florentina dos Médici. A variante *Cosmes* foi encontrada em Portugal, na segunda metade do séc. XVI.
Personal.: Cosme dos Santos, ator; Cosme Lemos, poeta.
Feminino(s): Cosima, Cosma.
Variante(s): Cosme (*espanhol, francês*); Cosimo (*italiano*); Côme (*francês*); Cosmo (*inglês*).

CRISPIM
Diminutivo de *Crispo*, e este, do latim *crispus*, sign. "(que tem os) cabelos ondeados (crespos)". Ver Cincinato.
Personal.: Crispim do Amaral, cenógrafo.
Feminino(s): Crispina.
Variante(s): Crespín, Crispín (*espanhol*); Crispino (*italiano*); Crépin, Crespin, Crespy (*francês*); Crispin (*inglês, alemão*).

CRISTIANO
Do latim *Christianus*, de *christianu*, lit. "cristão". Em Portugal a variante *Christiano* foi encontrada em documentos datados do séc. XVI. A forma *Christian* foi encontrada na Inglaterra por volta do séc. XII.
Personal.: Christino da Silva, pintor português; Cristiano Reis, ator; Christian, cantor.
Feminino(s): Cristiana.
Variante(s): Christiano, Christino (*português*); Cristián (*espanhol*); Cristiano (*italiano*); Chrestien, Christen, Christiani, (*francês*); Christian (*francês, inglês*); Kristen (*alemão*).

CRISTINO
O mesmo que Cristiano. Ver Cristiano.
Personal.: Christino da Silva, pintor português; Kristen Barnes, atl. olímp. canadense.
Feminino(s): Cristina.

CRISTO
Do grego *Christós*, lit. "o ungido", tradução do hebraico *mashiah* (Messias), através do latim *Christus*. Nome que na Grécia não é incomum.
Variante(s): Christus (*alemão, belga, latim*).

CRISTÓVÃO
Do grego *Christophóros*, de *Christós* (Cristo) e *phorós* (portador),

sign. "o que leva em si o Cristo; o portador do Cristo; o que traz (conduz) em si o Cristo". Em Portugal, nome encontrado em registros datados do séc. XVI.
Personal.: Cristovam Neto, Christopher Lee, atores.
Variante(s): Cristóval, Cristóbal (*espanhol*); Cristòvano (*italiano*); Christophe (*francês*); Christopher (*inglês*); Chrystal, Crystal (*escocês*).

CUSTÓDIO
Do latim *custos*, *custodis*, sign. "guarda; guardião; protetor; defensor". Em Portugal, nome encontrado pela primeira vez no séc. XVIII. É o epíteto do Anjo da Guarda cristão, o anjo que protege, o Anjo Custódio.
Personal.: Custódio Mesquita, maestro; Custódio Gomes, cineasta.
Feminino(s): Custódia.
Variante(s): Custodio (*espanhol, italiano*); Custot (*francês*).

D

DÁCIO
Do latim *Daciu*, sign. "natural (habitante) da Dácia; da terra dos Dacos". *Dacos*, palavra de origem grega, traduz-se por "animal que morde (que dá ferroadas)".
Personal.: Dácio Correia, filólogo; Dácio Campos, sociólogo.
Feminino(s): Dácia.
Variante(s): Dásio, Dázio (*português*); Dacio (*espanhol*).

DAGOBERTO
Do germânico *Dagapehrt*, de *dago* (dia) e *berth* (brilhante), sign. "brilhante como o dia".
Variante(s): Dagberto, Dagueberto (*português*); Dagaberto (*espanhol*); Dagabert, Daguebert (*francês*); Dagobert (*francês, alemão*).

DAGOMAR
Do germânico *Dagemar*, de *Dag* (beleza) e *mar* (fama, glória, brilho), sign. "famoso pela beleza". No Brasil é um nome comum a ambos os sexos. Não confundir com *Dagmar*.
Variante(s): Dagomer (*francês*).

DÁLCIO
Hipocorístico de *Dalmácio*. **Ver Dalmácio.**
Feminino(s): Dalce.

DALMÁCIO
O mesmo que *Dalmo*. **Ver Dalmo.**

DALMAR
O mesmo que *Adelmar*. **Ver Adelmar.**
Personal.: Dalmar Americano, escritor.

DALMO
Do albanês *Dalmium*, grego *Dalmatía*, latim *Dalmatia*, nome de uma região da antiga Iugoslávia, cujo significado é "caminho do carneiro". Ao que tudo indica, primeiramente foi nome de residência ou gentílico e, depois, antropônimo.

106 DICIONÁRIO DE NOMES

Personal.: Dalmo Ferreira, Dalmo Azevedo, atores.
Feminino(s): Dalma.
Variante(s): Dalmácio, Delmo (*português*).

DALTON
Nome de residência originado de um toponímico do inglês antigo, nas formas *Daltun, Daltone, Delton, Dalton*, sign. "(da) cidade (lugar) do vale", de *dahl* (vale) e *ton* (lugar, cidade).
Personal.: Dalton Vigh, ator; Dalto Medeiros (Dalto), cantor, compositor.
Variante(s): Dalto (*português*).

DALVINO
O mesmo que *Delfino*. Ver Delfino.

DAMÁCIO
O mesmo que *Damásio*. Ver Damásio.

DAMASCENO
Do grego *Damaskenós*, sign. "natural de Damasco". É num nome que no Brasil às vezes aparece como o segundo elemento de nomes compostos. Foi sobrenome de Júpiter, adorado em Damasco.
Personal.: Damasceno Pereira, ator.

Feminino(s): Damascena.
Variante(s): Damasceno (*espanhol*); Damascène (*francês*); Damaszener (*alemão*); Damaskín (*russo*); Damascenus (*latim*).

DAMÁSIO
Do grego *Dámaso*, do verbo *damázo* (domar), sign. "o domador".
Feminino(s): Damásia.
Variante(s): Damácio, Damaso, (*português*); Dámaso (*espanhol*); Dàmaso (*italiano*); Damace, Damase (*francês*); Damasius (*belga, latim*).

DAMIANO
Ver Damião.
Personal.: Damiano Cozela, músico; Damien Thomas, ator inglês.
Feminino(s): Damiana.

DAMIÃO
Nome com dois étimos. *Damião* – encontrado em Portugal na primeira metade do séc. XVI – é a forma popular portuguesa de *Damiano*. 1) Origina-se do latim *Damianu*, e este, do grego *Damianós*, de *damáo* (domar, vencer, subjugar), sign. "domador; vencedor; que subjuga". Equivale a

Damaso. 2) Também traduzido como "consagrado ao culto de Damia". *Damia* é um dos sobrenomes da deusa Cibele. Ver Damásio.
Personal.: Damião de Araújo, compositor; Damien Thomas, ator inglês.
Feminino(s): Damiana.
Variante(s): Damiano *(português)*; Damián (*espanhol, russo*); Damiano (*italiano*); Damien (*francês*); Daminan (*inglês*).

DANIEL
Do hebraico *Daniyyel*, acadiano *Danilu*, de *dan* (juiz) e *El* (Senhor, Deus), sign. "o Senhor é meu juiz". Em Portugal foi encontrado em documentos datados da primeira metade do séc. XVI. Na Inglaterra já era encontrado antes da conquista normanda, mas apenas como nome de monges e bispos. Caiu em desuso após ter sido comum nos séculos XIII e XIV, e foi redivivo no séc. XVII, juntamente com outros nomes bíblicos. Na Irlanda é usado para substituir o nativo *Domhnall*. No País de Gales substitui *Deiniol*. O mesmo que *Danilo*.
Personal.: Daniel Filho, Daniel Dantas, atores.

Feminino(s): Daniela.
Variante(s): Danilo, Dânio (*português*); Daniel (*espanhol, francês, inglês*); Danielo (*italiano*); Deniel (*francês*).

DANILO
Do acadiano *Danilu*, o mesmo que *Daniel*. O nome foi popularizado com a opereta "A Viúva Alegre", de Franz Lehar (1908). Ver Daniel.
Personal.: Danilo Caymmi, compositor.
Feminino(s): Danila.

DÂNIO
O mesmo que *Daniel*. Ver Daniel.

DANTE
Contração latina de *Durante*, sign. "permanente; estável; duradouro", ou um hipocorístico deste nome. Autores equivocados apresentam-no como originário do germânico *Thurrand* (escudo de Thor) ou de um *dante* (gamo), de origem árabe. O nome surgiu com Dante Alighieri, escritor italiano autor de *A Divina Comédia*.
Personal.: Dante Rui, ator.
Variante(s): Dante, Durante (*italiano*).

108 DICIONÁRIO DE NOMES

DANTON
Do francês. Nome com dois étimos. 1) Abreviação de *fils d'Antoine*, sign. "filho de Antônio". 2) Forma abreviada de *Duranton*, tradução francesa de *Durante* (Dante). Ver Antônio e Dante.
Personal.: Danton Mello, Danton Gomes, atores; Danton Jobim, jornalista.
Variante(s): Dantón (*espanhol*).

DARCI
Nome com dois étimos, no Brasil comum a ambos os sexos. 1) Do francês, de origem geográfica, de *Arcy-sur-Cure*, comuna dos tempos pré-históricos. Significa "*natural de Arcy*". Arcy é traduzido por "fortaleza". 2) O outro significado, originário do irlandês *d'Arcy*, é uma anglicanização de *O'Dorchaidhe*, surgida no séc.XIV, lit. "descendente de um homem escuro".
Personal.: Darcy Ribeiro, antropólogo, escritor.
Variante(s): Derci, Dercy (*português*); Darcy (*português, francês, inglês*).

DARCÍLIO
Forma relativa de *Darci*, sign. "de (pertencente a; da natureza de) Darci". *Ver* Darci.

Personal.: Darcílio Paula Lima, desenhista bras.
Feminino(s): Darcília.

DARIO
Do persa *Dara*, através do grego *Dareios* e do latim *Darius*. O nome está primitivamente ligado a *dàrā*, que tem vários significados, entre eles, "segurando firmemente", "possuidor", "rei, soberano", e, como antropônimo, *Dario* (acepções estas que podem ser encontradas no mesmo verbete de um dicionário persa). Outra palavra persa – *daray* –, proveniente da mesma raiz, é traduzida como "mantenedor; que suporta", "Deus", "Senhor das espécies" e "rei". Portanto, o nome significa "soberano; o que segura firme; o que mantém; o que suporta".
Personal.: Dario Carlos, Dary Reis, atores; Darius Milhaud, compositor bras.
Variante(s): Dari, Dário, Dary (*português*); Darío (*espanhol*); Dàrio (*italiano*); Darios (*francês*); Darius (*francês, inglês*).

DARLAN
Nome com dois étimos. Do francês. 1) Derivado de *d'Arlanc*, cidade do norte da França, sign. "de Arlanc". 2) Também patronímico

originário de *d'Arlan*, sign. "filho de Arlan". Ver Arlan.
Personal.: Darlan Cunha, ator.

DARLEI
Do inglês antigo *Darley*, nome de residência originário de um toponímico encontrado nas formas *Derley, Dereleie, Derleia, Darley, Darly*, sign. "(da) floresta habitada por cervos". Nome dado a alguém que viveu em um lugar com estas características.
Variante(s): Darlei, Darli, Derlei, Derli (*português*); Derley, Derly (*inglês antigo*).

DÁSIO
O mesmo que *Dácio*. Ver Dácio.

DÁUCIO
Do grego *daukos*, através do latim *daucum*, designação de uma (espécie de) cenoura. Provavelmente foi alcunha de alguém que cultivava esta planta.
Feminino: Dáucia.

DAURI
Ao que tudo indica, nome originário do francês. Significa "filho de Aury (Alarico)". Ver Alarico.
Variante(s): Daury (*português*).

DÁURIO
Contração de *de Áurio*, forma relativa de *Áureo, Áurio*. Ver Áureo.
Feminino(s): Dáuria.

DAURO
Nome originário de um dialeto dos altos Pireneus, sign. "**originário do vale dourado**".
Personal.: Dauro do Salgueiro, compositor.
Feminino(s): Daura.

DAVI
Do hebraico *Dawid, Dawídh*, sign. "**o amado**". Nome que em Portugal surgiu no A.E.L., em 1838. Na Inglaterra foi comum por volta do séc. XII. Na Irlanda tem sido usado para substituir o nativo *Dathi*.
Personal.: David Pinheiro, ator; Davi Machado, maestro.
Feminino(s): Davina.
Variante(s): David (*português, espanhol, francês, inglês, holandês, belga*); Davide (*italiano*).

DAVINO
Masculino de *Davina*, e este, feminino escocês de *Davi*. Ver Davi.
Feminino(s): Davina.

110 DICIONÁRIO DE NOMES

DAVIS
Do inglês *Davis*, sobrenome originado de *David*. No Brasil já foi encontrado como prenome. Pronuncia-se *deivis*.
Personal.: Davis Ferreira, atl. olímp. bras.

DÁZIO
O mesmo que *Dácio*. Ver Dácio.

DÉCIO
Do latim *Decius*, de *decem*, sign. "dez". Nome que os antigos romanos davam ao décimo filho.
Personal.: Décio Murilo, ator; (Mano) Décio da Viola, compositor.
Feminino(s): Décia.
Variante(s): Decio (*espanhol*); Dècio (*italiano*); Dèce, Décius (*francês*); Decius (*belga, latim*); Décij (*russo*).

DÉLCIO
Délcio originou-se da contração d'*Élcio*, sign. "de Élcio". *Delcino* é a forma relativa do nome, sign. "de (pertencente a; da natureza de) Délcio". Ver Élcio.
Personal.: Délcio Carvalho, cantor.
Feminino(s): Délcia.

DELFIM
Ver Delfino.
Personal.: Delfim Esposel, ator.
Feminino(s): Delfina.

DELFINO
Delfino origina-se do latim *delphinus, delphini*, e este, do grego *delphís, delphínos*, sign. "delfino; natural (habitante) de Delfos". *Delfos* origina-se de *Delphoí*, da raiz *delph*, sign. "útero; matriz; o que está escondido; centro da terra". O latim *delphinus* deu origem a *delfim* e *golfinho* (delphinus, dolfinos, dolfinho, gulfinho, golfinho), mamífero marinho cuja origem também está associada a Delfos. *Delfim* é a tradução de *dauphin*, forma afrancesada de *delphinus*. Era também o título dado aos antigos soberanos dos feudos de França, e que passou posteriormente à coroa. O nome surgiu no séc. IX com o suserano da província do Delfinado, na fronteira com a Itália, em alusão ao golfinho que figurava nas armas da família. Era o mais alto grau hierárquico conferido na França, após o do Rei. Ver "golfinho" na seção Simbologia.
Feminino(s): Delfina.
Variante(s): Dalfino, Dalvino (*português*); Delfín (*espanhol*); Delphin (*francês*).

DÉLIO
Do grego *Délios*, sign. "nascido em (natural de) Delos". *Délio* também

foi sobrenome de Apolo e Diana, deuses mitológicos gregos nascidos e adorados em Delos. Delos, da raiz *delóo* (mostrar-se, tornar-se visível), foi nome de um antiga cidade grega onde eram celebrados os Mistérios.

Personal.: Délio Jardim de Matos, ex-ministro.

Feminino(s): Délia.

Variante(s): Delius (*latim*).

DELMAR

Nome com dois étimos. 1) Do espanhol *del mar*, sign. "**do mar**". 2) Do germânico, o mesmo que *Adelmar*. **Ver Adelmar.**

Feminino(s): Delmara.

Variante(s): Delmo (*português*).

DELMIRO

O mesmo que *Adelmar*. **Ver Adelmar.**

DELMO

Nome com três étimos. 1) O mesmo que *Dalmo*. 2) Alteração do espanhol *Delmar*, através do feminino *Delma*. 3) Transformação de *Adelmo*. **Ver Adelmo, Dalmo e Delmar** (1ª acepção).

Personal.: Delmo da Silva, atl. olímp. bras.

Feminino(s): Delma.

DÉLSON

Do inglês *Edelson*, de *Edel*, mais a partícula *son* (filho), sign. "**filho de Edel (Adélia)**". A variante *Adelzon*, de origem holandesa e já encontrada no Brasil, tem a pronúncia *adelzôm*. O mesmo que *Adélson*, com supressão (aférese) da letra inicial. **Ver Adélson.**

DEMERVAL

Do francês *d'Amerval*, sign. "**natural (habitante) de Amerval**". *Amerval* é o nome de uma aldeia francesa situada no cantão de Solesmes e sua origem está ligada a *amer* (ponto de referência) e *val* (vale), topônimo traduzido por "lugar que tem um vale como ponto de referência".

Personal.: Demerval Liam, Dermival Dinarowsky, atores.

Variante(s): Adermeval, Dermeval, Dermival, Merval (*português*).

DEMÉTRIO

Do grego *Demétrios*, lit. "**consagrado a Demeter**". *Demeter* origina-se do grego *Deméter*, cujo significado é "mãe terra".

Personal.: Demétrio Age, ator.

Feminino(s): Demétria.

Variante(s): Demetrio (*espanhol*); Demètrio (*italiano*); Demetre,

112 DICIONÁRIO DE NOMES

Démétrios (*francês*); Demetrius (*inglês, alemão, latim*).

DEMÓCRITO
Do grego *Demókritos*, de *démos* (povo) e *kritós* (eleito), sign. "**eleito (escolhido) pelo povo**". Uma fonte propôs a tradução "juiz do povo"(de krité + démos), que deve ser descartada.
Personal.: Demócrito Rocha, escritor.
Variante(s): Demócrito (*espanhol*); Demòcrito (*italiano*); Démocrite (*francês*); Demokrit (*alemão*).

DEMÓSTENES
Do grego *Demosthénes*, de *démos* (povo) e sthénos (força), sign. "**a força do povo**".
Personal.: célebre político e orador ateniense.
Variante(s): Demóstenes (*espanhol*); Demòstene (*italiano*); Démosthène (*francês*); Demosthenes (*inglês, holandês, latim*).

DENÍLSON
Ao que tudo indica, nome calcado no inglês *Danyll'son*, sign. "**filho de Daniel**". Há no inglês antigo os termos *Deneyson, Denison, Dennison* e *Deynissone*, que não têm correspondência com o nome em questão. Ver Daniel.

DÊNIS
Nome de origem francesa, o mesmo que *Dionísio*. Em Portugal, foi encontrado em obras redigidas no séc. XII, nas formas *Donis, Dinis*. Ocorreu na Inglaterra no séc. XV, caiu em desuso e foi redivivo no começo do séc. XX, sendo agora comum naquele país. Na Irlanda as variantes *Denis, Denys* substituem o nativo *Donnchadh*. É nome do santo patrono da França, também muito popular na Inglaterra, onde 41 igrejas lhe são consagradas. Ver Dionísio.
Personal.: Dênis Carvalho, ator.
Feminino(s): Denise.
Variante(s): Dinis, Diniz (*português*); Deny (*francês*); Denys (*francês, inglês*); Denis (*francês, inglês, latim*); Deenys, Denes, Dennis (*inglês, inglês antigo*).

DENISETE
O mesmo que *Denizar*. Ver Denizar.

DENIZAR
Do francês *Denizart*, sign. "**filho (descendente, parente) de Dênis**". No Brasil surgiram as formas aportuguesadas *Denisar, Denizar, Denizarte*, que se tornaram prenomes devido à influên-

cia de Hippolyte Denizard Rivail, dito Allan Kardec, o codificador do Espiritismo.
Variante(s): Denisar, Denisarte, Denisete, Donisete (*português*); Denizard, Denizart (*francês*).

DEO
Nome com dois étimos. 1) Do grego *theós*, sign. "Deus". 2) Também hipocorístico de nomes começados em *Teo*, como *Teodoro*, *Teodato*, *Teófilo*, *Teodorico* etc.
Personal.: Deo Maia, Deo Garcez, atores.

DEODATO
Do latim *Deodatu*, de *Deo datu*, sign. "dado por Deus". Nome que na França, na forma *Dieudonné*, era dado às crianças ardentemente desejadas, mas cuja concepção era demorada, levando os pais a aflições e desespero. Dessa maneira, ao nascerem, parecia-lhes uma dádiva concedida pela Providência, e daí serem batizadas com este nome. Equivale a *Deusdedit*, *Deodoro*, *Dieudonné* e *Jônatas*.
Personal.: Deodato Campos, compositor.
Feminino(s): Deodata.
Variante(s): Adeodato, Deusdado (*português*); Deodato (*espanhol*);

Deodàto, Diodàto (*italiano*); Déodat, Deudat, Dieudonné, Dioudonnat (*francês*).

DEODORO
Do grego *Theódoros*, de *theós* (Deus) e *dôron* (dádiva, dom, presente), sign. "dádiva de Deus (divina)".
Personal.: Deodoro Silva, cenógrafo.
Variante(s): Teodoro (*português*); Diodoro (*português, espanhol*); Diodòro (*italiano*); Déodore, Diodore (*francês*); Diodorus (*latim*).

DERCI
O mesmo que *Darci*. Ver Darci.

DERLEI
O mesmo que *Darlei*. Ver Darlei.

DERLI
O mesmo que *Darlei*. Ver Darlei.

DERMEVAL
O mesmo que *Demerval*. Ver Demerval.

DEUSDEDIT
Do latim *Deus dedit*, lit. "Deus deu". Nome de origem religiosa, tem o mesmo significado de *Deodato*, *Deodoro*, *Dieudonné* e *Jônatas*.

114 DICIONÁRIO DE NOMES

Variante(s): Deusdato, Deus-dédito (português).

DEUSTAN
Variante de Adelstan. Ver Adelstan.

DIAMANTINO
De diamante, mais sufixo ino, sign. "semelhante ao diamante; da natureza do diamante; que tem o brilho do diamante".
Personal.: Diamantino Santos, atl. olímp. bras.
Feminino(s): Diamantina.
Variante(s): Diamantino (espanhol); Diamantini (italiano).

DÍDIMO
Do grego Didymos, lit. "gêmeo", relacionado com dís (duas vezes). Ver Tiago e Jacó.
Variante(s): Dídimo (espanhol); Dìdimo (italiano); Didime (francês, latim).

DILERMANDO
Do francês de l'Hermant, sign. "de Armando". Nome provavelmente dado a um filho de (um) Armando. Ver Armando.
Personal.: Dilermando Pinheiro, cantor; Dilermando Reis, violonista.

DÍLSON
Forma aferética de Adílson. Ver Adílson.
Personal.: Dílson Funaro, ex-ministro da Fazenda.

DIMAS
Nome de étimo obscuro. Há autores que concordam ser uma possível abreviação de Demétrio. Há um Dymas grego, cujo significado foi perdido.
Personal.: Dimas Macedo, poeta.
Variante(s): Dimás (espanhol).

DINARDO
O mesmo que Dinarte. Ver Dinarte.

DINARTE
Do germânico Degenhard, Deinhard, de degin (guerreiro, herói) e hard (forte), sign. "guerreiro forte".
Personal.: Dinarte Mariz, político.
Feminino(s): Dinarda.
Variante(s): Degenardo, Dinardo (português).

DINO
Nome com dois étimos. 1) Hipocorístico de nomes que terminam em dino, como Aldino, Bernardino etc. 2) Antiga modificação do adjetivo digno, com influência portuguesa.

Personal.: Dino Pignatari, poeta.
Feminino(s): Dina.
Variante(s): Dino (*espanhol, italiano*).

DIOCLECIANO
Forma relativa de *Diocles*, sign. "de (pertencente a; da natureza de) Diocles". Ver Diocles.
Personal.: Diocleciano Paranhos (Canuto), cantor.
Feminino(s): Diocleciana.
Variante(s): Diocleciano (*espanhol*); Dioclétien (*francês*); Diocletianus (*holandês, latim*); Diocletiaen (*belga*); Dioclecián (*russo*).

DIOCLÉCIO
Forma regressiva de *Diocleciano*. Ver Diocleciano.
Feminino(s): Dioclécia.

DÍOCLES
Do grego *Dioklês*, de *Dios kléos*, sign. "glória de Deus; o que Deus tornou glorioso".
Personal.: Diocles de Flionte, poeta cômico grego.
Feminino(s): Diocleia.
Variante(s): Diocles, Dioclis (*latim*).

DIÓGENES
Do grego *Diogénes*, de *dio*, raiz de *Zéus*, *Diós* (Zeus, Deus) e *gen* (raça, origem), raiz de *gígnomai* (gerar), sign. "o gerado por Zeus (Deus); o da raça divina".
Personal.: Diógenes Nioac, ator.
Variante(s): Diógenes (*espanhol*); Diògene (*italiano*); Diogène (*francês*).

DIOGO
Do espanhol *Diego*, o mesmo que *Jacó* (Iago). Ou o mesmo que *Tiago*, antropônimo originário de uma divisão silábica errônea de *Sant'Iago*. Ver Jacó e Tiago.
Personal.: Diogo Vilela, Diego Corrêa, atores.
Variante(s): Didaco, Jacó, Tiago (*português*); Diego (*espanhol*).

DIOMEDES
Do grego *Diomédes*, de *dio*, raiz de *Diós* (Zeus, Deus) e *med*, raiz de *médomai* (ter cuidado), sign. "aquele de quem Zeus (Deus) cuida".
Personal.: Diomedes Olivo, desportista americano.
Variante(s): Diomedes (*espanhol, latim*); Diomède (*francês*).

DIONÍSIO
Do grego *Dionysios*, sign. "consagrado a Dioniso". *Dioniso* remonta ao sânscrito *dyúnis*, *dyúniso*, de *dyu* (o céu pai, espírito, dia) e *nis*

116 DICIONÁRIO DE NOMES

nisa (noite, água), sign. "Espírito (fecundante) das águas; o céu e as águas; dia e noite". Segundo a tradição, Dioniso teria sido educado por Mercúrio (Hermes) no misterioso jardim de Nysa, no qual se elevava o Monte Meru. O nome ganhou, por isso, o significado posterior de "*Deus de Nisa*". Em Portugal, nome encontrado em documentos que datam da segunda metade do séc. XVII.
Personal.: Dionísio Fernandes, poeta.
Feminino(s): Dionísia.
Variante(s): Dionízio (*português*); Dionisio (*espanhol*); Dionígi (*italiano*); Denis (*francês*); Dionysius (*inglês, latim*); Dionysus (*alemão*); Denys (*belga*).

DIORACY
O mesmo que *Juraci*. Ver Juraci.

DIRCEU
Do grego *dirkaíos*, sign. "da fonte Dirce". Ver Dirce.
Personal.: Dirceu Rabello, ator.
Feminino(s): Dirceia.
Variante(s): Dircaeu (*latim*).

DIRLEI
O mesmo que *Odirley*. Ver Odirley.
Variante(s): Dirley (*português*).

DITEMAR
O mesmo que *Teodemiro*. Ver Teodemiro.

DJALMA
Do islandês *Hjalmar*, de *halm-r*, lit. "elmo; capacete". Por extensão, "proteção".
Personal.: Djalma Ferreira, maestro.
Variante(s): Adjalmar, Adjalme, Hialmar, Jalmar (*português*); Hjalmar (*islandês, nórdico*).

DOMÊNICO
O mesmo que *Domingos*. Ver Domingos.
Feminino(s): Domênica.
Personal.: Domenico Beccafumi, pintor italiano.

DOMÍCIO
Do latim *Domitius, Domitii*, lit. "domado". Por extensão, "pessoa de gênio brando". Ver Damásio.
Personal.: Domício Costa, ator.
Feminino(s): Domícia.
Variante(s): Domécio (*português*); Domicio (*espanhol*); Domice (*francês*); Domitz (*alemão*); Domitius, Domitii (*latim*).

DOMINGOS
Do latim *Dominicus*, sign. "pertencente ao Senhor". Nome de origem religiosa, relativo ao do-

NOMES MASCULINOS 117

mingo, dia de descanso consagrado ao Senhor, encontrado em obras portuguesas redigidas no séc. XIII. Equivale a *Ciríaco*.
Personal.: Domingos Terciliano, ator.
Feminino(s): Domingas.
Variante(s): Domênico (*português*); Domingo (*espanhol, italiano*); Domenico (*italiano*); Dominge, Dominique (*francês*); Dominic (*inglês*); Dominick (*inglês*).

DONALDO
Nome com dois étimos. 1) Do céltico *Dubno-walos*, sign. "**o mais poderoso do mundo**". Na Escócia, foi encontrado no séc. XIII nas formas *Dofnald*, Douenald e *Dufenald*. 2) Na Irlanda há a forma *Domhnall*, que se confunde com *Daniel*. Ver **Daniel**.
Personal.: Donald Pleasence, ator.
Feminino(s): Donalda.
Variante(s): Denevaldo, Donival, Donivaldo (*português*); Donald (*inglês*).

DONATELO
Diminutivo de *Donato*. Ver **Donato**.
Personal.: famoso escultor toscano precursor de Miguel Ângelo.

Feminino(s): Donatela.
Variante(s): Donatilo (*espanhol*); Donatello (*italiano*).

DONATO
Do latim *Donatus*, de *donato*, lit. "**dado de presente**". Nome de origem religiosa que adquiriu o sentido de "**consagrado ao Senhor**", referindo-se a uma criança que desde tenra idade seria preparada para seguir a vida religiosa.
Feminino(s): Donata, Donátia.
Variante(s): Donácio (*espanhol, italiano*).

DONISETE
Do francês *Deniset, Denizet*, hipocorísticos de *Denis*. Ver **Dênis**.

DONIVAL
O mesmo que *Donaldo*. Ver **Donaldo**.

DONOZOR
Hipocorístico de *Nabucodonosor*, nome teofórico de origem babilônica, originário de *Nabukudurri-usur*, no qual entram três elementos distintos: *Nabo, Adar* e *Asur. Nabo, Nebo, Nabu* são nomes que os babilônios davam à divindade criadora de todas as coisas *Adar, Udur* origina-se do semita *adaru, addaru*,

sign. "escuro; enevoado; névoa", por extensão, "oculto". *Ansar*, *Asur* ou *Usur*, e sign. "Espírito Supremo, Ser espiritual ou divino", e do qual, por sua vez, originaram-se o persa *Ahura* – deus supremo dos zoroastrianos – e *anse*, nome genérico dos deuses do panteão germânico. O sobrenome *Nabuco* tem a mesma origem.
Personal.: Donozor Lima, poeta.
Variante(s): Donosor (*português*).

DORI
Nome com dois étimos. 1) Do latim *aureus*, sign. "de ouro; dourado". 2) Hipocorístico de nomes como *Doriano*, *Dorival* etc.
Personal.: Dori Caymmi, compositor.
Variante(s): Dory (*português*).

DORIANO
Nome calcado no francês *Dorian*, lit. "originário (natural) do Oriente".
Personal.: Dorian Harewood, ator.
Feminino(s): Doriana.
Variante(s): Dorian (*francês, inglês*).

DORIVAL
Nome francês de origem geográfica. De uma região da França chamada Orival, com anteposição da preposição de, sign. "natural (habitante) de Orival". *Orival* traduz-se por "vale dourado". Não confundir com *Norival*.
Personal.: Dorival Caymmi, compositor; Dorival Malavasi, músico.
Variante(s): Dourival (*português*).

DORVAL
O mesmo que *Durval*. Ver Durval.

DOUGLAS
Do inglês antigo *dubhlas*, lit. "azul-escuro". Nome de residência relativo a rios celtas assim denominados, aparentemente surgiu como antropônimo com uma importante família escocesa cuja ascendência remonta ao séc. VIII. Foi um nome muito popular na Bretanha do séc. XVI, comum a ambos os sexos. Ver Celena.
Personal.: Douglas Simon, ator.
Variante(s): Douglas, Douglass (*inglês*).

DRÁUZIO
Do gaulês *Drausus* (e este, do latim *Drusus*), cognome assumido

pela *gens Livia*, após o assassinato do gaulês *Drausus*. Ver Druso.
Personal.: Dráuzio Varela, escritor.
Feminino(s): Dráuzia.
Variante(s): Dráusio (*português*).

DUÍLIO
Do latim *Duilius* ou *Duillius*, lit. "duelo". Por extensão, "rebelde; inimigo; guerreiro".
Personal.: Duílio Scalise, Duilio Del Prete, atores; Duílio Mastroiani, cineasta.

DULCÍDIO
Do latim *Dulcitius*, calcado em *dulcis*, lit. "de natureza doce (benigna, agradável)". Ver Dulce.
Feminino(s): Dulcídia.
Variante(s): Dulcício, Dúlcio (*português*); Dulcídio (*espanhol*).

DÚLCIO
O mesmo que *Dulcídio*. Ver Dulcídio.

DUNSTAN
Do inglês *Dunstan*, toponímico e mais tarde nome de residência, originado de *hun* (colina, morro) e *stan* (pedra), sign. "**pedra sobre a colina**". Na Bretanha, o nome caiu em desuso após a Reforma, sendo redivivo por volta do séc. XIX.
Personal.: Dunstan Maciel, cineasta.
Variante(s): Dunstano, Dunstão, Dustão (*português*); Dunstan, Dustin (*inglês*).

DURVAL
Do germânico *Thorwald*, sign. "sacerdote de Thor". Na mitologia nórdica, Thor é o deus da guerra.
Personal.: Durval Ferreira, músico; Durval Lobo, poeta.
Variante(s): Dorval (*português*).

DURVALINO
Forma relativa de *Durval*, sign. "de (pertencente a; da natureza de) Durval". Ver Durval.
Personal.: Durvalino Souza, ator.

E

EBENEZER
Do hebraico *Eben-ha'ezer*, sign. "pedra do socorro (de auxílio, de ajuda)". Denominação de uma pedra comemorativa erguida por Samuel entre Mispa (Masfa) e Sem, depois de uma vitória dos israelitas sobre os filisteus. Passou a antropônimo e foi adotado pelos puritanos ingleses no séc. XVII, nas formas *Benazer* e *Benezer*.
Variante(s): Abenezer (*português*); Benazer, Benezer (*inglês antigo*).

ÉBER
Do germânico *eber*, lit. "javali". Não confundir com *Héber*. **Ver** Héber e "javali" na seção Simbologia.

EBERALDO
O mesmo que *Everaldo*. **Ver** Everaldo.

EDBERTO
Do germânico *Edbert*, de *ead* (riqueza) e *berth* (brilhante, ilustre), sign. "ilustre por sua riqueza". Por extensão, "nobre ilustre".
Feminino(s): Edberta.
Variante(s): Ediberto, Idiberto (*português*).

EDELBERTO
O mesmo que *Adalberto*. **Ver** Adalberto.

EDELMAR
O mesmo que *Adelmar*. **Ver** Adelmar.

EDELMIR
O mesmo que *Adelmar*. **Ver** Adelmar.

EDÉLSON
O mesmo que *Adélson*. **Ver** Adélson.

EDELVINO
O mesmo que *Etelvino*. Ver Etelvino.

ÉDER
Do hebraico *Eder*, lit. "rebanho; multidão".
Personal.: Éder Sá, ator.

EDERALDO
Nome provavelmente criado a partir de *Éder*, calcado no modelo *Everaldo*, como ocorre com alguns nomes no Brasil.
Personal.: Ederaldo Gentil, compositor.

EDÉSIO
Masculino de *Edésia*. Ver Edésia.
Personal.: Adésio Machado, atl. olímp. bras.
Variante(s): Adésio (*português*); Adesio (*espanhol*).

EDEVALDO
O mesmo que *Edvaldo*. Ver Edvaldo.

EDGAR
Do germânico *Audagar*, de *auda*, *ead* (riqueza) e *gar* (lança), sign. "aquele que com sua lança combate por seus bens". Foi nome de muitos reis e príncipes, adotado pelos judeus, juntamente com *Alberto*, para substituir *Efraim*, que começa com a mesma letra. Na Bretanha, as formas *Eadgar*, *Edgar* surgiram por volta do séc. XIII, caindo em desuso para voltar à moda no séc. XVIII.
Personal.: Edgard de Barros, escritor.
Feminino(s): Edgarda.
Variante(s): Edegar, Edgardo, Edigar, Edigardo (*português*); Edgardo (*espanhol, italiano*); Edgard (*francês, inglês*); Edgar (*inglês, nórdico*).

EDIBERTO
O mesmo que *Edberto*. Ver Edberto.

EDILMAR
O mesmo que *Adelmar*. Ver Adelmar.

EDINALDO
Do germânico *ead* (riqueza, bens) e *wald* (que governa), sign. "aquele que governa seus bens (riquezas)". Não confundir com *Edinardo*, "aquele que possui bens duradouros".
Feminino(s): Edinalda.
Variante(s): Ednaldo (*português*).

122 DICIONÁRIO DE NOMES

ÉDINO
Masculino de *Édina*. Ver Édina.

EDINO
Do inglês *Edwin*, o mesmo que *Eduíno*. Não confundir com *Édino*. Ver Eduíno.
Personal.: Edino Krieger, compositor.
Feminino(s): Edina.
Variante(s): Edwin (*inglês*).

EDIVALDO
O mesmo que *Edvaldo*. Ver Edvaldo.

EDMAR
Do germânico *Eadmaer*, de *ead* (riqueza, bens) e *maer*, *mar* (ilustre), sign. "ilustre por sua riqueza". A forma *Edmar*, originalmente masculina, no Brasil é comum a ambos os sexos.
Personal.: Edmar Ferreti, cantor lírico.
Feminino(s): Edmara.
Variante(s): Adimar, Admar, Admardo, Edmaro (*português*).

EDMÍLSON
1) Do português, aglutinação de nomes começados em *Edm*, como *Edmar*, *Edmundo*, com *Ílson* ou *Wilson*. 2) Ou significando "filho de Edmundo", modificação do inglês *Edminson*, com transliteração do *n* em *l*, nome naquele idioma também encontrado nas variantes *Edmonso*, *Edmundson*.
Personal.: Edmílson Dantas, atl. olímp. bras.
Variante(s): Adimílson, Admílson, Edimílson (*português*).

EDMUNDO
Do germânico *Hedmund*, de *ead* (riqueza, bens) e *mundo* (proteção), sign. "protetor das riquezas". No séc. XVII os bretões frequentemente confundiam *Edmund* e *Edward*, pois têm o mesmo significado. Ver Eduardo.
Personal.: Edmundo Villani, compositor.
Feminino(s): Edmunda.
Variante(s): Admeo, Edmundo (*espanhol*); Edmondo (*italiano*); Edmond (*francês*); Edmund (*inglês, alemão*).

EDNALDO
O mesmo que *Edinaldo*. Ver Edinaldo.

EDNEI
Do antigo nórdico *Idhuna*, que gerou os sobrenomes *Idney* e *Edney*, este último encontrado como prenome masculino no Brasil. Ver Idina.

Personal.: Edney Giovenazzi, ator bras.

Feminino(s): Ednea, Edineia, Idina, Idineia.

Variante(s): Idinei (*português*); Edney, *Idney* (antigo *nórdico*).

EDSEL

Do anglo-saxão *Edsel*, sign. "**originário da casa do homem rico**". Primitivamente foi um nome de residência.

Personal.: Edsel Ford, famoso industrial americano.

Variante(s): Edsel (*anglo-saxão, inglês*).

ÉDISON

Do inglês *Ed*, de *Eddy*, hipocorístico de *Edward* (Eduardo) e de *Edwin* (Eduíno), mais a partícula *son* (filho), sign. "**filho de Eddy**". Ver Eduardo e Eduíno.

Personal.: Édson Celulari, ator.

Variante(s): Édson (*português)*; Edson, Edison (*inglês*).

EDUARDO

Do germânico *Hadaward*, de *ead* (riqueza, bens) e *ward* (guarda, guardião), sign. "**guardião (protetor) das riquezas**". O mesmo significado de *Edmundo*. Nome que entre os judeus é usado para substituir *Efraim*, que começa com a mesma letra. Muito comum como nome de reis e príncipes, na Irlanda é usado incorretamente para substituir o nativo *Eamon*. **Ver Edmundo.**

Personal.: Eduardo Conde.

Feminino(s): Eduarda.

Variante(s): Edvar, Edvardo (*português*); Eduardo (*espanhol*); Edoardo (*italiano*); Édouard (*francês*); Edward (*inglês*); Eduard (*alemão, eslavo*); Edvard (*nórdico*).

EDVAR

O mesmo que *Eduardo*. **Ver Eduardo.**

EDUÍNO

Do germânico *Eadwine*, composto de *ead* (riqueza) e *wine* (amigo), sign. "**amigo rico**". Foi nome do primeiro rei da Nortúmbria (séc. VI), graças a quem se tornou muito popular naquela época.

Personal.: Edwin Luisi, ator.

Feminino(s): Eduína.

Variante(s): Edino, Edvino, Edwino (*português*); Edwin (*inglês, alemão*); Edvin (*nórdico*).

EDVALDO

Do germânico *Eadwalt*, de *ead* (riqueza, bens) e *walt* (força), sign.

124 DICIONÁRIO DE NOMES

"aquele cuja força (poder) está na riqueza".
Personal.: Edwaldo Oliveira, ator.
Feminino(s): Edvalda.
Variante(s): Edevaldo, Edivaldo, Eduvaldo, Edwaldo, Oduvaldo (*português*)·

EFRAIM
Do hebraico *Ephraim*, *Ephráyim*, derivado de *parah* (era fértil), aramaico-siríaco *perá* (frutificar), sign. "**frutífero; fértil**". Houve quem traduzisse por "aquele que multiplica", notadamente por aferência.
Personal.: Efrem Zymbalist Jr., ator americano.
Variante(s): Efraím, Efraín, Éfrem, Efrén (*espanhol*); Efràim, Efrém (*italiano*); Éphraim (*francês*); Ephraim (*inglês*).

EGBERTO
Do germânico *Eckberth*, de *ag*, *agli*, *ecke*, *eg* (fio, gume de arma, ponta sobressalente; metonimicamente espada), e *berth* (ilustre, brilhante, resplandecente), sign. "**brilhante no manejo da espada; espada brilhante (esplandecente)**". Ver "espada" na seção Simbologia.
Personal.: Egberto Gismonti, compositor

Feminino(s): Egberta.
Variante(s): Eberto, Eguiberto (*português*); Agilberto, Egberto (*espanhol*); Ecberto (*italiano*); Egbert (*francês, inglês, alemão*).

EGÍDIO
Do latim *Aegidius*, de *aegis*, *aegidis*, calcado no grego *aigís*, *aigídos*, lit. "**égide**". Por extensão, "**protetor**". Nome que na Idade Média foi adotado por diversos escritores de nome Gil, forma abreviada do francês *Gilles* (Aegidius). Ver Gilles.
Personal.: Egídio Araújo, ator.
Feminino(s): Egídia.
Variante(s): Egidio (*espanhol, italiano*); Égidius, Gilles (*francês*); Agid (*alemão*).

EGINO
O mesmo que *Higino*. Ver Higino.

EGON
Do grego *Aígon*, de *aíx* (cabra), através do latim *Aegon*, sign. "**pastor**". Foi nome de um pastor mencionado por Virgílio. Equivale a *Hérder*.
Personal.: Egon Adolfo, ator.
Variante(s): Egon (*inglês, alemão*); Aegon (*latim*).

EGUIBERTO
O mesmo que *Egberto*. **Ver Egberto**.

ELÁDIO
O mesmo que *Heládio*. **Ver Heládio**.

ELAZIR
O mesmo que *Eleazar*. **Ver Eleazar**.

ÉLCIO
O mesmo que *Hélcio*. **Ver Hélcio**.
Personal.: Élcio Romar, ator.
Feminino(s): Élcia, Elce.
Variante(s): Elcir *(português)*.

ELCIR
Nome calcado em *Élcio*, com uma terminação arbitrária em *r*, ocorrência muito comum no Brasil. O mesmo que *Élcio*. **Ver Élcio**.

ÉLDER
O mesmo que *Hélder*. **Ver Hélder**.

ELDUÍNO
O mesmo que *Alduíno*. **Ver Alduíno**.

ELEAZAR
No A.T., sumo sacerdote dos hebreus do séc. XV a.C., filho de Aarão. Origina-se do hebraico *Elazar*, de *El* (Deus; senhor) *ézer* (socorro), grego *Eleázaros*, sign. "**Deus socorreu; Deus ajudou**". Nâo confundir com Eliéser. O mesmo que *Lázaro*. **Ver Eliéser e Lázaro**.
Personal.: Eleazar de Carvalho, maestro.
Variante(s): Elazir, Eleázaro, Eleazaro, Elseário, Elzeário, Lázaro *(português)*; Elezearo *(espanhol)*; Eléazar, Elzéar, Lazare, Lazari *(francês)*; Elazar *(inglês)*.

ELEODORO
O mesmo que *Heliodoro*. **Ver Heliodoro**.
Personal.: Eleodoro Eranos, sertanista.

ELEUTÉRIO
Do grego *Eleuthérios*, de *eleútheros* (livre), sign. "o libertador". Era um dos epítetos de Zeus e também de Baco.
Personal.: Eleutério de Senas, compositor.
Feminino(s): Eleutéria.
Variante(s): Eleuterio *(espanhol)*; Eleutèrio *(italiano)*; Éleuthère *(francês)*; Eleutherius *(belga, latim)*.

ELFRIDO
O mesmo que *Alfredo*. **Ver Alfredo**.

ELI

Do hebraico *Eli*, sign. "o Elevadíssimo; o Altíssimo; meu Deus; o Senhor (Javé) é excelso". Nome que tem relação com o grego *hélios* (o Sol), aramaico-siríaco *ali*, ugárico *ly*, árabe *alá*, acadiano *elu* (ele ascendeu). No Brasil é comum a ambos os sexos.
Personal.: Eli Rozendo, escritor.
Variante(s): Élio, Heli, Hely (*português*); Eli (*espanhol*); Elie (*francês*); Ely, Elly (*inglês*).

ELIACIM

No A.T., rei de Judá levado ao trono de Jerusalém por Necau, rei do Egito, que depôs o próprio irmão Joacaz. Origina-se do hebraico *Eliakim*, sign. "Deus estabelece; Deus estabeleceu". Ver Joaquim.
Personal.: Eliakim Araújo, apresentador de TV.
Variante(s): Eliaquim (*português*); Eliakim (*inglês*).

ELÍADE

Do grego *Heliades*, de *hélios* (o Sol), mais a partícula *ades*, conotativa de patronímico, sign. "filho (descendente) do Sol". Não confundir com *Elíada*.
Variante(s): Elíadi (*português*).

ELIAS

Do hebraico *Aliyyáh*, *Elijah*, através do grego *Elias*, sign. "o Senhor é meu Deus; Jeová é meu Deus". Nome que em Portugal apareceu pela primeira vez no A.E.L., em 1838.
Personal.: Elias Lobo, compositor.
Variante(s): Elías (*espanhol*); Élias, Élie, Élies, (*francês*); Elya (*inglês*); Eliah (*hebraico*).

ELÍCIO

Do latim, derivado de *elicere* (atrair), sign. "o que atrai". Epíteto atribuído ao rei Numa quando Júpiter ensinou-lhe o segredo para *atrair* o raio e purificar os lugares atingidos por ele.
Feminino(s): Elícia.

ELÍDIO

O mesmo que *Ilídio*. Ver Heládio e Ilídio.

ÉLIDO

Masculino de *Élida*. Ver Élida.

ELÍDIO

Masculino de *Elídia*. Ver Elídia.

ELIEL

Do hebraico *Eliel*, lit. "Deus é Deus; Deus é o Senhor; Deus é o Elevado".

NOMES MASCULINOS 127

Personal.: no A.T., nome de um dos antecessores do profeta Samuel.

ELIEZAR
O mesmo que *Eliezer*. Ver Eliezer.

ELIEZER
Prenomes originários do hebraico *Eliézer*, sign. "Deus é auxílio; Deus é socorro" . Não confundir com *Eleazar*. Ver Eleazar.
Personal.: Eliezer Motta, Eliezer Ferreira, atores.
Variante(s): Eliéser, Elieser, Eliezar, Elisário; Eliezer (*português*); Eliézer (*francês*).

ELÍGIO
Do latim *Eligiu*, do radical de *eligere* (escolher), sign. "o escolhido; o eleito". O nome não tem relaçao com *Elijah* (Elias) ou com *Eloah*, *Elohim*.
Feminino(s): Elígia.
Variante(s): Elégio, Elói (*português*); Eligio (*espanhol*); Elìgio (*italiano*); Eligius (*belga, latim*).

ÉLIO
Nome com dois étimos. 1) Do hebraico *El Elion*, sign. "o Altíssimo". 2) Do latim *Elius*, sign.

"natural (habitante) da Élida". Não confundir com o homófono *Hélio*. Ver Eli, Élida e Hélio.
Personal.: Elio Ragni, atl. olímp. italiano.
Feminino(s): Élia.
Variante(s): Elio (*espanhol, italiano, inglês*); Élio (*italiano*).

ELIODORO
O mesmo que *Heliodoro*. Ver Heliodoro.

ELISÁRIO
O mesmo que *Eliéser*. Não confundir com *Elisiário*. Ver Eliéser.
Feminino(s): Elisária.

ELISEU
Nome com dois étimos. 1) Do hebraico *Elisha*, lit. "Deus é salvação", de *El* (Deus) e *yésha* (salvação). O segundo elemento do nome relaciona-se com *yeshuah*, encontrado nos antropônimos *Isaiah* (Isaías) e *Joshua* (Jesus). 2) O mesmo que *Elísio*. Ver Elísio.
Personal.: Eliseu Visconti, pintor bras.
Variante(s) da 1ª acepção: Eliseo (*espanhol*); Eliséo (*italiano*); Elisée, Elysée, Elyseu (*francês*); Eliseus (*latim*).

ELISIÁRIO
Forma relativa de *Elísio*, sign. "de (pertencente a; da natureza de) Elísio". Não confundir com *Elisário*. Ver Elísio.
Personal.: Elisiário de Araújo, poeta; Elisiário Castanho, historiador.

ELÍSIO
Do grego *Elysion*, sign. "do Elísio". *Elísio* traduz-se por "lugar agradável; morada deliciosa". Na mitologia grega, era o lugar bem-aventurado para onde seguiam as almas dos heróis e dos homens virtuosos, correspondendo ao Valhala dos germânicos, ao Devachan dos orientais e ao Sétimo Céu dos cristãos.
Personal.: Elísio de Albuquerque, ator.
Feminino(s): Elísia.

ELMANO
Anagrama de *Manoel*. O nome foi criado pelo poeta português Manoel M.B. du Bocage, que tomou o pseudônimo Elmano Sadino. Ver Manoel.
Personal.: Elmano Cardim, jornalista.

ELMÁRIO
O mesmo que *Adelmar*. Ver Adelmar.

ELMIR
O mesmo que *Almir*. Ver Almir.

ELMO
Nome com três étimos. 1) Corruptela italiana de *Erasmo* (Ermo). Alguns autores pretendem que se origine do germânico *elm* (elmo, proteção), mas o italiano *Ermo* recebeu o apoio fonético de *elmo*. Assim é que S. Erasmo, na Itália, padroeiro das mulheres grávidas, também é chamado de *Santo Elmo* (Sant'Elmo). 2) Hipocorístico de *Anselmo*. 3) Masculino de *Elma*. Ver Erasmo, Anselmo e Elma (1ª acepção).
Personal.: Elmo Lincoln, ator; Elmo Dalmo, escultor bras.

ELÓI
Do latim *Eligiu*, através do francês *Éloi*, *Éloy*. Ver Elígio.
Personal.: Elói Antero, compositor.
Variante(s): Elígio (*português*); Eloy (*espanhol*); Elloy, Éloi, Eloy, Éloy (*francês*).

ELOÍSIO
O mesmo que *Aluísio*. Ver Aluísio.

ELPÍDIO
Do grego *elpís*, através do latim *Elpidius*, lit. "esperança". Equivale a *Elpino*.
Personal.: Elpídio Pereira, violinista.
Feminino(s): Elpídia.
Variante(s): Ilpídio, Ílpido (*português*); Elpídio (*espanhol*); Elpìdio (*italiano*); Elpide (*francês*); Elpidius (*belga, latim*).

ELPINO
O mesmo que *Elpídio*. Ver Elpídio.
Personal.: Elpino Duriense, escritor.

ELSEÁRIO
O mesmo que *Eleazar*. Ver Eleazar.

ÉLTON
Nome inglês de origem toponímica, mais tarde, nome de residência. Não confundir com *Hélton*. 1) De *Ael-tun*, sign. "(natural, habitante) do lugar onde as enguias são apanhadas". 2) De *Eald-tun*, sign. "da cidade antiga". Ver Hélton.
Personal.: Elton Medeiros, compositor.
Variante(s): Hélton (*português*).

ÉLVIO
O mesmo que *Hélvio*. Ver Hélvio.

ELZIR
O mesmo que *Alziro*. Ver Alziro.

EMANUEL
Do hebraico *Immanuel*, sign. "Deus (está) conosco", de *immánu* (conosco) e *El* (Deus), nome dado pelos hebreus ao Messias. Inicialmente foi usado como nome cristão pelos gregos, tornando-se mais tarde comum na Espanha e Portugal, nas variantes *Manoel, Manuel. Emanuel* foi encontrado no séc. XV, na Cornuália, e *Immanuel* ocorreu somente por volta do séc. XVII. Na Inglaterra é um nome usado quase que exclusivamente pelos judeus. Há uma forma *Emano*, hipocorístico do nome.
Personal.: Emanoell Cavalcanti, pintor; Emanuel Nascimento, atl. olímp. bras.
Feminino(s): Emanuela.
Variante(s): Emano, Emanoel, Imanuel, Manoel (*português*); Manuel (*português, espanhol, francês*); Emmanuel (*francês, alemão*); Immanuel (*inglês*); Emanuel (*inglês, alemão*).

ÉMERSON
Do patronímico inglês *Emerson*, sign. "filho de Emery". *Emery* tem origem no germânico *Emmerich*. Ver Américo.
Personal.: Emerson Fittipaldi, piloto de F-1.
Variante(s): Emerson (*inglês*).

EMILIANO
Do latim *Aemilianu*, forma relativa de *Emílio*, sign. "de (pertencente a; da natureza de) Emílio".
Personal.: Emiliano Queiroz, ator.
Feminino(s): Emiliana.
Variante(s): Emiliano (*espanhol, italiano*); Emilien (*francês*); Emelyan (*eslavo*).

EMÍLIO
Do latim. 1) De *Aemiliu*, nome da família romana dos Emílios, que pretendia ser descendente de um Emílio grego, filho de Ascânio. 2) A mitologia grega refere-se a um *Aimylios*, filho de Numa, cujo nome sign. "o que fala de modo agradável", e que foi assim batizado em razão da sua linguagem graciosa. Este é o étimo provável do nome.
Personal.: Emílio Santiago, cantor; Émile Zola, escritor francês; Emil

Karas, jogador de futebol americano; Emile Duson, atl. olímp. holandês; Eemil Ware, atl. olímp. finlandês.
Feminino(s): Emília.
Variante(s): Emilio (*espanhol, italiano*); Émille (*francês*); Emile (*francês*); Emil, Emlin (*inglês*).

EMPÉDOCLES
Do grego *Empedoklês*, de *émpedos* (sólido, estável) e *kléos* (glória), sign. "aquele cuja glória é sólida (estável)". Por extensão, "consagrado por sua glória".
Personal.: Empédocles de Ferrante, jornalista.
Variante(s): Empèdocle (*italiano*); Empédocle (*francês*).

ENCELINO
O mesmo que *Isolino*. Ver Isolino.

ENÉAS
Nome originário do grego, com dúvidas quanto ao étimo. 1) De *ainós*, sign. "o terrível". 2) Ou de *Ainéas*, de *ainéos* (louvar), sign. "louvado; glorioso". Pelos feitos heroicos do lendário Enéas, príncipe troiano cujos feitos foram imortalizados por Virgílio ("Eneida"), este é o étimo provável.
Personal.: Eneas Fontana, ator; Enéas Silva, compositor.

Variante(s): Eneias (*português*); Enas (*espanhol*); Enèa (*italiano*); Énée (*francês*); Aeneas (*inglês, alemão, latim*).

ENGELBERTO

Do germânico *Angilberht*, documentado desde o séc. VII. De *angil* (anglo), povo da época de Tácito, que no séc. V conquistou a Inglaterra, e *berht* (brilho). *Angil* é o diminutivo de *ango* (espinho, ponta), e desta palavra os anglos tomaram o seu nome, como os saxões tomaram o seu de *sahs* (espada). Com o advento do cristianismo, *angil* se confundiu com *angel*, *engel*, inspirados no latino *angelus* (anjo). O nome, a princípio traduzido por "pequena ponta (de lança, de espada) brilhante", ao mesclar-se com o latim, ganhou também o significado de "anjo brilhante". **Variante(s):** Angerberto, Angilberto, Enguelberto, Ingeberto (*português*); Engelberto (*espanhol*); Englebert (*francês*); Angilbert, Engelbert (francês, *alemão*).

ÊNIO

Do grego *Enuó*, nome ligado à guerra e sugerindo "pânico; **terror**". *Enyo* foi a deusa grega da guerra que juntamente com *Deimos* (o terror), *Phobus* (o espanto, o susto, o horror) e *Eris* (a discórdia), acompanhou *Ares* (Marte) no seu carro de guerra. No Brasil, o nome ganhou a conotação masculina. **Personal.:** Ênio Gonçalves, ator; Ênio Squeff, escritor. **Variante(s):** Ènnio, Ennio (*italiano*); Ennius (*francês, latim*).

ENO

Nome com quatro étimos. 1) Do grego *oinos* (vinho), sign. "**príncipe do vinho**". 2) Masculino de *Ena*, *Aine*, e este, anglicanização do antigo irlandês *Aodh* (diminutivo de *Aodhnait*), sign. "**fogo**". 3) Abreviação do holandês *Eenoogh*, de *eeno* (um) e *oghe* (olho), sign. "**que possui um único olho**". 4) Masculino de Ena, e este, hipocorístico romeno de *Helena*. Ver "**vinho**" e "**fogo**" na seção Simbologia. **Personal.:** Eno Teodoro, poeta.

ENOQUE

Do hebreu *Enockh*, lit. "**o Iniciado (dedicado, consagrado)**", conforme hanakh (ele dedicou, ele consagrou) e *hannukkah* (dedicação, consagração). Na Inglaterra, surgiu como nome cristão por volta do séc. XVII, na forma Enoch.

132 DICIONÁRIO DE NOMES

Personal.: Enoque Batista, ator.
Variante(s): Enoch (*espanhol, francês, inglês*); Enocq, Hénoch, Hénocq, Hénocque (*francês*).

EPAMINONDAS

Do grego *Epameinóndas*, de *epí* (acima de) e *ameínon* (melhor), sign. "aquele que está acima do melhor; ótimo". Por extensão, "o insuperável". Equivale a *Evaristo*. Ver Evaristo.
Personal.: Epaminondas Freire, poeta.
Variante(s): Epaminondas (*espanhol*); Epaminonda (*italiano*); Épaminondas (*francês*).

EPITETO

Do grego *Epíktetos*, de *epí* (acima de) e *ktáomai* (possuir, adquirir), sign. "o que possui (adquire) bens em demasia".
Personal.: Epiteto Fontes, contista.
Variante(s): Epicteto (*espanhol*); Épictète (*francês*); Epictetus (*latim*).

EPIFÂNIO

Do grego *Epiphanês*, lit. "muito aparente; visível", de *epí* (acima de) e *phaíno* (mostrar, revelar). Da mesma família surgiu *Epifania* (Epipháneia), festa cristã em que se comemora a aparição de Jesus aos três Reis Magos. Foi sobrenome de muitos deuses gregos, entre eles, Zeus.
Personal.: Epifânio Leite, poeta.
Feminino(s): Epifânia.
Variante(s): Epifanio (*espanhol*); Epifânio (*italiano*); Épiphane (*francês*); Epiphanius (*latim*).

EPITÁCIO

Do grego. 1) De *epitáktes*, sign. "chefe; comandante". 2) Ou de *Epitáchios*, lit. "rápido; ligeiro", o que é mais provável.
Personal.: Epitácio Pessoa, ex-presidente da República.

ERASMO

Do grego *Erásmios*, de *erasmós* (amor), sign. "o que gera o amor; amável; amoroso". Na Inglaterra o nome surgiu na forma *Erasmus*, no fim da Idade Média.
Personal.: Erasmo Carlos, cantor; Erasmo Braga, educador.
Variante(s): Erasmo (*espanhol, italiano*); Érasme (*francês*); Erasmus (*latim*).

ERATÓSTENES

Do grego *Eratosthénes*, de *eratós* (amável) e *sthénos* (força), sign. "forte e amável".

NOMES MASCULINOS 133

Personal.: Eratóstenes Frazão, músico, ator.

Variante(s): Eratosteno (*espanhol*); Ératosthène (*francês*); Eratostén (*russo*); Eratosthenes (*latim*).

ERBERTO
O mesmo que *Herberto*. Ver Herberto.

ÉRICO
Do germânico *Erarich*, de *era* (águia) e *rich* (governador, senhor, príncipe, rei), sign. "o que reina como uma águia". O nome foi levado para a Inglaterra pelos holandeses, ao que parece, na forma *Iricus*, e após ter caído em desuso, foi redivivo no séc. XIX com a história "Eric: or Little by Little", de Dean Farrar. É um nome muito popular nos países escandinavos, principalmente nas variantes *Eric*, *Erich*, *Eryk*.

Personal.: Erico Verissimo, escritor; Eriq La Salle, ator.

Feminino(s): Érica.

Variante(s): Erico (*espanhol*); Èrico (*italiano*); Éric (*francês*); Erich (*inglês, alemão*); Eric, Eryk (*inglês*); Erkki (*finlandês*); Erik (*sueco, eslavo*).

ERIVELTO
O mesmo que *Herivelto*. Ver Herivelto.

ERLON
Nome de residência originário 1) de um toponímico ligado ao inglês antigo *Erleston*, sign. "da cidade (lugar) do conde; do condado", 2) ou de *Erlin*, de *Erl* (conde, nobre) e *in*, no antigo frísio *on*, *ond* (perto de), sign. "aquele que mora perto de um conde (nobre); aquele que mora perto de um condado".

Personal.: Erlon Chaves, maestro.

Feminino(s): Erla.

Variante(s): Érlon, Herlon (*português*).

ERMELINDO
O mesmo que *Ermelino*. Ver Ermelino.

Personal.: Ermelindo César de Alencar Matos (César de Alencar), radialista.

Feminino(s): Ermelinda.

ERMELINO
Do germânico, de *ermens* (forte) e *lind* (serpente), sign. "serpente forte". *Lind* procede de uma raiz *lent* (flexível, suave), donde também "serpente" e, por sinédoque, na

134 DICIONÁRIO DE NOMES

linguagem dos guerreiros teutões, "escudo". Eis por que estes nomes também são traduzidos por "proteção". Ver "serpente" na seção Simbologia.
Personal.: Ermelino Matarazzo, ator.
Feminino(s): Ermelina.
Variante(s): Erlindo, Ermelindo (*espanhol*); Ermelinde (*francês*).

ERMÍNIO
O mesmo que *Hermínio*. Ver Hermínio.

ERNANE
O mesmo que *Hernâni*. Ver Hernâni.

ERNESTO
Do germânico *Ernust*, *Ernst*, sign. "combatente resoluto (sério)". *Ernest* foi introduzido na Inglaterra nos fins do séc. XVIII. Há as formas inglesas *Ernis*, *Erneis*, com outra origem e significado.
Personal.: Ernesto Nazaré, compositor.
Feminino(s): Ernesta.
Variante(s): Ernesto (*espanhol, italiano*); Ernest (*francês, inglês*); Earnest (*inglês*).

EROTIDES
Do grego *Erotideús*, sign. "amorzinho". No Brasil, nome comum a ambos os sexos. *Erotidia* era a denominação que os antigos gregos davam a uma festa celebrada em honra de Eros, o deus do amor, ocorrida a cada cinco anos.
Personal.: Erotides de Campos, compositor.

ESAÚ
Do hebraico *Esau*, *Esaw*, lit. "coberto de pelos; peludo". Na Inglaterra surgiu como nome cristão por volta do séc. XVII.
Variante(s): Esaú (*espanhol*); Esaù (*italiano*); Ésau (*francês*); Esau (*inglês, latim*).

ESDRAS
Do hebraico *Ezra*, sign. "socorro; auxílio", através do grego *Esdras*. O nome não tem relação com *Azaryáh* (Azarias), cujos sign. são "Deus ajudou" ou "Deus é auxílio".
Personal.: Esdras do Nascimento, escritor.
Variante(s): Ezra (*italiano, inglês, holandês*); Esdras (*francês*); Esra (*alemão*).

NOMES MASCULINOS 135

ÉSER

Nome de origem hebraica, com dois étimos. 1) De *Ezar*, *Edzer*, *Ezer*, lit. "**tesouro**". 2) Modificação de *Ezra*, o mesmo que *Esdras*. Ver "**tesouro**" na seção Simbologia.

Personal.: nome de um capitão da tribo dos horreus.

Variante(s) da 1ª acepção: Ézer (*português*); Ezar, Edzer, Ezer (*hebraico*).

ÉSIO

O mesmo que *Aécio*. Ver Aécio.

Personal.: Ézio Pinto Monteiro, contista.

Feminino(s): Ésia.

Variante(s): Ézio, Hésio, Hézio (*português*); Ezio (*italiano*).

ESPERIDIÃO

Do grego *Speiridíon*, de *spyrís*, *spirídos*, sign. "**pequeno cesto**". Já foi encontrada a tradução "sopro de Deus", hibridismo inaceitável, no qual entram o latim *spir* e o grego *diós*.

Personal.: Esperidião Souza, ator.

Variante(s): Espiridião *(português)*; Spiridión (*espanhol*); Spiridione (*italiano*); Spiridion (*francês, latim*); Spiro (*inglês*).

ESTÁCIO

Do latim *Statiu*, lit. "**o que está de pé; estável; constante**". Em Portugal, nome encontrado em documentos datados do séc. XIII, na forma *Estatio*. Ver Eustácio.

Personal.: Estácio de Sá, fundador da cidade do Rio de Janeiro.

Variante(s): Austásio, Estatio, Eustátio (*português*); Stàzio (*italiano*); Statiu (*latim*).

ESTANISLAU

Do polaco *stan* (Estado) e *slav* (glória), sign. "**glória do Estado (nação)**". Nome muito comum na Polônia, em Portugal foi encontrado pela primeira vez no A.E.L., em 1838.

Personal.: Estanislau Furlan, ator.

Variante(s): Stanislau (*português*); Estanislao (*espanhol*); Stanislào (*italiano inglês*); Stanislas (*francês, inglês, romeno*); Stanislaus (*inglês, holandês, belga*); Stanislus (*inglês*); Stanislaw (*inglês, polonês*); Stanislav (*hebraico, russo*).

ESTEFÂNIO

O mesmo que *Estêvão*. Ver Estêvão.

136 DICIONÁRIO DE NOMES

ESTÉFANO
O mesmo que *Estêvão*. Ver Estêvão.

ESTÊNIO
Do grego *Sthénos*, de *sthénos* (força), através do latim *Stheno*, sign. "forte".
Personal.: Stênio Garcia, ator.
Feminino(s): Estênia.
Variante(s): Esteno, Stênio (*português*); Steno (*italiano*).

ESTÊVÃO
Do grego *Stéphanos*, através do latim *Stephanus*, lit. "o coroado". Nome encontrado pela primeira vez em Portugal, em obras redigidas no séc. XIII. Na Inglaterra, surgiu na época anterior à conquista normanda, nas formas *Stephanus*, *Stefanus*, tornando-se um nome cristão muito comum. É um nome muito popular na Europa – principalmente na Grécia (*Stephanos*), nos Estados Unidos (*Steve*, *Steven* e *Stephen*), e na França (*Etienne*), onde é comum a ambos os sexos. Ver "coroa" na seção Simbologia.
Personal.: Estêvão de Carvalho, jornalista; Estevam Strata, atl. olímp. bras.
Variante(s): Estefânio, Estéfano, Estevam, Esteves, Etiene, (*português*); Estevan, Estebán (*espanhol*); Stèfano (*italiano*); Estéban, Estève, Etienne (*francês*); Stephan (*francês, inglês, alemão*); Stephen, Steve, Steven (*inglês*).

ESTEVES
O mesmo que Estevão. Ver Estevão.

ETELVALDO
O mesmo que Aderaldo. Ver Aderaldo.

ETELVINO
Do germânico *Adalwin*, *Ethelwin*, de *edel* (nobre) e *win* (amigo), sign. "amigo nobre".
Feminino(s): Etelvina.
Variante(s): Adalvino, Edelvino (*português*); Etelvino (*espanhol*).

ETIENE
O mesmo que *Estêvão*. Ver Estêvão.

EUCLES
Do grego *Euklês*, de *eukleés*, sign. "ilustre; glorioso".
Feminino(s): Eucleia.

EUCLIDES
De *Euklês*, mais a partícula ides, que indica descendência, sign. "filho de Eucles". Ver Eucles.

Personal.: Euclides da Cunha, escritor; Euclides Carvalho, historiador.
Variante(s): Euclides (*espanhol*); Euclide (*italiano, francês*); Euclid (*inglês*); Euklid (*alemão*).

EUDES
Do germânico *Eutha*, através do francês *Eudes*, variação do tema *ot, od, aud*, lit. "rico, poderoso". Não confundir com o hebraico *Eúde* (união).
Personal.: Eudes Medeiros, atl. olímp. bras.
Variante(s): Eude (*italiano*); Audo, Eudes, Ode, Odo, Oddo (*francês*); Eudo (*francês, inglês*).

EUGÊNIO
Do grego *Eugénios*, de *eu* (bem, bom) e *génos* (raça, estirpe), sign. "bem-nascido; de origem nobre".
Nome comum na Itália, na forma *Eugenio*. Na Inglaterra é raro e nos Estados Unidos frequentemente é abreviado *Gene*. Na Bretanha substituiu o gaélico *Ewen* e, na Irlanda, *Eoin*, antiga variante irlandesa de *John* (João). Foi nome de vários papas e de reis escoceses.
Personal.: Eugênio de Freitas, poeta.
Feminino(s): Eugênia.

Variante(s): Eugenio (*espanhol, italiano*); Eugène (*francês*); Eugene (*inglês*); Eugen (*alemão, nórdico*); Elgen (*alemão*).

EUMIR
O mesmo que *Almir*. Ver Almir.
Personal.: Eumir Deodato, compositor.

EURICO
Do germânico *Aiwareiks*, sign. "muito correto; honesto". É um nome muito comum na Islândia, na forma *Eirik*.
Personal.: Eurico Seyssel, ator.
Feminino(s): Eurica.
Variante(s): Erico (*português*); Eurico (*espanhol*); Eirik (*islandês*).

EURÍPEDES
Patronímicos de *Euripo*. Do grego *Euripo*, mais a partícula *ades*, conotativa de descendência, sign. "filho de Euripo". *Euripo*, de *Eúripos*, de *eu* (bem, bom) e *rhipé* (impetuosidade), é traduzido por "(mar e vento) muito impetuosos" e foi nome de um estreito situado entre a Grécia e a Eubeia, cortado por fortes correntezas.
Personal.: Eurípedes de Paula, geógrafo.
Variante(s): Eurípides (*português*).

EUSÉBIO

Do grego *Eusébios*, de *eusebés*, lit. "o piedoso". Nome muito comum entre os gregos, em Portugal foi encontrado em documentos que datam da segunda metade do séc. XVII. Na Inglaterra, surgiu no séc. XV, na forma *Euseby*. Ver Pio (1ª acepção).
Personal.: Eusébio de Matos, poeta.
Feminino(s): Eusébia.
Variante(s): Eusebio (*espanhol*); Eusèbio (*italiano*); Eusèbe (*francês*); Eusebius (*inglês, latim*).

EUSTÁQUIO

Do grego *Eústachys*, de *eu* (bem, bom) e *stáchys* (espiga), sign. "carregado de espigas; frutuoso". Os ingleses confundiram *Eustachius* (grego *Eústachys*, português *Eustáquio*), com *Eustathius* (grego *Eustátheus*, português *Estácio*), de significados diferentes, fato ocorrido devido à coincidência de existirem dois santos – *Eustachius* e *Eustathius* – festejados no mesmo dia, o primeiro no calendário romano, o outro, no calendário grego. Foi um nome muito comum na antiga França, na forma *Eustache*. Levado para a Inglaterra pelos normandos, po-

pularizou-se naquele país durante o séc. XII, nas variantes *Eustace*, *Eustes*, *Eustis*, rareando com o tempo. Ver "espiga" na seção Simbologia.
Personal.: Eustáquio Dimarzo, ator.
Feminino(s): Eustáquia.
Variante(s): Eustácio, Eustásio, Eustóquio (*português*); Eustaquio (*espanhol*); Eustáchio, (*italiano*); Eustache, Eustaze, (*francês*); Eustace (*francês, inglês*).

EUSTÓRGIO

Do grego *Eustórgios*, de *eústorgos*, lit. "paternal; cheio de ternura". Há quem interprete como "o bem-amado".
Personal.: Eustórgio Wanderley, roteirista de cinema.
Variante(s): Eustorgio (*espanhol*); Eustòrgio (*italiano*).

EVAIR

O mesmo que *Ivair*. Ver Ivair.

EVALDO

Do germânico *Ewald*, de *ewa* (lei) e *walt* (forte), sign. "o que tem força (coragem) para fazer cumprir a lei".
Personal.: Evaldo Gouveia, compositor.

Feminino(s): Evalda.
Variante(s): Euvaldo, Evaldo (*espanhol*); Ewald (*francês, inglês, alemão,*); Evald (*inglês, nórdico*); Evaldus (*latim*).

EVANDRO
Do grego *Eúandros*, de *eu* (bem, bom) e *andrós* (homem), sign. "muito viril; muito valente". Ver André.
Personal.: Evandro Mesquita, cantor.
Variante(s): Evander (*inglês, latim*); Euander (*latim*).

EVANGELISTA
Do grego *Euaggelistés*, através do latim eclesiástico *Evangelista*, sign. "o que evangeliza". No Brasil geralmente é empregado após João, por influência de João Evangelista, discípulo amado de Jesus e autor de um dos quatro Evangelhos do Novo Testamento.
Variante(s): Evangelista (*espanhol, italiano latim*).

EVÂNGELO
Do grego *Euággelos*, de *eu* (bem, bom) e *ággelos* (mensageiro), sign. "mensageiro de boas-novas; mensageiro do Evangelho".
Personal.: Evangelos Damaskos, atl. olímp. grego.

Feminino(s): Evângela.
Variante(s): Évangile (*francês*); Euággelos (*grego*); Evangelos, Evangelu (*latim*).

EVARISTO
Do grego *Euáristos*, de *eu* (bem, bom) e *áristos* (ótimo), lit. "mais que ótimo; o que supera o melhor; o melhor de todos". Por extensão, "o insuperável". Equivale a *Epaminondas*. Ver Epaminondas.
Personal.: Evaristo da Veiga, jornalista.
Variante(s): Évariste (*francês*).

EVELINO
O mesmo que *Avelino*. Ver Avelino.

EVERALDO
Do germânico *Everart*, de *eber* (javali) e *walt, hart* (forte), sign. "forte como um javali".
Personal.: Everaldo Ferraz, compositor.
Feminino(s): Everalda.
Variante(s): Eberaldo (*português*); Everardo (*espanhol, italiano*); Éverard, Éverhart (*francês*); Eberhard (*francês, alemão*); Everard, Everhard, Ewart, (*inglês*).

EVERARDO
O mesmo que *Everaldo*. Ver Everaldo.
Feminino(s): Everarda.

ÉVERTON
Do inglês antigo *Eofor tun*, de *eofor* (javali) e *tun* (cidade, lugar, distrito), sign. "da cidade dos javalis".
Personal.: Éwerton de Castro, ator.
Variante(s): Éwerton (*português*); Euretone, Euerton (*inglês antigo*).

EVILÁSIO
Do grego moderno *euilasía* (ação de aplacar), de *eu* (bem) e *hiláomai* (aplacar, tranquilizar), sign. "aquele que acalma (tranquiliza)".
Personal.: Evilásio Marçal, ator.

EXPEDITO
Do latim *Expeditu*, particípio de expedio, *expeditum* (desembaraçar, livrar, desimpedir), sign. "desembaraçado; livre". Ao que tudo indica, nome dado pelos antigos romanos aos escravos alforriados.
Personal.: Expedito Teodoro, ator.

Feminino(s): Expedita.
Variante(s): Expedito (*espanhol*); Expeditu (*latim*).

EZELINO
O mesmo que *Isolino*. Ver Isolino.

EZEQUIAS
Do hebraico *Hizekiiah*, lit. "força de Deus". O primeiro elemento origina-se de *hazáq* (ele era forte), *hézeq, hezgáh, hózeq, hozqáh* (força), o segundo é *El* (Deus) Há a tradução "Deus dá fortaleza", porém a primeira acepção está mais de acordo com o espírito hebreu, pois eram comuns nomes de uma palavra combinada com um genitivo. Ver Ezequiel.
Personal.: Ezequias Fontoura, ator.
Variante(s): Ezechias (*português*); Ezequías (*espanhol*); Ézèchias (*francês*); Hezekiah (*inglês*); Hezeqiah, Hizaqiyyáh, (*hebraico*).

EZEQUIEL
Do hebraico *Iehezhell, Yehezqel*, sign. "Deus o fortalecerá". O primeiro elemento origina-se de *hazáq* (ele era forte), *hézeq, hezgáh, hózeq, hozqáh* (força), o segundo é *El* (Deus). Ver Ezequias.

Personal.: Ezequiel de Paula Júnior, poeta.
Variante(s): Ezechiel (*latim*).

ÉZER
O mesmo que *Ézer*. Ver **Ézer**.

ÉZIO
O mesmo que *Aécio*. Ver Aécio.
Personal.: Ézio Pinto Monteiro, contista.
Variante(s): Ésio, Hésio (*português*).

F

FABIANO
Forma relativa de *Fábio*, sign. "de (pertencente a; da natureza de) Fábio. Ver Fábio.
Personal.: Fabian Forte, cantor americano.
Feminino(s): Fabiana.
Variante(s): Fabián (*espanhol*); Fabian (*italiano, francês, inglês*); Fabiano (*italiano*); Fabien (*francês*); Fabyan (*inglês*).

FÁBIO
Do latim *Fabius*, de *faba*, lit. "fava", nome de uma das mais antigas e influentes famílias romanas. Houve um papa do séc. III, venerado como um santo, graças ao qual o nome passou a ser adotado entre os ingleses. Ver "fava" na seção Simbologia.
Personal.: Fábio Junqueira, Fábio Sabag, atores.
Feminino(s): Fábia.
Variante(s): Fabio (*espanhol, italiano*).

FABRÍCIO
Do latim *Fabricius*, de *faber*, sign. "artífice que trabalha com metal; artista; artífice; ferreiro".
Personal.: Fabrício Bittar, ator; Fabrizio Sferra, músico.
Variante(s): Fabricio (*espanhol, italiano*); Fabrizio (*italiano*); Fabricc (*francês*).

FAUSTINO
Forma relativa de *Fausto*, sign. "de (pertencente a; da natureza de) Fausto".
Personal.: Faustino Nascimento, poeta.
Feminino(s): Faustina.
Variante(s): Faustino (*espanhol, italiano*); Fausten, Faustin (*francês*); Faustinus (*belga, latim*).

FAUSTO
Do latim *Faustus*, lit. "alegre; feliz; que tem muita sorte". O nome surgiu no séc. III, com um mártir cristão. Na Idade Média tornou-se nome cristão na Alemanha e Itália, mas somente

NOMES MASCULINOS 143

popularizou-se no séc. XIX, com "Fausto", obra de Goethe inspirada em um taumaturgo do mesmo nome, que viveu no séc. XI.
Personal.: Fausto Rocha, ator; Fausto Cardoso, escritor.
Feminino(s): Fausta.
Variante(s): Fausto (*espanhol, italiano*); Faust (*francês, inglês*).

FELICIANO
Forma relativa de *Felício*, sign. "de (pertencente a; da natureza de) Felício". Ver Felício.
Personal.: Feliciano Perducca, atl. olímp. argentino.
Feminino(s): Feliciana.
Variante(s): Feliciano (*espanhol, italiano*); Félicien (*francês*); Felicianus (*belga, latim*); Felicjan (*polonês*).

FELÍCIO
Felício, do latim *Félix*, de *felix, felicis*, lit. "feliz; venturoso". Foi nome de quatro papas e de muitos santos, surgido em Portugal (junto com *Feliciano*) no séc. XVII, e na Inglaterra, durante a Idade Média, nas canções de gesta, na forma *Felis*.
Personal.: Felício Toledo de Figueiredo, maestro; Felice Andreasi, ator.

Feminino(s): Felícia.
Variante(s): Filício (*português*); Félix (*português, espanhol, francês*); Felício (*espanhol*); Felice (*italiano*); Félice, Félixe (*francês*); Felix (*inglês*).

FELIPE
Do grego *Phílippos*, de *phílos* (amigo) e *híppos* (cavalo), sign. "amigo dos cavalos; o que gosta de cavalos". Por extensão, "o que ama a guerra". Nome que se tornou comum na Inglaterra medieval, originando um sem-fim de patronímicos. A popularidade do nome atingiu o auge durante o reinado de Maria Tudor, que teve em Felipe da Espanha um grande inimigo. Foi nome de muitos reis.
Personal.: Felipe Lage, ator.
Feminino(s): Felipa.
Variante(s): Filipe (*português*); Felipe, Filipo (*espanhol*); Filippo, Filpe, Filpo (*italiano*); Philip (*francês, inglês*); Philippe (*francês*); Philip (*inglês*).

FELISBERTO
Do germânico *Filibert*, de *fili* (muito) e *berth* (ilustre), sign. "muito ilustre".
Personal.: Felisberto Marques, músico.
Feminino(s): Felisberta

144 DICIONÁRIO DE NOMES

Variante(s): Filiberto (*português, espanhol, italiano*); Philibert (*francês*); Philbert (*francês, inglês*); Filbert (*inglês*).

FÉLIX
O mesmo que *Felício*. Ver Felício.
Personal.: Felix Aylmer ator; Felix Alcala, cineasta.

FERDINANDO
O mesmo que *Fernando*. Ver Fernando.

FERNANDO
Do germânico *Fredenando*, de *fridu* (paz) e *nanthjan* (ousar), sign. "ousado para atingir a paz". *Fernão* tem o mesmo significado e deriva de uma antiga forma *Fernam*, surgida em Portugal, país onde a variante *Fredenandus* (Ferdinando), do germânico *Fridenand*, também foi encontrada, em documentos datados de meados do séc. XI. Levado pelos godos para a Espanha, tornou-se nome de muitos reis de Castela, popularizando-se naquele país nas formas *Fernando, Hernan, Hernando*. Fato idêntico ocorreu na Itália, quando o nome assumiu naquele país a forma *Ferdinando*. Na Irlanda, *Ferdinand* é adotado para substituir o nativo *Feordorcha*.
Personal.: Fernando Torres, ator.
Feminino(s): Fernanda.
Variante(s): Fernão, Fernam (*português antigo*); Hernâni (*português*); Ferdinando (*português, italiano*); Hernán (*espanhol*); Fernando (*espanhol, italiano*); Ferdinand (*francês, inglês*).

FIDÉLIO
Do latim *fidelis*, lit. "digno de fé; fiel; leal". Também com o sentido de "amigo; afetuoso". A variante *Fidel* não é incomum em países de língua espanhola.
Personal.: Fidel Ortiz, atl. olímp. mexicano.
Femininos: Fidélia.
Variante(s): Fidélis (*português*); Fidel, Fidelio (*espanhol*); Fidèlio (*italiano*).

FILEMON
Do grego *Philémon*. 1) De *phíleo* (amar), sign. "amante". 2) Ou de *phílema* (beijo), sign. "o que beija". Muito comum entre os antigos gregos, tornou-se nome cristão na Inglaterra durante o séc. XVII.
Personal.: Filemon Martins, poeta.
Variante(s): Filemão (*português*); Filemón (*espanhol*); Filèmone

NOMES MASCULINOS 145

(*italiano*); Philémon (*francês*); Philemon (*inglês*).

FILINTO
Do francês *Philinte*, criado por Molière para a sua peça "O Misantropo". O significado é desconhecido, mas tudo indica que tenha sido calcado no grego *phílos* (amigo).
Personal.: Filinto de Almeida, escritor.
Variante(s): Philinte (*francês*).

FILIPE
O mesmo que *Felipe*. Ver Felipe.

FIRMINO
Diminutivo de *Firmo*, e este, do latim *Firmus*, de *firmus*, *firma*, *firmum*, sign. "**firme; robusto; forte; vigoroso**".
Personal.: Firmino Rocha, poeta.
Feminino(s): Firmina.
Variante(s): Fermín (*espanhol*); Firmin (*francês, inglês*).

FLAMÍNIO
Do latim *Flaminius*, do adjetivo *flaminius*, relativo aos *flâmines*, termos ligados a *flare*, sign. "**o que sopra sobre o fogo sagrado**". Os flâmines eram os antigos sacerdotes romanos ligados ao culto de um deus particular. Ao título flâmine era acrescentado o epíteto do deus ao qual serviam (flâmine de Júpiter, flâmine de Marte etc.). **Ver Agni e "fogo" na seção Simbologia.**
Personal.: Flamínio Favero, ator.
Feminino(s): Flamínia.
Variante(s): Flamínio (*espanhol, italiano*).

FLAVIANO
Forma relativa de *Flavio*, sign. "**de (pertencente a; da natureza de) Flávio**". Ver Flávio.
Feminino(s): Flaviana.
Variante(s): Flaviano (*espanhol*); Flavien (*inglês*).

FLÁVIO
Do latim *Flavius*, de *flavus*, sign. "**louro; dourado**", referindo-se à cor dos cabelos. Equivale a *Fúlvio*.
Personal.: Flávio Rangel, diretor teatral; Flávio Migliaccio, ator.
Feminino(s): Flávia.
Variante(s): Flavio (*espanhol, italiano*); Flavie (*francês*).

FLORÊNCIO
Do latim *Florentius*, de *florens* (florir), sign. "**o que floresce**". Nome que ocorreu com frequência na antiga literatura francesa e na Inglaterra medieval. A forma inglesa *Florence*, usada indistintamente

146 DICIONÁRIO DE NOMES

por ambos os sexos, na Irlanda é adotada para substituir vários nomes nativos.
Personal.: Florêncio Coutinho, maestro.
Feminino(s): Florência.
Variante(s): Florencio (*espanhol*); Fiorenzo, Florenzio (*italiano*); Florent, (*francês*); Florence (*inglês*).

FLORENTINO
Nome com dois étimos. 1) Do latim *florentinus, florentina, florentinum*, sign. "natural (habitante) de Florença". 2) Relativo a *Florêncio*. Ver **Florêncio**.
Personal.: Florentino Rodrigues, compositor.
Feminino(s): Florentina.
Variante(s): Florentino (*espanhol*); Fiorentino (*italiano*); Florentin, Florenty (*francês*).

FLORESTAN
Do germânico *Hlodestang*, de *hlod* (glória) e *stang* (lança), sign. "lança gloriosa". A mudança do *hl* germânico para *fl* romano ocorre rara e esporadicamente. O nome equivale a *Rustan*, do qual é uma modificação.
Personal.: Florestan Fernandes, sociólogo.
Variante(s): Florestano (*português*); Rustan (*português, francês*).

FLORIANO
Derivado do latim *Florianus*, de *flos, floris* (flor), sign. "da natureza da flor". Nome adotado na Inglaterra medieval na forma *Florian*.
Personal.: Floriano Peixoto, ator.
Variante(s): Florián (*espanhol*); Florien (*francês*); Florian (*inglês, alemão, nórdico*).

FLORIM
Do italiano *fiorino*, derivado de *fiore*, lit. "flor". Do nome de uma antiga moeda primeiramente cunhada em Florença, assim cognominada devido à flor-de-lis que trazia como insígnia.
Personal.: Florim Coutinho, político.
Feminino(s): Florina.
Variante(s): Florin (*francês*).

FLORISVALDO
Nome de origem germânica. Provavelmente originário de *hlod* (glória) e *walt* (forte), sign. "que alcançou a glória através da força" ou "força gloriosa". Teria havido a mudança do *hl* germânico no *fl* romano, que ocorre rara e esporadicamente, como em *Florestan*. Ver **Florestan**.
Personal.: Florisvaldo Matos, poeta.

FORTUNATO

Do latim *Fortunatus*, de *fortunatus*, sign. "afortunado; homem de sorte". Acredita-se que tenha sido um nome dado pelos antigos romanos a um liberto, mas é provável que sua origem esteja ligada à Fortuna, deusa associada à Tyché grega, que distribuía o bem e o mal, segundo o merecimento de cada mortal.
Personal.: Fortunato Camargo, atl. olímp. bras.
Feminino(s): Fortunata.
Variante(s): Fortunato (*espanhol, italiano*); Fortuné, Fortunet (*francês*); Fortunat (*francês, alemão, polonês*).

FRANCELINO

Forma relativa de *Francélio*, sign. "de (pertencente a; da natureza de) Francélio". Ver Francisco.
Personal.: Francelino Pessoa, compositor; Francelino Pereira, político.
Feminino(s): Francelina.

FRANCIANO

O mesmo que *Francisco*. Ver Francisco.

FRANCINO

Do francês *Francin*, diminutivo de *Franco*. Ver Franco.
Feminino(s): Francina.

FRANCISCO

Do germânico *Frank* (Franco), mais o sufixo *isk*, que ocorre em gentílicos, denotando nacionalidade, através do italiano *Francesco*. *Franco* tem o significado de "livre", donde a tradução "francês livre". O nome foi dado pela primeira vez a um menino que nascera na cidade italiana de Assis. Estando o pai na França por ocasião do nascimento do filho, ao voltar trocou o nome dado pela mãe – João – pelo de Francesco. Este menino é Francisco de Assis. Nome de muitos reis, imperadores e santos, encontrado em obras portuguesas do séc. XIII.
Personal.: Francisco Cuoco, Francisco Tenreiro, atores.
Feminino(s): Francisca.
Variante(s): Franciano (*português*); Franco (*português, italiano*); Francisco (*espanhol*); Francesco (*italiano*); Français, Francès (*francês*); François (*francês*); Francis (*inglês*); Franz (*alemão*).

FRANCO

O mesmo que *Francisco*. Ver Francisco.

FRANK

Nome com dois étimos. 1) Do inglês *Frank*, abreviação de *Fran-*

148 DICIONÁRIO DE NOMES

cis, o mesmo que *Francisco*. 2) Abreviação de *Franklin*. Ver Francisco e Franklin.
Personal.: Frank Menezes, ator.

FRANKLIN
Do inglês antigo *frankelein*, nome formado pelos elementos *frank* (livre) e *lein*, sufixo de origem teutônica, sign. "pequeno proprietário de terras". A partícula *frank* está ligada ao termo *frankalmoign*, isto é, a posse permanente da terra adquirida por uma ordem religiosa.
Personal.: Franklin Távora, escritor.

FREDERICO
Do germânico *Friedrich*, *Fridurih*, de *frid*, *Friede* (paz) e *rich*, *reiks* (rei, príncipe), sign. "rei (príncipe) da paz". Há as formas *Frery*, *Ferry*, do francês medieval, e que ocorreram no séc. XII, mas o nome completo, com os dois elementos germânicos, *Frederick*, *Frederich*, só foi encontrado no séc. XVII. Nos últimos duzentos anos, *Frederick* tem sido um dos nomes ingleses mais comuns, usualmente adotado no diminutivo. Em Portugal, foi registrado no A.E.L., edição de 1838.

Personal.: Frederico Franco, ator.
Feminino(s): Frederica.
Variante(s): Federico (*espanhol*, *italiano*); Federigo (*italiano*); Frédéric, Friederich, Frédèrique, Frédérix (*francês*); Frederic (*inglês*).

FRUTUOSO
Do latim *Fructuosus*, de *fructuosus*, lit. "que dá muitos frutos; fértil; frutífero". Tem o mesmo significado de *Eustáquio*. Em Portugal, nome encontrado em documentos que datam da segunda metade do séc. XVII. Ver Eustáquio.
Personal.: Frutuoso Viana, compositor.
Feminino(s): Frutuosa.
Variante(s): Fruttuoso (*italiano*); Fructueux (*francês*); Fructuosus (*latim*).

FULGÊNCIO
Do latim *Fulgentius*, de *fulge*, *fulgere* (fulgir, resplandecer), sign. "brilhante; resplandecente; esplendoroso". Nome que corresponde ao grego *Faetonte*.
Personal.: Fulgêncio Santiago (Baby Santiago), compositor.
Feminino(s): Fulgência.
Variante(s): Frugêncio (*português antigo*); Fulgencio (*espanhol*); Fulgenzio (*italiano*); Fulgence (*francês*).

FÚLVIO

Do latim *Fulvius*, de *fulvus*, sign. "louro; amarelo; louro dourado", nome dado a alguém cujos cabelos são desta cor. Equivale a *Flávio*.

Personal.: Fúlvio Stefaninni, ator.
Feminino(s): Fúlvia.
Variante(s): Fulvio (*espanhol, italiano*).

G

GABINO
Gabino, do latim *Gabiniu*, de *gabinus*, sign. "natural (habitante) de Gábios". *Gábio* é uma antiga cidade do Lácio. *Gabínio* é a forma relativa de *Gabino*, sign. "de (pertencente a; da natureza de) Gabino".
Personal.: Gabino Correa, compositor.
Feminino(s): Gabina.
Variante(s): Gavino (*português*); Gabino (*espanhol*); Gabin (*francês*).

GABRIEL
Do hebraico *Gabriel*, de *gébher* (homem) e *El* (Deus), sign. "homem de Deus". "Fortaleza de Deus". *Gébher* está ligado ao hebraico *gibbor* (forte, poderoso, herói), *gebhir* (senhor), *gebhura* (força, poder), aramaico *gebhár*, *gabhrá* (homem), siríaco *gabbar* (herói), árabe *jabr* (homem forte, homem jovem) e acadiano *gapru* (forte). Nome pouco comum na Inglaterra, onde ocorreu pela primeira vez por volta do séc. XII, nas formas *Gabel* e *Gabell*.
Personalidade(s): Gabriel García Marquez, escritor.
Feminino(s): Gabriela.
Variante(s): Gibran (*português*); Gabriel (*espanhol, italiano, francês, inglês*); Gabriello (*italiano*); Gabrié (*francês*); Gábor (*húngaro*); Gabriíl (*russo*); Djabran (*libanês*).

GALCÉRIO
O mesmo que *Guálter*. Ver Guálter.

GALDINO
Provavelmente do germânico *Gualdino*, de *walt*, *Gewalt* (força), mais o sufixo *ino*, sign. "o que comanda; o que domina".
Personal.: Galdino de Castro, poeta.
Feminino(s): Galdina.
Variante(s): Gaudino, Valtino (*português*); Galdino (*espanhol*).

GALENO
Do grego *Galenós*, de *galéne* (tranquilidade, paz), sign. "calmo; pacífico; tranquilo". Não confundir com *Galieno*, *Galiano* ("gaulês").

NOMES MASCULINOS 151

Personal.: Galeno Drake, radialista americano.
Variante(s): Galèno (*italiano*); Galien, Gallien (*francês*); Galen, Galeno (*inglês*); Galenus (*latim*).

GALILEU
Do hebraico *Haggalil*, através do latim *Galilaeu*, lit. "natural (habitante) da Galileia". Galileia, nome de uma localidade de Naftali, é traduzido por "distrito; região".
Personal.: Galileu Garcia, cineasta.
Variante(s): Galileo (*espanhol*); Galilèo (*italiano*); Galilée (*francês*); Galilaa (*alemão*); Galilaeu (*latim*).

GALTÉRIO
O mesmo que *Guálter*. Ver Guálter.

GALVÃO
A origem mais provável de *Galvão* (inglês *Gawain*, inglês medieval *Gawayne*, francês *Gauvain*) é o gaulês *Gwalchgwyn*, de *gwalch* e *gwyn*, sign. "falcão branco", nome de um herói lendário da Távola Redonda. No Brasil, geralmente é adotado como sobrenome.
Personal.: Galvão Bueno, locutor esportivo (TV).
Feminino(s): Galvina.

Variante(s): Cauvin, Gauvain, Gauvin, Gavin (*francês*); Gawain (*inglês*).

GALVINO
Transformação do francês *Gauvain, Gauvin*, o mesmo que *Galvão*. Ver Galvão.

GAMALIEL
Do hebraico *Camliel, Gamliel*, de *gamál* (ele recompensou) e *El* (Deus), correlato ao aramaico *gemél* (recompensado) e ao árabe *kámula* (ele era completo, perfeito), sign. "minha recompensa é Deus" ou "recompensa de Deus", referindo-se a um filho muito esperado. Na Inglaterra foi adotado como nome cristão por volta do séc. XVI. Ver Dieulecresse.
Personal.: Gamaliel de Almeida, escritor.
Variante(s): Gamaliel (*inglês*).

GANIMEDES
Do grego *Ganymédes*, da raiz *gánymai* (alegrar-se) e *med*, de *médomai* (tomar cuidado, guardar), sign. "guardião da alegria".
Personal.: Ganimedes José, autor infanto-juvenil bras.

Variante(s): Ganímedes (*espanhol*); Ganyméde (*francês*).

GASPAR

Do persa *Kandsmar*, de *yasb*, *jasper*, sign. "**portador de tesouros; o que conduz (leva) tesouros**". Em latim, aparece na forma *Gazabar*, com o sufixo *bar* (persa *per*), dando a ideia de "portador". Em Portugal, foi encontrado em documentos datados do séc. XVI. É um nome muito comum na Alemanha, na forma *Kaspar*. As formas *Jasper*, *Jesper* foram encontradas na Inglaterra, por volta do séc. XIV.

Personal.: Gaspar de Carvajal, escritor.

Variante(s): Gaspar (*espanhol*); Gáspare, Gasparo (*italiano*); Gaspard (*francês*); Caspar (*francês, inglês*); Casper, Gasper, Jasper (*inglês*); (Kaspar (*alemão*).

GASPARINO

Forma relativa de Gaspar, sign. "**de (pertencente a; da natureza de) Gaspar**". Ver Gaspar

Personal.: Gasparino Damata, escritor; Gasparino Leão (General Gasparino), compositor.

GASTÃO

Do germânico *Gastone*, de *Gast*, sign. "**hospitaleiro**". Não existe correspondência etimológica que ligue este nome a *Gascon* "homem da Gascônia", como pretendem alguns autores. É um nome muito comum na França, na forma *Gaston*.

Personal.: Gastão de Holanda, escritor.

Variante(s): Gastón (*espanhol*); Gaston (*francês, inglês*).

GAUDÊNCIO

Do latim *Gaudentius*, de *gaudens*, *gaudentis*, do verbo *gaudere* (gozar), sign. "**o que se regozija; o que se alegra**". *Gaudim* era a alegria interior, em contraste com *laetitia* (letícia), a alegria que se manifestava exteriormente. O nome provém de uma raiz indo-europeia *gau* (alegrar-se).

Personal.: Gaudêncio Carvalho, poeta.

Feminino(s): Gaudência.

Variante(s): Gaudênio (*português*); Gaudencio (*espanhol*); Gaudènzio (*italiano*); Gaudence (*francês*).

NOMES MASCULINOS 153

GAUDINO
O mesmo que *Galdino*. Ver Galdino.

GEIR
Do germânico *gair*, *ger* (lança), sign. "lanceiro". Os elementos *gair*, *ger*, entram na composição de muitos nomes germânicos. Ver "lança" na seção Simbologia. Personal.: Geir Campos, poeta.

GÉLSON
O mesmo que *Jélson*. Ver Jélson.

GENARO
Do italiano *Gennaro*, o mesmo que *Januário*. Ver Januário. Personal.: Genaro Irengi, ator bras. Variante(s): Gennaro (*italiano*).

GENÉSIO
Do grego *Genésios*, de *génesis* (geração), nome que se relaciona com o nascimento, sign. "o gerado". Personal.: Genésio Arruda, ator.

GEORGE
Do inglês *George*, o mesmo que *Jorge*. Ver Jorge. Personal.: George Bezerra, ator. Feminino(s): Geórgia.

GEORGIANO
O mesmo que *Georgino*. Ver Georgino. Feminino(s): Georgiana.

GEORGINO
Forma relativa de *George*, sign. "de (pertencente a; da natureza de) George (Jorge)". Ver Jorge. Personal.: Georgino Avelino, escritor. Feminino(s): Georgina.

GEÓRGIO
O mesmo que *Jorge*. Ver Jorge.

GEOVANI
O mesmo que *Giovani*. Ver Giovani.

GERALDINO
Forma relativa de *Geraldo*, sign. "de (pertencente a; da natureza de) Geraldo". Ver Geraldo. Personal.: Geraldino Brasil, Geraldino Silveira, poetas. Feminino(s): Geraldina.

GERALDO
Do germânico *Gerwald*, de *gair*, *ger* (lança) e *wald*, *vald*, de *waltan* (governar, dirigir), correspondente ao inglês antigo *Wealdan*, sign. "senhor da lança". Nome

que durante a Idade Média foi introduzido pelos normandos na Inglaterra, e tornou-se relativamente popular no séc. XIX. Em Portugal, apareceu na forma *Giraldus*, em documentos datados do princípio do séc. XII. Não deve ser confundido com *Gerardo*.

Personal.: Geraldo Alves, ator.

Feminino(s): Geralda.

Variante(s): Giraldus (*português antigo*); Geraldo (*espanhol*); Giraldo (*italiano*); Gerald (*francês, inglês*); Geraldy (*francês*).

GERDAL

Derivado do antigo *nórdico Gerda*, nome de uma antiga deusa mitológica, esposa do deus Freyr. Significa "o protetor". O feminino tem sido empregado na Inglaterra, graças à influência de uma personagem de "The Snow Queen", de Hans Andersen. **Ver Gerda.**

Personal.: Gerdal Santos, ator.

Feminino(s): Gerda.

GEREMÁRIO

Do germânico *Geremar*, de *gair*, *ger* (lança) e *mar* (afamado), sign. "famoso no manuseio da lança".

Variante(s): Germaro (*português*); Geremaro (*espanhol, italiano*); Germer (*francês*).

GERMANO

Nome com dois étimos. 1) Do latim *Germanu*, de *germanu*, lit. "irmão". 2) De *germanus*, sign. "**da germânia; germano**", originado do germânico *wehrmann* ("homem da lança; homem da guerra"), referindo-se à região natal ou onde habitavam aqueles homens.

Personal.: Germano Filho, ator; Germano Augusto, compositor.

Feminino(s): Germana.

Variante(s): Germão (*português antigo*); Germano (*espanhol, italiano*); Germán (*espanhol*); Germain (*francês, inglês*); German (*inglês*).

GERÔNCIO

Do latim *Gerontiu*, calcado no grego *géron*, *gérontos*, lit. "velho; idoso". Na antiga Esparta, era a denominação dos membros da *Gerúsia*, assembleia idêntica ao Senado romano, cujos membros deveriam ter mais de 60 anos.

Variante(s): Geroncio (*espanhol*); Geronte (*italiano*); Géronce, Geront (*francês*).

GÉRSON

Do hebraico *Gereshom*, *Gershom*, *Gersam*, de *ger* (estrangeiro) e

NOMES MASCULINOS 155

sam (lá), sign. "**estrangeiro lá; exilado**", aludindo ao fato de que Moisés vivia como estrangeiro em outro país quando nasceu seu filho (a quem foi dado o nome) *Gérson. Gershom* é correlato ao hebraico *garásh, gerásh* (fazer sair, expulsar; desterrar) e ao aramaico *gerash, garesh* (ele se separou). Nome muito usado pelos judeus. Há uma tradução "sineta", que deve ser descartada.
Personal.: Gerson Abreu, ator; Gérson Conrad, compositor.
Variante(s): Gérsão, Gérsom, Jérson (*português*); Gersòne (*italiano*); Gerson (*francês*).

GERVAL
O mesmo que *Gervásio.* Ver Gervásio.

GERVÁSIO
Do germânico *Gervas*, de *ger* (lança), e da raiz céltica *vas* (que serve, escravo), sign. "**aquele que serve com uma lança**". Há quem traduza por "o que veste (enverga) a lança" ou "sábio no manuseio da lança", ambos os significados inaceitáveis. Em Portugal, surgiu no A.E.L. de 1838. Na Inglaterra, foi introduzido no séc. XII pelos normandos, dando origem a um sem-fim de sobrenomes (*Gervas, Gervis, Jarvis* etc.).
Personal.: Gervásio Botelho, ator.
Feminino(s): Gervásia.
Variante(s): Gerval, Girval (*português*); Gervasio (*espanhol*); Gervàsio (*italiano*); Gervaise (*francês*); Gervais (*francês, inglês*); Gervase (*inglês*).

GETÚLIO
Do fenício *ghetti Baal*, através do latim *Gaetulus*, sign. "**povo de Baal**". *Baal*, do hebraico *Bahal* (Senhor), esposo de Astarteia, era nome genérico de deuses fenícios, frequentemente encontrado nas antigas inscrições.
Personal.: Getúlio Vaz, poeta.
Variante(s): Gétulo (*espanhol*); Getùlio, Getúllio (*italiano*).

GIBRAN
Do libanês *Djabran*, o mesmo que *Gabriel.* Ver Gabriel.
Personal.: Gibran Helayel, compositor bras.

GIL
Nome que possui vários étimos, encontrado pela primeira vez em documentos datados do ano 1200 da era cristã. 1) Hipocorístico de nomes começados em

156 DICIONÁRIO DE NOMES

Gil, como *Gilberto*, *Gildardo*, *Gildásio* etc. 2) Do francês *Gille*, variante de *Guille*, que em *langue d'oil* é traduzido por "astúcia; esperteza; ardil", uma transformação do germânico *Will* (vontade). 3) Em *gaélico* tem o sign. de "servidor". 4) Abreviação do francês *Gilles*. Ver Gilles.
Personal.: Gil Goés, ator.
Variante(s): Gil (*espanhol*); Gilles (*francês*).

GILBERTO
Étimo de origem incerta. 1) Do germânico *Williberht*, de *willio*, *Willo*, *Will* (vontade) e *berarht* (brilhante, vívido), sign. "que possui uma vontade vívida (forte, marcante)". 2) Do germânico *Gisilbert*, de *gisal*, *gisil* (refém) e *berhta* (ilustre, famoso), sign. "refém ilustre (famoso)". Este é o étimo provável.
Personal.: Gilberto Martinho, Gilberto Sávio, atores.
Feminino(s): Gilberta.
Variante(s): Giberto, Gisberto, Giselberto, Guiselberto (*português*); Gilberto (*espanhol, italiano*); Gioberto (*italiano*); Gilbert (*francês, inglês, alemão*).

GILDÁSIO
Nomes oriundos do germânico *gild* (sacrifício) e *art* (senhor), sign. "senhor que preside aos sacrifícios". A forma aportuguesada *Gildásio* tem origem na variante francesa *Gildas*.
Feminino(s): Gildásia.
Variante(s): Gildardo (*espanhol*); Gildard, Gildas (*francês*).

GILDO
Nome com dois étimos, surgido em Portugal em documentos datados do séc. X. 1) Primitivamente, hipocorístico de *Gildardo* e de nomes começados ou terminados por *gild* ou *gildo*, como *Hermenegildo*, *Leovigildo* etc. 2) Masculino de *Gilda*. Ver Gildásio e Gilda.
Variante(s): Gildo (*espanhol, italiano*).

GILLES
Do francês *Gilles*, transformação do latim *Aegidius* (Egídio), através dos diminutivos *Aegidillus*, *Gillus*. *Aegidius* está ligado a *aigídos*, lit. "égide". Por extensão, "protetor". Na Idade Média vários escritores de nome *Gil* (na forma abreviada *Gilles*) adotaram o pseudônimo *Egídio*. Não deve ser confundido com *Gille*.

NOMES MASCULINOS 157

Personal.: Gilles Gwwizdek, ator bras.
Variante(s): Gillis (*francês*); Gilles (*francês, flamengo*).

GILMAR

Nome com quatro étimos. 1) Os femininos arcaicos encontrados – *Childemara, Cildemara, Quildemara, Gilmara* – indicam os elementos *chile, hile* (combate) e *maere* (ilustre, brilhante, famoso), dando ao nome o significado "combatente ilustre (famoso, brilhante)". 2) Do inglês antigo *Giselmaer*, sign. "refém famoso". Ver Gilberto e Gilsemar. 3) Há em bretão os compostos *Gille Moire, Gille Maire*, abreviados em *Gilmer, Gilmor, Gilmore*, sign. "servo de (a Virgem) Maria". 4) O mesmo que *Agilmar*, de *agil, agli* (espada) e *maere*, sign. "famoso (brilhante) no manejo da espada".
Personal.: Gilmar Rocha, jornalista.
Feminino(s): Gilma, Gilmara.
Variante(s): Gilmaro (*português*).

GÍLSON

Do inglês *Gillsson, Gilson*, sobrenomes surgidos entre os séculos XII e XV, de *Gill, Gille*, diminutivo de *Julian* (Juliano) e *son* (filho), sign. "filho do pequeno Juliano". Ver Juliano.
Personal.: Gílson de Castro, poeta.
Variante(s): Gillson, Gilson (*inglês*).

GILVAN

Forma aportuguesada do italiano *Geovan*, com transliteração do fonema *eo* por *il*. O mesmo que *João*. Ver João.
Personal.: Gilvan Pereira, cineasta.
Variante(s): Geovan (*italiano*).

GINO

Nome com dois étimos. 1) Feminino de *Gina*. 2) Do italiano diminutivo de *Giovanni* (João). Ver Gina (1ª e 2ª acepções) e João.
Personal.: Gino Talamo, cineasta bras.
Feminino(s): Gina.

GIÓRGIO

Do italiano *Giorgio*, o mesmo que *Jorge*. Ver Jorge.
Feminino(s): Giórgia.
Variante(s): Giorgio (*italiano*).

GIOVANI

Do italiano *Giovanni*, o mesmo que *João*. Ver João.

158 DICIONÁRIO DE NOMES

Personal.: Giovanni Papini, escritor italiano.
Feminino(s): Giovana.
Variante(s): Geovani (*português*); Giovanni (*italiano*).

GLADSON
Aportuguesamento do inglês *Glade's son*, de *Glade* e *s* apóstrofo, mais a partícula *son* (filho), sign. "filho de Glade". Ver Glade.
Variante(s): Glédson, Gleidson (*português*); Gladeson (*inglês*).

GLADSTONE
Do inglês antigo, inglês moderno *Gladstone*, sign. "pedra do milhano". *Milhano* ou *milhafre* é a designação de uma ave rapineira diurna. Inicialmente foi um nome de residência e depois sobrenome que surgiu com o estadista inglês William Ewart *Gladstone* (1809-1898).

GLÉDSON
O mesmo que *Gladson*. Ver Gladson.

GLÁUBER
Do germânico *Glauber*, sign. "digno de fé". Do sobrenome de Johann Rudolf Glauber, químico e farmacêutico alemão do séc. XVII.

Personal.: Glauber Rocha, cineasta.

GLÁUCIO
Do grego *Glaûkos*, de *glaukós*, através do latim *Glaucia, ae*, sign. "verde; esverdeado", provavelmente referindo-se à cor dos olhos.
Personal.: Gláucio Gomes, ator.
Feminino(s): Gláucia.

GLAUCO
Do grego *Glaûkos*, de *glaukós*, através do latim *Glaucus*. Tem o mesmo significado de *Gláucio*. Ver Gláucio.
Personal.: Glauco Rodrigues, ator.
Feminino(s): Glauce.
Variante(s): Glauco (*espanhol, italiano*).

GLEIDSON
O mesmo que *Gladson*. Ver Gladson.

GODOFREDO
Do germânico *Gottfried, Godafrid*, composto de *guth, Gott, Guda* (Deus) e *frithu, fridu, Friede* (paz), sign. "paz de Deus". Nome muito comum na Inglaterra dos séculos XII e XIII, na

forma *Godfrey*, erroneamente confundido com *Geoffrey* (Jofre). Ver Jofre.

Personal.: Godofredo Santoro, compositor; Godofredo Teles, poeta.

Variante(s): Gaufredo, Gaufrido (*português*); Goffredo, (*italiano*); Godefroi (*francês*); Godfrey (*inglês*).

GONTIJO

Do germânico *Gontwigius*, de *Gonte*, *Gundi* (luta, batalha, combate) e *weig* (combate), sign. "muito aguerrido".

Personal.: Gontijo Teodoro, locutor.

GRACIANO

Nome com dois étimos. 1) Do latim *Gratianus*, relativo a *Gratius* (Grácio), de *gratus* (grato, reconhecido), sign. "de (pertencente a; da natureza de) Grácio". 2) Do latim *Gracianus*, masculino de *Graciana*. Ver Graciana (1ª acepção).

Personal.: Graciano Campos (Grácia do Salgueiro), compositor.

Feminino(s): Graciana.

Variante(s): Gracián, Graciano (*espanhol*); Graziano (*italiano*); Gratian (*francês*); Gratien (*francês*).

GRACILIANO

Forma relativa de *Gracílio*, sign. "de (pertencente a; da natureza de) Gracílio". Ver Gracílio.

Personal.: Graciliano Ramos, escritor.

Feminino(s): Graciliana.

Variante(s): Gratiliano (*português antigo*); Graciliano (*espanhol*).

GRACÍLIO

Do latim *Gracilius*, de *gracilis*, sign. "magro, delicado; leve; ligeiro".

Feminino(s): Gracília.

Variante(s): Gracilo (*português*).

GRACINDO

Masculino de *Gracinda*. Ver Gracinda.

Personal.: Gracindo Jr., ator.

GREGÓRIO

Do grego *Gregórios*, de *gregoréo* (vigiar), sign. "o acordado; o vigilante". Em Portugal, foi encontrado em documentos que datam da segunda metade do séc. XVII, apesar de já ter sido registrado no séc. IV, na forma *Gregory*. Na Inglaterra, tornou-se comum por volta do séc. XII. Foi nome de 16 papas e de 51 santos.

160 DICIONÁRIO DE NOMES

Personal.: Gregório de Matos, poeta.
Feminino(s): Gregória.
Variante(s): Gregorio (*espanhol*); Gregòrio (*italiano*); Grégoire, Gregori (*francês*); Gregory (*inglês*).

GUÁLBER
Do germânico, de um provável *Walberth*, de *walt*, *Gewalt* (força) e *berth* (ilustre), sign. "(que se tornou) ilustre pela força (poder)".
Variante(s): Gualberto, Valber, Valberto (*português*); Gualberto (*italiano*); Gualbert (*francês*).

GUÁLCER
O mesmo que *Guálter*. Ver Guálter.

GUÁLTER
Do germânico *Waldher*, o mesmo que *Válter*. Ver Válter.
Variante(s): Galcério, Galtério, Gauchério, Guálcer Gualtério (*português*); Gualterio (*espanhol*); Gualtiero (*italiano*); Gauter (*francês*); Gualter, Gwalter (*inglês antigo, germânico*).

GUARACI
Do tupi *coaracy*, de *ko ara sü*, *koara'si*, ou de *coá* (este), *ara* (dia) e *cy* (mãe), lit. "o Sol". "A mãe dos viventes; a mãe deste dia; a mãe desta claridade". Nome brasileiro de origem indígena, modernamente adotado pela classe mais pobre, às vezes pronunciado *Coracy* no Pará e Baixo Amazonas. Comum a ambos os sexos.
Variante(s): Coaraci, Coaracy, Guaracy (*português*).

GUARNÉRIO
Do germânico *Gwernher*, de *warin* (defensor) e *her* (armado), sign. "aquele que usa a arma para defender (o próximo); defensor armado". O nome foi introduzido na Inglaterra durante a conquista normanda na forma *Garnier*, tornando-se comum no período que compreendeu os séculos XII, XIII e XIV. A forma *Warner* é muito popular nos Estados Unidos.
Personal.: Warne Marsh, músico.
Variante(s): Varner, Varnério, Verner (*português*); Garniero (*italiano*); Garner (*francês*); Warner, Werner (*alemão*).

GUIDO
Nome com três étimos, encontrado em Portugal no séc. XII na forma *Goydo*. 1) Do germânico *wid*, *wido*, sign. "(do) bosque; (da) floresta". 2) Forma patronímica italiana de *Guy*, sign. "filho de Guy". 3) Masculino de *Guida*. Ver Guy e Guida (1ª acepção).
Personal.: Guido Guerra, contista.

GUILHERME
Do germânico *Willahelm*. Em Portugal, foi encontrado em obras datadas do séc.XIII. Na Inglaterra, foi introduzido por volta do séc.XI, através das formas francesas *Guilielm* e *Guillaume*, por intermédio dos normandos. 1) De *vilja, wailja, Will* (vontade) e *helma, hilms* (elmo, proteção), sign. "protetor resoluto; protetor corajoso". 2) Outra interpretação: "aquele que se encontra sob a proteção de Vili". *Vili*, irmão de Odin, é um deus dos panteões nórdico e germânico. Este é o étimo provável.
Personal.: Guilherme Karan, ator.
Feminino(s): Guilherma.
Variante(s): Guillermo (*espanhol*); Guglielmo (*italiano*); Guilhaume, Guillerme, Villerme (*francês*); William (*inglês*).

GUILHERMINO
Forma relativa de Guilherme, sign. "de (pertencente a; da natureza de) Guilherme". Também diminutivo.
Personal.: Guilhermino César, poeta.
Feminino(s): Guilhermina.
Variante(s): Guglielmino (*italiano*); Guillaumin, Vuillemin (*francês*).

GUMERCINDO
Do germânico *Gomesindo, Gumesindo*, de *guma* (homem) e *sind, sint* (poderoso), sign. "homem poderoso". Nome encontrado em Portugal, em documentos redigidos entre os anos 867 e 912.
Personal.: Gumercindo Fleury, poeta.
Feminino(s): Gumercinda.
Variante(s): Cumercindo (*português*); Gumersindo, Gumesindo (*espanhol*).

GUSTAVO
Do sueco *Gustaf*, através do germânico latinizado *Chustaffus*. Significa "protegido de Deus". É um dos principais nomes suecos, senão o mais comum, popularizado na Europa com o rei Gustavo Adolfo (1594-1632). Na Inglaterra, muitas vezes é usado na forma latinizada *Gustavus*.
Personal.: Gustavo Assis, ator.
Variante(s): Gustavo (*espanhol, italiano*); Gustave (*francês, inglês*); Gustav (*alemão, nórdico*).

GUTEMBERG
Do germânico *guths* (Deus) e *berg* (montanha), sign. "montanha de Deus". Por extensão, "fortaleza de Deus".
Personal.: Gutemberg de Castro, poeta.

GUY

Do francês *Guy*, o mesmo que *Guido* ou *Guida*. Nos registros latinos aparece na forma *Wido*, e às vezes *Guido*. Foi um nome comum na Inglaterra, desde a conquista normanda até o séc. XVII, caindo de uso até o séc. XIX, quando foi redivivo com as novelas "Guy Mannering", de Walter Scott, e "Heir of Redcliffe", de C.M. Yonge. Ver **Guido**.

Personal.: Guy Pearce, ator.

H

HAMÍLTON

Nome de residência originado de um toponímico inglês nas variações *Hambledon*, *Hameldon*, *Hamelton*, *Hamilton*, calcado no inglês antigo *hemel*, antigo alemão e antigo *nórdico hamall*, sign. "(morador ou habitante de um) local sem vegetação situado perto de um morro". Nome dado a alguém que viveu em uma localidade com estas características.
Personal.: Hamílton Almeida, ator; Amírton Valim, compositor.
Variante(s): Amílton, Amírton, Hamírton (*português*); Hamilton (*inglês*).

HAMLETO

Nome de residência originado do germânico *hum*, inglês antigo *hamlet*, de *ham*, sign. "lar; pequeno lar; lugarejo". Introduzido na Inglaterra pelos normandos, o nome tornou-se muito comum nas formas *Hamo*, *Hamon*, *Haimo*, transformado pelos tradutores ingleses em *Hamlet*. As variantes *Hamo*, *Hamelen* são usadas pelos ciganos.
Personal.: Hamleto Santini, ator.
Variante(s): Amleto (*português*); Amlèto (*italiano*); Hamlet, Hamo, Hamon (*inglês*).

HAROLDO

Do germânico *Hariwald*, *Heriwalto*, de *her* (exército) e *wald*, *waldan* (governar), inglês antigo *wealdan*, antigo *nórdico valda*, sign. "comandante do exército". É o mesmo que *Heraldo* e *Herivelto*, e o inverso de *Wálter*, *Válter*. O nome correspondente ao antigo *nórdico Harivald*, moderno *nórdico Harald*. Foi encontrado na Inglaterra no séc. XII.
Personal.: Haroldo Costa, ator.
Variante(s): Arialdo, Aroaldo, Erivelto, Heraldo, Herivelto (*português*); Haroldo (*espanhol*); Aroldo (*italiano*); Harald (*francês*, *inglês*); Harold, Herald (*inglês*).

HÉBER
Nome com dois étimos. Não confundir com *Éber*. 1) Do hebraico *Haber*, *Heber*, primitivamente com a acepção de "homem; varão", e mais tarde "companheiro; associado". 2) Do francês *Héber*, *Hébert*, derivados do germânico *Heribert* (Herberto). Ver Herberto.
Personal.: Héber de Bôscoli, ator e radialista.

HEIMAR
Do germânico *Heimard*, com dúvidas quanto ao significado do segundo elemento do nome. 1) De *Heim* (casa, morada, pátria) e *hard*, *hardus* (forte, firme, sólido, resistente), sign. "da casa forte (sólida)". 2) O segundo elemento pode ser *hard* na acepção de *audaz*, sign. "audaz em sua casa (pátria)". Este é o significado mais aceitável.
Variante(s): Eimar (*português*); Aimardo (*espanhol*); Aimard, Hémard, Himard (*francês*).

HEITOR
Do grego *Héktor*, da raiz *ekhein* (possuo, tenho em meu poder), sign. "o que guarda; o que retém; o que possui". Nome que nos antigos romances franceses aparece na forma *Ector*, é muito comum na Itália (grafado *Ettore*). Na Grã-Bretanha surgiu como nome cristão no séc. XIII, mas se tornou comum apenas na Escócia. No País de Gales é usado para substituir o nativo *Eachdonn*. Em Portugal, foi encontrado em obras redigidas nos séculos XIII e XIV, na forma *Eitor*.
Personal.: Heitor Villa-Lobos, compositor; Heitor dos Prazeres, pintor.
Variante(s): Eitor (*português*); Héctor (*espanhol*); Ettore (*italiano*); Hector (*francês, inglês*); Ector (*espanhol, italiano*).

HELÁDIO
Do grego *hellâs*, *helládos*, através do latim *Helladiu*, sign. "da hélade; grego". Não confundir com *Herádio*.
Personal.: Heládio Fagundes, cineasta.
Feminino(s): Heládia.
Variante(s): Alódio, Eládio, Elídio, Elódio (*português*).

HÉLBER
O mesmo que *Alberto*. Ver Alberto.
Personal.: Hélber Rangel, ator.

HELANO
O mesmo que *Heliano*. Ver Heliano.
Feminino(s): Helana.
Variante(s): Elano.

HÉLCIO
Do grego *helkyo*, através do latim *Helcium* (puxar), sign. "aquele que puxa (o barco à sirga)".
Personal.: Hélcio Martins, escritor.
Variante(s): Élcio (*português*).

HÉLDER
Do inglês antigo *eldo, eald*, sign. "o mais velho". Uma outra tradução propõe o significado de "sabugueiro", originando-o do germânico *Aeldra*, contudo, não deve ser considerada.
Personal.: Helder Agostini, ator bras.
Variante(s): Élder (*português*); Alder, Eldem, Elden, Elder, Eldor (*inglês*).

HELEODORO
O mesmo que *Heliodoro*. Ver Heliodoro.

HÉLIO
Do grego *Hélios*, lit. "o Sol". Tem correlação com o hebraico *El Elion* ("o Altíssimo"). Na mitologia grega é uma divindade do Sol e da Luz, representada na forma de um jovem alourado e de rosto brilhante, que percorre o zodíaco em um carro resplandecente puxado por quatro corcéis. Equivale ao tupi *Guaraci*. Não confundir com o homófono *Élio*.
Personal.: Hélio Souto, ator; Hélio Rocha, jornalista; Hélio Delmiro, músico.
Feminino(s): Hélia.
Variante(s): Helio (*espanhol, italiano*); Hélie (*francês*).

HELIODORO
Do grego *Heliódoros*, de *hélios* (o Sol) e *dôron* (dádiva, dom, presente), sign. "dádiva do Sol". Ver Hélio.
Personal.: Heliodoro de Larissa, matemático *grego*, autor de um tratado de ótica reeditado frequentemente.
Feminino(s): Heliodora.
Variante(s): Eleodoro, Eliodoro, Heleodoro (*português*); Heliodoro (*espanhol*); Eliodòro (*italiano*); Héliodore (*francês*).

HELMAR
O mesmo que *Hildemar*. Ver Hildemar.

HÉLTER

Do inglês *Elterwater, Helterwatra*, nomes de residência originários do antigo *nórdico Elptar-vatn* (lago do cisne). A raiz *Helter* originou-se de *elpt*, sign. "cisne".
Personal.: Hélter Duarte, apresentador de TV.

HÉLTON

Nome com dois étimos. 1) Do inglês *Heltona, Helton*, o mesmo que *Hílton*. 2) Variante de *Élton*. Ver Hílton e Élton.

HELVÉCIO

Do latim *Helvetius*, e este, do celta, sign. "grande". Os helvécios constituíram uma tribo celta que no séc. I da era cristã se estabeleceu na região da Gália, onde hoje é a Suíça. Por isso, o nome também é traduzido por "suíço".
Personal.: Helvécio Ratton, cineasta bras.
Feminino(s): Helvécia.
Variante(s): Helvecio (*espanhol*); Elvèzio (*italiano*).

HELVINO

Do latim *Helvinus*, forma relativa de *Hélvio*, sign. "de (pertencente a; da natureza de) Hélvio". Ver Hélvio.

Personal.: Helvino de Morais, poeta.
Feminino(s): Helvina.

HÉLVIO

Do latim *Helvius*, e este, da mesma raiz de *Helvécio*, sign. "grande". Ver Helvécio.
Personal.: Elvius Vilela, músico; Elvio Banchero, atl. olímp. italiano.
Feminino(s): Hélvia.
Variante(s): Élvio (*português*); Elvio (*italiano*).

HELY

O mesmo que *Eli*. Ver Eli.
Personal.: Hely Campos, educador.

HENRIQUE

Do germânico *Haimirich*, de *heim, hein* (casa, lar, pátria) e *rik* (príncipe, senhor), sign. "príncipe (senhor) da casa (pátria)". A forma latinizada *Henricus* deu origem ao francês *Henri*, e este, ao inglês *Henry, Harry*. Nome encontrado em Portugal, em obras datadas do séc. XIII, foi muito popular na Inglaterra medieval. Nome de muitos reis e imperadores, no Brasil é um dos preferidos pelos judeus.

Personal.: Henrique Martins, ator.

Variante(s): Arrigo, Enrique (*espanhol*); Enrico, Enzo (*italiano*); Henri (*francês, romeno, holandês*); Harry (*inglês*); Henry (*inglês, nórdico*).

HERÁCLITO
Do grego *Herákleitos*, sign. "protegido por Hércules". Ver Hércules.
Personal.: Heráclito Graça, jurista.
Variante(s): Heráclito (*espanhol*); Héraclite (*francês*).

HERALDO
O mesmo que *Haroldo*. Não confundir com *Herardo*. Ver Haroldo.
Personal.: Heraldo Corrêa, ator.
Variante(s): Eraldo (*italiano*).

HERARDO
Do germânico *Heribard*, de *hari* (exército) e *ard* (aguerrido, resistente), sign. "guerreiro resistente". Nome já encontrado em documentos redigidos no séc. VIII. Não confundir com *Heraldo*. Ver Heraldo.
Variante(s): Hérad (*francês*); Heribard (*germânico*).

HERBERTO
Do germânico *Haribertho*, de *her* (exército) e *berth* (glorioso, brilhante, ilustre), sign. "guerreiro glorioso (brilhante, ilustre)". Nome adotado na Inglaterra durante a conquista normanda, caiu em desuso por volta do séc. XIII, para voltar a popularizar-se no final do séc. XIX.
Personal.: Herberto Salles, escritor.
Variante(s): Eriberto, Harberto, Herbe (*português*); Ariberto, Heriberto (*português, espanhol, italiano*); Erberto, (*português, italiano*); Aribert, Héber, Herber (*francês*); Herbert (*francês, inglês, alemão, nórdico*).

HERCÍLIO
O mesmo que *Hersílio*, e este, masculino de *Herse*, *Hersília*. Ver Hersé.
Personal.: Hercílio Lorenzeti, ator.

HERCULANO
Forma relativa de *Hércules*, sign. "de (pertencente a; da natureza de) Hércules". Ver Hércules.
Personal.: Herculano de Almeida, poeta bras.
Feminino(s): Herculana.

HÉRCULES
Do grego *Heraklês*, uma evolução das onomatopeias primitivas

168 DICIONÁRIO DE NOMES

Ber-ak-el, *Her-ak-el*, que por evolução transformaram-se em *Heracles*, e significa "aquele que dispensa o calor e a claridade". Nome de um mitológico semideus grego que distinguiu-se por um sem-fim de façanhas que culminaram nos "Doze Trabalhos". Ver Aquiles.
Personal.: Hércules Barsotti, pintor bras.
Feminino(s): Herculina.
Variante(s): Héracles (*português*); Hércules (*espanhol*); Ércole (*italiano*); Hercule (*francês*).

HÉRDER
Do germânico *Herder*, lit. "pastor", correlato ao médio inglês *heorde*, *herde*, inglês antigo *hierde*, *hyrde*, antigo saxônico *hirdi*, antigo *nórdico hiroir*, gótico *haírdeis*, todos com o mesmo significado. Há uma tradução "duro; forte; guerreiro", que deve ser descartada. Equivale a *Egon*.

HERIBERTO
O mesmo que *Herberto*. Ver Herberto.

HERIVELTO
O mesmo que *Haroldo*. Ver Haroldo.

Personal.: Herivelto Martins, compositor.
Variante(s): Erivelto (*português*).

HERMANO
O mesmo que *Armando*. Ver Armando.
Personal.: Hermano Penna, cineasta.

HERMENEGILDO
Do germânico *Hermingild*, *Hermengilt*. O primeiro elemento é *ermans* (forte), o segundo, ao que tudo indica, provém do anglo-saxão *gild* (sacrifício), o que dá ao nome o significado de "o que oferece grande sacrifício".
Personal.: Hermenegildo Garcia Marturell, atl. olímp. cubano.
Feminino(s): Hermenegilda.
Variante(s): Imegildo (*português*); Ermenegildo (*italiano*); Herménégilde (*francês*).

HERMES
Deus grego do comércio, da palavra e da eloquência. Seu nome origina-se do grego *Hermês*. A forma primitiva do nome foi *Har-er-ma* ou *Ha-er-me-ya*, composto das onomatopeias *ha-er*, *her*, representação do *espírito*, e *am am*, sign. "espírito de vida, princípio gerador da Natureza".

NOMES MASCULINOS 169

Personal.: Hermes Gonçalves, cineasta; Hermes Pontes, poeta.
Feminino(s): Herma.
Variante(s): Hermes (*espanhol, latim*); Ermes (*italiano*); Hermès (*francês*).

HERMETO
O mesmo que *Hermes*. Ver Hermes.
Personal.: Hermeto Paschoal, músico, compositor; Hermeto Lima, poeta.
Feminino(s): Herma, Hermeta.
Variante(s): Ermète (*italiano*).

HERMILO
Diminutivo de *Hermes*. Ver Hermes.
Personal.: Hermilo Borba Filho, jornalista, escritor.
Feminino(s): Hermila.

HERMÍNIO
Do latim *Herminiu*, gentílico de uma família romana, ao que tudo indica originário dos topônimos *Ariminum* (hoje cidade de *Rimino*) ou de *Ariminus* (rio *Armino*), ou ainda de *Arminius* (*Armínio*). O nome tem o significado de "natural (habitante) de Ariminum" ou está relacionado a alguém "que nasceu ou viveu em uma localidade (região) pró-xima ao rio Ariminus". Não confundir *Armínio* com *Armino*. Ver Armínio e Armino.
Personal.: Hermínio Amorim, Ermínio Seguro, atores; Hermine Stindt, atl. olímp. alemão.
Feminino(s): Hermínia.
Variante(s): Armínio, Armino, Ermínio (*português*); Herminio (*espanhol*); Ermìnio (*italiano*).

HERMINO
Forma relativa de *Hermes*, sign. "de (pertencente a; da natureza de) Hermes". Ver Hermes.
Personal.: Ermino Dones, atl. olímp. italiano.
Variante(s): Ermino (*italiano*); Ermin (*alemão, iugoslavo*).

HERMÓGENES
Do grego *Hermogénes*, de *Hermês* (Hermes) e *génos* (raça, geração), sign. "da raça (estirpe) de Hermes; descendente de Hermes". Ver Hermes.
Personal.: Hermógenes Rangel, cineasta.
Variante(s): Hermógenes, Hermogio (*espanhol*); Ermògene (*italiano*); Hermogène (*francês*).

HERNÂNI
Nome moderno, originado de *Hernán*, hipocorístico do espa-

nhol *Hernando*, o mesmo que *Fernando*. Tornou-se popular a partir da ópera de Verdi, cujo libreto foi tirado de *Hernani*, drama em cinco atos de Victor Hugo. Ver Fernando.

Personal.: Hernâni Donato, escritor.

Variante(s): Ernâni, Ernane, Ernany, Hernany (*português*); Hernani (*francês*).

HERÓDOTO

Do grego *Heródotos*, de *Héra* (Hera) e *dótos* (dado), sign. "dado por Hera", nome dado a uma criança ardentemente desejada – cujos pais acreditavam ter sido uma dádiva de Hera – ou apenas consagrada à deusa. Ver Hera.

Personal.: Heródoto Barbeiro, radialista.

Variante(s): Herodoto (*espanhol*); Hérodote (*francês*).

HERON

Nome com dois étimos. 1) Do francês *hairon*, *heron*, *Héron*, lit. "garça". Surgiu do sobrenome *Lehéron*, dado a um homem magro e de pernas compridas como as garças. 2) Do grego *Héron*, associado a *heró*, lit. "herói" e da mes-

ma família de *hêrôon*, nome que os gregos davam aos santuários onde os heróis eram venerados, e que muitas vezes guardavam o túmulo de um semideus.

Personal.: Heron Domingues, jornalista.

Variante(s): Herón (*espanhol*); Erone (*italiano*); Héron (*francês*).

HÉRSON

Do francês. De *Herson*, hipocorístico das formas *Herce*, *Herse*, *Hierche*, *Hierche*, de *herse* (grade de ferro; grade de esterroar), nome que se refere àquele que manobrava as grades de esterroar nos campos de batalha ou a um "**vendedor de grades de ferro**".

Personal.: Hérson Capri, ator.

HERVAL

Aportuguesamento do francês *Hervé*, o mesmo que *Hervê*. Ver Hervê.

Personal.: Herval Rossano, ator.

HERVÊ

Do germânico *Heriwig*, *Heriveus*, através do francês *Hervé*, sign. "**ativo no combate (exército)**". Há uma forma aportuguesada, *Harvico*, oriunda do inglês *Harvey*. O nome provavelmente assumiu a forma bretã *Haerveu*, introduzida na Inglaterra pelos normandos, logo se tornando popular.

Personal.: Hervê Cordovil, compositor.

Variante(s): Herval, Harvico (*português*); Hervé (*espanhol, francês*); Harvey (*inglês*).

HÉSIO

O mesmo que *Ésio*. Ver **Ésio**.

HESÍODO

Do grego *Hesíodos*, através do latim *Hesiodu*, nome no qual entra o elemento *hodós* (caminho), sign. "guia".

Personal.: poeta grego natural de Cumes.

Variante(s): Hesíodo (*espanhol*); Esìodo (*italiano*); Hésiode (*francês*).

HIGINO

Masculino de *Higina*. Ver **Higina**.

Personal.: Higino Aliandro; ensaísta; Higino Bonfiolli; cineasta bras.

Variante(s): Egino (*português*); Higino (*espanhol*); Igìio, Igìno (*italiano*); Higin (*polonês*).

HÍGIO

Masculino de *Hígia*. Ver **Hígia**.

Variante(s): Igìio (*italiano*).

HILÁRIO

Do grego *Hilários*, de *hilarós*, lit. "alegre; jovial", através do latim *Hilariu*. Em Portugal, foi encontrado em documentos que datam da segunda metade do séc. XVII. Na França, tornou-se comum no séc. IV, em virtude da popularidade de S. Hilarius de Poitiers. Nos países de língua inglesa as variantes *Hilary* e *Hillary* são comuns a ambos os sexos.

Personal.: Hilário Ferreira, compositor.

Feminino(s): Hilária.

Variante(s): Helário, Hélaro, Hílaro, Ilário (*português*); Hilario (*espanhol*); Ilàrio (*italiano*); Hilaire, Illaire (*francês*); Hilary, Hillary (*inglês*); (Hilarius (*alemão*).

HILDEBERTO

Do germânico *Hildeberth*, de *hild* (combate) e *berth* (ilustre, brilhante), sign. "combatente ilustre (brilhante)".

Feminino(s): Hildeberta.

Variante(s): Hilberto, Hildeverto, Ilberto (*português*); Hildeberto (*espanhol*); Hilbert, Hildebert, (*francês*); Ilbert (*francês antigo, inglês*).

HILDEBRANDO
Do germânico *Hildibrand*, de *hild* (combate, guerra) e *brand* (espada), sign. "espada de combate; espada de guerra". Nome muito comum nos romances medievais germânicos, também encontrado na Inglaterra dos séculos XIII e XIV. Ver "espada" na seção Simbologia.
Personal.: Hildebrando Accioly, escritor.
Feminino(s): Hildebranda.
Variante(s): Hiltebrando, Hiltibrando (*português*); Aldobrando, Ildebrando (*italiano*); Hildebrand (*francês, inglês*); Hildebrandt (*alemão*).

HILDEGAR
Do germânico *Hildiger*, de *hilde* (combate, guerra) e *gair, ger* (lança), sign. "lança de combate". Não confundir com *Hildegardo*.
Variante(s): Ildegar (*português*).

HILDEGARDO
Do germânico *Hildegard*. 1) De *hil, hilte* (combate, guerra) e *wardan* (olhar), dando o sign. "o que olha pelos combatentes; o que protege os combatentes". 2) Mas o segundo elemento do no-me pode estar ligado a *gardan* (saber, conhecer), o que, nesse caso, daria ao nome o significado "aquele que sabe combater; sábio combatente".
Personal.: Hildegardo Leão Veloso, escultor.
Feminino(s): Hildegarda.
Variante(s): Ildegardo (*português, italiano*); Hildegard (*inglês*).

HILDEMAR
Do germânico *Hildemar*, de *hild* (batalha) e *mar* (ilustre, célebre, famoso, afamado), sign. "célebre (famoso) na batalha". Invertendo-se os elementos deste nome tem-se o feminino *Marilda* (mar + hild).
Personal.: Hildemar Barbosa, ator.
Feminino(s): Hildemara, Hildimara, Hilmara.
Variante(s): Helmar, Hilmar, Ilmar, Ilmaro (*português*); Hildemaro (*espanhol*); Hillmer (*francês*); Hildemar (*inglês, alemão*); Hildimar (*alemão*); Hellmar (*germânico*).

HILMAR
O mesmo que *Hildemar*. Ver Hildemar.

HÍLSON

Do inglês *Hilson*, nome com dois étimos. Não confundir com *Wilson*. 1) De *Hilary'son*, de *Hilary* (Hilário) e a partícula *son* (filho), sign. "filho de Hilário". 2) De *Hildson*, *Hillson*, *Hilson*, sign. "filho de Hildo(a)". Esta variante originou o português *Híldon*. Ver Hilário e Hilda.

Personal.: Hílson Maciel, ator.

Variante(s): Híldon, Hildson, Ílson (*português*); Hilson (*inglês*).

HÍLTON

Nome de residência originado de *Hilton*, toponímico inglês que ocorre nas variantes *Heltona*, *Helton*, *Hiltune*, *Hulton*, *Hylton* e *Ilytone*, composto de *hill* (morro, colina) e *town* (cidade, lugar, lugarejo), sign. "natural da cidade (do lugar)" da colina.

Personal.: Hílton Prado, ator.

Variante(s): Hélton, Ílton (*português*); Helton, Hilton, Hylton, Hulton (*inglês*).

HIPÓLITO

Do grego *Hippólytos*, de *híppos* (cavalo) e *lytós*, de *lyo* (desligar, soltar), sign. "o que solta (desatrela) os cavalos". O nome já aparece em Roma, no ano 252 da era cristã, na forma *Hippolytus*. As variantes *Yppolitus* e *Ypolitus* foram encontradas nos séculos XIII e XIV, na Inglaterra; na França, *Hippolyte* não foi um nome raro.

Personal.: Hipólito Caron, pintor bras.

Feminino(s): Hipólita.

Variante(s): Epólito (*português*); Hipólito (*espanhol*); Ippòlito (*italiano*); Hippolyte (*francês*).

HIRAM

Do fenício *Hirom*, provavelmente forma aferética de *Ahiram*, de *ahi*, *áh* (irmão) e *ram* (alto, elevado), sign. "irmão do Alto; meu irmão é elevado (sublime)". O primeiro elemento relaciona-se com o aramaico *ah*, árabe *áh*, etíope *ahaw*, acadiano *ahu*, hebraico *ahoth*, siríaco *hatha*. O segundo é o mesmo encontrado em *Abraham* (Abraão). Ver Abraão.

Personal.: Hiram Powers, escultor inglês.

Variante(s): Hirã, Hirão (*português*); Hiram (*espanhol*, *hebraico*).

174 DICIONÁRIO DE NOMES

HIRINEU
O mesmo que *Irineu*. Ver Irineu.

HOMERO
Do grego *Hómerhos*, de *hómeros*, lit. "refém".
Personal.: Homero Homem, escritor; Omero Antonutti, ator; Homer Martin, pintor americano.
Variante(s): Homero (*espanhol*); Omèro, Omero (*italiano*); Homère (*francês*); Homer (*inglês*).

HONORATO
Do latim *Honoratu*, sign. "honrado". Há uma tradução "o que recebe honras", que deve ser descartada.
Personal.: Honorato de Oliveira, educador.
Feminino(s): Honorata.
Variante(s): Honorato (*espanhol*); Onorato (*italiano*); Honorat (*francês, polonês*); Honnorat (*francês*).

HONÓRIO
Do latim *Honoriu*, do substantivo *honor* (honra, reputação), mais o sufixo *io*, sign. "homem honrado; homem de reputação". Nos países de língua inglesa a variante *Honor* é comum a ambos os sexos.

Personal.: Honório Novais, poeta.
Feminino(s): Honória.
Variante(s): Honorio (*espanhol*); Onòrio (*italiano*); Honoré (*francês*); Honor, Honore (*inglês*).

HORÁCIO
Do latim *Horatiu*, ligado ao grego *Horaí* (Horas), sign. "colocado sob a proteção das Horas". As Horas eram as mitológicas filhas de Júpiter e de Têmis que presidiam as estações do ano. *Horatius* foi uma famosa *gens* romana. Na Inglaterra o nome foi encontrado em registro datado do séc. XVI, na forma *Horatio*. Ver Oraida.
Personal.: Horácio Campos, escritor.
Variante(s): Horacio (*espanhol*); Oràzio, Orazio (*italiano*); Horace (*francês, inglês*); Horatio (*inglês*); Horaz (*alemão*).

HOSMANI
O mesmo que *Osmani*. Ver Osmani.

HOSTÍLIO
Do latim *Hostilius*, de *hostilis*, *hostile*, sign. "inimigo; nocivo; funesto; hostil". Tito Lívio cita um latim *Hóstio*, *Hosto*, ligado a *hostis, is*, que uma fonte dá com

NOMES MASCULINOS   175

sentido semelhante. Ocorre que entre os antigos romanos, *hostis* referia-se ao "inimigo público, o inimigo da nação" e, *inimicus*, relacionado com *hostilis*, dizia respeito a um "inimigo particular", termos que só mais tarde, na época imperial, assumiram o mesmo significado.

Personal.: Hostílio Soares, maestro.

Feminino(s): Hostília.

Variante(s): Ostìlio (*italiano*).

HUDSON
Do inglês Hudson, De *Hudd*, forma familiar de *Richard* (Ricardo) e *Hugh* (Hugo), nome de uso comum na Inglaterra dos séculos XII e XIV, que mais tarde se tornou obsoleto. A partícula *son*, dá ao nome o significado de "filho de Hudd". No Brasil surgiu uma corruptela, *Rudson*, que deve ser evitada. Ver Ricardo e Hugo

Personal.: Hudson Carvalho, jornalista.

HUGO
Hugo, do germânico *Hugi*, de *hug*, *hugu* (espírito, pensamento), sign. "o pensador". No alemão é muitas vezes também adotado como hipocorístico de nomes co-

meçados em *Hug*, *Hugo*, muito raros em português. Levado pelos normandos, surgiu na Inglaterra do séc. XII, tornando-se popular no século seguinte. Na França surgiu nas formas *Hugues* e *Hugon*, e na Escócia e Irlanda é usado para substituir os nativos *Aoidh*, *Aodh*, *Eòghann* e *Uisdeann*. A forma latina *Hugo* foi adotada nos tempos modernos.

Personal.: Hugo Carvana, Hugo Gross, atores.

Variante(s): Hugo (*espanhol, francês, nórdico, latim*); Ugo (*italiano*); Hugues (*francês*); Hugh, Hughes (*inglês*).

HUGOLINO
Forma relativa de *Hugo*, sign. "de (pertencente a; da natureza de) Hugo".

Femininos: Hugolina.

HUMBERTO
Do germânico *Hunberct*, de *hun*, *huni* (gigante, força), e *berth* (brilhante, ilustre, famoso), sign. "brilhante (famoso) pela força". Nome que foi comum na Inglaterra medieval, em razão da popularidade de S. Hubert (patrono dos caçadores) naquele país.

Personal.: Humberto Martins, ator.

176 DICIONÁRIO DE NOMES

Variante(s): Hugibetto (*português*); Huberto, Humberto (*espanhol*); Oberto, Omberto, Uberto, Umberto (*italiano*); Humbert (*francês, inglês, sueco*); Hubert (*francês, inglês*).

I

IBERÊ
O mesmo que *Itiberê*. Ver Itiberê.
Personal.: Iberê Gomes Grosso, músico.

IBÉRICO
Do grego *Iberes*, através do latim *Iberi, Iberus, Hiberus, Ibericus*, sign. "do país dos Híberes (Íberes)", ou seja, a *Ibéria*, antigo nome da Espanha. O mesmo que "espanhol". O antropônimo surgiu de *Ebro*, nome de um rio espanhol, calcado no vasconço *ibarra* ("vale da corrente") ou *ibai* e *eroa* ("rio espumante"), passando ao latim e ao grego, onde foi mantido o registro.
Variante(s): Ibério (*português*).

IDALINO
Masculino de *Idalina*. Ver Idalina.

IDÁLIO
Masculino de *Idália*. Ver Idália.

IDINEI
O mesmo que *Ednei*. Ver Ednei.

IGOR
Variante russa de *Jorge*. Ver Jorge.
Personal.: Igor Agostini, ator.

ILÁRIO
O mesmo que *Hilário*. Ver Hilário.

ILDEFONSO
Do germânico *Hildefuns*, de *hilde* (combate, guerra) e *funs* (pronto, inclinado), sign. "pronto para o combate". Nome que na forma latinizada, Ildefonsus, já aparece sem o h, desde o séc. XI. Em Portugal surgiu no A.E.L. de 1838.
Personal.: Ildefonso Norat, ator.
Variante(s): Hildefonso (*português*); Ildefonso (*espanhol, italiano*); Ildefonse (*francês*).

ILDEGAR
O mesmo que *Hildegar*. Ver Hildegar.

178 DICIONÁRIO DE NOMES

ILDEGARDO
O mesmo que *Hildegardo*. Ver Hildegardo.

ILÍDIO
De Élida, nome de uma região do Peloponeso, calcado no grego *Élis*, através do latim *Elida*, sign. "natural (habitante) da Élida". *Élida* está preso ao dórico *Alis*, latim *vallis*, sign. "vale".
Personal.: Ilídio Lopes, escritor.
Feminino(s): Ilídia.
Variante(s): Elídio (*português*).

ILMAR
O mesmo que *Hilmar*. Ver Hildemar.
Personal.: Ilmar Carvalho, ator.

ÍLSON
O mesmo que *Hílson*. Ver Hílson.
Personal.: Ílson Mulini, ator.

ÍLTON
O mesmo que *Hílton*. Ver Hílton.

IMANUEL
O mesmo que Emanuel. Ver Emanuel.

INÁCIO
Nome que em Portugal surgiu em documentos que datam do séc. XVII, mas cuja antiguidade remonta ao séc. II da era cristã. Foi um nome muito comum na Rússia e, no séc. VIII, foi encontrado na Espanha, nas variantes *Ignacio, Inigo, Eneco*. A forma latina é *Egnatiu, Ignatiu*. Mas o étimo de origem está relacionado ao grego *Ignátios*, de *ignátios*, ao qual corresponde o latino *Gnatus*, sign. "**filho**".
Personal.: Inácio Brito, ator.
Feminino(s): Inácia.
Variante(s): Ignácio (*português*); Eneco, Inigo, Ignacio (*espanhol*); Ignàzio (*italiano*); Ignace (*francês, inglês*); Ignatz (*inglês*).

INDALÉCIO
Nome de origem ibérica, provavelmente basca, que possui um significado de "**força**".
Personal.: Indalécio Wanderley, jornalista.
Variante(s): Indalecio (*espanhol*).

INGRES
Do francês antigo, calcado em *haingre*, lit. "**magro; mirrado**".

INOCÊNCIO
Do latim *Innocentiu*, de *innocens, innocentis*, lit. "**inocente; puro; honesto; que não faz mal algum**".

Personal.: Inocêncio Borghese, poeta.
Feminino(s): Inocência.
Variante(s): Inocencio (*espanhol*); Innocenzo (*italiano*); Innocent (*francês*); Innocentiu (*latim*).

IÓRIO
O mesmo que *Yuri.* Ver Yuri.

IRAPUAN
Do tupi *ira* (abelha) e *apu'a* (redondo), sign. "abelha que faz um cortiço arredondado". É o nome de uma abelha de grande tamanho, preta e brava, também conhecida pelo nome de abelha-de-cachorro ou arapuá, em razão da forma arredondada da sua colmeia, construída geralmente entre as forquilhas das árvores. Ver Débora e "abelha" em Simbologia.
Personal.: Irapuan Brasil, ator.
Variante(s): Irapuã, Irapuam (*português*).

IRÊNIO
Masculino de *Irene.* Ver Irene.
Variante(s): Irenio (*espanhol*).

IRINEU
Do grego *Eirenaîos*, do adjetivo *eirenaîos*, lit. "pacífico". Ver Irênio.
Personal.: Irineu Monteiro, poeta; Irineu Marinho, jornalista.
Feminino(s): Irineia.

Variante(s): Hirineu, Ireneu, Irênio, Irino (*português*); Irineu (*espanhol*); Irenèo (*italiano*); Irénée (*francês*); Irenaus (*alemão*).

IRINO
O mesmo que *Irineu.* Ver Irineu.

ÍRIO
Do russo *Yrjo*, o mesmo que *Jorge.* Ver Jorge e Yuri.

ÍRTON
Nome inglês de residência, derivado de um toponímico que aparece nas variantes *Iretune*, *Irton*, sign. "do lugar (da cidade) dos irlandeses". Não confundir com *Aírton.* Ver Aírton.

IRVING
Nome com dois étimos, adotado pelos judeus (juntamente com *Isidoro*), para substituir *Isaac*, que começa com a mesma letra. Há um *Erwin* (Ervino), que alguns autores dão como variante inglesa de *Irvin*, *Irving*, talvez devido à coincidência fonética. Mas a identidade e os significados são diferentes. 1) Do celta *irvine*, lit. "branco". 2) Do anglo-saxão *Irwin*, sign. "amante do mar".
Personal.: Irving São Paulo, ator.

180 DICIONÁRIO DE NOMES

Feminino(s): Irvina.
Variante(s): Irvino (*português*); Irvin, Irving, Irwin (*inglês*); Irvine (*belga*).

ISAÍAS
Do hebraico *Ieshaiah*, *Yeshayah*, *Yeshayahu*, sign. "salvação do Senhor (de Deus); o Eterno salva". O primeiro elemento do nome está ligado a *yesha*, *yeshua* (salvação), étimo também encontrado no antropônimo *Jesus*. Ver Jesus.
Personal.: Isaías Almada, ator.
Variante(s): Isaías (*espanhol*); Isaìa (*italiano*); Isaias, Isaie, Jésaie (*francês*); Isaiah (*inglês*); Esaias (*inglês*, *alemão*).

ISAQUE
Do hebraico *Itshak*, *Yitzháq*, de *tzaháq*, correspondendo ao aramaico *gehekh* e ao árabe *dáhika*, sign. "riso; ele ri; filho da alegria".
Personal.: Isaac Bardavid, ator.
Variante(s): Isaco (*português*); Isaac (*espanhol, francês, inglês*); Isacco (*italiano*); Izaak (*francês*); Isac, Issac (*inglês*).

ISEU
Do grego *Isaíos*, forma poética de *isos*, sign. "igual". Há um feminino *Iseu*, do francês *Isolt*, *Iseult*, o mesmo que *Isolda*, com outro significado. Deste feminino saiu a variante italiana *Iseo*, que também não deve ser confundida com o masculino. Ver Isolda.
Variante(s): Iseo (*espanhol*); Isaeus (*latim*).

ISIDORO
Do grego *Isídoros*, de *Isis* (Ísis) e *dôron* (dádiva, dom, presente), sign. "dádiva de Ísis", nome dado a crianças consagradas à deusa. Foi encontrado em documentos portugueses datados da segunda metade do séc. XII. Muito comum na antiga Grécia, passou à Espanha, tornando-se popular graças a S. Isidoro de Sevilha (560-636) e a um outro S. Isidoro, patrono de Madri (séculos XI e XII). Foi adotado pelos judeus espanhóis (juntamente com *Irving*) para substituir *Isaac*, que começa com a mesma letra. Ver Ísis.
Personal.: Isidoro Borges de Almeida, músico; Isidro Nunes, poeta.
Variante(s): Isidro (*português*); Isidore (*francês, inglês*).

ISILDO
Masculino de *Isilda*. Ver Isilda.

ÍSIO

Nome com dois étimos. 1) Forma aferética de nomes como *Anísio, Dionísio* etc. 2) Masculino de *Ísis.* Ver Ísis.

Personal.: Ísio Ghelman, ator bras.

ISMAEL

Do hebraico *Yishmaél, Yishmael, Ishmael,* ligado a *yishmá* (ele ouvirá), sign. "Deus ouve". O primeiro elemento do nome está relacionado a *shamá* (ele ouve), raiz encontrada no antropônimo *Simeão.*

Personal.: Ismael Silva, Ismael Neto, compositores.

Variante(s): Ismael (*espanhol, francês, alemão, romeno, holandês*); Ismaèle (*italiano*); Ishmael (*inglês*); Ismaél (*russo*); Ismail (*árabe*).

ISMAR

Nome com dois étimos. Não há ligação com *Ithamar,* como sugerem alguns autores. 1) Do *alemão, Ismar,* de *eisen* (ferro) e *mar* (brilhante, ilustre), sign. "nobre de grande força (resistência)", dado a alguém que possuía as qualidades daquele metal. 2) Modificação de *Ismael* (*Yishmael*). Foi nome de um mouro na crônica de D. Afonso Henriques, de Duarte Galvão. Ver Ismael.

Personal.: Ismar Madeira, repórter.

ISMÊNIO

Do grego *Isménios,* sign. "do Ismeno". O Ismeno é um rio da Beócia onde, segundo a mitologia, se banhavam as ninfas Ismênides. Ver Ismeno (1ª acepção).

Feminino(s): Ismênia.

ISNAR

Do germânico *Isenhard,* de *isen* (ferro, espada) e *hart* (forte, duro), através do francês *Isnard,* sign. "espada forte (resistente)", "Forte como o ferro". Ver Ismar e "espada" na seção Simbologia.

Variante(s): Isnardo (*português*); Isnard (*francês*).

ISOLINO

Nome com dois étimos. 1) Do germânico, modificação final de *Ezelino,* de *adal, edel* (nobre) e do sufixo diminutivo *lein,* sign. "pequeno nobre". Nome que nos tempos antigos foi encontrado também nas variantes *Encelino, Excelino, Eycelinus, Henzelinus.* 2) Masculino de *Isolina.* Ver Isolina (1ª acepção).

Feminino(s): Isolina.

182   DICIONÁRIO DE NOMES

Variante(s): Ezelino (*português*); Ezzelino (*italiano*).

ISRAEL
Do hebraico *Yisrael*, lit. "**ele luta com Deus**", de *sara* (ele luta) e *El* (Deus), numa alusão à luta que Jacó travou com um anjo do Senhor. O primeiro elemento do nome está ligado ao árabe *shára* (ele estava irado, ele lutou)".
Personal.: Israel Novais, poeta; Israel Garcia, ator.
Variante(s): Israel (*espanhol, francês, inglês, holandês*); Israèle (*italiano*); Isráel, Israil, Izraíl (*russo*).

ITÁLICO
Forma relativa de *Ítalo*, sign. "**de (pertencente a; da natureza de) Ítalo**". Ver Ítalo.
Personal.: Itálico Lopez, escritor.

ÍTALO
Do grego *Italós*, ligado ao vocábulo *italós*, lit. "**touro; vitelo**", originariamente relacionado com os *ítalos*, povo que habitou a região que hoje é a Itália. Modernamente o nome relaciona-se aos habitantes da Itália. O mesmo que "**italiano**". Ver "touro" em Simbologia.
Personal.: Ítalo Rossi, ator.

Feminino(s): Ítala
Variante(s): Italo (*espanhol, italiano*).

ITAMAR
Do germânico *Etamar*, de *ead* (posse, riqueza, bens) e *mar* (nobre, brilhante, ilustre), sign. "**nobre que possui muitos bens**". O nome não deve ser confundido com *Ithamar*. Ver Ithamar.
Personal.: Itamar Borges, cineasta; Itamar Franco, político.

ITHAMAR
Do hebraico *Ithamar*, lit. "**da região (costa) das palmeiras**". Inicialmente foi um topônimo, mais tarde nome de residência e prenome. O antropônimo hebraico tem o *th*, apesar de ser erroneamente omitido por alguns autores, que o confundem com *Itamar*, este de origem germânica e com outro significado. Ver Itamar.

ITIBERÊ
De um sobrenome de origem tupi, às vezes adotado como prenome. De *ü* (rio) e *tiri'ri* (arrastar-se), sign. "**rio que se arrasta; rio rasteiro**". *Iberê*, que também se transformou em prenome, é um hipocorístico de *Itiberê*.
Variante(s): Iberê (*português*).

IURI
O mesmo que *Yuri*. Ver **Yuri**.

IVÃ
O mesmo que *Ivan*. Ver **Ivan**.

IVAIR
Do antigo *nórdico Ivarr*, através do inglês *Ivar, Ivair*, sign. "arqueiro militar". Alguns autores confundem-no erroneamente com *Ivã, Ivan*, dando-lhe o mesmo significado. É um nome muito comum na escandinávia, na variante *Ivar*. Ver **Ivã**.
Personal.: Evair Aparecido (Evair), jogador de futebol bras.
Variante(s): Evair (*português*); Ivor (*português, inglês*); Ivair, Yver, (*inglês*); Yfore (*inglês antigo*); Ifor (*gaulês*); Ivar (*nórdico*); Ivarr (*antigo nórdico*); Iwar (*sueco*).

IVALDO
1)Transformação intencional de *Evaldo* ou 2) Aférese de nomes como *Nivaldo, Vivaldo* com supressão da consoante inicial. Ver **Evaldo, Nivaldo e Vivaldo**.
Personal.: Ivaldo Bertazzo, coreógrafo brasileiro.
Feminino(s): Ivalda.

IVAN
Do russo *Iván*, o mesmo que *João*. Foi nome de alguns czares. Ver **João**.
Personal.: Ivan Borges, Ivan Cândido, atores.
Feminino(s): Ivana.
Variante(s): Ivã, Ivano, Ivão, Ives (*português*); Ivano (*italiano*); Iván (*espanhol, russo*); Ivan (*italiano, nórdico, eslavo*).

IVANILDO
Masculino de *Ivanilda*. Ver **Ivanilda**.
Personal.: Evanildo Bechara, gramático.
Variante(s): Evanildo, Ivonildo, Yvanildo (*português*); Ivain (*francês*); Yven, Ivin (*bretão*).

IVANO
O mesmo que *Ivan*. Ver **Ivan**.
Feminino(s): Ivana.

IVELINO
Do francês *Ivelino*, diminutivo de *Ivan*. Ver **Ivã**.
Feminino(s): Ivelina.

ÍVIO
Masculino de *Ívia*. Ver **Ívia**.

IVO

Forma latinizada do francês *Yves*, o mesmo que *João*, ligado ao russo *Iván*. Na Cornuália *Yves* é pronunciado *Jouenn*, e na França encontramos a variante *Ivenn*. Há também *Evan* e *Evans*, variantes inglesa e galesa de *João*. *Iefan*, *Ifan* e *Yevan* são encontradas no inglês antigo. *Évain* é a variante bretã do nome de S. Yves. Ver João e Ivan.

Personal.: Ivo Fernandes, ator.
Variante(s): Ivo (*espanhol, belga*); Yves (*francês*); Ivo (*iugoslavo*).

IVON

Do francês *Yvon*, *Ivon*, derivado de *Yve*, o mesmo que *João*. Ver João.
Feminino(s): Ivone.
Personal.: Ivon Curi, cantor.
Variante(s): Yvon (*francês*); Iwon (*polonês*).

J

JAÇANÃ
Ver Jaçanã na seção de nomes femininos.
Personal.: Yaçanã Martins, ator.

JACI
Do tupi *yacy*, lit. "a Lua". Entre os indígenas brasileiros, também nome de um mês lunar e de um adorno em forma de meia-lua. Nome adotado indistintamente por ambos os sexos.
Personal.: Jacy Campos, diretor teatral.
Variante(s): Jacy, Yaci, Yacy (*português*).

JACINTO
Do grego *Hyákinthos*, através do latim *Hyacinthu*, lit. "ai de mim!", relacionado à flor à qual os poetas deram o epíteto "gemente". Conta a lenda que Jacinto era um jovem de rara beleza, amado por Zéfiro e Apolo. Tendo preferido a amizade deste último, provocara ciúmes em Zéfiro, e este, despeitado, fez com que, nos exercícios ginásticos, Apolo acertasse mortalmente o disco na fronte do jovem. Desesperado, Apolo transformou o sangue de Jacinto numa bela flor, que teria gravada indelevelmente em suas pétalas a interjeição grega *ai! ai!*, como testemunho do infeliz destino do jovem. Referindo-se à lenda, *Milton* escreveu: "*A roxa flor que traz a dor impressa.*" História semelhante encontra-se na lenda de *Ajax* (Ajácio). **Ver Ajax.**
Personal.: Jacintho de Thormes, jornalista; Giacinto Brandi, pintor italiano.
Feminino(s): Jacinta, Jacintha.
Variante(s): Jacintho (*português*); Giacinto (*italiano*); Hyacinthe (*francês*).

JACKSON
De *Jack*, o diminutivo inglês mais comum de *John* (João), mais a partícula *son* (filho), sign. "**filho do pequeno João**". Nome que não deve ser confundido com *Jacson*,

Jaquesson, variantes de origem francesa oriundas do antigo latim *Jacobus* (Jacó). Os registros antigos apontam as variantes *Jack*, *Jak*, *Jacke* e *Jakke* como diminutivos de *John*. Portanto, *Jackson* relaciona-se com *João*, enquanto *Jacquesson* e *Jacson* estão ligados a Jacó. Ver João e Jacó.
Personal.: Jackson Antunes, ator.

JACÓ
Do hebraico *Yaaqobh*, sign. "aquele que vem no calcanhar", relacionado ao aramaico *iqbá*, acadiano *iqbu*, árabe *aqib* (calcanhar). Primitivamente foi nome dado ao gêmeo que nascia por último, como ocorreu com o bíblico Jacó, patriarca hebreu, irmão de Esaú. Ver Agripa, Dídimo e Tiago.
Personal.: Jacob Bittencourt, compositor.
Variante(s): Diogo, Jaime, Tiago (*português*); Jaco, Jago, Jayme, Yago (*espanhol*); Iago, Jacobo (*espanhol, italiano*); Jacob (*espanhol, inglês, alemão*); Giacobo, Giacobbe, Giacomo, Iacovo, Jacopo (*italiano*); Jacque, Jacques, Jaques (*francês*); Iacchus (*latim*).

JACQUES
Do francês *Jacques*, o mesmo que Jacó. Ver Jacó.
Personal.: Jacques Lagoa, ator.
Feminino(s): Jaqueline.

JACSON
Do francês *Jacson*, sign. "filho de Jacó". Não confundir *Jacson* com o inglês *Jackson*. Ver Jackson e Jacó.
Variante(s): Jaquesson, Jaqueson (*francês*); Jacque, Jacques (*inglês*).

JÁDER
De uma cidade localizada na região onde hoje é a Iugoslávia, cujo antigo nome era *Jadro*. Os romanos mudaram o nome para *Jadera* e os bizantinos para *Diadera*.
Personal.: Jáder de Carvalho, jornalista.
Variante(s): Jàder (*italiano*).

JADIR
Do francês *Jadir*, ligado a *jade*, variante de *jatte*, lit. "tigela", nome provavelmente dado a um homem que fabricava ou comercializava este utensílio.
Personal.: Jadir Freire, desenhista.
Variante(s): Jadir (*francês*).

JAIME
Do antigo espanhol *Jayme*, o mesmo que *Jacó*. Ver Jacó.
Personal.: Jaime Periard, ator.
Variante(s): Jayme (*espanhol antigo, espanhol, inglês*); Giàime, Jàime (*italiano*); Gemmes, Jame (*espanhol, italiano*); James (*inglês*); Jamis (*escocês*).

JAIR
Do hebraico *Iair*, sign. "o iluminado" ou "aquele que Deus desperta", ou ainda "ele ilumina; ele levanta". *Jairo* é variante grega de *Jair*. Ver Anuar.
Personal.: Jair Rodrigues, cantor; Jairo Bezerra, matemático, educador.
Feminino(s): Jaíra.
Variante(s): Jaíro (*português*); Jaire (*francês*).

JAIRO
O mesmo que *Jair*. Ver Jair.
Personal.: Jairo Mattos, ator; Jairo Cabral, poeta; Jairo Bezerra, educador, matemático famoso.
Feminino(s): Jaira.

JALMAR
O mesmo que *Djalma*. Ver Djalma

JAMIL
Do árabe *Jamil*, lit. "formoso". Nome também adotado pelo sexo feminino.
Personal.: Jamil Haddad, ex-prefeito da cidade do Rio de Janeiro.
Feminino(s): Jamila, Jamile, Jemile (*português*).

JANDIR
Masculino de *Jandira*. Ver Jandira.
Personal.: Jandir Ferrari, ator; Jandir Morozeski, poeta.

JÂNIO
Forma relativa de *Jano*, sign. "de (pertencente a; da natureza de) Jano". Ver Jano.
Personal.: Jânio Quadros, político bras.; János Parti, atl. olímp. húngaro.

JANO
Do latim *Janus*, forma primitiva de *Dianus*, sign. "dia; o Sol", nome ligado ao sânscrito *dyu* (o céu pai, espírito, dia), da mesma raiz de *dyut* (bilhar, resplandecer, iluminar, irradiar), também encontrada em *Dioniso*. *Jano* é um dos deuses mais antigos do panteão romano. Alguns autores dão-lhe o significado de "passagem arqueada; arcada; porta", relacionando-o a *janus, janua*, pois sendo

uma antiga divindade do dia e do Sol, como porteiro do Céu, guardava as portas (*janua*) terrestres, presidindo o primeiro mês do ano (*Januarius*).
Variante(s): Jano (*espanhol*); Janus (*francês, holandês, nórdico, latim*).

JANUÁRIO
Do latim *Januariu*, lit. "consagrado a Jano". Ver **Jano**.
Personal.: Januário Gouveia, ator; Januário de Oliveira, cantor.
Feminino(s): Januária.
Variante(s): Januario (*espanhol*); Genaro, Gennaro, Jenaro (*italiano*); January (*polonês*).

JARBAS
Do fenício *Hhiarbaal*, através do latim *Hiarbas, Iarbas*, sign. "aquele a quem Baal tornou nobre". Ver **Aníbal**.
Personal.: Jarbas Braga, cantor lírico.
Variante(s): Hhiarbaal (*fenício*); Hiarbas, Iarbas (*latim*).

JARDEL
Do francês antigo *Jardel*, lit. "joio". Não confundir com *Jardil* ("que possui um jardim"), *Jardier, Jardet*, estes últimos, hipocorísticos de *Jardin*, todos da raiz *jard* (jardim).

Personal.: Jardel Filho, Jardel Mello, atores.
Variante(s): Xardel (*espanhol, italiano*); Jardel (*francês*).

JASÃO
Do grego, nome com dois étimos. 1) De *Iáson*, de *iaomai* (sarar, curar), sign. "aquele que cura; curador". 2) De *Eáson, Eiáson*, helenização do hebraico *Yeshua* (Jesus), nome até hoje de uso frequente entre os judeus gregos. O mesmo que *Jesus*. Ver **Jesus**.
Personal.: Jason Miller, ator.
Variante(s): Jasom (*português*); Jasón (*espanhol*); Giasóne (*italiano*); Jason (*francês, inglês*); Jaeson, Jasson (*inglês*); Iasone (*latim*).

JAVAN
Apresentado na tabela das nações do Gênesis como filho de Jafé, o nome representa as poderosas cidades comerciais da costa da Ásia Menor. Em sentido mais amplo, é a própria Grécia e os gregos. Estes também são chamados "filhos de Javan". Etimologicamente corresponde à palavra *Ionia* (Jônia), em hebraico *Iavan*, acadiano *Iavanu*, egípcio *yevana*, e *iaon*, em Homero. Significa "grego".

NOMES MASCULINOS 189

Variante(s): Javaan (*holandês*); Iavan (*hebraico*).

JECE
O mesmo que *Jesse*. Ver Jesse.

JÉFERSON
Do inglês *Jefferson*, sign. "filho de Jeffrey (Jofre)". Ver Jofre.
Personal.: Jefferson Dantas, ator.
Variante(s): Jefferson (*inglês*).

JÉLSON
Do inglês *Jelson*, de *Joel*, mais a partícula *son* (filho), sign. "filho de Joel". Ver Joel.
Variante(s): Gélson (*português*); Jelson (*inglês*).

JEREMIAS
Do hebraico *Yirmeyahu*. Os doutores judeus aceitam os étimos *Yarimyah*, lit. "o Senhor (Jeová) exalta: o Senhor (Jeová) estabelece", e *Yarum-yah*, sign. "o Senhor (Jeová) é exaltado". Nome encontrado na Inglaterra no séc. XIII. Foi adotado pelos puritanos no séc. XVII, tornando-se comum nos tempos atuais, notadamente na década de 1970. É usado na Irlanda para substituir o nativo *Diarmuit*.
Personal.: Jeremy Irons, ator.
Variante(s): Jeremías (*espanhol*); Geremia (*italiano*); Jérémie (*fran-*

cês); Jeremy (*inglês*); Jeremias (*alemão, latim*).

JERÔNIMO
Do grego *Hierónymus*, de *hiéros* (sagrado) e *onyma, onoma* (nome), sign. "nome sagrado". Em Portugal, encontrado em documentos datados da primeira metade do séc. XVI.
Personal.: Jerônimo Monteiro, escritor.
Variante(s): Jeromo, Jerónimo (*espanhol*); Geronime, Geronimo, Girolamo (*italiano*); Gérôme, Hyronimus, Jérôme (*francês*); Jerome, (*inglês*); Hieronymus (*alemão, latim*).

JÉRSON
O mesmo que *Gérson*. Ver Gérson.

JESSE
Do sobrenome francês *Jesse*, variante gráfica de *gesse*, lit. "chícaro; cizirão", nome de uma planta, provavelmente dado a um agricultor. Não confundir com *Jessé*. Ver Jessé.
Personal.: Jece Valadão, cineasta; Jesse Price, músico.
Variante(s): Jece (*português*); Jesse (*francês*).

JESSÉ
Nome originário do hebraico *Yoshái*, sign. "Deus (o Senhor, Jeová) existe". Não confundir com *Jesse*. Ver Jesse.
Personal.: Jessé Gomes da Silva Filho (Zeca Pagodinho), cantor, compositor.
Variante(s): Ixai (*hebraico*); Jesse (*inglês*); Jetze (*holandês*).

JESUALDO
Do germânico *Gislwald*, de *gisl* (lança) e *wald* (governo, mando), sign. "que governa pela lança; governo de lança". A grafia *Jesu* deve-se a atração de *Jesus*.
Variante(s): Jesualdo (*espanhol*); Gesualdo (*italiano*).

JESUÍNO
Antiga forma de *Jesus*. Ver Jesus.
Personal.: Jesuíno Santos, ator; Jesuíno Ribeiro, gravador bras.
Feminino(s): Jesuína.

JESUS
Do hebraico *Ioshua*, *Jehoshea*, lit. "Deus (Jeová) é a salvação; Deus é auxílio". Já foram encontradas as traduções "Deus (Jeová) salva" e "salvo por Deus (Jeová)". A variante *Joshua* foi adotada como nome cristão na Inglaterra pós-Reforma.
Personal.: Jesus Gomes Portugaí, atl. olímp. mexicano.
Variante(s): Josué (*português, espanhol, francês*); Jasus, Jesuíno (*português antigo*); Jesús (*espanhol*); Jesus (*espanhol, francês*); Jésua (*francês*); Iesus (*latim*).

JOANÍDIO
Nome calcado em *João*, mais o sufixo grego *ides*, que denota descendência, sign. "filho (parente, descendente) de João". Ver João.

JOÃO
Do hebraico *Yehokhanan*, de *Yah* (Javé, Jeová, Deus) e *hannah* (Graça), da raiz *hanán* (ele mostrou-se gracioso, exibiu favor), sign. "Deus é gracioso". Invertendo-se os elementos do nome (*Hanan-Yah*), tem-se *Ananias*. O mesmo que *Aníbal*. Foi um dos nomes judeus mais comuns na Antiguidade, tornando-se no decorrer do tempo muito popular entre os cristãos. Em Portugal, apareceu pela primeira vez na forma *Ioannes*, em documentos datados do séc. IX. A forma gaélica *Ian* é uma das mais usadas modernamente na Grã-Bretanha. Foi nome de muitos santos e papas. **Ver Ananias, Aníbal e Jordão.**

NOMES MASCULINOS 191

Personal.: João Carlos Barroso, John Huston, atores.

Feminino(s): Joana.

Variante(s): Gilvan, Geovane, Giovane, Giovani, Ibanês, Ibanez, Ivã, Ives, Ivon (*português*); Ivo (*português, espanhol*); Ivan (*português, italiano*); Juan (*espanhol*); Ibáñez, Yáñez (*basco*); Geovanni, Giano, Giovan, Giovanni (*italiano*); Ivon, Jean, Yves (*francês*); Jehan, Johan (*espanhol, italiano*); John, (*inglês*); Sean (*irlandês*); Evans, Jouan (*gaulês*); Evain, Iven (*bretão*); Johann (*alemão, austríaco*); Hans (*alemão*).

JOAQUIM

Joaquim, do hebraico *Jehoiachim*, sign. "Jeová (Deus) estabeleceu". Em Portugal, nome encontrado em registros datados de 1773. Na Inglaterra, surgiu no séc. XII, na forma *Joachim*. Nome ainda muito em voga na Alemanha, Rússia, Itália e Espanha. Ver Eliacim.

Personal.: Joaquim Nabuco, escritor bras.; Joaquim Cruz, atl. olímp. bras.

Feminino(s): Joaquina.

Variante(s): Joaquim, Joaquín (*espanhol*); Gioacchino, Giachimo, Giocchino, Giochimo, Gioiachimo, Giovacchino (*italiano*); Joachim (*francês, inglês*); Jonachim (*francês*).

JOAQUINO

Do italiano *Giocchino*, o mesmo que *Joaquim*. Ver Joaquim.

Feminino(s): Joaquina.

JOCELINO

O mesmo que *Juscelino*. Ver Juscelino.

JOEL

Do hebraico *Yoel*, sign. "O Senhor (Jeová) é Deus". Invertendo-se os elementos do nome tem-se *Elias* (*Elijah, Eliyya*). As traduções "seu Deus é eterno" e "Deus é bom" devem ser descartadas. Ver Elias.

Personal.: Joel Barcelos, Joel Silva, atores.

Variante(s): Joel (*espanhol, francês, inglês*); Gioèle (*italiano*); Jewell, Jowell, Juel (*inglês antigo*).

JOFRE

Do germânico *Galfridus, Gaufridus, Goisfridus*, de *gewi, geuwes, gou, Gau* (distrito, região) e *fridus* (paz), sign. "pacificador da cidade". Alguns autores ingleses traduzem-no incorretamente por "paz de Deus", confundindo-

192 DICIONÁRIO DE NOMES

o com *Godafrid* (Godofredo), devido à semelhança desses nomes naquele idioma, *Godfrey* (Godofredo) e *Geoffrey* (Jofre). Foi um nome comum na Inglaterra, no período entre os séculos XII e XV. A variante *Jofredo* é um aportuguesamento de *Gaufridus*. Ver Godofredo.
Personal.: Jofre Soares, ator.
Variante(s): Galfredo, Galfrido, Gaufredo, Gaufrido, Jofredo (*português*); Joffre (*espanhol*); Juffre (*italiano*); Jeffrey (*francês, inglês*); Jefrey, Joffre (*francês*).

JONAS
Do hebraico *Yonah, Jonah*, lit. "pombo". O nome tem correlação com o aramaico *yona* e o siríaco *yauna*. No Brasil a variante *Ioná* é usada como feminino. Ver Celena, Ioná e "pombo" em Simbologia.
Personal.: Jonas Melo, Jonas Bloch, atores.
Feminino(s): Ioná.
Variante(s): Jonás (*espanhol*); Ione (*italiano*); Jonaa (*francês, inglês, alemão*); Jonah (*inglês*); Ionas (*romeno*); Joonas *nórdico*); Ióna (*russo*); Jonus, Yunus (*árabe*).

JÔNATAS
Do hebraico *Jehonathan*, de *Yo* (Deus, o Senhor, Jeová) e *nathán* (ele deu), sign. "**dado por Deus; dádiva divina**", nome dado a um filho muito esperado, consagrado ao Senhor. Ver **Deusdedit, Deodato e Deodoro**, nomes aos quais equivale.
Personal.: Jonathan Martins, ator; Jônatas Batista, poeta.
Variante(s): Jonatan (*português*); Jonatán (*espanhol*); Gionata (*italiano*); Jonathan (*francês, inglês*); Jonathas (francês, latim).

JORACI
O mesmo que *Juraci*. Ver Juraci.

JORDÃO
Do hebraico *Iarden*, lit. "aquele que desce; aquele que corre", referindo-se a um rio, a uma corrente de água. Nome que na Inglaterra surgiu no séc. XII. A variante *Jordano* é o aportuguesamento da forma latina *Jordanus*. Ver **João, Jonas e Celena.**
Personal.: Jordão de Oliveira, pintor bras.; Jordano Martinelli, ator.
Feminino(s): Jordana.
Variante(s): Jordano (*português*); Jordán (*espanhol*); Gior-

NOMES MASCULINOS 193

dano (*italiano*); Jordan (*francês, inglês, alemão*); Jourdan (*francês*); Yarden (*hebraico*).

JORGE
Do grego *Geórgios*, de *georgós*, composto de *ge* (terra) e *érghon* (trabalho), sign. "aquele que trabalha a terra; agricultor". Em Portugal, apareceu pela primeira vez em documentos datados do séc. XVI, mas na Inglaterra já existia no séc. XIII. Foi nome de muitos reis e santos.
Personal.: Jorge Benjor, cantor.
Feminino(s): Jorgina.
Variante(s): Geórgio, Giórgio, Írio, Yrio (*português*); Jorge, Giorge (*espanhol*); Giorgio (*italiano*); Georges (*francês*); George (*inglês*); Georg, Jorg (*alemão*); Jorgen (*alemão, nórdico*).

JÓRIO
O mesmo que *Yuri*. Ver Yuri.

JOSAFÁ
Do hebraico *Ihoshaphath*, sign. "o Senhor é juiz". Ver Daniel.
Personal.: Josaphat Linhares, escritor.
Variante(s): Josafat (*espanhol*); Giosafatte (*italiano*); Josaphat (*inglês, latim*).

JOSÉ
No Novo Testamento José (mais tarde o S. José dos cristãos) foi o companheiro da Virgem Maria. Com ela e o Menino Jesus, fugiu do Egito e se estabeleceu em Nazaré. O nome origina-se do hebraico *Yosef*, sign. "aquele que acrescenta; acréscimo do Senhor" e está ligado a *yasaph* (ele acrescentou). Em Portugal, aparece em documentos datados da primeira metade do séc. XVI, na forma *Joseph*. Foi nome de 36 santos.
Personal.: José Mayer, José Dumont, Joseph Bologna, atores.
Feminino(s): Josefa.
Variante(s): Josefo (*português*); José, Jusepe (*espanhol*); Giuseppe, Josè (*italiano*); Joseph (*francês, inglês, alemão*); Iosep (*irlandês*); Josef (*alemão, nórdico*).

JOSELINO
Forma relativa de *José,* sign. "de (pertencente a; da natureza de) José". Também diminutivo. Ver José.
Feminino(s): Joselina.

JOSIAS
Do hebraico *Yosiyya*, *Joshiah*, sign. "o Senhor (Jeová) traz a salvação (a cura, o consolo)". *Josias*

194 DICIONÁRIO DE NOMES

é a forma helenizada do nome, que no séc. XVII foi muito comum na Inglaterra, na forma *Josiah*.
Personal.: Josias Martins, ator.
Variante(s): Josías (*espanhol*); Josias (*francês, alemão,*); Joshiah, Josiah (*inglês*).

JOSINO
Masculino de *Josina*. Ver Josina.

JOSUÉ
Do hebraico *Yesua*, transformação de *Yosua*, por assimilação de vogais. O mesmo que *Jesus*. Ver Jesus.
Personal.: Josué Cavalieri, ator.
Variante(s): Josué (*espanhol, francês*); Giosuè (*italiano*); Iisua (*russo*); Yeshua, (*hebraico*).

JOUBER
Do francês *Jaubert, Joubert*, e este, derivado do germânico *Gaubert*, de *gaut* e *berht*, sign. "jovem célebre (famoso)".
Personal.: Joubert de Carvalho, compositor.
Variante(s): Jaubert, Joubert (*francês*).

JOVIANO
Do latim *Jovianu*, sign. "consagrado a Jove (Júpiter)", nome dados às crianças colocadas sob a proteção daquele deus, ou consagradas a ele. Tradução latina do grego Zeus, filho de Saturno e de Reia, Júpiter, o mais poderoso dos deuses, era representado num trono dourado, majestoso, com o cetro na mão esquerda e, na direita, um raio. A parte superior de seu corpo nua e a inferior coberta, significando com isso que era visível para os deuses e invisível para os mortais. Eram-lhe consagrados o carvalho, a oliveira e a águia.
Personal.: Joviano Homem de Mello, poeta.
Feminino(s): Joviana.
Variante(s): Jovino (*português, espanhol*); Gioviano (*italiano*); Jovien, Jovin (*francês*); Jovianus (*latim*).

JOVINO
O mesmo que *Joviano*. Ver Joviano.
Personal.: general romano do séc. IV, que combateu na Gália sob o comando de Juliano.
Feminino(s): Jovina.

JUAREZ
Do espanhol, tradução fonética do francês Joire, antiga forma de

Georges (Jorge) com a inclusão de um z final, indicando patronímico, sign. "filho (parente, descendente) de Jorge". Ver Jorge.

Personal.: Juarez Barroso, escritor.

JUARI
Do tupi *juá-r-y*, lit. "rio dos jaús". *Jaú* é um peixe fluvial brasileiro, cujo nome deriva de *Ya-ú* ("comedor, comilão"). Tem surgido esporadicamente como antropônimo no Brasil.

Variante(s): Jari, Jauri, Joari, Joary, Juary (*português*).

JUÇANÃ
Do tupi *iu'sana*, lit. "laço para apanhar". Entre os tupis, era o nome dado a uma armadilha para apanhar pássaros. Não confundir com o feminino *Yaçanã*, que possui outro significado.

Variante(s): Jussanã (*português*).

JUDICAEL
Do bretão *judic*, derivado de *jud* (combate) e *hael* (generoso, liberal), sign. "combatente generoso". Há quem veja no primeiro elemento o celta *lud* (senhor).

Personal.: famoso rei bretão do séc.VII. É tido como um santo pelos bretões, apesar de nunca ter sido canonizado.

Variante(s): Iudicael, Judicael (*espanhol*); Jézéquel (*francês*).

JULIANO
Forma relativa de *Júlio*, sign. "de (pertencente a; da natureza de) Júlio", nome encontrado na Inglaterra já no séc. XIII, na forma *Julian*, originando uma série de sobrenomes (*Julyan, Jolland, Jalland, Jalyon, Golland* etc.). Ver Júlio.

Personal.: Juliano Righetto, ator; Julian Arguelles, músico.

Feminino(s): Juliana

Variante(s): Julião (*português antigo*); Julián (*espanhol, russo*); Giuliano (*italiano*); Julien (*francês*); Julian (*francês, inglês*); Juliane (*alemão*).

JULIÃO
Variante popular de *Juliano*, encontrada em Portugal, em documentos datados do séc. XIII. Ver Juliano.

JÚLIO
Do latim *Julius*. Tito Lívio viu neste nome uma derivação de Iulo, filho de Eneias e Creusa, de quem pretende ter derivado a *gens Julia* – seu mais famoso membro foi Caio Júlio César – e cujo significado é "fofo, macio".

Personal.
Personal.: Júlio Braga, Jules Berry, Giulio Brogi, atores; Jules Bastien-Lepage, pintor francês.
Feminino(s): Júlia.
Variante(s): Julio (*espanhol*); Giulio (*italiano*); Jules (*francês, belga*); Julius (*inglês, alemão*).

JÚNIO
Do latim *Juniu*, ligado a *juvenis*, lit. "jovem". Significa também "junho", o sexto mês. Associando-o à mocidade, diz Ovídio, numa passagem de "Os Fastos": *"Deu Maio aos velhos, aos mancebos, Junho".*
Personal.: June Maston, atl. olímp. austríaco.
Feminino(s): Júnia.
Variante(s): Giùnio (*italiano*); June (*inglês*); Juniu, Junius (*latim*).

JÚNIOR
Do latim *junior*, comparativo de *juvenis* (jovem), sign. "o mais jovem". Normalmente é acrescentado ao nome de família, quando prenome e sobrenome são idênticos aos do pai. Há quem o tenha como prenome.
Personal.: Junior Mance, músico.
Variante(s): Junior (*inglês*); Iunior (*latim*).

JURACI
Nome comum a ambos os sexos. **Ver este nome na seção de nomes femininos.**
Personal.: Joraci Camargo, dramaturgo.
Variante(s): Dioracy, Joraci, Joracy, Juracy (*português*).

JURANDIR
Nome criado por José de Alencar para o seu romance "Ubirajara". Do tupi *jurandira*, de *jura* (boca) e *ndieira* (abelha de mel), lit. **"boca melíflua".** Por extensão, "o de palavras doces". Já foi encontrado o significado "o que foi trazido pela luz do céu", ainda que a fonte não justificasse esta interpretação.
Personal.: Jurandir de Oliveira, ator.

JUSCELINO
Do germânico *Gozilin*, sign. "**de origem goda**", nome que se refere aos godos, povo da antiga Germânia que invadiu os impérios romanos do Ocidente e do Oriente (séculos III e V). O nome foi introduzido na Inglaterra pelos normandos. A forma *Jocelyn* é adotada por ambos os sexos nos países de língua inglesa.

Personal.: Juscelino Kubitschek de Oliveira, ex-presidente da República; Jocelyn Brando, ator.
Variante(s): Jocelin, Jocelino, Jucelino (*português*); Gioscellino (*italiano*); Josselin (*francês*); Jocelyn, Joslin (*inglês*).

JUSTINIANO
Forma relativa de *Justino*. Ver Justino.
Personal.: Justiniano de Serpa, poeta.
Feminino(s): Justiniana.
Variante(s): Justiniano (*espanhol*); Giustiniano (*italiano*); Justinien (*francês*); Justinian (*inglês*).

JUSTINO
Forma relativa de *Justo*, sign. "de (pertencente a; da natureza de) Justo". Ver Justo.
Personal.: Justino Marzano, cineasta; Justin Lewis, ator.
Feminino(s): Justina.
Variante(s): Justino (*espanhol*); Giustino (*italiano*); Justin (*francês, inglês*); Iustin (*romeno*).

JUSTO
Do latim *justus*, "justo; bom".
Personalidade(s): Justus Smith, atl. olímp. americano.
Feminino(s): Justa.
Variante(s): Justo (*espanhol*); Giusto (*italiano*); Juste (*francês*).

JUVENAL
Do latim *Juvenale*, de *juvenalis*, lit. "da mocidade". Ver Júnio e Juvêncio.
Personal.: Juvenal Fontes, ator.
Variante(s): Juvenal (*espanhol*); Giovenale (*italiano*); Juvénal (*francês*).

JUVÊNCIO
Do latim *Juventiu,* calcado em *juventa,* lit. "moço, jovem". Ver Júnio e Juvenal.
Feminino(s): Juvência.
Variante(s): Jovêncio, Juvenco (*português*); Juvencio (*espanhol*); Juvence (*francês*).

L

LADISLAU
Do russo *Ladislav*, de *waldi* (senhor) e *salaw* (glória), sign. "senhor da glória; senhor glorioso". Nome de muitos reis da Polônia, Hungria e Boêmia.
Personal.: Ladislau Lovrenski, atl. olímp. romeno.
Variante(s): Vladislau (*português*); Ladislao (*espanhol*); Ladislào (*italiano*); Ladislas (*francês*); Wladyslaw (*polonês*); Ladislav (*russo*).

LAÉRCIO
Nome com dois étimos. 1) Do grego *Laertios*, através do latim *Laertius*, sign. "natural (habitante) de Laerte", nome de uma antiga cidade grega. 2) Relativo de *Laerte*. Ver Laerte.
Personal.: Laércio de Freitas, maestro.

LAERTE
Do grego *Laértes*, de *laértes*, uma espécie de formiga cujo nome deriva de *lãos* (pedra) e *aíro* (levantar), sign. "levantador de pedras".
Personal.: Laerte Morrone, ator.
Variante(s): Laertes (*espanhol*).

LAFAIETE
Do francês *La Fayette*, sign. "(natural ou habitante) do pequeno bosque de faias", um nome de residência aportuguesado e encontrado como prenome no Brasil.
Personal.: Lafaiete de Paula, jornalista.
Variante(s): Lafaete, Lafayete (*português*); Lafayette (*francês, inglês*).

LAIR
Variante escocesa de *Lord*, *Landlord*, calcado no inglês antigo *Lauird*, *Lawird*, *Lairde*, usado na Inglaterra como sobrenome, sign. "proprietário de terras".
Variante(s): Alair (*português*); Lawird, Lairde (*inglês antigo*).

NOMES MASCULINOS   199

LAMARTINE
De *Lamartine*, sign. "propriedade de Martin; que pertence a Martin", um sobrenome de origem francesa encontrado como prenome no Brasil. Ver **Martim**.
Personal.: Lamartine Babo, compositor.
Variante(s): Lamartine (*francês*).

LANDRI
Do francês *Landry*, e este, do germânico *Landerich*, de *land* (país, terra, pátria) e *rich*, *rik* (príncipe, senhor, poderoso), sign. "senhor do país; príncipe (senhor) da sua pátria".
Variante(s): Landerico, Landrico (*português*); Landry (*francês, inglês*); Landericus (*latim*).

LAUDELINO
Forma relativa de *Laudel*, nome originário do francês *Laudel* (imposto, tributo), sign. "cobrador de impostos". *Laudelino* é a forma relativa do nome, sign. "de (pertencente a; da natureza de) Laudélio".
Personal.: Laudelino Freire, escritor.
Feminino(s): Laudelina, Laudélia.
Variante(s): Laudel (*português, francês*).

LAUDO
Do latim *Laudo*, derivado de *laudo*, *laudare* (louvar), sign. "eu louvo".
Personal.: Laudo de Camargo, jurista.
Variante(s): Laudo (*latim*).

LAUREANO
Forma relativa de *Lauro*, sign. "de (pertencente a; da natureza de) Lauro". Em Portugal, nome encontrado em documentos datados de 1773. Ver **Lauro**.
Personal.: Laureano Baldy, historiador.
Feminino(s): Laureana.
Variante(s): Lauriano (*português*); Laureano (*espanhol*); Laurient (*francês*).

LAURÊNCIO
O mesmo que *Lourenço*. Ver **Lourenço**.
Feminino(s): Laurência.

LAURENTINO
Do latim *Laurentino*, relativo a *Laurêncio*, e este, o mesmo que *Lourenço*, sign. "de (pertencente a; da natureza de) Laurêncio". Ver **Lourenço**.
Personal.: Laurentino Gomes, historiador.
Feminino(s): Laurentina.

200 DICIONÁRIO DE NOMES

Variante(s): Laurentino (*espanhol*); Laurentin (*francês*).

LAURI
Aportuguesamento de *Lawrie*, *Lauri* sobrenomes de origem inglesa derivados de *Laurence* (Lourenço). Ver **Lourenço**.
Personal.: Laurie Anderson, ator.
Variante(s): Lawrie, Lauri (*inglês*).

LAURÍCIO
O mesmo que *Lourenço*. Ver **Lourenço**.
Personal.: Lauritz Larsen, atl. olímp. dinamarquês.
Feminino(s): Laurícia.
Variante(s): Laurits, Lauritz (*nórdico*).

LAURINDO
Forma relativa de *Lauro*, sign. "de (pertencente a; da natureza de) Lauro". O mesmo que *Laurino*. Ver **Lauro**.
Personal.: Laurindo Rabelo, poeta; Laurindo Santos, ator.
Feminino(s): Laurinda.

LAURINO
Forma relativa de *Lauro*, sign. "de (pertencente a; da natureza de) Lauro". O mesmo que *Laurindo*. Ver **Lauro**.

Feminino(s): Laurina.
Variante(s): Laurin (*francês*).

LAURO
Do latim *Laurus*, e este, do substantivo *laurus*, sign. "o loureiro". Ver "loureiro" em Simbologia.
Personal.: Lauro Corona, Lauro Góes, atores.
Feminino(s): Laura.
Variantes(s): Lauro (*espanhol, italiano*); Laure, Léry (*francês*); Laurus (*latim*).

LÁZARO
Do grego *Eleázaros*, e este, do hebraico *Elazar*, o mesmo que *Eleazar*. Em Portugal, nome encontrado em registros datados do séc. XVII. Nome cristão até o séc. XVII, atualmente é adotado quase que exclusivamente pelos judeus. Ver **Eleazar**.
Personal.: Lázaro Ramos, Lazar Muziris, atores.
Variante(s): Lázaro (*espanhol*); Làzzaro (*italiano*); Lazare, Lazari (*francês*); Lazarus (*inglês, latim*); Lazar (*romeno, búlgaro*); Lázár (*húngaro*).

LEANDRO
Do grego *Leíandros*, nome encontrado em Portugal, em documentos datados do séc. XVII. 1)

De *léon* (leão) e *andrós* (homem), sign. "**homem-leão**", dado a alguém que devia possuir uma força descomunal. 2) O primeiro elemento do nome pode ser *leîos* (dócil), o que nesse caso lhe daria o significado de "**homem dócil**", o que está mais de acordo com a forma primitiva do nome, *Leíandros*.
Personal.: Leandro Aguiar, Leandro Filho, atores.
Feminino(s): Leandra.
Variante(s): Leandro (*espanhol, italiano*); Léandre, Leandri (*francês*); Leander (*inglês, nórdico, latim*).

LEDO
Nome com dois étimos. 1) Do adjetivo *ledo*, o mesmo que "**risonho; alegre**". 2) Masculino de *Leda*. Ver Leda (1ª acepção).
Personal.: Ledo Ivo, poeta.
Variante(s): Liedo (*espanhol*).

LEIR
Hipocorístico de *Eleutério*. Ver Eleutério.

LÉLIO
Masculino de *Lélia*. Nome genérico de um tipo amoroso da comédia italiana, sempre bonito, amado e desejado pela heroína. Ver Lélia.

Personal.: Lelio Orsi, pintor italiano.
Variante(s): Lelio (*espanhol*); Lèlio (*italiano*).

LEMUEL
Do hebraico *Lemuel*, sign. "**consagrado (devotado) a Deus**". Nome muito comum entre os puritanos ingleses.
Variante(s): Lemuel (*espanhol*).

LENILDO
O mesmo que *Leonildo*. Ver Leonildo.

LENINE
Pseudônimo de Vladimir Ilich Ulianov, um dos articuladores da Revolução Russa, provavelmente derivado de 1) *Lena*, mulher por quem ele se apaixonou durante a juventude. 2) Ou referente ao *rio Lena*, na Sibéria, junto às margens do qual viveu durante o período de sua deportação. *Lenas*, em lituano, sign. "calmo; tranquilo; vagaroso".
Personal.: Lenine Otoni, cineasta bras.
Variante(s): Lenin (*espanhol*).

LÊNIO
Masculino de *Leni*. Ver Leni.
Personal.: Lênio Braga Brasil.

LÉO

Nome com dois étimos. Muito usado pelos católicos ingleses na forma *Leo*, é também um dos nomes judeus mais comuns nos Estados Unidos. 1) Do latim *Leo*, lit. "leão". 2) Hipocorístico de nomes começados por *Leo*, como *Leocádio*, *Leonardo* etc.

Personal.: Léo Batista, apresentador de TV.

Variante(s): Leão (*português*); Leo (*espanhol, latim*); Léon (*espanhol, francês*); Leone (*italiano*); Lyon (*francês*); Leon (*inglês*).

LEOCÁDIO

Do grego *Leukadios*, sign. "natural (da ilha) de Leucádia". *Leucádia*, de *leukas*, *leukados*, traduzido por "branca", ou Santa Maura, é uma das ilhas Jônias onde existia um templo consagrado a Apolo, e de onde eram lançados ao mar os condenados à morte. Ver Albino.

Personal.: Leocádio Rayol, maestro.

Feminino(s): Leocádia.

Variante(s): Leucádio (*português*); Leocadio (*espanhol*); Leucate, Leucates (*latim*).

LEODEGÁRIO

Do germânico *Luttgar*, de *luit*, *Leute* (povo) e *gair*, *ger* (lança), sign. "lança do povo". Por exten-

são, "que combate pelo povo; combatente do povo".

Personal.: Leodegário de Azevedo, escritor.

Feminino(s): Leodegária.

Variante(s): Leogário, Lodegário, Ludegário, Lutgardo (*português*); Leodegario (*espanhol*); Léger (*francês*).

LEÔMENES

Hipocorístico de *Cleomenes*. Ver Cleomenes.

LEOMIR

Nome com dois étimos, originário do germânico *Leomir*. 1) De *leo* (clemente) e *mir* (famoso), sign. "famoso por sua clemência (bondade)". 2) Hipocorístico de *Leodomir*, de *leodo* (príncipe) e *mir* (famoso), lit. "príncipe famoso".

LEONAM

Anagrama de *Manoel*, e este, o mesmo que *Emanuel*. Ver Emanuel.

LEONARDO

Do germânico *Leonhard*, de *levon* (leão), alemão moderno *Lowe*, e *hardu* (valente, ousado, intrépido), sign. "valente como um leão". Em Portugal, nome encontrado em documentos datados do séc. XIII. Na Inglaterra foi adotado pelos cristãos no séc. XIII, caindo em desuso seis séculos depois.

Personal.: Leonardo Vieira, ator.

Feminino(s): Leonarda.

Variante(s): Leonardo (*espanhol, italiano*); Lionardo (*italiano*); Léonard(*francês*); Leonard (*inglês*); Leonhard (*alemão, nórdico*); Leonardus (*latim*).

LEÔNCIO

Do grego *Leóntios*, sign. "leonino; que tem as qualidades do leão".

Personal.: Leôncio Duran, poeta.

Feminino(s): Leôncia.

Variante(s): Leoncio (*espanhol*); Leònzio (*italiano*); Léonce (*francês*); Leontius (*latim*).

LEONEL

Diminutivo de *Leão*, através do italiano *Leonello*. Nome que em Portugal já aparece no séc. XV.

Personal.: Leonel Faria, cantor.

Feminino(s): Leonela, Leonila.

Variante(s): Leonel (*espanhol*); Leonello, Lionello (*italiano*); Lionnel, Lyonnel (*francês*); Lionel (*francês, inglês, alemão*); Lyonel (*inglês antigo*).

LEONI

Ver Leoni na seção de nomes femininos.

Personal.: Leoni Leone, escultor italiano.

LEÔNIDAS

Do grego *Leonídas*, de *léon* (leão) e *eîdos* (forma), sign. "que tem a aparência de um leão".

Personal.: Leônidas Aguiar, ator.

Variante(s): Leónidas (*espanhol*); Lèonida (*italiano*); Léonidas (*francês*); Leonid (*russo, latim*).

LEONÍDIO

Nome com dois étimos. 1) Relativo a *Leônidas*, sign. "de (pertencente a; da natureza de) Leônidas". 2) Também "filho (parente, descendente) de Leônidas", nome em que entra a partícula *ides*, que denota descendência. Ver Leônidas.

Personal.: Leonídio Pasquali, atl. olímp. bras. (vôlei).

Feminino(s): Leonídia.

LENILDO

O mesmo que *Leonildo*. Ver Leonildo.

Personal.: Lenildo Martins, ator.

Feminino(s): Lenilda, Lenilde.

LEONILDO

Do germânico *Leonild, Launehild*.
1) Provavelmente de *Löwe* (latim *leo*, leão) e *hild* (combate), sign. "leão combatente". 2) Ou de *Laun* (prêmio) e *hild, hilde* (batalha), sign. "prêmio conquistado na batalha", referindo-se àquele que se apossou de um bem do inimigo.
Feminino(s): Leonilda, Leonilde.
Variante(s): Lenildo (*português*).

LEONORO

Masculino de *Leonor*. Ver Leonor.
Variante(s): Leonório (*português*).

LEOPOLDINO

Forma relativa de *Leopoldo*, sign. "de (pertencente a; da natureza de) Leopoldo". Ver Leopoldo.
Feminino(s): Leopoldina.

LEOPOLDO

Do germânico *Luitpald*, de *liut, leudi* (povo) e *bald, pold* (ousado, valente), sign. "ousado (valente) para o povo; ousado (valente) em favor do povo". Nome de muitos príncipes, reis e imperadores da Áustria, Bélgica e Hungria.
Personal.: Leopoldo Fróes, poeta.
Feminino(s): Leopolda.
Variante(s): Leopoldo (*espanhol, italiano*); Léopol, Léopold (*francês*); Leopold (*inglês, nórdico*).

LEOVEGILDO

Do germânico *Liubegild, Leobegild*, de *leuba, Liebe* (amor) e *gild* (valor, valioso, dignidade), sign. "que é digno de amor".
Personal.: Leovigildo Cordeiro, ator e cineasta; Leovigildo Lins Gama Júnior (Júnior), jogador de futebol bras.
Feminino(s): Leovegilda, Leovigilda.
Variante(s): Leogildo, Leovigildo (*português*); Leovigildo (*espanhol*).

LEUCÁDIO

O mesmo que *Leocádio*. Ver Leocádio.

LEVI

Do hebraico *Lewi*, correlato ao hebraico *lawa* e ao aramaico *lewa*, lit. "unido; ligado; aderido".
Personal.: Levi Carneiro, escritor.
Variante(s): Levi (*espanhol, italiano*); Lévi (*francês*); Levy (*inglês*).

LEVINDO

Forma relativa de *Levo*, e este, do latim *laevus* (canhoto), sign. "de (pertencente a; da natureza de) Levo".

LEVÍNIO
O mesmo que *Levindo*. Ver Levindo.

LEVINO
Do latim *Laevinus*, forma relativa de *Laevius*, sign. "de (pertencente a; da natureza de Lévio". Ver Lévio.
Personal.: Levino Fanzeres, pintor.
Variante(s): Laevinus (*latim*).

LÉVIO
Do latim *Laevius*, de *laevis*, lit. "brando; suave", adjetivos ligados a *laevo, are, avi, atum* (alisar, aplainar), e a *levis, leve* (leve, suave, brando, afável).
Feminino(s): Lévia.
Variante(s): Laevius (*latim*).

LIBÉRIO
O mesmo que *Líbero*. Ver Líbero.
Personal.: Libério Neves, poeta.
Feminino(s): Libéria.
Variante(s): Liberio (*espanhol*); Libèrio (*italiano*); Libère (*francês*); Liberius (*latim*).

LÍBERO
Nome calcado no latim *Liber*, de *liber, liberi*, lit. "livre", provavelmente dado a um escravo liberto.
Personal.: Líbero Luxardo, cineasta.
Feminino(s): Líbera.

LIBÓRIO
Significa "**natural (habitante) de Libora**", cidade situada na Península Ibérica.
Variante(s): Libòrio (*italiano*); Liboire (*francês*); Liborjusz (*polonês*).

LICÉRIO
Do grego *Lukhérios*, com dúvidas quanto ao significado. 1) De *lyke* (luz) e o sufixo adjetival *erios* (relativo a), sign. "luminoso", mas 2) o primeiro elemento pode ser *lykos* (lobo), dando ao nome, nesse caso, o significado "lupino". Ver Lício.
Feminino(s): Licéria.
Variante(s): Lizério (*português*); Licerio (*espanhol*).

LICÍNIO
Do latim *Licinius*, nome com dois étimos. 1) Relativo a *Lício*, sign. "**de (pertencente a; da natureza de) Lício**". 2) Derivado de uma raiz *lei* (torcido, encurvado, dobrado), donde o grego *Likínios*, que tem duas traduções, "**o que tem topete**" e "**o que tem o nariz torto**". "*Licini boues qui sursum versum reflexa cornua habent*" (*os bois licinos, que têm os cornos encurvados para cima*). Ver Lício.

206 DICIONÁRIO DE NOMES

Personal.: Licínio Costa, poeta.
Feminino(s): Licínia.
Variante(s): Licinio (*espanhol*); Licìnio (*italiano*).

LÍCIO

Do grego *Lykios*, de *lykios*, pelo latim *Lyciu*, nome com três étimos. 1) "Da Lícia". *Lícia*, de *líkos* (terra dos lobos) ou de *líchnos* (terra da luz). 2) De *lykos* (lobo), derivado de um epíteto de Apolo (Apolo Lício), porque esse deus fazia guerra aos lobos, sign. "lupino". É curiosa a semelhança entre as raízes *lyke* (luz) e *lykos* (lobo), e o fato de que o lobo simboliza a violenta força do Sol. Fato idêntico acontece com o nome *Linceu*. 3) Masculino de *Lícia*. Ver Lícia (1ª acepção), Linceu, Luzardo e Olímpio.
Personal.: Lycio de Carvalho, poeta.
Feminino(s): Lícia.
Variante(s): Lycio (*português*).

LICURGO

Do grego *Lykoûrgos*, de *lykos* (lobo) e *eírgo* (afastar), sign. "o que afasta os lobos". Por extensão, "caçador de lobos".
Personal.: Licurgo Spínola, ator.

Variante(s): Licurgo (*espanhol, italiano*); Lycurgue (*francês*); Lykurg (*alemão*).

LÍDIO

Masculino de *Lídia*. Ver Lídia.

LINCEU

Do grego *Lygkeus*, através do latim *Lynceus*. O nome, derivado de lince, animal carnívoro muito ágil e de olhos vivos e penetrantes, ganhou o sentido de "aquele que tem olhos penetrantes como os do lince; olhos de lince". Segundo a lenda, teve-os um argonauta cuja vista penetrava através de muros e paredes, permitindo-lhe ver o que se passava nos céus e nos infernos. *Lince* origina-se do grego *lugx*, *luche* (latim *lynx*, inglês antigo *lox*, lituano *lúsis*) e traduz-se por "que emite luz; brilhante", numa alusão aos olhos. Note-se o nome do deus germânico *Lug*, *Loke*, *Loki* ("chama") e de *Luk*, deus criador do Universo, dos povos das Carolinas Centrais, notadamente originários da mesma raiz. Ver Lício, Luzardo e Olímpio.
Variante(s): Lincèo (*italiano*).

LINCOLN

De um toponímico inglês derivado do bretão *llyn* (lago) e *dun* (cidade, colônia, lugar, local), primeiramente chamado *Lindon*, mais tarde *Lindon* colonia e *Lindocolina*, sign. "da cidade (colônia) do lago". Posteriormente transformou-se em nome de residência.

Personal.: Lincoln Garrido, ator.
Variante(s): Lincoln (*espanhol, francês*).

LINDEMBERGUE

Do germânico *Lindberg*, de *linden* (tília) e *berg* (montanha), sign. "da montanha das tílias". Com certeza, um nome de residência. Ver Linda.

Personal.: Lindembergue Cardoso, maestro.
Variante(s): Lindenberg (*francês*); Lindbergh (*inglês*); Lindberg (*inglês, alemão*).

LINDOLFO

Do germânico *Lindeloff, Lindloff*, e *lint* (protetor) e *Wolf* (lobo), sign. "lobo (guerreiro) protetor". Ver Linda e "lobo" na seção Simbologia.

Personal.: Lindolfo Gaia, maestro.
Variante(s): Lindolf (*alemão*).

LINEU

Latinização do germânico *linnen*, lit. "linho". No grego temos *Línos*, com a acepção de "linho; corda; corda de instrumento musical"; no hebraico, o vocábulo linho deriva de *etun* (ligar). Curiosamente na mitologia grega o linho era o fio (ligação) da vida que a parca Atropos cortava quando terminava o tempo de vida de um indivíduo. Os esoteristas chamam este fio de vida de "cordão prateado" ou "fio de Sutratma". Ver "linho" na seção Simbologia.

Personal.: Lineu Dias, ator.
Feminino(s): Lineia.
Variante(s): Linneo (*espanhol*); Linnèo (*italiano*); Linné, Linnée (*francês*).

LINO

Nome com três étimos. 1) Do latim *Linus*, e este, do grego *Limnos*, de *limne*, sign. "da lagoa". 2) Do grego *Línos*, sign. "linho; corda; corda de instrumento musical", do nome de um filho de Apolo e de uma Musa a quem se atribuía a invenção da melodia. 3) Masculino de *Lina*. Ver Lina (1ª acepção) e Lineu.

Personal.: Lino Guedes, escritor.
Feminino(s): Lina.

208   DICIONÁRIO DE NOMES

Variante(s): Lino (*espanhol*); Lin (*francês*); Linus (*latim*).

LISANDRO
Do grego *Lysandros*, de *lyo* (soltar) e *aner*, *andrós* (homem), sign. "o que liberta os homens; libertador dos homens".
Feminino(s): Lisandra, Lizandra.
Variante(s): Lysandro (*português antigo*);Lizandro (*português*); Lisandro (*espanhol, italiano*); Lysandre (*francês*); Lysander (*inglês, latim*).

LISÂNEAS
Do grego *Lysanias*, de *lyo* (soltar, dissipar) e *ania* (tristeza), sign. "o que dissipa a tristeza".
Personal.: Lisâneas Maciel, político.
Feminino(s): Lisana, Lisane
Variante(s): Lisânea, Lisânia, Lisanias (*português*).

LISARDO
Do sobrenome francês *Lezard*, derivado de *leve*, lit. "repouso; sossego; descanso", dado na França aos desocupados. Em Portugal, apareceu nas formas *Lisarte*, *Lisuarte*, em documentos datados do séc. XVI.

Personal.: Lisardo García, político equatoriano.
Variante(s): Lizardo (*português*); Lézard, Lezard, Lezaud, Lezeau Lizard, Lizars (*francês*).

LISÍMACO
Do grego *Lysímachos*, de *lysis* (solucionar) e *máche* (combate, litígio), sign. "o que põe fim aos combates".
Variante(s): Lysimaco (*português antigo*); Lisímaco (*espanhol*); Lisimaco (*italiano*); Lysimaque (*francês*); Lysimachus (*latim*).

LIVINO
Forma relativa de *Lívio*, sign. "de (pertencente a; da natureza de) Lívio". Ver Lívio.
Personal.: Livino Faustino dos Santos, músico (séc. XVIII).
Feminino(s): Livina.

LÍVIO
Do latim *Liviu*, sign. "lívido; pálido".
Personal.: Lívio Carneiro, apresentador de TV.
Feminino(s): Lívia.
Variante(s): Livio (*espanhol*); Livio (*italiano*); Live (*francês*); Livius (*alemão, latim*); Liviu (*romeno, latim*); Lívij (*russo*).

LORIVAL
O mesmo que *Lourival*. Ver Lourival.

LOTÁRIO
Do germânico *Hlodohari*, de *hlod* (fama, glória) e *harjs, heri, Heer* (exército), sign. "**guerreiro afamado (famoso)**".
Personal.: Lothaire Bluteau, ator.
Variante(s): Clotário (*português*); Clotario, Lotario (*espanhol*); Lotàrio (*italiano*); Lothaire (*francês*); Lothar (*inglês, alemão*).

LOUREIRO
Do substantivo comum *loureiro*, árvore da família das lauráceas. Tem o mesmo significado de *Lauro*. No Brasil raramente aparece como primeiro nome. Ver Lauro e Lourenço.
Personal.: Loureiro Neto, radialista.

LOURENÇO
Do latim *Laurentius*, sign. "**natural (habitante) de Laurento**". Laurento é o antigo nome de uma cidade localizada às margens do Mar Tirreno, hoje chamada Paterno. O nome prende-se a *laurus* (loureiro). Em Portugal apareceu pela primeira vez em obra datada de 1211, na forma *Laurencius*. Na Inglaterra ocorreu somente após a conquista normanda, na variante *Laurence*, tornando-se muito popular e gerando muitos sobrenomes (*Lawrenson, Lawrie, Lauri, Lowrie, Lawson, Larry, Larkin* etc.). É nome de um santo muito popular nesse país – St. Laurence the Deacon –, onde 237 igrejas lhe são dedicadas.
Personal.: Lourenço Barbosa (Capiba), compositor.
Variante(s): Laurêncio, Laurício (*português*); Laurencio (*espanhol*); Lorenzo (*espanhol, italiano*); Laurent (*francês*); Laurence (*francês, inglês*); Lawrence (*inglês*); Laurenz (*alemão*).

LOURIVAL
Nome de residência originário do latim *Laurivallis*, lit. "**(do) vale dos loureiros**". Não confundir com *Dorival, Dourival* e *Norival*.
Personal.: Lourival Reis, cineasta.
Variante(s): Lorival (*português*); Laurivallis (*latim*).

LUCAS
Do grego *Loukás*, hipocorístico de *Loukanós* (latim *Lucanus*), sign. "**da Lucânia; lucano**". *Lucânia* prende-se à raiz *lyke, luc, luk* (luz) e sign. "luminoso". *Luca*

210 DICIONÁRIO DE NOMES

é uma variante popular do nome. Na Inglaterra, as variantes *Luka, Luke* surgiram por volta do séc. XII, dando origem a muitos sobrenomes (*Luck, Luckett, Lucock, Luckin, Lukin, Luk* etc.). Equivale a *Lúcio*. Ver Lúcio, Lício e Linceu.
Personal.: Lucas Mendes, jornalista.
Variante(s): Lucas (*espanhol, latim*); Luca (*português, italiano*); Luc (*francês, inglês*); Luka, Luke (*inglês*); Lukas (*alemão, nórdico*).

LUCIANO
Relativo a *Lúcio*, sign. "de (pertencente a; da natureza de) Lúcio". Ver Lúcio.
Personal.: Luciano Huck, apresentador de TV.
Feminino(s): Luciana.
Variante(s): Luciano (*espanhol*); Lucìano (*italiano*); Lucian (*francês, inglês*); Lucien (*francês*).

LUCÍDIO
Do latim *Lucidius* forma relativa de *Lúcio*, sign. "de (pertencente a; da natureza de) Lúcio". Ver Lúcio.
Feminino(s): Lucídia.
Variante(s): Lucídio (*espanhol*).

LUCÍLIO
Do latim *Lucilius,* o mesmo que *Lucídio*. Ver Lucídio.
Personal.: Lucílio de Albuquerque, pintor.
Feminino(s): Lucília.
Variante(s): Lucìlio (*italiano*); Lucillius (*latim*).

LUCILO
Do latim *Lucillu*, diminutivo de Lúcio. Ver Lúcio.
Personal.: Lucilo Bueno, poeta; Lucilo Varejão, escritor.
Feminino(s): Lucila.

LÚCIO
Do latim *Lucius*, proveniente de uma raiz *lyke, luc, luk*, que originou o latim *lux* (luz), sign. "o luminoso". Alguns autores traduzem como "nascido com a manhã" e "pertencente à aurora", o que não deve ser considerado. Equivale a *Lucas*. Ver Lício e Linceu.
Personal.: Lúcio Mauro, ator.
Feminino(s): Lúcia.
Variante(s): Lucio (*espanhol*); Lucius (*inglês*).

LUCRÉCIO
Masculino de *Lucrécia*. Ver Lucrécia.

Variante(s): Lucrecio (*espanhol*); Lucrèzio (*italiano*); Lucrèce (*francês*); Lukrez (*alemão*).

LUDGERO
Do germânico *Ludiger*, de *hlod*, *hlut* (famoso, ilustre) e *gair*, *ger* (lança), sign. "**lança (guerreiro) famosa(o)**".
Personal.: Ludgero de Almeida, poeta.
Variante(s): Ludigero, Lugero (*português*); Ludgero (*espanhol*); Oggero (*italiano*).

LUÍS
Do germânico *Hlodoviko*, *Ludwig*, de *hlot*, *hlut* (famoso, ilustre, célebre) e *wig* (batalha), sign. "**famoso na batalha; guerreiro famoso (ilustre, célebre)**". Em Portugal, o nome foi encontrado em documentos datados dos séculos XIII e XIV. Na França, foi um dos nomes mais populares desde a Revolução, adotado por cerca de 18 reis. Na Inglaterra, foi introduzido somente após a conquista normanda; em Gales é uma anglicanização do nativo *Llewelyn*. Os judeus o adotam para substituir *Levi*, que começa pela mesma letra. Nos Estados Unidos, além de *Levi*, os judeus substituem-no por *Louis* e *Lewis*. Nome de 51 santos.

Personal.: Luiz Fernando Guimarães, ator.
Feminino(s): Luísa.
Variante(s): Aloísio, Aluísio, Clévio, Clodoveu, Clodovil, Clóvio (*português*); Clóvis (*português, francês*); Ludovico (*português, italiano*); Luis (*espanhol*); Clodoveo (*espanhol, italiano*); Alvise, Clodovico, Lodovico, Luigi (*italiano*); Louys, Ludovicy (*francês*); Louis (*francês, inglês*); Clovis, Lewis (*inglês*); Ludwig, Chlodovic, Hlodovico (*alemão*).

LUPÉRCIO
O mesmo que *Lupicínio*. Ver Lupicínio.
Variante(s): Lupercio (*espanhol*).

LUPERCO
Do latim *Lupercus*, de *lupus* (lobo) e *arcere* (afastar), sign. "**o que afasta os lobos**". Por extensão, "**caçador de lobos**".
Personal.: Luperce Miranda, compositor bras.
Variante(s): Luperco (*espanhol*); Luperce (*francês*).

LUPICÍNIO
Forma relativa de *Luperco*, sign. "**de (pertencente a; da natureza de) Luperco**". Ver Luperco.

Personal.: Lupicínio Rodrigues, cantor, compositor.
Variante(s): Lupercínio (*português*); Lupicinio (*espanhol*).

LUTERO
Do germânico, com dúvidas quanto ao étimo. 1) De *Hlodohari*, *Hlutheri*, o mesmo que *Lotário*. Este é o étimo provável. 2) Ou de *liut* (povo) e *heri* (exército), sign. "guerreiro do povo". Ver Lotário.
Personal.: Lutero Luís, ator.
Variante(s): Lutero (*espanhol*); Luther (*francês, inglês*).

LUZARDO
Do germânico *Lushard*, de *luhs* (lince) e *hard* (forte), sign. "forte como o lince". Curiosamente o nome latino do animal, *lynx*, vem de uma raiz *lyke* (luz), onde também está preso seu nome grego *lugx*, *luchs*. *Lince* em irlandês é *lug*, e também a denominação do deus do fogo anglo-saxão, *Lug*, *Loke*, *Loki*. As cordas da harpa são muitas vezes feitas das tripas deste animal e seus sons são considerados divinos. Não confundir com *Lisardo*, *Lizardo*. Ver Lício, Linceu, Olímpio e Lisardo.
Variante(s): Luzardes (*português*).

M

MAGNO

Do latim *Magnus*, de *magnus*, lit. "grande". O nome surgiu como prenome pela primeira vez em 1047, com Magnus I, rei da Noruega, em homenagem a Carlos Magno. Posteriormente foi adotado por muitos reis da Noruega e Dinamarca, tornando-se muito popular nesses países.

Personal.: Magno Valente, poeta.

Feminino(s): Magna.

Variante(s): Magno (*espanhol, italiano*).

MAIR

Nome com quatro étimos. 1) Do gaélico *maer*, lit. "oficial (de justiça)". Na Escócia, designou o agente da justiça encarregado das intimações e outros mandados legais. 2) Do francês *Mayr*, com influência germânica, o mesmo que *Mayer*, que se originou do latim *majordomus* (mordomo), abreviadamente *major*, e era dado ao administrador de propriedades. Mais tarde confundiu-se com o hebraico *Meir*, assumindo o significado de "brilhante; luzente; resplen-dente; resplandecente". 3) Do tupi *mair, maira*, nome com que os indígenas se referiam aos franceses. Significa "francês; branco; estrangeiro; estrangeiro louro". 4) Do gaulês *Mair*, o mesmo que *Maria*. Ver Maria.

Personal.: Mayr Facci, atl. olímp. bras.

Variante(s): Mayr (*português*).

MANACEIA

Do hebraico *Menasheh*, sign. "aquele que está entregue ao esquecimento (perdão)", de *nasháh* (ele esqueceu), correlato ao aramaico *nesha*, árabe *násiya* (ele esqueceu), etíope *nahsáya* (esqueceu, perdoou) e acadiano *mashu* (esquecer).

Personal.: Manaceia de Andrade, compositor.

214 DICIONÁRIO DE NOMES

Variante(s): Manassés (*português*); Manasés (*espanhol*); Manasse (*italiano*, *alemão*); Manassé (*francês*); Manasses (*inglês*).

MANFREDO
Do germânico *Manifred*, de *mana* (homem) e *frithu* (paz), sign. "paz dos homens; homem de paz (pacífico)". Ver Irene.
Personal.: Manfredo Colasanti, ator.
Variante(s): Manfredo (*espanhol, italiano*); Manfred (*inglês, francês*).

MANSUETO
Do latim *Mansuetus*, de *mansueto*, e este, de *manus* (mão) e *sueo* (usar), sign. "acostumado à mão", donde "manso; pacífico; domesticado". Nome dado primitivamente aos animais domesticados.
Personal.: Monsueto Menezes, cantor.
Variante(s): Monsueto (*português*); Mansueto (*espanhol, italiano*).

MANUEL
Do hebraico, o mesmo que *Emanuel*. Em Portugal, nome encontrado em documentos datados da primeira metade do séc. XVI. Ver Emanuel.
Personal.: Manuel Bandeira, poeta.
Feminino(s): Manuela.
Variante(s): Manoel (*português*); Manuel (*espanhol, francês*); Manòlo (*italiano*).

MARCELINO
Forma relativa de *Marcelo*, sign. "de (pertencente a; da natureza de) Marcelo". Ver Márcio.
Personal.: Marcelino Cleto, regente, compositor.
Feminino(s): Marcelina.
Variante(s): Marcelino (*espanhol*); Marcellino (*italiano*); Marcellin (*francês*).

MARCELO
Diminutivo de *Márcio*. Foi o cognome de uma *gens* Claudia. Muito comum na Itália, foi um dos nomes mais adotados pelos franceses, na forma *Marcel*, no período revolucionário. Ver Márcio.
Personal.: Marcello Antony, Marcel Miranda, atores.
Feminino(s): Marcela.
Variante(s): Marcelo (*espanhol*); Marcello (*italiano*); Marcel (*francês*).

MARCÍLIO
Do latim *Marciliu*, relativo a *Marcus* (Marcos), com influência de *Marcellus* (Marcelo), sign. "de (pertencente a; da natureza de) Marcos". Ver Marco, Marcos.
Personal.: Marcilio Guerra, atl. olímp. bras.
Feminino(s): Marcília.
Variante(s): Marsicílio, Marsílio (*português*); Marsìlio (*italiano*); Marcilly, Marsile, Marsily (*francês*).

MÁRCIO
Do latim *Marcius*, de *martius*, sign. "guerreiro; marcial". Na variante *Martius*, era o nome com que os guerreiros latinos invocavam Júpiter no começo de um combate. Ver Marcos.
Personal.: Márcio de Souza, escritor.
Feminino(s): Márcia.
Variante(s): Marçal, Marcial, Marco, Marcos (*português*); Marcio (*espanhol*); Màrzio, Marzo (*italiano*); Martial (*francês*).

MARCO
Do latim *Marcus*. O mesmo que *Marcos* e *Márcio*, nomes ligados a *Mars* (Marte), o deus latino da guerra. Na Inglaterra, a variante *Mark* foi muito comum durante a Idade Média. Nome de muitos santos. Ver Márcio.
Personal.: Marco Nanini, Marcos Frota, atores.
Variante(s): Marcos (*espanhol*); Marco (*italiano*); Marc (*francês*); Marcus (*inglês*); Mark (*inglês, russo*); Marcy, Marke (*inglês*); Markus (*alemão, nórdico*).

MARCOS
Ver Marco.

MARIANO
Nome com dois étimos. 1) Forma relativa de *Mário*, sign. "de (pertencente a; da natureza de) Mário". 2) Masculino de *Mariana*. Ver Mariana (1ª e 2ª acepções) e Mário.
Personal.: Mariano de Laet, poeta.
Variante(s): Mariano (*espanhol, italiano*).

MARIEL
Nome com três étimos. No Brasil é comum a ambos os sexos 1) Aglutinação de *Maria* e *Ariel*. 2) No bávaro e no francês, diminutivo de *Mary* (Maria). 3) Do inglês *Maryell*, variante de *Muriel*. Nos países de língua inglesa é feminino. Ver Ariel, Maria e Muriel.
Variante(s): Maryell (*inglês*).

MARINO

Do latim *Marinus*, masculino de *Marina*. No Brasil é mais comum a forma *Marinho* encontrada geralmente como sobrenome. *Marino* é raro. Como nomes de santos, muitas vezes são confundidos.
Personal.: Marino Pinto, compositor.
Variante(s): Marinho (*português*); Marino (*espanhol, italiano*).

MÁRIO

Do latim *Marius*, de *mas, maris*, lit. "homem viril". Foi nome de uma *gens* romana. Nome muito comum nas comunidades de língua espanhola, na forma *Mario*.
Personal.: Mário Gomes, ator.
Variante(s): Mario (*espanhol, italiano, alemão*).

MARLEI

De Marley, toponímico originário do inglês antigo, com três étimos. No Brasil, nome comum a ambos os sexos. 1) De *Merlegh, Merleia, Marley*, referindo-se a "uma divisa (fronteira) localizada numa área pertencente a uma vila ou a uma propriedade rural". 2) De *Marille, Merile, Marley*, referindo-se "a uma área agradável junto a uma vila ou a uma propriedade rural". 3) De *Mardelei, Merdelai, Martheley, Marley*, sign. "da floresta de martas".
Feminino(s): Marlea, Marleia.
Variante(s): Marley (*inglês*).

MARLOS

Do latim *Marullus*, provavelmente da mesma raiz de *Mário*, sign. "pequeno homem viril". Não confundir com *Marlo*, masculino de *Marla*, e este, uma variante bávara de *Maria*. Ver **Marly** e **Maria**.
Personal.: Marlos Nobre, maestro.
Variante(s): Márolo, Márolos, Márulo (*português*).

MARSÍLIO

O mesmo que *Marcílio*. Ver **Marcílio**.

MARTIM

Do latim *Martinus*, diminutivos de Marte, o deus latino da guerra. *Martim* é um aportuguesamento de *Martinus*, o mesmo acontecendo com *Martinho*, que em Portugal foi encontrado em documentos datados do período de 1125 a 1139, na forma *Martinos*.
Personal.: Martim Francisco, ator; Martinho da Vila, cantor.

NOMES MASCULINOS 217

Feminino(s): Martinha, Martina.
Variante(s): Martinho, Martino (*português*); Martim, Martín (*espanhol*); Martino (*italiano*); Martin (*francês, inglês, alemão*).

MARTINO
O mesmo que *Martim*. Ver Martim.

MATEUS
Do hebraico *Mattiyyah*, redução de *Mathathiah, Mattithyah, Mattithyahu* (Matatias), através do grego *Maththaîos*, latim *Mattaeus*, sign. "dom (presente, dádiva) de Deus". Em Portugal, o nome foi encontrado em documentos datados da primeira metade do séc. XVI.
Personal.: Mateus Fontoura, dramaturgo.
Variante(s): Matias, Matatias (*português*); Mateo (*espanhol*); Matteo (*italiano*); Matthaeus (*francês*); Matheus (*inglês*).

MATIAS
Do hebraico *Mattiyyah*, através do grego *Maththías*, latim *Mathias*, o mesmo que *Mateus*. Ver Mateus.
Personal.: Matias Corrêa, ator.
Variante(s): Matías (*espanhol*);

Mattias (*italiano*); Mathias (*francês*); Matthias (*francês, inglês*).

MAURI
Do escandinavo *Mauri*, o mesmo que *Mauro*. Não confundir com *Maury*. Ver Mauro e Maury.
Personal.: Mauri Santos, ator.
Variante(s): Mauri (*nórdico*).

MAURÍCIO
Do latim *Mauriciu*, sign. "mouro". "De pele escura como um mouro". Em Portugal, nome encontrado em documentos datados do séc. XII, no período entre 1101 e 1107. Na Inglaterra foi encontrado no séc. XI, na variante *Meurisse*. Na Irlanda é usado para substituir o nativo *Moriertagh* (Moriarty) e tem a acepção de "guerreiro do mar". O mesmo que *Mauro*. Ver Mauro.
Personal.: Maurício Duboc, compositor bras.
Feminino(s): Maurícia
Variante(s): Mauricio (*espanhol*); Maurizio (*italiano*); Maurize (*espanhol, italiano*); Maurice (*francês, inglês*); Morris (*inglês*).

MAURÍLIO
Forma relativa de *Mauro*, sign. "de (pertencente a; da natureza de) Mauro". Ver Mauro.

218 DICIONÁRIO DE NOMES

Feminino(s): Maurília
Variante(s): Maurílio (*italiano*).

MAURO
Do latim *Mauru*, lit. "mouro". Os mouros foram os antigos habitantes da Mauritânia ("terra dos mouros"), vocábulo que significa "escuros; negros". O mesmo que *Maurício*.
Personal.: Mauro Mendonça, Mauro Braga, atores.
Feminino(s): Maura.
Variante(s): Mauro (*espanhol, italiano*); Maur (*francês*); Mauri (*nórdico*).

MAURY
Do francês *Maury*, nome com dois étimos. Não confundir com *Mauri*. 1) Hipocorístico de *Amaury* (Amauri). 2) Diminutivo de *Maurício*. Ver Amauri, Mauri, Maurício e Mauro.
Personal.: Maury Viveiros, ator.

MAX
Hipocorístico de nomes começados por *Max*, como *Maximiano*, *Maximiliano*, *Maxiano* etc. Na Alemanha, especificamente de *Maximilian* (Maximiliano).
Personal.: Max Casella, ator.

MAXIMIANO
Do latim *Maximianu*, forma relativa de *Máximo*, sign. "de (pertencente a; da natureza de) Máximo". Nome que surgiu pela primeira vez em Portugal, em 1773. Ver Máximo.
Personal.: Maximiano Albertin, ator.
Feminino(s): Maximiana.
Variante(s): Maximiano (*espanhol*); Massimiàno (*italiano*); Maximien (*francês*).

MAXIMILIANO
Do latim *Maximilianu*. Surgiu com um imperador romano, da aglutinação de dois cognomes, *Maximus*, tirado de Fábio Máximo e *Emiliano*, um dos Cipiões. É um dos nomes favoritos na Alemanha, também na abreviação *Max*.
Personal.: Maximiliano Bogo, ator bras.
Feminino(s): Maximiliana.
Variante(s): Maximiliano (*espanhol*); Massimiliano (*italiano*); Maximilien (*francês*); Maximilian (*inglês*).

MÁXIMO
Do latim *Maximus*, sign. "o de maior estatura (altura)". Nome também empregado com o sen-

tido "aquele que agrada ou bem impressiona as pessoas". Em Portugal, nome encontrado pela primeira vez no séc. XVII.
Personal.: Máximo Garros, cantor.
Variante(s): Máximo (*espanhol*); Massimo, Màssimo (*italiano*); Maxime (*francês*).

MAXIMINO
Diminutivo de *Máximo*. Ver Máximo.
Personal.: Maximino Parisi, compositor.
Feminino(s): Maximina.
Variante(s): Maximino (*espanhol*); Massimino (*italiano*);

MAXINO
Diminutivo de *Max*. Ver Max.
Feminino(s): Maxina.

MELCHIOR
Do hebraico *Malkiur*, de *mélekk* (rei) e *ur* (luz), sign. "rei da luz". *Méllek* (rei) e *maleak* (anjo), naquele idioma, são duas formas de uma mesma palavra.
Personal.: Melchior Broederlam, pintor flamengo.
Variante(s): Belchior, Belquior, Melquior (*português*); Melchior (*espanhol, francês, inglês*); Melchiorre (*italiano*).

MELQUÍADES
O mesmo que *Milcíades*. Ver Milcíades.

MELQUIAS
Do hebraico *Malkiah*, de *mélekh* (rei) e *Yah* (Jeová), sign. "rei divino; rei senhor". Ver Melchior.
Variante(s): Melchi (*grego*); Malchiah, Malchijah (*hebraico*); Melchiah (*árabe*).

MELQUIOR
O mesmo que *Melchior*. Ver Melchior.

MELQUISEDEQUE
Do hebraico *Malki-tzédeq*, *Melchizedek*, de *mélek* (rei) e *tazadá*, *tzaddíq* (justiça), sign. "rei da justiça". No A. T., nome de um rei de Salem (Jerusalém) e sacerdote, muitas vezes apresentado pelas Escrituras como sendo o Messias.
Personal.: Melchizedec D' Leon, músico brasileiro.
Variante(s): Melchizedec (*português*); Melquisedec (*espanhol*); Melchisédech (*francês*); Melchizedec (*inglês*).

MERVAL

Hipocorístico de *Demerval*. Ver Demerval.
Personal.: Merval Pereira, jornalista.

MESSIAS

Pelo hebraico *mashiah*, o mesmo que *Cristo*. Ver Cristo.
Personal.: Messias Tavares da Cruz, cronista.
Variante(s): Mesías (*espanhol*); Messie (*francês*); Mashiakh (*hebraico*).

MIGUEL

Do hebraico *Mikhael*, de *mikhayáh*, mais a partícula *El*, sign. "quem é como Deus?". O nome tem significado idêntico ao de *Micah*, *Miqueias* ("quem é como o Senhor?"), a diferença está no segundo elemento do nome, *El* por *Yah*. Em Portugal, surgiu pela primeira vez no séc. II, na variante *Micael*. Na Inglaterra tornou-se um dos nomes favoritos no séc. XII. Na Inglaterra medieval apareceu na forma *Mighel*, enquanto na Irlanda *Michael* é um dos nomes mais populares, geralmente abreviado em *Mick*, *Micky* ou *Mike*. Ver Malaquias.
Personal.: Miguel Fallabela, Miguel Calmon, Michel Robin, Michael Caine, Michel Auclair, atores; Mikael Lángbacka, Muhal Abrams, músicos; Mikhaíl Baryshnikov, bailarino russo.
Feminino(s): Micaela.
Variante(s): Micael, Misael, Mizael (*português*); Miguel (*espanhol*); Michele (*italiano*); Michel (*francês*); Mitchel, Mitchell (*inglês*); Michael (*inglês, alemão*).

MILCÍADES

Do grego *Miltiades*, patronímico de *Miltós*, e este, de *miltós* (*vermelhão*), sign. "filho de Miltós".
Personal.: Miltiades Gouskos, atl. olímp. grego.
Variante(s): Melchíade, Melchíades, Melquíades, Milquíades (*português*); Melcíades, Milcíades (*português, espanhol*); Melchìade, Milzíade (*italiano*).

MÍLTON

De um toponímico originado do inglês antigo, surgido nas variantes *Middeltone, Middelton, Middeltun, Milneton, Meletune, Melton, Melyon, Miletune, Miletun, Milton, Mylatun*, mais tarde, adotado como nome de residência. 1) De *Middel-tun*, sign. "(da) cidade (lugar) central", ou 2) de *Mylen-tun*, sign. "(da) cidade do moinho". O nome surgiu pela primeira vez com Milton, autor de "Paraíso Perdido"; não tem origem no grego *miltós* (vermelhão), como pretendem algumas fontes.

Personal.: Milton Gonçalves, ator.

Variante(s): Milton (*espanhol, francês*).

MIRABÔ

Aportuguesamento do francês *Mirabeau*, lit. "admirável; maravilhoso". Da mesma raiz vem o termo *mirabilia*, aplicado na Antiguidade aos objetos raros e maravilhosos que revelassem virtudes mágicas ou ocultas, incluindo-se também minerais, plantas e animais fantásticos, enfim, tudo o que tivesse um caráter sobrenatural.

Personal.: Mirabeau Pinheiro, Mirabeau Oliveira, compositores.

Variante(s): Mirabeau, Mirabel (*francês*); Mirabella, Mirable (*inglês antigo*).

MIRO

Nome com dois étimos. 1) Do grego *Myron*, lit. "o que chora".

2) Hipocorístico de nomes terminados em *miro*, como *Teodomiro*, *Valdimiro* etc.

Personal.: Miro Teixeira, político.

Variante(s): Mironòne (*italiano*); Myron (*inglês*).

MISAEL

Do hebraico, o mesmo que *Miguel*. Ver Miguel.

Personal.: Misael Gomes, escritor.

Variante(s): Mizael (*português*).

MOACIR

Do tupi *mbo'a'su* (fazer doer, dor) e *ira* (saído de), sign. "saído da dor; o que magoa; o que faz doer (molesta)".

Personal.: Moacyr Góes, diretor teatral.

Variante(s): Moacyr (*português*).

MODESTINO

Forma relativa de *Modesto*, sign. "de (pertencente a; da natureza de) Modesto".

Personal.: Modestino Kanto, escritor.

Feminino(s): Modestina.

Variante(s): Modestinus (*latim*).

MODESTO

Do latim *modestus*, lit. "modesto; moderado".

222 DICIONÁRIO DE NOMES

Personal.: Modesto Brocos Y Gomes, pintor bras.
Variante(s): Modesto (*espanhol, italiano*); Modeste (*francês*).

MOISÉS
Do hebraico *Moshe*. A grande maioria dos autores traduz por "tirado das águas", ligado a *masha* (ele tirou), relacionado com o fato bíblico de Moisés ter sido tirado das águas pela filha do Faraó, étimo que parece forçado, baseado numa dessas coincidências etimológicas muito comuns. Segundo doutores judeus, é um nome de origem egípcia, derivado de *mesu*, sign. "**criança; filho**", voz que se encontra em nomes teofóricos como *Ramsés* ("filho de Rá") e *Tutmósis* ("filho de Tot"), com o que estamos de acordo.
Personal.: Moisés Horta, poeta.
Variante(s): Moisés (*espanhol*); Moisè, Mosè (*italiano*); Moise (*francê*); Moses (*inglês*).

MOSER
De *Moser*, sobrenome germânico que significa "**mercador de legumes**". Primitivamente, alcunha dada a alguém que se dedicava a este mister.
Variante(s): Mozer (*português*).

MOZART
Do germânico *Muothart*, de *muot* (caráter, gênio, ânimo) e *hart* (forte, marcante), sign. "o que possui um caráter (gênio) forte (marcante)". O nome tornou-se popular pela influência de Wolfgang Amadeus Mozart, compositor austríaco do séc. XVIII, considerado um dos maiores expoentes da arte lírica.
Personal.: Mozart Monteiro, escritor.
Variante(s): Motzhart (*germânico*).

MÚCIO
Feminino de *Múcia*. Ver Múcia.
Personal.: Múcio Teixeira, poeta.
Variante(s): Mùzio, Muzio (*italiano*).

MUNIR
Do árabe *Munir*, sig. "brilhante; radiante; iluminado". Da mesma raiz saíram o médio inglês *mone*, *moone*, inglês antigo *mona*, antigo alto alemão *mano*, *nórdico* antigo *mani*, inglês moderno *moon* (lua). Em sânscrito, *Múni* tem o significado de "santo iluminado". Ver Anuar.
Personal.: Mounir Safatli, jornalista.
Variante(s): Mouni (*árabe*).

MURILO

Do espanhol *Murillo*, sign. "pequeno muro", nome que primitivamente foi alcunha. É possível que tenha sido dado a um homem baixo e forte.

Personal.: Murilo Araújo, escritor.
Variante(s): Murillo, Murilo (*espanhol*).

N

NAPOLEÃO
Nome que apresenta dúvidas quanto ao étimo. 1) Do grego *nápe* (floresta; vale arborizado) e *léon* (leão), sign. "leão da floresta; leão do vale". 2) Ou gentílico, ainda calcado no grego *Neápolis* (cidade nova), atual nome da cidade de Nápoles, sign. "da cidade nova". Também "napolitano". Este é o étimo provável.
Personal.: Napoleão Tavares, maestro.
Variante(s): Napoleón (*espanhol, francês*); Napoleone (*italiano*); Napoleon (*inglês*).

NARCISO
Do nome de uma flor, originado do grego *Narkissos*, de *nárke* (torpor), sign. "o que faz adormecer; narcótico". Na mitologia grega, personagem de inigualável beleza que se apaixonou pela própria imagem refletida na água. Desesperado pela impossibilidade de juntar-se ao objeto de sua paixão, deixou-se cair na relva e foi transformado na flor de açafrão chamada narciso. Ver "narciso" na seção Simbologia.
Personal.: Narciso Araújo, escritor.
Variante(s): Narciso (*espanhol, italiano*); Narcisse (*francês*); Narcissus (*latim, inglês*).

NARDO
Nome com dois étimos. 1) Hipocorístico de *Bernardo*. 2) Masculino de *Narda*. Ver Bernarda e Narda (1ª acepção).

NATALÍCIO
Nome relacionado ao dia do nascimento.
Personal.: Natalício Medeiros Ferro, poeta;
Feminino(s): Natalina.
Variante(s): Natalicio (*espanhol*).

NATALINO
Nome relacionado ao Dia de Natal, antigamente dado a meninos nascidos em 25 de dezembro.
Personal.: Natalino Henn (Nato Henn), compositor bras.
Feminino(s): Natalina.

NATÁLIO
O mesmo que *Natalino*. Ver Natalino.
Feminino(s): **Natália**.
Variante(s): Nathalio (*português*).

NATAN
Do hebraico *Nathan*, correlato ao aramaico *yintin*, siríaco *nettel* e acadiano *nadanu*. Significa "dádiva; presente; dom". O nome é uma abreviação de *Natanias* e *Natanael*. Ver Natanael.
Personal.: Natan Coutinho, escritor.
Feminino(s): Natania.
Variante(s): Nàthan (*italiano*).

NATANAEL
Do hebraico *Nethanael*, sign. "dom (dádiva de Deus). O ODECN dá o significado "Deus tem dado". Na Inglaterra o nome surgiu durante a Idade Média, tornando-se popular após a Reforma, principalmente na abreviação *Nat*.
Personal.: Nataniel Dantas, contista.
Variante(s): Nataniel (*português*); Nataniele (*italiano*); Nathanael (*francês, inglês, alemão*); Nathaniel (*inglês*).

NAUM
Do hebraico *Nahum*, lit. "rico em conforto; consolador". O nome, que tem relação semântica com *Neemias*, está ligado à raiz *n-h-m* (consolar, confortar) e relacionado ao árabe *náhama* (ele sussurou em voz ofegante). Ver Neemias.
Personal.: Naum Alves de Souza, dramaturgo, ator.

NAVARRO
Gentílico de origem espanhola. De *Navarra*, ligado a *navarro*, sign. "natural (habitante) de Navarra". *Navarra* é um topônimo que no idioma basco significa "planície baixa". Às vezes aparece como sobrenome.
Personal.: Navarro Andrade, ator.
Variante(s): Navarro, Navarrois (*francês*).

NAZARENO
O nome significa "natural (habitante da cidade) de Nazaré". *Nazaré* é uma cidade palestina onde residiu a Sagrada Família até o batismo de Jesus. *Nazareno* é também um epíteto de Jesus. Ver Nazário.
Personal.: Nazareno de Brito, compositor.

226 DICIONÁRIO DE NOMES

Feminino(s): Nazarena.
Variante(s): Nazerino (*português*); Nazzareno, Nazèreno (*italiano*).

NAZÁRIO

Do hebraico *Natzráth*, aramaico *Nasera* (pronunciado názereth), hebraico-siríaco *Naserath*, árabe *Naz-Seir*, de *nazir*, o mesmo que *Nazir* (1ª acepção). A raiz hebraica *neser* toma em persa a forma *nazir*, *nazarat*, razão pela qual já foi encontrada a tradução "florido; verdejante", que deve ser descartada. Ver Nazir (1ª acepção).
Feminino(s): Nazária.
Variante(s): Nazaré, Nazareth (*português*); Nazir (*árabe*); Nazàrio, Nazàro, Nazzàro (*italiano*); Nazaire (*francês*).

NEEMIAS

Do hebraico *Nehemmiah*, sign. "aquele que Deus consola; consolado por Deus". O primeiro elemento do nome origina-se da raiz *n-h-m* (ele consolou; ele confortou), o segundo é *Yah* (Deus, Senhor, Jeová). Nome muito comum entre os puritanos ingleses do séc. XVII. Ver Naum.
Personal.: Nahemiah Persoff, ator dos Estados Unidos.

Variante(s): Nehemías (*espanhol*); Nahemiah, Nehemiah, Nemiah (*inglês*).

NEI

Do alsaciano, forma arcaica de *nouveau*, lit. "**novo**", que aludia a qualquer pessoa (*imigrante*) chegada ao país. Ainda que raramente, no Brasil a variante *Ney* é adotada por ambos os sexos. Ver Ney na seção de nomes femininos.
Personal.: Ney Latorraca, ator.
Variante(s): Nay, Ney (*francês*).

NEIMAR

Masculino de *Neimá*, e este, o mesmo que *Noêmia*. Ver Noêmia.

NÉLIO

Hipocorístico de *Cornélio*. Ver Cornélio.
Personal.: Nélio Pinheiro, ator; Nélio Freire, produtor cinematográfico.

NÉLSON

Do anglo-saxão *Neil* ou *Niel*, de *niadh* (campeão), mais a partícula *son* (filho) – Niel'son – sign. "filho de Niel (Neil)". Na Inglaterra, originariamente foi sobrenome. Uma variante do primeiro ele-

mento do nome, *Neal*, foi introduzida na Islândia, onde assumiu a forma *Niáll*, sendo mais tarde latinizada *Nellis*. Outra variante, de origem irlandesa, *Niul*, foi igualmente introduzida naquele país e teve sorte idêntica. Modificada para *Njal*, *Njalssaga*, foi latinizada *Nigellus* e passou à Inglaterra na forma *Nigel*. Como era de se esperar, *Nellis* e *Nigellus* foram confundidos com o latim *niger* (escuro), que não tem relação alguma com estes nomes.
Personal.: Nelson Mota, jornalista; Nelson Ned, cantor; Nelson Caruso, ator.
Feminino(s): Nelsi.
Variante(s): Neildo, Neílson, Nílson (*português*); Neildson (*inglês*); Nielsen (*holandês, nórdico*); Nillson (*sueco*).

NEREU
Nereu, do grego *Nereús*, de *náo* (fluir, nadar), da raiz indo-europeia *ana* (fluir, banhar-se), relacionada a um conceito de umidade, ligado ao jônico *nerós*, sign. "de águas límpidas" ou "de águas abundantes".
Personal.: Nereu Pestana, historiador.
Variante(s): Nereo (*espanhol*); Nèreo (*italiano*); Nérée (*francês*); Nereus (*inglês*)

NERVAL
Nome de residência originário do francês antigo *Nerval*, de *ner* (escuro, negro, sombrio) e *val* (vale), sign. "(do) vale escuro". O nome não tem ligação com o adjetivo *nerval*, relacionado com os nervos, como já foi sugerido por um autor.

NÉSIO
Do grego, relativo a *nesos* (ilha), sign. "ilhéu; insulano; homem da ilha".
Feminino(s): Nésia
Variante(s): Nésis (*português*).

NESTOR
Do grego *Néstor*, de *néstor*, sign. "aquele que abençoa", através do latim *Nestor*, *Nestoris* (Nestor, Nestório), com deslocamento da sílaba tônica. Alguns autores traduzem por "o que volta sobre seus passos: o que regressa". Ocorre que há uma palavra, *nóstos* (retornar), que primitivamente significou "bênção", daí a confusão.
Personal.: Nestor de Montemar, ator; Nestor Brandão, compositor.
Variante(s): Nestório (*português); Nestor (*espanhol, italiano, inglês*); Nestòrio (*italiano*).

NEVILE

Do francês *Neufville, Neville*, sign. "da vila nova". O mesmo que *Villeneuve*. É um nome de residência que passou a antropônimo. Ver Newton.

Personal.: Neville de Almeida, cineasta.

Variante(s): Neville (*francês, inglês*); Nevill (*inglês*); Néville, Neuville (*normando*).

NÉVIO

Do latim *Naevius* (marca, pinta), sign. "o que tem uma marca (no corpo ou no rosto)". Nome que primitivamente deve ter sido alcunha.

Personal.: Névio Guerreiro, escritor.

Feminino(s): Névia.

NEWTON

Do inglês *Newton*, o mesmo que *Nílton*. Ver Nílton.

Personal.: Newton Mendonça, compositor.

NICÁCIO

Do grego *Nikasios*, sign. "natural (habitante) da Nicásia", pequena ilha grega cujo nome está ligado à raiz *niké* (vencer). Alguns autores interpretam equivocadamente como "vitorioso".

Personal.: Nicasio Borges, caudilho uruguaio.

Variante(s): Nicásio (*português*); Nicasio (*espanhol*); Nicaise (*francês*).

NICOLAU

Nicolau, do grego *Nikólaos*, de *níke* (vitória) e *laos* (povo), sign. "o que conduz o povo à vitória" ou "aquele que vence com o povo". Nome de muitos papas e imperadores, foi encontrado em Portugal por volta de 1211.

Personal.: Nicolau França, ator.

Variante(s): Nicolás (*espanhol*); Nicola, Nicolo, Nicollo (*italiano*); Nicolas, Nicole (*francês*); Nicholas (*inglês*).

NICOLINO

Do italiano *Nicolino*, diminutivo de *Nicola* (Nicolau). Ver Nicolau.

NÍDIO

Hipocorístico de *Leonídio*. Alguns autores dão-no como originário do latim *nidus* (ninho, casa, residência). Ocorre que no latim não existe o antropônimo onde o nome pudesse estar calcado. Ao que tudo indica, hipocorístico de *Leonídio*. Ver Leonídio.

NOMES MASCULINOS 229

NIELSEN
Nome de origem anglo-saxônica, o mesmo que *Nélson*. Ver **Nélson**.
Personal.: Nielsen Menão, ator.

NILDO
Nome com dois étimos. 1) Hipocorístico de nomes terminados em *nildo*, como *Leonildo*, *Ronildo* etc. 2) Masculino de *Nilda*. Ver **Nilda** (1ª acepção).
Personal.: Nildo Parente, ator.

NILO
Do egípcio *itrw*, hebraico *yor*, grego *potamós*, lit. "o rio", nome aplicado com sentido genérico. Curiosamente, em sânscrito *nil* traduz-se por "azul", e Azul é o nome de um afluente que o Nilo (rio sagrado dos egípcios) recebe em Cartum, antes de atravessar a Núbia e o Egito.
Personal.: Nilo Chagas, cantor.
Variante(s): Nilo (*espanhol, italiano*); Nil (*francês*); Niilo (*nórdico*); Nilus (*latim*).

NÍLSON
O mesmo que *Nélson*. Ver **Nélson**.
Personal.: Nilson Condé, ator.
Feminino(s): Nilsa.

NÍLTON
Gentílico surgido de *Newton*, toponímico inglês formado de *new* (novo) e *town* (cidade), sign. "da (**natural, habitante da**) **cidade nova**". Não há relação deste nome com *Mílton*.
Personal.: Nilton Bicudo, ator.
Variante(s): Newton (*inglês*).

NÍSIO
Do latim *Nysius*, um dos cognomes de Baco, porque este deus teria fundado a cidade de Nysa. Ver **Dioniso**.
Feminino(s): Nísia (*português*).
Variante(s): Nysius (*latim*).

NIVALDO
Do germânico *Nivard*, de *niv* (jovem) e *hard* (forte), sign. "**jovem forte**".
Personal.: Nivaldo Lima, ator.
Variante(s): Nival (*francês*); Nivard (*francês*).

NOAH
Do hebraico *Noah*, lit. "**descanso, repouso**", correlato ao aramaico *nuah*, acadiano *nahu* (descansar) e etíope *naha* (ele estava estendido). Ver **Aramis**.
Personal.: Noah Berry Jr., ator

230   DICIONÁRIO DE NOMES

Variante(s): Noé (*português, espanhol, francês*); Noè (*italiano*); Noah (*inglês*).

NOEL

Do francês antigo *Nouel, Noel* – este último usado no norte da França –, tradução do latim *natalis*, sign. "**Natal**", que por sua vez é uma abreviação de *Christi natalis dies* ("dia do nascimento de Cristo"). Em certas regiões da França adotava-se *Nouvel*, de mesmo significado. Nomes que, como *Toussaint* ("dia de todos os Santos") e *Esprit* ("Espírito"), no século passado foram proibidos naquele país. Na Inglaterra, *Noel* foi nome de batismo dado às crianças de ambos os sexos nascidos no dia de Natal, tornando-se muito popular a partir de 1200.
Personal.: Noel Carlos, cantor.
Variante(s): Noel (*espanhol, francês, inglês, nórdico*); Noal, Nouvel (*francês*).

NORBERTO

Do germâncio *Nordberctus*, de *nort* (norte) e *berth* (famoso, ilustre, brilhante), sign. "**famoso homem do Norte**".

Personal.: Norberto Teixeira, ator.
Feminino(s): Norberta.
Variante(s): Norberto (*espanhol, italiano*); Norbert (*francês, inglês*); Nobert (*francês*).

NORIVAL

Gentílico de origem céltica, sign. "**natural (habitante) do vale do Norte**". Não confundir com *Lorival, Lourival*.
Personal.: Norival Reis, compositor.

NÓRMAN

Do inglês antigo *Northman*, alemão, antigo *Nordemann*, sign. "**homem do Norte**". Na Inglaterra foi um nome muito popular no período anterior à conquista normanda, desaparecendo por volta do séc. XIV, para ser redivivo nos tempos atuais. Na Escócia, onde continuou a ser usado, substitui o nativo *Tormond*.
Personal.: Norman Burton, ator.
Feminino(s): Norma.
Variante(s): Norman (*inglês*); Northman (*inglês antigo*).

NÓRTON

Nome de residência originário do inglês antigo *Noroton, Nor-*

tuna, Nortune, Nordtone, Norotune, Nortun, inglês moderno *Norton.* A tradução usual é "da cidade do Norte", mas a interpretação correta do nome é: "da residência (aldeia) situada ao norte (de outra)".

Personal.: Norton Nascimento, ator.

Variante(s): Norton (*inglês*).

NUNO
Do latim *Nonniu,* calcado em *nonnus,* que na linguagem infantil significava "pai; aio". Nome encontrado em obras portuguesas redigidas nos séculos XIII, XIV e XV, na forma *Nunho,* talvez por influência do espanhol *Nuño.*

Personal.: Nuno Leal Maia, ator.

Variante(s): Nuño (*espanhol*).

O

OBERDAN
Do sobrenome francês *Hoberdon*, diminutivo de *Hobart* (antigo *Hobert*), calcado em *habe*, sign. "falcão" ou "esmerilhão", ambas, aves de rapina. É provável que primitivamente tenha sido cognome dado a um homem rapace.
Personal.: Oberdan Júnior, ator.
Variante(s): Oberdã (*português*); Hoberdon (*francês*).

ODAIR
Do germânico, o mesmo que *Oto, Oton*. Ver Oto.
Personal.: Odair José, cantor.

ODEMIR
Do árabe, corruptela de *wad-Emir*, sign. "rio (água) do Emir". O nome vem de um rio da vila portuguesa de *Odemira*, à qual deve ter dado o nome, localizada na província de Alentejo, que já existia na época romana. Do nome da cidade originou-se o antropônimo.

Variante(s): Odemiro (*português*).

ODÍLIO
Do *germânico,* diminutivos de *Oto*, e este, calcado no tema *od, ot* (*aud, odo*), que dá ideia de bens, posses, sign. "rico; opulento". Ver **Audir, Audo, Odair** e **Oto**, nomes aos quais equivale.
Feminino(s): Odília.
Variante(s): Odálio, Odélio, Odilo, Odylo, Otílio (*português*); Odilón (*espanhol*); Odilóne (*italiano*); Odilon (*francês*); Odell (*inglês*); Odelio (*germânico*).

ODILO
Do belga *Odilo*, o mesmo que *Odílio*. Ver Odílio.
Personal.: Odylo Costa Filho, escritor; Odilo Azevedo, ator.
Feminino(s): Odila.

ODILON
Do francês *Odilon*, o mesmo que *Odílio*. Ver Odílio.
Personal.: Odilon Wagner, ator; Odilon Redon, pintor francês.

ODIR

Nome com dois étimos. 1) Hipocorístico de *Odirlei*. 2) O mesmo que *Oto*. Ver **Odirlei** e **Oto**.

ODIRLEI

De *Adderley*, toponímico originado do inglês antigo. O primeiro elemento é o antropônimo *Aldred*. O segundo é *leah* (lugar aberto em uma floresta; terreno desmoitado; clareira). O nome refere-se a alguém que residia em um "terreno (clareira) localizado numa floresta pertencente a (um) Aldred". As variantes do toponímico são *Addredeleye*, *Aldedeslega*, *Aldrideleye*, *Eldredelei*. Variante(s): Aderlei, Aderley, Adirlei, Adirley, Dirlei, Dirley, Odirley ((*português*).

ODORICO

Do germânico *aud*, *odo*, *od*, oto, tema que dá ideia de bens, posses, propriedades, e *rik* (senhor, príncipe), sign. "senhor da propriedade".
Personal.: Odorico Mendes, poeta, escritor.
Variante(s): Odorico (*espanhol, italiano*); Odorique (*francês*).

ODUVALDO

O mesmo que *Edvaldo*. Ver **Edvaldo**.
Personal.: Oduvaldo Vianna Filho, dramaturgo; Oduvaldo Cozzi, radialista.

OIAMA

Do japonês *Oyama*, lit. "montanha grande".
Variante(s): Oyama (*português, japonês*).

OLAVO

Do germânico *Olafr*, antigo nórdido *An-leifr*, *Aleifr*, composto de *ano* (ancestral, antepassado) e *leifr* (herança, legado, resto), correlato ao inglês antigo *laefan*, sign. "herança dos ancestrais" ou "a herança ancestral". É um dos nomes favoritos nos países nórdicos, quando ali surgiu por volta do ano 1000. Em Gales é usado para substituir o nativo *Amhlaibh* (Aulay) e na Irlanda substitui *Humphrey*.
Personal.: Olavo Caldas, compositor.
Variante(s): Olao, Olavo (*espanhol*); Olaf (*espanhol, alemão, norueguês*).

234   DICIONÁRIO DE NOMES

OLDAIR
De origem germânica, calcado no tema *wald*, *oldo*, sign. "governante; governador".
Personal.: Older Cazarré, ator.
Feminino(s): Olda.
Variante(s): Older, Oldir (*português*).

OLDEMÁRIO
O mesmo que *Adelmar*. Ver Adelmar.
Personal.: Oldemário Touguinhó, cronista esportivo.

OLDER
O mesmo que *Oldair*. Ver Oldair.

OLEGÁRIO
Do germânico *Oilagar*, de *oila*, *ola* (bens, patrimônio) e *egar* (lança), sign. "lança que defende seus bens". Equivale a *Edgar*. Ver "lança" na seção Simbologia.
Personal.: Olegário de Hollanda, ator.
Variante(s): Oldegar, Oldegário (*português*); Oger (*espanhol, italiano*); Ogier (*francês antigo, inglês*).

OLÍMPIO
Do grego *olympos*, latim *Olympius*, *Olympia*, *Olympium*, sign. "consagrado a Zeus olímpico".
Personal.: Olímpio de Sousa Andrade, escritor; Olímpio Araújo, pintor.
Feminino(s): Olímpia.
Variante(s): Olimpião (*português*); Olimpio (*espanhol*); Olympio (*francês*).

OLIMPO
Do latim *Olympus*, *Olympi*, origina-se do grego *Ólympos* e é a denominação mitológica da morada celeste dos deuses do panteão helênico. Tornou-se antropônimo e sua origem está na raiz *lap* (brilhar), com o significado de "brilhante; todo resplandecente".
Personal.: Olympe de Gouyes, romancista francês; Olympe Bradna, ator.
Variante(s): Olympe (*francês*).

OLINDO
Do grego *Ólynthos*, latim *Olynthus*, do nome de uma cidade da Trácia, sign. "figo que não amadurece". O nome sofreu uma alteração na sua forma original, com a mudança do *t* para o *d*. *Olinto* transformou-se em *Olindo*. Ao contrário do que supõem algumas fontes, a variante *Olindo* não tem relação etimológica com *Olinda*, no que diz respeito

NOMES MASCULINOS 235

a uma suposta origem surgida da exclamação "ó linda", que teria deixado escapar um galego criado por Duarte Coelho ao deparar com o sítio que hoje é a cidade de Olinda, em Pernambuco, Brasil.
Personal.: Olindo Dias, ator.
Feminino(s): Olinda, Olinta.
Variante(s): Olinto (*português*); Olindo (*espanhol, italiano*); Olynthe (*francês*); Olynthos, Olynthus (*latim*).

OLIVÉRIO
Do francês antigo *Olivier*, lit. "oliveira". O nome não tem relação etimológica com *Olafr* (Olavo) ou com *Alfihari, Alfiher* (o exército dos elfos), como sugeriu um autor. **Ver "oliveira" na seção Simbologia.**
Personal.: Olivério Kosta Popovitch, atl. olímp. bras.
Feminino(s): Olivéria.
Variante(s): Olivário (*português*); Oliverio (*espanhol*); Oliviero (*italiano*); Olivier (*francês*); Oliver (*inglês, alemão*); Olivarius (*latim*).

OLÍVIO
Masculino de *Olívia*. **Ver Olívia.**
Personal.: Olívio Montenegro, escritor.
Variante(s): Olivo (*espanhol*).

OLNEI
De *Olney*, nome originário de um toponímico *inglês,* com dois étimos. 1) De *Ollaneg, Olnei*, sign. "da ilha de Olla". *Olla* é um nome próprio de étimo desconhecido. 2) Do inglês antigo *ana leah, Anelegh, Olney*, sign. "clareira (atalho ou caminho em uma floresta) descampada". Primitivamente tornou-se nome de residência dado a um morador de um lugar com esta característica.
Personal.: Olney Cazarré, ator.

OMAR
Nome com dois étimos. 1) Do árabe *ámara* (viver muito), sign. "o que tem uma longa vida". 2) Do germânico *Otmar*, o mesmo que *Audomar, Audomário*. **Ver Audomário.**
Personal.: Omar Sharif, ator.
Feminino(s): Omara.
Variante de ambas as acepções: Omar (*espanhol, italiano*).
Variante(s) da 2ª acepção: Ottmar (*sueco*); Omár, Omari (*russo*).

ONOFRE
Do germânico *Hunifrid*, de *hun* (gigante, força) e *frith, frid* (paz), sign. "suporte da paz; força da paz", com influência do grego

236 DICIONÁRIO DE NOMES

Onouphrios. A variante inglesa *Humphrey* sofreu a influência de *Geoffrey* (Jofre). A variante latina *Onuphrius* vem do francês antigo *Onfroi* e este, do inglês antigo *Hunfrith*, o que prova o equívoco de um autor que derivou do egípcio *Onufi* ("boi preto, sagrado").
Personal.: Onofre Gasola, ator.
Variante(s): Humfredo, Onofre (*espanhol*); Onòfrio, Onofredo (*italiano*); Humfroy, Onfray, Onfroi (*francês*); Humphrey, Humpry (*inglês*).

ORESTES
Do grego *Oréstes*, de *óros* (montanha), sign. "**montanhês; que mora numa montanha**". Equivale ao hebraico *Aarão*.
Personal.: Orestes Barbosa, compositor.
Variante(s): Orestes (*espanhol*); Oreste (*italiano, francês*); Orest (*inglês, alemão*).

ORIEL
Nome com dois étimos. 1) Do hebraico *Oriel*, sign. "**Deus é luz**". O mesmo que *Uriel*. 2) Do germânico *Aurildis*, *Orieldis*, composto de *aus* (fogo) e *hildi* (luta, disputa), sign. "**aquele que luta com vigor**". Esta variante germânica, primitivamente do gênero feminino, foi introduzida na Inglaterra pelos normandos (séc. XII), nas formas *Oriolt*, *Oriolda*, *Oriholt*, *Oriel*.
Personal.: Oriel Pereira do Valle, jornalista.
Variante(s) da 1ª acepção: Uriel (*português, inglês, hebraico*); Uria, Urias (*hebraico*).

ORÍGENES
Do grego *Origénes*, e este, do egípcio *Har*, *Hor* (Hórus) e do grego *genes* (descendência), sign. "**descendente de Hórus**". Horus foi um deus do panteão egípcio.
Personal.: Orígenes Lessa, escritor.
Variante(s): Orígines (*português*); Orìgene (*italiano*); Origène (*francês*).

ORLANDO
Variante de *Rolando*. Ver Rolando.
Personal.: Orlando Drummond, ator.
Variante(s): Orlando (*italiano*).

OSCAR
Do inglês antigo *Osgar*, composto de *os* (deus) e *gar* (lança), sign. "**lança de Deus; combatente divino**". O nome corresponde ao *nórdico Asgeirr*, usado na Inglaterra

antes da conquista normanda, tendo surgido em poemas irlandeses sob a forma *Osgar*.
Personal.: Oscar Magrini, ator.
Feminino(s): Oscarina.
Variante(s): Óscar (*espanhol*); Oscar (*italiano francês, inglês, nórdico*); Oskar (*alemão, nórdico*).

OSEAS
Do hebraico *Oshea*, lit. "salvo". Alguns autores traduzem incorretamente por "Jeová (Deus) salva" ou "salvo por Deus". Ocorre que este foi o nome de um filho de Num, o qual Moisés mudou para Josué – o mesmo que Jesus –, do hebraico *Yesua*, transformação de *Ioshua*, Jehoshea, de *Jeh* (Jeová) e *oshea* (salvo). Na decomposição dos elementos de *Jehoshea*, a diferença pode ser notada.
Personal.: Oséas Lima, ator.
Variante(s): Oseias (*português*); Oseas (*espanhol*); Osèa (*italiano*); Hosea (*inglês*); Hoseah, Osea, (*hebraico*).

OSIAS
Forma grega do hebraico *Uzziah*, lit. "força (fortaleza) de Deus; minha força é Deus". Equivale a *Oziel*.

Variante(s): Ozias, Uzias (*português*).

OSIEL
O mesmo que *Oziel*. Ver Oziel.

OSÍRIS
Do zenda *Ahura* (sânscrito *Asura*), que passou ao egípcio através das formas *Asura, Asuris, Asiris, Osiris*, sign. "sopro (espírito) criador; Espírito Supremo; ser espiritual ou divino". É o "hálito de vida, universal, o princípio, criador do calor e sua manifestação". Na obra "O véu de Ísis", Plutarco deriva o nome do egípcio *os* (muito) e *isi* (olho), e traduz por "o que tem muitos olhos", que ganhou este significado adicional na assimilação egípcia do sentido original, visto que no antigo Egito, Osíris era a personificação do Sol em eterna luta contra Seth, ou o princípio das trevas. **Ver Donozor.**
Personal.: Osiris Parcifal, ator.
Variante(s): Osires, Ozíris, Ozires (*português*); Osisire (*espanhol*).

OSMAN
Nome com dois étimos. 1) Do germânico *Ansemund, Osmond, Osmund, Osman*, de *os* (ases),

238 DICIONÁRIO DE NOMES

nome dos deuses benfazejos do panteão escandinavo, e *munto* (proteção), sign. "**protegido pelos ases (deuses)**". A forma germânica do nome corresponde ao *nórdico Asmundr*, usado na Inglaterra na época anterior à conquista normanda. 2) Do árabe *Uthmán*, turco *Othman*, nome do fundador do império otomano, derivado de *Othmandjik*, vila ao sul de Sinope, onde ele teria nascido. O étimo é desconhecido.
Personal.: Osman Lins, escritor.
Variante(s) da 1ª acepção: Osmane, Osmânio, Osmano (*português*); Osmundo (*português, espanhol*); Osmondo (*italiano*); Osmont (*francês*); Osmond (*francês, inglês, germânico*); Osman, Osmand (*inglês*).
Variantes 2ª acepção: Osmânio, Osmano (*português*); Ottoman, Uthmán (*árabe*); Othman (*árabe*).

OSMANI
Do turco *Osmanli*, sign. "**de Osman**". Ver Osman (2ª acepção).
Personal.: Osmani Costa, jornalista.
Variante(s): Hosmani (*português*); Osmanli (*turco*).

OSMAR
Do germânico *Ansmar, Ansmir*, de *os* (ases), termo designativo dos deuses benfazejos do panteão escandinavo, e *mar, mir* (brilho, glória), sign. "**glória dos ases (deuses)**".
Personal.: Osmar Prado.
Variante(s): Osmir, Osmiro (*português*); Ansemar (*germânico*).

OSMIR
O mesmo que *Osmar*. Ver Osmar.

OSNI
Nome de étimo incerto. Do hebraico *Ozni*, provavelmente sign. "orelha", por extensão, "minha audição" e "atento".
Personal.: Osni Silva, cantor.
Feminino(s): Oseni.
Variante(s): Osny (*português*); Ozni (*inglês, francês*).

OSÓRIO
1) Metátese antiga de *Orósio*, atraída pela terminação *ius* (latim *Orosius*), sign. "**montanhês**", nome que equivale ao hebraico *Abraão* e ao grego *Orestes*. 2) De origem basca, sign. "**matador de lobos**". 3) Ou ambas as hipóteses. Neste caso, o nome teria dois étimos.
Personal.: Osório Polico, ator.

OSVALDO

Osvaldo, do germânico *Ansovald*, de *os* (ases) e *walt* (força), sign. "força (poder) dos ases (deuses)". Os *ases* são deuses benfazejos do panteão escandinavo.
Personal.: Osvaldo Loureiro, Ozualdo Candeia atores; Oswald de Andrade, escritor.
Feminino(s): Osvalda.
Variante(s): Osualdo, Ozualdo (*português*); Oswaldo (*português, espanhol*); Osvaldo (*espanhol, italiano*); Ansaldo (*italiano*); Oswald (*francês, inglês*); Orwell, Osvald (*inglês*).

OSVALDINO

Forma relativa de *Osvaldo*, sign. "de (pertencente a; da natureza de) Osvaldo". Ver Osvaldo.
Personal.: Oswaldino Marques, escritor.
Feminino(s): Osvaldina.
Variante(s): Oswaldino (*português*).

OSVINO

Do germânico *Ansewin*, de *Anse, ansi, os* (ases), termo designativo dos deuses do panteão escandinavo, e *wine* (amigo), sign. "amigo dos ases; amigo dos deuses".
Feminino(s): Osvina.

Variante(s): Ansuíno, Osuíno (*português*); Ansovino (*espanhol, italiano*); Oswin (*inglês, alemão*).

OTACÍLIO

Nome provavelmente originário do grego *otakoustés*, através do latim *Octaciliu*, sign. "o que escuta".
Personal.: Otacílio Lessa, educador.
Feminino(s): Otacília.
Variante(s): Octacílio (*português*).

OTAVIANO

Forma relativa de *Otávio*, sign. "de (pertencente a; da natureza de) Otávio". Ver Otávio.
Personal.: Otaviano Monteiro (Fon-Fon), compositor; Otaviano Cabral, jornalista.
Feminino(s): Otaviana.
Variante(s): Ottaviano (*italiano*); Octavien (*francês*).

OTÁVIO

Do latim *Octavius*, de *octavus*, sign. "oitavo". Dado pelos romanos ao oitavo filho, foi nome de uma *gens* cujo mais famoso membro foi o Imperador Augusto.
Personal.: Otávio Augusto, Otávio Muller, atores; Octav Bancilla, pintor romeno.
Feminino(s): Otávia.

240 DICIONÁRIO DE NOMES

Variante(s): Octávio (*português*); Octavio (*espanhol*); Ottàvio (*italiano*); Octave (*francês*).

OTELO
Diminutivo de *Oto*. Ver Oto e Odílio.
Personal.: Otelo Zeloni, ator.
Variante(s): Otelo (*espanhol*); Otello (*italiano*); Othello (*inglês*).

OTÍLIO
O mesmo que *Odílio*. Ver Odílio.
Personal.: Otílio Almeida, ator; Otilo Fernandes, escritor.

OTILO
O mesmo que *Odílio*. Ver Odílio.
Personal.: Otilo Fernandes, escritor.

OTO
Do germânico *Audo*, *Eutha*, *Odo*, *Otton*, calcado no tema *od*, *ot* (*aud*, *odo*), que dá ideia de bens, posses, sign. "rico; opulento; poderoso". Ver Odílio.
Variante(s): Audir, Eudes, Odair, Otão, Oton (*português*); Audo (*português, francês*); Othón, Otón (*espanhol*); Otto (*espanhol, inglês, alemão, nórdico*); Eude (*italiano*); Odon, Othon (*francês*).

OTON
O mesmo que *Oto*. Ver Oto.
Personal.: Othon Bastos, ator.

OTONIEL
Do hebraico *Athniel*, sign. "leão de Deus".
Personal.: Otoniel Serra, ator; Otoniel Menezes, poeta.
Variante(s): Othoniel, Otni, Otniel (*português*); Othniel (*inglês*).

OVÍDIO
Do latim *Ovidius*, calcado em *ovis*, *is*, lit. "ovelha". Por extensão, "indivíduo de gênio pacífico".
Personal.: Ovídio Barroso, músico; Ovídio Chaves, compositor.
Variante(s): Ovidio (*espanhol*); Ovìdio (*italiano*); Ovide (*francês*); Ovid (*inglês*).

OZIEL
Do hebraico *Uziel*, sign. "força (fortaleza) de Deus; força do Senhor". Equivale a *Osias*. Ver Osias.
Personal.: Osiel Johnson, Osieku Danell, músicos.
Variante(s): Osiel (*português*); Uziel (*português, inglês*).

P

PASCOAL

Nome dado antigamente às crianças que nasciam durante a *Páscoa*. Em Portugal, foi encontrado em documentos datados dos séculos XVII e XVIII.

Personal.: Paschoal Villaboim, ator; Pascoal Carlos Magno, teatrólogo, escritor; Pascal Barré, atl. olímp. francês.

Feminino(s): Pascoalina, Pascualina.

Variante(s): Paschoal (*português*); Pascual (*espanhol, francês*); Pasquale (*italiano*); Pascal (*francês, inglês*); Pasqual (*francês*); Pascoe (*inglês*).

PASCOALINO

Masculino de *Pascoalina*, e este, feminino de *Pascoal*. Ver Pascoal.

Personal.: Pascoalino Melantônio, ensaísta.

Variante(s): Pascualino (*português*); Pasqualino (*italiano*).

PATRÍCIO

Do latim *Patricius*, sign. "patrício; nobre", nome relacionado com os descendentes dos primeiros senadores estabelecidos por Rômulo, em Roma. O nome se origina de patres, que, jurídica e politicamente, têm o sentido "de pai livre ou nobre", opondo-se a "plebeu". A dignidade de patrício foi instituída em Roma pelo Imperador Constantino, e era concedida ao indivíduo da classe dos nobres. No séc. XII, foi um nome muito comum no Norte da Inglaterra, e hoje é um dos mais populares na Irlanda, na forma nativa *Padraig*.

Personal.: Patrício Teixeira, músico.

Variante(s): Patricio (*espanhol*); Patrizio (*italiano*); Patrice (*francês*); Patrick (*francês, inglês, holandês, belga, nórdico*); Paterick, Patrycke, Pattrik (*inglês antigo*); Patricius (*latim*).

PAULINO
Forma relativa de *Paulo*, sign. "de (pertencente a; da natureza de) Paulo". Ver Paulo.
Personalidades: Paulino Chaves, Paulino Sacramento, compositores; Paulin Alexandre, atl. olímp. francês.
Feminino(s): Paulina.
Variante(s): Paulino (*espanhol*); Paolino (*italiano*); Paulin (*francês, inglês*); Paulinus (*inglês, latim*).

PAULO
Do latim *Paullus*, de *paullo*, sign. "pouco; de baixa estatura". Na Inglaterra, ocorreu antes da conquista normanda, como nome adotado apenas pelos monges.
Personal.: Paulo José, Paulo Gracindo, Paul Newman, atores; Pablo Neruda, poeta chileno.
Feminino(s): Paula.
Variante(s): Pablo (*espanhol*); Paol, Paolo (*italiano*); Paul (*francês, inglês, alemão*).

PEDRO
Do grego *Pétros*, de *petra*, lit. "pedra", tradução do aramaico *Cephas*, dado por Jesus a Simão, filho de Jonas. Desde a Antiguidade tem sido um dos nomes cristãos mais comuns. Em Portugal, surgiu pela primeira vez na forma *Petrus*, por volta do séc. IX. Na Inglaterra, foi introduzido pelos normandos na variante francesa *Piers*, tornando-se logo popular; *Peter* não foi encontrado antes do séc. XIV, mas *Petyr*, em 1335. Nome de 200 santos.
Personal.: Pedro Cardoso, ator.
Feminino(s): Pedra.
Variante(s): Pedro (*espanhol*); Pero, Pier, Piero, Pietro (*italiano*); Pierre (*francês*); Peter (*inglês, alemão*); Pierce (*inglês antigo*); Pieter (*alemão*); Petrus (*alemão, latim*).

PERI
Nome com dois étimos. 1) Do tupi-guarani *pi'ri*, sign. "junco". 2) Do persa *Peri*, derivado do zende *pairika*, sign. "fada", nome genérico dos gênios (masculinos e femininos) benéficos e fantásticos da cosmogonia iraniana. Segundo a tradição, alimentam-se das flores e às vezes unem-se aos homens, gerando daí filhos de grande e inigualável beleza.
Personal.: Peri Ribeiro, cantor.

PÉRICLES
Do grego *Periklês*, do sufixo aumentativo *peri*, e de *kléos* (glória, fama), sign. "o muito glorioso (famoso)".

NOMES MASCULINOS 243

Personal.: Péricles Rosa, ator.
Variante(s): Pericles (*espanhol*); Pèricle (*italiano*); Périclès (*francês*); Perikles (*alemão*).

PERRI
Do inglês *Perry*, diminutivo de *Peter* (Pedro). Ver **Pedro**.
Personal.: Perry Salles, ator.
Variante(s): Perry (*inglês*).

PERSÍLIO
Forma relativa de *Perseu*, sign. "de (pertence a; da natureza de) Perseu". Ver Perseu.

PÉRSIO
Significa "**natural (habitante) da Pérsia**".
Personal.: Pérsio Moreira da Rocha, compositor.
Variante(s): Pércio (*português*); Perse (*francês*); Persius (*latim*).

PETRARCA
Do grego *pétros* (pedra) e *arki* (governo), lit. "**governo de pedra**", por extensão "**governo duro (forte); que governa com dureza**".
Personal.: Petrarca Maranhão, poeta.

PETRÔNIO
Do latim *Petronius*, nome que apresenta dúvidas quanto ao significado. 1) De *petra*, lit. "**pedra**". 2) Ou de *petronius*, "**cão que caça em penhascos**", primitivamente alcunha dada a um criador dessa espécie animal. Este é o étimo provável.
Personal.: Petrônio Gontijo, ator.
Variante(s): Petronio (*espanhol*); Petrònio (*italiano*); Pétrone (*francês*); Petronius (*belga*).

PIO
Nome com dois étimos, dado a muitos papas. 1) Do latim *Pius*, lit. "**cumpridor do dever; honrado; piedoso; sagrado**". 2) Masculino de *Pia*. Ver Pia (1ª acepção) e Eusébio.
Personal.: Pio Correia, filólogo.
Variante(s): Pío (*espanhol*); Pio (*italiano*); Pie (*francês*); Pius (*latim*).

PLÁCIDO
Do latim *Placidus*, lit. "**plácido; sereno**". Em Portugal, nome encontrado em registros datados da segunda metade do séc. XVII.
Personal.: Plácido Rocha, ator.
Feminino(s): Plácida.
Variante(s): Plácido (*espanhol*); Plàcido (*italiano*); Placide (*francês*); Placidus (*belga, latim*).

PLAUTO
Do latim *Plautus*, sign. "aquele que tem os pés chatos (ou largos)".
Personal.: Plauto Cruz, compositor.
Variante(s): Plauto (*espanhol*); Plàuto (*italiano*); Plaute (*francês*); Plautus (*latim*).

PLÍNIO
Do latim *Plinius*, de *plenus, a, um*, lit. "completo; cheio; pleno". Por extensão, "rico; abundante".
Personal.: Plínio Marcos, dramaturgo.
Variante(s): Plinio (*espanhol*); Plìnio (*italiano*); Pline (*francês*); Pliniu (*romeno*); Plinius (*alemão, holandês, belga, latim*); Plínij (*russo*).

POMPEU
Do latim *Pompejus*, e este, do osco-umbro, o mesmo que *Quintus*, lit. "quinto", nome dado ao quinto filho.
Personal.: Pompeo Batoni, pintor italiano.
Variante(s): Pompeio (*português*); Pompeyo (*espanhol*); Pompèo (*italiano*); Pompée (*francês*); Pompejus (*alemão, latim*).

POMPÍLIO
Do latim *Pompilius*, forma relativa de *Pompeu*, sign. "de (pertencente a; da natureza de) Pompeu". Ver Pompeu.
Variante(s): Pompilio (*espanhol*); Pompìlio (*italiano*).

PONCIANO
Forma relativa de *Pôncio*, sign. "de (pertencente a; da natureza de) Pôncio". Ver Pôncio.
Personal.: Ponciano Barbosa, escritor.
Feminino(s): Ponciana.
Variante(s): Ponciano (*espanhol*); Ponziàno (*italiano*).

PÔNCIO
Do grego *pontios*, sign. "do mar: marinho". Equivale a *Marinho*. Ver Maria e Marinho.
Personal.: Pontus Hanson, atl. olímp. sueco.
Feminino(s): Pôncia.
Variante(s): Poncio (*espanhol*); Ponce (*espanhol, francês*); Pònzio (*italiano*).

PORFÍRIO
Do grego *Porphyrios*, de *porphyreos* (púrpura, vermelho), sign. "revestido de púrpura". Por extensão, "rei".
Personal.: Porfírio Costa, compositor.
Feminino(s): Porfíria.

NOMES MASCULINOS 245

Variante(s): Porphírio (*português*); Porfírio (*espanhol*); Porfirio (*italiano*); Porphyre (*francês*).

POSSIDÔNIO
Do grego *Posidónios*, através do latim *Posidonius*, sign. "**consagrado a Poseidon**". Poseidon é o nome do mitológico deus grego dos mares e dos tremores de terra, cujo significado é "Senhor da terra".
Personal.: Possidônio Cezimbra Machado, escritor.
Variante(s): Posidônio, Possídio (*português*).

PRISCILIANO
Forma relativa de *Priscilo*. Ver Priscilo.
Feminino(s): Prisciliana.
Variante(s): Presciliano (*português*); Prisciliano (*espanhol*); Priscillien (*francês*).

PRISCILO
Diminutivo de *Prisco*, sign. "**de (pertencente a; da natureza de) Prisco**". Ver Prisco.
Feminino(s): Priscila.

PRISCO
Do latim *Priscus*, sign. "o antigo; o velho; o venerável". Equivale a *Gerôncio*.

Personal.: Prisco Viana, político.
Feminino(s): Prisca.
Variante(s): Prisco (*espanhol, italiano*).

PROCÓPIO
Do grego *Prokópios*, de *prokope* (progresso), sign. "**aquele que progride; aquele que leva adiante (as coisas)**".
Personal.: Procópio Mariano, Procópio Ferreira, atores.
Variante(s): Procopio (*espanhol*); Procòpio (*italiano*); Procope (*francês*); Prokop (*alemão, polonês*); Procopius (*belga, latim*).

PRUDÊNCIO
Do latim *Prudentius*, de *prudens, prudentis*, sign. "o que vê adiante; prudente; previdente".
Personal.: Prudêncio do Amaral, escritor.
Variante(s): Prudente (*português, espanhol*); Prudènzio (*italiano*); Prudent (*francês*).

PRUDENTE
O mesmo que *Prudêncio*. Ver Prudêncio.
Personal.: Prudente de Morais Filho, político.

Q

QUINTILIANO

Forma relativa de *Quintílio*, sign. "de (pertence a; da natureza de) Quintílio". Por extensão, tem o significado de "**retórico**", relacionando-se a Marco Fabio Quintiliano, célebre orador romano nascido no ano 30 da era cristã, que teve como discípulos Plínio e Adriano, e cujos discursos eram vendidos nas livrarias. Ver Quintílio.
Personal.: Quintiliano Jardim, poeta.
Feminino(s): Quintiliana.
Variante(s): Cintiliano (*português*); Quintiliano (*espanhol, italiano*); Quintilien (*francês*).

QUINTÍLIO

Quintílio, do latim *Quintilius*, lit. "nascido no quintil", ou seja, no quinto mês (julho) do primitivo calendário romano.
Feminino(s): Quintília.
Variante(s): Quintilio (*espanhol, italiano*); Quintilius (*latim*).

QUINTINO

Do latim, diminutivo de *Quintus* (Quinto). O nome, relacionado ao quinto filho, foi encontrado em Portugal, em documentos datados dos séculos XVII e XVIII. Na Inglaterra, surgiu no séc. XI, na forma *Quentin*.
Personal.: Quintino Macedo, poeta.
Feminino(s): Quintila, Quintina.
Variante(s): Quintín (*espanhol*); Quintino (*italiano*); Quentin (*francês, inglês, belga*); Quintin (*inglês*).

QUIRINO

Do grego *Kyrînos*, através do latim *Quirinus*. O nome vem de *Kiros*, lit. "o Sol", confundindo-se com uma palavra sabina que é traduzida por "lança". Esta é a razão por que alguns autores dão-lhe o significado "o que brande a lança". Este que brande a lança, entretanto, é o deus Jano Quirino, o sol armado de lança, que possui os mesmos atributos de Palas, Marte e Odin, entes solares que dispersam as trevas com a lança de seus raios. Ciro também tem o significado de "senhor; que tem plena autoridade". *Quirino* é o relativo de *Ciro*, sign. "de (pertencente a; da natureza de) Ciro". Ver Ciro.

Personal.: Quirino dos Santos, poeta.
Feminino(s): Quirina.
Variante(s): Cirino, Clínio, Clino (*português*); Quirino (*espanhol*); Quirìno (*italiano*); Quirin (*francês*).

R

RADAMÉS

Do egípcio *Ramses*, sign. "o deus Rá procriou; filho de Rá (o Sol)", através do espanhol *Radamés*.
Personal.: Radamés Gnattali, compositor.
Variante(s): Ramsés (*português*).

RAFAEL

Do hebraico *Rephael*, sign. "curado por Deus; Deus curou". O primeiro elemento do nome vem de *raphá* (ele curou), correlato ao siríaco *repha* (ele curou) e árabe *ráfa'a'* (ele melhorou, ele se restabeleceu). Nome muito usado por judeus e cristãos italianos durante a Idade Média.
Personal.: Rafael Calomeni, ator.
Feminino(s): Rafaela.
Variante(s): Rafael (*espanhol*); Raffaele, Rafaello (*italiano*); Raphel (*francês*); Raphael (*francês, inglês*).

RAIMUNDO

Do germânico *Ragnemundus*, de *ragin* (conselho) e *mundo* (proteção), sign. "sábio protetor; aquele que protege com seus conselhos".
Personal.: Raimundo Fagner, cantor bras.
Feminino(s): Raimunda.
Variante(s): Raimundo, Rámon (*espanhol*); Raimondo (*italiano*); Raimond, Raymon (*francês*); Raymond (*francês, inglês*); Raymund (*inglês*).

RAINER

Do germânico *Raganher*, composto de *ragan*, *ragin* (conselho) e *harja* (povo, multidão), sign. "conselheiro do povo", através do inglês antigo *Rayner*, *Rainer*. Houve um antigo correspondente inglês, *Regenhere*, pouco usado. As variantes *Rayner*, *Rainer*, surgiram na Inglaterra medieval, introduzidas pelos normandos. Há uma variante portuguesa,

Ragnério, originada do francês *Régnier*.

Personal.: Raniere Gonzales, ator; Rainer Maria Rilke, poeta tcheco.

Variante(s):, Ragnério, Rainério, Rainerto, Ranieri, Raniério, Reinerto (*português*); Rainerio, Reinerio (*espanhol*); Rainèri, Ranieri, Raniero (*italiano*); Régnier (*francês*); Rainer, Reiner (*inglês, alemão*).

RAÍS
Masculino de *Raísa*. **Ver Raísa.**

RAMIRO
Do germânico *Ranimir*, sign. "guerreiro famoso (célebre, ilustre)". Em Portugal, nome que surgiu na primeira metade do séc. XII, em documentos datados de 1101 a 1107, na forma *Ranemirus*.

Personal.: Ramiro Frota Barcelos, escritor.

Feminino(s): Ramira.

Variante(s): Ramiro (*espanhol*); Ramìro (*italiano*); Ramire (*francês*).

RAMON
Do espanhol *Ramón*, o mesmo que *Raimundo*. **Ver Raimundo.**

Personal.: Ramon Ortiz, poeta.

Variante(s): Ramón (*espanhol*).

RANDOLFO
Do inglês antigo *Randwul*, de *rand* (escudo, proteção) e *wulf* (lobo), sign. **"lobo (guerreiro) protetor"**. Nome muito comum na Inglaterra antes da conquista normanda, onde apareceu na Idade Média, nas variantes *Ranulf* e *Randal*, latinizadas *Rannulfus* e *Randulfus*. Em Portugal, foi encontrado na forma *Randulfus*, em obras escritas no período que vai de 1125 a 1139.

Personal.: Randal Juliano, apresentador de TV bras.

Variante(s): Ranulfo (*português, espanhol*); Randolfo, Ranolfo (*espanhol, italiano*); Randolphe (*francês*); Randall, Randolf. Randolph (*inglês*).

RANIERI
O mesmo que *Rainer*. **Ver Rainer.**

RANULFO
O mesmo que *Randolfo*. **Ver Randolfo.**

Personal.: Ranulfo Goulart, poeta.

RAUL

Raul, do francês *Raoul*, e este, latinização do germânico *Rathwulf*, *Radulf*, sign. "**lobo conselheiro**". Por extensão, "**combatente prudente**". Não confundir com *Rodolfo*.
Personal.: Raul Cortez, Raul Gazolla, atores; Raul Bopp, escritor; Raoul Dupy, pintor francês.
Feminino(s): Raulina.
Variante(s): Raúl (*espanhol*); Raul (*italiano, francês, inglês*); Ralf, Ralph (*inglês*); Raolf (*alemão*).

RAULINO

Masculino de *Raulina* e este, feminino de *Raul*. Ver **Raul**.
Variante(s): Raulin, Roulin (*francês*); Raoulin, Raulyn, Rawlin (*inglês antigo*).

RAVI

Do sânscrito *Ravi*, sign. "**o Sol**". Nos "Vedas" é um dos doze Adityas, ou filhos de Aditi, a deusa-mãe ou o espaço cósmico. À mesma raiz está preso o nome do deus supremo dos finlandeses – *Rava* – criador dos deuses do fogo e do ar.
Personal.: Ravi Shankar, músico indiano.
Variante(s): Ravi (*indiano*).

REGINALDO

Do germânico *Reginald*, de *ragan* (conselho) e *wald* (governador), sign. "**o que governa por meio de conselhos**". Na Inglaterra medieval, apareceu nas variantes *Rainald* e *Reynold*, às vezes latinizado *Rainaldus, Reynoldus* e *Reginaldus*.
Personal.: Reginaldo Faria, ator.
Variante(s): Ronaldo (*português*); Reinaldo (*português, espanhol*); Rinaldo (*português, italiano*); Reynaldo (*espanhol, francês*); Reginaldo (*italiano*); Reginalde (*francês*); Reginald (*inglês, alemão*).

RÉGIS

Masculino de *Regina*. Ver **Regina**.
Personal.: Régis Monteiro, ator.
Variante(s): Régio (*português*); Rèzio (*italiano*); Regis (*inglês*).

REINALDO

O mesmo que *Reginaldo*. Ver **Reginaldo**.
Personal.: Reinaldo Gonzaga, ator.
Variante(s): Reynaldo (*espanhol*); Reynald (*inglês*).

REMI

Hipocorístico de *Remígio*, nome oriundo do francês *Remy*. **Ver Remígio.**

Personal.: Remy de Sousa, ensaísta; Rémy Belleau, poeta francês.

Variante(s): Remy (*português*); Rémy (*francês*).

REMÍGIO

Do latim *Remigius*, derivado de *remex, remigis*, sign. "**remador**", nome que é considerado apodo místico latino, como *Remedius* (Remédio), com o qual se confundiu.

Personal.: Remigijus Valiulis, atl. olímp. russo.

Variante(s): Remigio (*espanhol*); Remìgio (*italiano*).

RENAN

1) De origem céltica, calcado em *ron*, sign. "**amigo, companheiro**". 2) Ou do germânico *Runant*, surgido no séc. VIII, derivado de *run* (mistério), sign. "**misterio-so**". Este é o étimo provável.

Personal.: Renan Miranda, jornalista.

Variante(s): Renano, Renão (*português*); Renán (*espanhol*); Renan, Renon (*francês*).

RENATO

Do latim *Renatus*, de *renatus, a, um*, sign. "**renascido; ressuscita-do; nascido pela segunda vez**". Nome que se tornou comum na França, pela influência de S. René ou Renatus, bispo de Angers que viveu no séc. V. Na Inglaterra surgiu por volta do séc. XVII, na forma *Renatus*.

Personal.: Renato Corte Real, ator.

Feminino(s): Renata.

Variante(s): Renato (*espanhol, italiano*); René (*francês, inglês*); Renate (*alemão, nórdico*).

RENÉ

Do francês *René*, o mesmo que *Renato*. **Ver Renato.**

Personal.: René Fernandes, ator.

Variante(s): René (*francês, holandês*); Rene (*alemão, holandês*)

RENUAR

Do germânico *Reginward*, através do francês *Renouard, Renoir*, composto de *ragan, regin* (conselho) e *wald* (guardião), sign. "**guardião; conselheiro; protetor conselheiro**". Na França a variante é encontrada em nomes compostos, geralmente como o segundo elemento.

RICARDO

Personal.: Jean Renoir, cineasta francês.
Variante(s): Renouard, Renoir (*francês*).

RICARDO

Do germânico *Ricohard*, de *rik* (príncipe) e *hard* (forte), sign. "príncipe forte". Em Portugal, o nome foi encontrado em documento datado de 1773. Nas formas *Richard* e *Ricard*, foi um nome muito comum na Inglaterra medieval.
Personal.: Ricardo Blat, ator.
Feminino(s): Ricarda.
Variante(s): Ricardo (*espanhol*); Riccardo (*italiano*); Richard (*francês, inglês,nórdico*); Ricard (*francês, inglês*).

RIGOMAR

Do germânico *Richmar*, de *rik* (príncipe, chefe) e *mar* (ilustre, brilhante), sign. "príncipe (chefe) brilhante". Tem o mesmo significado de *Rigoberto*, prenome originário do germânico *Rigoberth*.
Variante(s): Rigomaro (*espanhol*); Rigomer (*francês*).

RILDO

Masculino de *Rilda*. Ver Rilda.
Personal.: Rildo Hora, cantor, compositor.

RINALDO

O mesmo que *Reginaldo*. Ver **Reginaldo**.
Personal.: Rinaldo Paiva, ator.

RIVADÁVIA

De origem geográfica galega, tirado do sobrenome do primeiro presidente da Argentina. De *riba d'Avia*, sign. "à margem do rio Ávia".
Personal.: Rivadávia Correia, político bras.

ROBERTO

Do germânico *Hrodebert*, de *hruot* (glória) e *berhto* (brilhante, afamado, ilustre), sign. "aquele que a glória tornou famoso; famoso e glorioso". Em Portugal foi encontrado em registros datados dos séculos XIII e XIV, na forma *Ruberte*, que na Idade Média tornou-se *Robertus* devido à latinização cristã. Nome de muitas personalidades célebres. Tem o mesmo significado de *Romário*.
Personal.: Roberto Bonfim, ator.
Feminino(s): Roberta.

ROBSON

Do inglês *Robinson*. De *Robin*, diminutivo de *Roberto*, mais a partícula *son* (filho), sign. "**filho de Robin (Robertinho)**". *Robson* é uma variante. **Ver Roberto.**
Personal.: Robinson Frank Adu, ator; Robson Caetano, atl. olímp. bras.
Variante(s): Robinson (*português*).

RODINEI

Do inglês antigo *Rodney*, nome de origem geográfica, mais tarde nome de residência. O toponímico não foi encontrado, mas os elementos do nome caracterizam o *english place name*. De *rod* (clareira; terreno desmoitado) e *nay, ney* (rio, ilha), sign. "**da clareira (localizada) próxima ao rio (à ilha)**".
Personal.: Rodney Gomes, ator.
Variante(s): Ródinei (*português*); Rodney (*inglês, inglês antigo*).

RODOLFO

Do germânico *Ruodolf*, de *hruot* (fama) e *wulf*, Wolf (lobo), sign. "**combatente famoso**". Alguns autores confundem-no com *Raul*, devido à semelhança entre *Radulf* e *Ruodolf*. O nome é cognato do *nórdico* antigo *Hrólfr*, transformado em *Rolf*, na Normandia, latinizado *Rollo* na Inglaterra e usado como nome cristão no séc. XIX.
Personal.: Rodolfo Bottino, ator.
Variante(s): Rudolfo, Rudulfo (*português*); Rodolfo (*espanhol, italiano*); Rodulfo (*espanhol*); Ridolfo (*italiano*); Rudolph, Rodolphe, Rudolphe (*francês*); Rudolf (*inglês, alemão*).

RODOVAL

Do germânico *Hrodowald*, de *hruot* (fama) e *wald* (governador), sign. "**o que governa com a fama; governador (governante) famoso**".
Variante(s): Rodeval, Rodoaldo, Rodovaldo, Rodovalho, Rudoaldo (*português*); Roald, Rodewald, Rowaldt, Rutwald (*alemão*).

RODRIGO

Do germânico *Hrodric*, de *hruot* (fama) e *rik* (príncipe, chefe), sign. "**príncipe famoso**". A va-

---

Variante(s): Ruberto (*português*); Roberto (*espanhol, italiano*); Ruperto (*italiano*); Robert (*francês, inglês*).

254 DICIONÁRIO DE NOMES

riante *Roderick* é usada na Escócia para substituir o nativo *Ruaidhri* ("o vermelho"); na Irlanda substitui *Rory* e, em Gales, o correspondente *Rotheric* confunde-se com o nativo *Rhydderch*.

Personal.: Rodrigo Santoro, ator.

Variante(s): Roderico, Rodorigo, Rui (*português*); Rodrigo (*espanhol, italiano*); Roderic (*francês, inglês*); Rudéric (*francês*); Roderick (*inglês, alemão*); Broderick (*inglês*).

ROGÉRIO

Do germânico *Rodger*, de *hruot* (fama) e *gair, ger* (lança), sign. "célebre na lança; lanceiro célebre; lança de glória". Na Inglaterra, a variante *Hrothgar*, originada do inglês antigo, foi substituída pela francesa *Roger*, durante a conquista normanda. Juntamente com *Rogerus* e *Roger*, tornou-se um dos nomes ingleses favoritos durante a Idade Média.

Personal.: Rogério Fróes, ator.

Feminino(s): Rogéria.

Variante(s): Rogelio, Rogerio (*espanhol*); Ruggero (*italiano*); Roger (*francês, inglês*); Rogerie (*francês*); Rodger (*inglês, alemão*)

ROLANDO

Do germânico *Hrodland, Ruotlant*, de *hrout* (glória) e *land* (terra), sign. "(natural, habitante, originário) da terra gloriosa" ou "glória de sua terra". A variante *Roland*, uma das favoritas na Inglaterra medieval, foi introduzida naquele país pelos normandos. *Rouland* e *Rowland* também não foram incomuns, principalmente nos séculos XVII e XVIII.

Personal.: Rolando Boldrim, compositor.

Feminino(s): Rolanda.

Variante(s): Orlando (*português, espanhol, italiano*); Rolando (*português, espanhol, italiano*); Rolant (*francês*); Roland (*francês, inglês, alemão*).

ROMANO

Do latim *Romanus*, de *romanus*, lit. "romano". Em Portugal o nome surgiu numa obra datada de 1199, na forma *Romanus*. *Romão* é uma variante popular de origem portuguesa.

Personalidade(s): Romain Polanski, cineasta; Roman Roland, escritor francês; Roman Bohnen, Romane Bohringer, atores; Romano Garagnani, atl. olímp. italiano.

NOMES MASCULINOS 255

Feminino: Romana.

Variante(s): Romano (*espanhol, italiano*); Román (*espanhol, russo*); Romain (*francês*); Roman (*inglês, polonês, russo*); Romer (*alemão*); Romanus (*holandês, belga*); Romein (*belga*).

ROMÁRIO

Do germânico *Hrommar*, de *hrom* (glória) e *mar* (ilustre, brilhante, famoso), sign. "aquele que a glória tornou famoso; famoso e glorioso". Tem o mesmo significado de *Roberto*. Ver Roberto.

Personalidade(s): Romário Martins, escritor; Romário de Souza Farias, famoso jogador de futebol bras.

ROMEU

Do italiano *Romeu*, lit. "romeiro". Nome de origem religiosa, dado antigamente a filhos devotos que participavam de romarias. Foi encontrado em obras portuguesas redigidas nos séculos XIII e XIV.

Personalidade(s): Romeu Bastos, Romeu Vieria, Romeu Sanches, atores; Romeo Neri, atl. olímp. italiano.

Variante(s): Romeo (*espanhol*); Romèo (*italiano*); Romeu (*italiano, francês*); Roméo (*francês*).

ROMUALDO

Do germânico *Romwald*, *Hromwald*, de *hruom*, *hrom* (glória, fama) e *wald* (governador), sign. "**governador glorioso (famoso)**".

Personalidade(s): Romualdo Peixoto (Nonô), compositor; Romualdo Seixas, escritor; Romualdo Ghiglione, atl. olímp. italiano.

Variante(s): Romaldo (*português*); Romualdo (*espanhol*); Romuàldo (*italiano*); Romuald (*francês*).

RÔMULO

Nome de étimo incerto. Do latim *Romulus*, possivelmente derivado do grego *rhóme* (força), sign. "**forte**". O nome surgiu com o lendário fundador de Roma.

Personalidade(s): Rômulo Marinho, ator; Rômulo Arantes, ator e atl. olímp. bras.; Romolo Catasta, atl. olímp. italiano; Rómulo Gallegos, escritor venezuelano.

Feminino: Rômula.

Variante(s): Rómulo (*espanhol*); Romolo (*italiano*).

RONALDO

Do escocês *Ranald*, *Ronald*, equivalentes das formas inglesas *Reynold* ou *Rainald*, derivadas do nórdico *Rognvaldr*, o mesmo que *Reginaldo*. Houve quem traduzisse

256 DICIONÁRIO DE NOMES

por "aquele que governa com deliberação misteriosa", derivando-o de um germânico *Runwald*, interpretação esta confusa e inaceitável. Ver Reginaldo.

Personalidade(s): Ronaldo Tasso, Roney Vilela, Rony Ferreira, atores bras.; Ronaldo Albernaz, músico; Ronald Cordovil (Ronnie Cord), cantor.

Variante(s): Rainald, Reynold (*inglês*); Ronald (*inglês, alemão*); Ranald, (*escocês*); Rognvaldr (*nórdico*).

RONAN
Do gaélico *ronan*, lit. "garantia; penhor", e também "selo; sinete". Nome que os antigos bretões usavam como equivalente de *Ronald* (*Ronaldo*). Ver Ronaldo.

Personalidade(s): Ronan Tito, político.

Feminino: Rona.

RONE
Aportuguesamento do inglês *Ronnie*, *Ronny*, e estes, diminutivos de *Ronald* (Ronaldo). Ver Ronaldo.

Personalidade(s): Rone Amorim, jornalista; Ron Leibman, Ron Carey, atores; Ronnie Lang, músico; Ronny Weller, atl. olímp. alemão.

Variante(s): Ron (*inglês*); Roney (*norueguês*).

ROOSEVELT
Do inglês antigo, nome de residência derivado de um toponímico formado do *gaélico roos* (planície) – gaulês *rhôs* (planície, charneca), bretão *ros* (pequena colina, outeiro), irlandês *ros* (promontório) – e *wealt* (ondulado, pouco firme), sign. "da planície ondulada", referindo-se a alguém que nasceu ou morou em um lugar com esta característica. Já foi encontrada a tradução "campo de rosas", que não passa de um equívoco.

Personalidade(s): Roosevelt Barnes, ator; Roosevelt Brown, desportista americano.

ROQUE
Nome com três étimos. Em Portugal foi encontrado em documentos datados da primeira metade do séc. XVI. 1) Do latim *Rocu, Rochus*, do nome de um santo originado do germânico *hroc, hrocch* (gritar, bramir, rugir), sign. "aquele que grita (berra)". *Hroc* e *hrocch* derivam de *rohon*, e são palavras onomatopaicas que expressam o grito de guerra. 2) Hipocorístico de no-

mes germânicos cujo primeiro elemento é *hroc, hrocch*, como *Rocbert, Rohfrid, Rochwin*. 3) Do francês *Rocque*, lit. "rocha", nome dado aos habitantes de localidades de onde eram retirados rochedos para utilização em linhas de defesa fortificadas. Este étimo deu origem a uma infinidade de variantes e sobrenomes, tais como *Rocher, Rochet, Rocherand, Laroche, Delaroche*, etc., surgidos por volta do séc. XVII.

Personalidade(s): Roque Rodrigues, Roque Araújo, Rocco Pitanga, Rocco Sisto, Rock Hudson, atores.

Variante(s): Roque (*espanhol*); Roch (*francês, polonês*); Rock (*inglês*).

ROSALVO

Masculino de *Rosalva*. **Ver Rosalva.**

Personalidade(s): Rosalvo Cordeiro, Rosalvo Caçador, atores; Rosalvo Costa Ramos, atl. olímp. bras..

Variante(s): Rosalbo (*português*).

ROSÁRIO

Masculino de *Rosária*, nome dado provavelmente aos meninos nascidos no dia do *Rosário*. A variante feminina vem sempre acompanhada de *Maria*, como em *Maria do Rosário*.

Personalidade(s): Rosário Garcia, ator.

Feminino: Rosária.

Variante(s): Rosario (*espanhol*); Rosàrio (*italiano*).

ROSAURO

Masculino de *Rosaura*. **Ver Rosaura.**

ROSENDO

Do germânico *Rodosindus*, sign. "o que segue por caminho glorioso" ou "aquele que segue para a glória".

Personalidade(s): Rosendo Franco, ator; Rosendo Garcia, etnógrafo.

Feminino: Rosenda.

Variante(s): Rodesindo, Rodosendo, Rodosindo, Rozendo, Rudesindo, Rudosindo (*português*).

ROSSANO

Do italiano *Rossano*, do nome de uma vila próxima ao golfo de Tarento. O nome vem do latim, de um antigo *Roscianum*, derivado de *Roscium* (*Róscio*), e este, de *ros, rois*, sign. "rócio; orvalho".

258 DICIONÁRIO DE NOMES

Ver "orvalho" na seção Simbologia.
Personalidade(s): Rossano Brazzi, ator italiano.
Feminino: Rossana.
Variante(s): Rossano (*italiano*).

ROSSINI
Do sobrenome do maestro Gioacchino *Rossini*, sua origem está no francês *Rousin*, *Roussy* sign. "ruivo; arruivado". *Rossino* é a forma aportuguesada de *Rossini*. Equivalem a *Rufino* e *Rutílio*. Ver Rufino e Rutílio.
Personalidade(s): Rossini Tavares de Lima, historiador bras.; Rossini Perez, gravador bras.
Feminino: Rossina.
Variante(s): Rossino (*português*); Rousin, Rossin, Roussy (*francês*).

RUBEM
Do hebraico *Reubhén*, sign. "eis aqui um filho", de *reu*, imperfeito de *ra'ah* (ele viu), e *ben* (filho). O primeiro elemento do nome é correlato ao árabe *rá'a*, etíope *rá'a* (ele viu) e aramaico *rew*, *rewá* (aparência). Existem outras traduções ("Deus viu minha aflição", "renascido", etc.), que não devem ser levadas em consideração. O nome não tem ligação

etimológica com *Rubens*, como pretenden. alguns autores. Ver Rubens.
Personalidade(s): Rubem Braga, cronista; Ruben Blades, ator; Reuben Rogers, músico; Rubem Dario, poeta nicaraguense.
Variante(s): Ruben (*português*); Reuben, Reubin, Reuven (*inglês*); Rubén (*espanhol*); Rúbem (*italiano*); Ruben (*alemão, nórdico*).

RUBENS
Do latim *rubens*, *rubentis*, sign. "vermelho, avermelhado; rubro; ardente". Ao que tudo indica, o nome surgiu pela primeira vez com o pintor flamengo Pedro Paulo Rubens (1577-1640), passando posteriormente a prenome, como já ocorreu com *Beethoven*, *Rossini* etc. Alguns autores, equivocadamente, confundem-no com *Rubem*, *Rúben*. Ver Rubem.
Personalidade(s): Rubens de Falco, Rubens Caribé, atores; Rubens Ewald Filho, crítico de cinema.
Variante(s): Rúbio, Rúbrio (*português*).

RUFINO
Do latim *Rufinus*, diminutivo de *rufus* (ruivo), sign. "pequeno

NOMES MASCULINOS 259

ruivo". Equivale a *Rossini, Rossino* e *Rutílio*. Em Portugal, surgiu pela primeira vez no A.E.L. de 1838.
Personalidade(s): Rufino Almeida, poeta bras.; Rufino Tamayo, pintor mexicano; Rufus Reid, músico.
Feminino: Rufina.
Variante(s): Rufino (*espanhol, italiano*); Ruffino (*italiano*); Rufin (*francês*); Rufus (*inglês*); Rufinus (*belga, latim*).

RUI
Do espanhol *Ruy*, abreviação de *Rodrigo*, através das formas *Roí, Ruí*. O mesmo ocorreu com *Ruyz, Ruiz*, abreviação de *Rodrigues* ("filho de Rodrigo"), o que vem comprovar o étimo.
Personalidade(s): Rui Rezende, ator; Rui Maurity, compositor; Rui Guerra, cineasta.
Variante(s): Ruy (*espanhol, italiano*).

RUSTAM
Do persa *Rustam*, de *rustami*, sign. "que tem valor (coragem, bravura); corajoso; bravo". Há um francês *Rustan* que além de ter outros significados – três étimos – é também variante de Rustam. Ver Rustan.

Personalidade(s): nome do mais célebre herói épico persa; Rustam Yambulatov, atl. olímp. russo; Roustam Charipov, atl. olímp. da CEI.
Variante(s): Roustan, Rustan, Rustain, Rustin (*francês*); Rustam, Rustem (*persa*).

RUSTAN
Nome com três étimos. 1) Variante de *Rustam*. 2) Do *germânico, Hrodestan*, de *hlod, Hrod* (glória) e *stang* (lança), sign. "lança gloriosa". A mudança do *hl* em *fl* romano, ocorrência rara, transformou o nome em *Florestan*. 3) Do francês *Roustain, Roustan*, sign. "da lagoa (lago, pântano) vermelha (o)", em alusão às águas estagnadas, primitivamente um nome de residência dado a quem habitou junto a um local com estas características. Ver Rustam.
Variantes da 2ª acepção: Florestan (*português*); Rostaing, Rostang (*francês*); Hrodestan (*germânico*); Rostagnus (*latim*).
Variante da 3ª acepção: Rostain, Roustan, Roustain (*francês*).

RUTÍLIO
Do latim *Rutilius*, forma relativa de *Rutilus* (*Rútilo*), prenome ori-

ginário de *rutilus*, *a*, *um*, sign. "ruivo; brilhante; dourado; ardente". O nome equivale a *Rossini* e *Rufino*. Ver Rossini e Rufino.
Personalidade(s): Rotílio dos Santos (Gildo Moreno), compo-sitor; Rutilius Lupus, gramático latino do tempo de Augusto.
Feminino: Rutília.
Variante(s): Rotílio (*português*); Rutílio, Rutilo (*espanhol*); Rutílio (*italiano*).

S

SABINO
Do latim *Sabinus*, relativo aos sabinos, sign. **"da raça dos sabinos"**, povo itálico que conquistou Roma no ano 280, cujo nome deriva de *Sabinus*, filho do deus Sancus, e que tem o significado de **"parentes; consanguíneos; aliados pelo sangue"**, correlato ao germânico *sippa* (relação sanguínea, aliança) e ao inglês antigo *sibb* (relação, parentesco, paz).
Personal.: Sabino Campos, poeta.
Feminino(s): Sabina.
Variante(s): Sabino (*espanhol, italiano*); Sabin (*francês, inglês*); Sabinus (*latim*).

SADI
Do árabe *Sadi*, de *sad*, sign. **"próspero; feliz; que tem boa sorte"**.
Personal.: o mais famoso poeta persa, nascido em Shiraz, em 1184, cujo túmulo ainda hoje existe; Sadi Cabral, ator.

Variante(s): Saad, Saadi, Sadi, Saeed, Said (*árabe*).

SADINO
Sobrenome poético adotado por Bocage, relacionado com o rio Sado, que banha sua cidade natal. *Sado* parece significar "rio".
Feminino(s): Sadina.

SALOMÃO
Do hebraico *Shelomon*, de *shalom* (paz), sign. **"o pacífico"**.
Personal.: Salomão Borges Filho (*Lô Borges*), cantor.
Feminino(s): Salomé.
Variante(s): Solimão, Solimar (*português*); Salim (*português, árabe*); Salomón (*espanhol*); Salomone (*italiano*); Salomon (*francês, inglês*).

SALVADOR
Nome de origem religiosa, ligado a Jesus Cristo ("o salvador") enviado à Terra para redimir a raça humana. Tem o mesmo signifi-

cado de *Salústio*. Em Portugal, nome encontrado em obras redigidas no período que compreendeu os anos de 1125 a 1139.
Personal.: Salvador Dalí, pintor espanhol.
Variante(s): Salvadore (*espanhol*); Salvatore (*italiano*); Sauveur (*francês*).

SALVIANO
Do latim *Salvianus*, forma relativa de *Sálvio*, sign. "de (pertencente a; da natureza de) Sálvio". Ver Sálvio.
Feminino(s): Salviana.
Variante(s): Salviano (*espanhol*); Salvien (*francês*).

SALVINO
Diminutivo de *Sálvio*. **Ver Sálvio.**
Personal.: Salvino degli Armati, sábio florentino do séc. XIV, inventor da luneta.
Feminino(s): Salvina.

SÁLVIO
Do latim *Salvius*, de *salvus*, lit. "são; salvo; saudável".
Feminino(s): Sálvia.
Variante(s): Salvio (*espanhol*); Sàlvio (*italiano*); Salvius (*latim*).

SAMUEL
Do hebraico *Shemuel*, lit. "**seu nome é Deus**". O primeiro elemento do nome relaciona-se ao aramaico *shem, shema, shum*, árabe *sim, sum*, etíope *sem* e acadiano *shumu* (nome). O segundo é *El* (deus, Senhor). Na Inglaterra, surgiu no séc. XII, nas formas *Samuel* e *Samwell*. Após a Reforma, tornou-se um dos nomes favoritos naquele país, e hoje é mais comum entre as classes trabalhadoras. Na Escócia é adotado para substituir o nativo *Somerled* – gaélico *Somhairle* – originário do *nórdico* antigo *Sumarlioi*.
Personal.: Samuel Costa, ator.
Feminino(s): Samuela.
Variante(s): Samuel (*espanhol, francês, inglês*); Samuèle (*francês*).

SANDRO
Do italiano, hipocorístico de *Alessandro*. **Ver Alexandre.**
Personal.: Sandro Solviatti, ator.
Feminino(s): Sandra.

SANTIAGO
Do espanhol *Santiago*, aglutinação de *São Tiago*. **Ver Tiago.**
Personal.: Santiago Sabino, músico.

SÁTIRO

Do grego *Satyros*, lit. "sátiro", designação dos gênios mitológicos dos bosques e dos montes, nascidos primeiramente de Mercúrio e da ninfa Iftimé. **Ver Sileno.**
Personal.: Sátiro Bilhar, compositor.
Variante(s): Sàtiro (*italiano*); Satyrus (*latim*).

SATURNINO

Do latim *Saturninus*, sign. "**dedicado (consagrado) a Saturno**". *Saturno* é uma antiga divindade latina associada ao Cronos grego, filho de Urano e Geia, e Senhor do Universo.
Personal.: Saturnino de Meireles Filho, poeta.
Feminino(s): Saturnina.
Variante(s): Saturnino (*espanhol*); Saturnìno (*italiano*); Saturnin (*francês*); Saturninus (*belga, latim*).

SAUL

Do hebraico *Chaul*, do verbo *cha'al*, sign. "o implorado; o desejado; o solicitado; o conseguido por meio de orações". Nome de origem religiosa, dado a um filho ardentemente desejado. Relaciona-se com o hebraico *shaal*, *shela*, aramaico *sheel*, siríaco *she*,

árabe *sa'ala* e acadiano *sha'alu*, todos com o mesmo significado. Na Inglaterra, tornou-se nome cristão no séc. XVII.
Personal.: Saul Borges Carneiro, escritor.
Variante(s): Saúl (*espanhol*); Sàul, Saùlle (*italiano*); Saul (*inglês*).

SAULO

Forma helenizada do hebraico *Chaul*, o mesmo que *Saul*. **Ver Saul.**
Variante(s): Sauli (*italiano*); Saulus (*latim*).

SAVINO

Alguns autores confundem erroneamente este nome com *Sabino*. Segundo o KCEDEL, o nome origina-se do latim *sabina*, inglês *savine*, *sabine*, sign. "**zimbro; junípero**", ou *Juniperus communis*, planta cujos frutos são utilizados no preparo do gim ou da genebra e na aromatização de conservas ou carnes defumadas. Provavelmente foi alcunha ou sobrenome de alguém que cultivava ou comercializava esta planta.
Personal.: Savino de Benedictis, compositor italiano radicado no Brasil.

264 DICIONÁRIO DE NOMES

Feminino(s): Savina
Variante(s): Savin (*francês*).

SEBASTIÃO
Do grego *Sebastianós*, de *sebastós*, através do latim *Sebastianus*, lit. "**sagrado**". O nome deve estar relacionado aos habitantes de Sebastia, antiga cidade da Capadócia, de mesmo significado. Desde a Idade Média, tornou-se muito comum na Espanha e na França, nas formas *Sebastian*, *Bastian* e *Bastien*. Equivale a *Augusto*. Ver **Augusto**.
Personal.: Sebastião Bernardes de S. Prata (Grande Otelo), ator.
Feminino(s): Sebastiana.
Variante(s): Sebastián (*espanhol, russo*); Sebastiano (*italiano*); Sébastien, Sebastien (*francês*); Sebastian (*inglês*).

SERAFIM
Do hebraico *Seraphim*, de *seraph* (arder), sign. "**ardente; incandescente**", relacionado ao acadiano *sharapu* (arder) e o antigo egípcio *srf* (esquentar). Apodo atribuído a uma pessoa de rara beleza. Segundo Isaías, são os anjos da Primeira Hierarquia, que têm a função de louvar e adorar a Deus.

Personal.: Serafim Amaral, ator.
Variante(s): Xerafim (*português*); Serafín (*espanhol*); Serafino (*italiano*); Séraphim, Seraphin (*francês*); Seraph (*inglês*).

SERAPIÃO
Do grego *Serapion*, sign. "**consagrado a Serápis**". *Serápis* foi um deus egípcio, cujo nome, segundo Plutarco, significa "aquele que dispôs o Universo em ordenação magnífica (bela)". Origina-se de Osor-Apis, nome do Ápis morto e convertido em Osíris ("defunto"). Apis ("o morto vivente") era um deus-touro adorado pelos egípcios, que o consideravam uma encarnação de Osíris.
Variante(s): Serapio, Serapión (*espanhol*); Serapion (*latim*).

SÉRGIO
Nome de étimo obscuro, originado do latim *Sergiu*, aceito pela maioria dos estudiosos como derivado de *servus*, *servi*, sign. "**servo; escravo**". Equivale a *Sérvio*. Ver **Sérvio**.
Personal.: Sérgio Viotti, ator.
Variante(s): Sergio (*espanhol*); Sèrgio (*italiano*); Serge (*francês*); Serghei, Sergei, Sergéy, Serguei (*russo*).

SERVÍLIO
Do latim *Servilius*, calcado em *servilis*, e este, preso a *servus*, servi, sign. "servil". Ver Sérgio e Sérvio.

Personal.: nome de vários cônsules romanos, dentre os quais destacou-se Servílio Prisco.

Feminino(s): Servília.

Variante(s): Servilio (*espanhol*); Servìlio (*italiano*).

SÉRVIO
Sérvio, do latim *Servius*, de *servus*, ligado a *servio*, *servire*, sign. "servo; escravo". *Sérvulo*, da mesma família etimológica, deriva de *servulu*, sign. "pequeno escravo; escravo de menor importância". Ver Sérgio.

Personal.: Sérvio Túlio, sexto rei de Roma; Sérvulo Gonçalves, escritor.

Feminino(s): Sérvia, Sérvula.

Variante(s): Servio (*espanhol*); Sèrvio (*italiano*).

SEVERIANO
Forma relativa de *Severo*, sign. "de (pertencente a; da natureza de) Severo". Ver Severo.

Personal.: Severiano de Resende, escritor.

Feminino(s): Severiana.

Variante(s): Severiano (*espanhol*); Sévérien (*francês*); Severianus (*latim*).

SEVERINO
Diminutivo de *Severo*. Há uma antiga forma desse nome, *Severim*, encontrada em Portugal, em documentos datados do séc. XVIII.

Personal.: Severino Araújo, regente; Severin Peter Kroyes, pintor dinamarquês.

Feminino(s): Severina.

Variante(s): Severino (*espanhol, italiano*); Séverin (*francês*); Severin (*nórdico*).

SEVERO
Do latim *Severus*, e este, de *severus*, lit. "severo". Foi nome de alguns imperadores romanos.

Variante(s): Severo (*espanhol*).

SIDNEY
Nome de origem inglesa com dois étimos. 1) Nos textos latinos aparece como uma redução de S. *Denis*, também conhecido como S. *Dionísio*. Ao que tudo indica, surgiu pela primeira vez com a família cujo patriarca foi William Sidney. 2) De *Sidney*, feminino irlandês, modificação de *Sidony* (*Sidônia*). Ver Dênis e Sidônio.

266 DICIONÁRIO DE NOMES

Personal.: Sidney Magal, cantor.
Variante(s): Cidnei, Cidney, Sidnei (*português*); Sidney (*italiano*); Sydney (*inglês*).

SIDÔNIO

Relativo aos habitantes de Sidon, antiga cidade da Palestina. Significa "**habitante (natural) de Sidon**". *Sidon* está ligado ao fenício *zidon*, e tem o significado de "lugar de pesca". O nome não deve ser confundido com *Sidrônio* ("férreo; homem de grande firmeza"). Os ingleses têm feito alguma confusão com o feminino *Sidony* (Sidônia), ligando-o ao latim *sindon*, designação de um pano de linho fino usado em certa cerimônia religiosa. Mas o étimo está preso ao fenício.
Personal.: Sidônio Apolinário, bispo de Clermont-Ferrand, autor de uma importante obra poética.
Feminino(s): Sidônia.
Variante(s): Sidonio (*espanhol*); Sidònio (*italiano*); Sidoine (*francês*); Sidonius (*latim*).

SIGISMUNDO

Do germânico *Siegmund*, de *Sieg* (vitória) e *mund* (proteção),
sign. "**protetor da vitória**". Foi nome de alguns reis da Polônia.
Personal.: Sigismundo Spina, escritor bras.
Feminino(s): Sigismunda.
Variante(s): Segismundo (*português*); Seigmundo (*português, espanhol*); Sigismundo (*espanhol*); Sigismondo (*italiano*); Sigismond (*francês*); Sigmund (*inglês, alemão, nórdico*); Siegmund (*inglês, alemão*); Siegmond (*inglês*).

SILAS

Do grego *Sílas*, contração de *Silouanos*, e este, transliteração do latim *Silvanus*, sign. "**habitante da floresta**". Na Inglaterra, nome surgido antes da Reforma, muito comum no séc. XVII, ocasionalmente encontrado na forma *Silvanus*. O mesmo que *Silvano*. Ver Silvano.
Personal.: Silas de Oliveira, compositor.

SILENO

Do latim *Silenus*, através do grego *Seilenós*, e este, do trácio *zílai* (vinho), sign. "**inflado com vinho**". Na mitologia romana Sileno era representado como um velho calvo e obeso, algumas vezes com cornos, sempre cambaleando embriagado sobre um asno. Nos momentos de lucidez revelava uma grande sabedoria, mostrando-se um profeta inspirado.

SILÉSIO
Significa "**habitante (natural) da Silésia**". A Silésia, antiga região polonesa habitada pelos vândalos silingas, tem seu nome ligado provavelmente ao tcheco *sled* (seguimento), o que é reforçado pelo fato de que os silesianos foram o último povo de origem eslava a atingir a Alemanha.
Variante(s): Selésio (*português*); Silésie (*francês*).

SILVANO
Do latim *Silvanus*, lit. "**habitante da floresta**". O mesmo que *Silas*. Entre os antigos romanos, Silvano era um deus da floresta e dos campos, identificado com o Pã dos gregos, e representado como um velho de aparência jovial, com pés e orelhas de bode. Ver Silas.
Personal.: Silvano Grey, ator.
Feminino(s): Silvana.
Variante(s): Silvano (*espanhol, francês*); Silvàno (*italiano*); Sylvain (*francês*); Silvan (*francês, inglês*); Silvanus (*latim*).

SILVÉRIO
Do latim *Silverius*, calcado em *silva, silvae*, sign. "**da selva; da floresta**". Ver Silas, Silvano, Silvestre, Silvino e Sílvio.
Personal.: Silvério Silvino Neto, cantor.
Feminino(s): Silvéria.
Variante(s): Silverio (*espanhol*); Silvèrio (*italiano*); Silvère (*francês*); Silverius (*belga, latim*).

SILVESTRE
Do latim *Silvestre*, e este, do adjetivo *silvester*, lit. "**silvestre; da selva**". Em Portugal o nome foi encontrado em documentos datados dos séculos XVII e XVIII. Na Inglaterra, surgiu pela primeira vez por volta do ano 1200, e não foi incomum durante a Idade Média.
Personal.: Silvestre de Lima, poeta.
Variante(s): Silvestre (*espanhol, francês, latim*); Silvestro (*italiano*); Sylvestre (*francês*); Silvester (*inglês*); Sylvester (*inglês*).

SILVINO
Do latim *Silvinus*, nome calcado em *silva, silvae*, sign. "**da selva; da floresta; silvestre**". Ver Silas, **Silvano, Silvestre e Sílvio**.
Personal.: Silvino Meira, ator.
Feminino(s): Silvina.

268 DICIONÁRIO DE NOMES

Variante(s): Silvin (*francês*); Silvinus (*latim*).

SÍLVIO

Do latim *Silvius*, calcado em *silva*, *silvae* (floresta), sign. "habitante da floresta". Ver Silas, Silvano, Silvestre e Silvino.
Personal.: Sílvio César, cantor.
Feminino(s): Sílvia.
Variante(s): Silvio (*espanhol*); Silvio (*italiano*); Sylvi (*finlandês*); Silvius, Sylvius (*latim*).

SÍMACO

Do grego *Symmachos*, de *syn* (com) e *máchomai* (lutar, combater), sign. "aliado (solidário) na batalha; o que combate com o aliado".
Personal.: Symaco da Costa, poeta.
Variante(s): Símaco (*espanhol*); Sìmmaco (*italiano*).

SIMÃO

1) Do hebraico *Shimon*, o mesmo que *Simeão*. O nome sofreu a influência de um grego *Símon* ("o que tem o nariz achatado"), mas está preso ao hebraico. Em Portugal, apareceu em documentos datados dos séculos XIII e XIV. 2) Na Inglaterra, país onde ganhou grande popularidade, graças à influência do apóstolo Simão Pedro, ocorre com dois étimos. Além da origem hebraica há uma antiga variante, *Simon*, que, juntamente com *Simond* e *Simund*, constitui uma versão do germânico *Sigmund* – nome que possui outro significado. Ver Sigismundo e Simeão.
Personal.: Simão Vitorino, compositor.
Variante(s): Simón (*espanhol*); Simoni (*italiano*); Simon (*francês, inglês, alemão*).

SIMAS

Do grego *Símas*, *Simês* ou *Símmas*, lit. "o de nariz arrebitado". Em Portugal, nome encontrado no período que vai da segunda metade do séc. XVII à primeira metade do séc. XVIII.
Personal.: Simas Saraiva, escritor.

SIMEÃO

Do hebraico *Shimon*, de *shamá* (*ele ouviu*), sign. "ouvinte". Um autor, sem explicar, traduziu por "o que ouve a oração". O antropônimo está ligado à mesma família etimológica de *Shema*, uma das mais importantes partes da liturgia diária judaica e primeira palavra do "Deuteronômio", cujo verso contém a

confissão de fé dos israelenses, e que, literalmente, significa "ouvir", correlata ao aramaico-siríaco *shema*, ugárico *shm*, árabe *sámi'a*, acadiano *shemu*.
Personal.: Simion Cutov, atl. olímp. romeno.
Variante(s): Simão (*português*); Simeón (*espanhol, russo*); Simeòne (*italiano*); Siméon (*francês*); Simeon (*inglês*).

SINCLAIR
Redução de *Saint Clair*, nome de uma cidade francesa. *Clair* tem a tradução de "claro; límpido; brilhante".
Personal.: Sinclair Lopes, ator.
Variante(s): Santeclair, Santecler (*português*); Saint-Clair (*francês*); Sincklair, Sinclar (*inglês*).

SINDOVAL
Do germânico *Sindval, Sindvald*, de *sind* (expedição militar) e *waldan* (comandar, governar, administrar), sign. "o que comanda a expedição militar".
Variante(s): Sindovaldo, Sinval (*português*).

SINÉSIO
Do grego *Synesios*, de *synesis* (entendimento, compreensão), sign.

"aquele que possui entendimento (inteligência)".
Personal.: Sinésio Fagundes, escritor.

SINFRÔNIO
Do grego *Symphron*, de *symphronéo* (ter pensamento concorde), sign. "aquele que pensa como os outros; aquele que tem os mesmos pensamentos dos demais".
Personal.: Sinfrônio Cardoso, poeta.
Feminino(s): Sinfrônia.
Variante(s): Sinfronio (*espanhol*); Sempronio (*italiano*).

SINVAL
O mesmo que *Sindoval*. Ver Sindoval.
Personal.: Sinval Silva, compositor.

SOFONIAS
Do hebraico *Tsefaniah*, de *saphon* (esconder, proteger, ocultar) e *Iah* (Jeová), sign. "aquele que Jeová (o Senhor, Deus) protege".
Personal.: Sofonias Dornelas, maestro.
Variante(s): Sofonia, Zefania (*português*); Séphaniah (*hebraico*).

STÊNIO
Na mitologia grega, nome de uma das Górgonas, monstros que tinham os cabelos entrelaçados de serpentes, garras de abutre e dentes tão longos e afiados como as presas do javali. Tem origem no grego *Sthénos*, de *sthénos* (força), através do latim *Stheno*, sign. "forte".

Personal.: Stênio Garcia, Stênio Osório, atores.

Feminino(s): Stênia.

Variante(s): Estênio, Esteno (*português*); Steno (*italiano*).

T

TACIANO

Do latim *Tatianus*, relativo a *Tácio*, "de (pertencente a; da natureza de) Tácio". Ver Tácio e Tatiana.
Personal.: Taciano de Oliveira, jornalista.
Feminino(s): Taciana.
Variante(s): Tassiano, Tatiano (*português*); Tatianus (*latim*).

TÁCIO

Do latim *Tatius*, nome relacionado com *tata* (pai), palavra de origem sabina. O significado provável do nome é "pai da criação".
Feminino(s): Tácia.
Variante(s): Tássio (*português*); Tàzio (*italiano*); Tatius (*latim*).

TÁCITO

Do latim *Tacitus*, de *tacitus, a, um*, lit. "tácito; silencioso". Nome que originariamente foi alcunha.
Personal.: Tácito de Almeida, poeta.
Feminino(s): Tácita.

Variante(s): Tácito (*espanhol*); Tácito (*italiano*); Tacite (*francês*); Tacit (*romeno*); Tacitus (*holandês, belga*); Tácit (*russo*).

TADEU

Do hebraico *Taddáy*, através do grego *Thaddaios*, latim *Thaddaeus*, correlatos ao aramaico *tedhayya* e ao árabe *thady*, sign. "peito; seio; íntimo; coração". Um autor deu o significado "o que louva", evidentemente com um sentido extensivo forçado.
Personal.: Tadeu Aguiar, ator.
Variante(s): Tadeo (*espanhol*); Taddèo (*italiano*); Thadé, Thadée (*francês*); Thaddeus (*inglês*); Thadeus (*inglês, latim*).

TALES

Do grego *Tháles*, da raiz *thálo* (verdejar, florir, florescer), sign. "verdejante; que está florindo". Ver Tália.
Personal.: Tales Melo, ator.
Variante(s): Tales (*espanhol*);

Thalès (*francês*); Thales (*inglês, latim*).

TANCREDO
Do germânico *Thancharat*, de *thanc* (pensar, refletir) e *radi* (conselho), sign. "o que aconselha depois de refletir; o que aconselha com reflexão". Ver Conrado.
Personal.: Tancredo Seabra, ator.
Variante(s): Tancredo (*espanhol*); Tancrèdi (*italiano*); Tancrède (*francês*); Tancred (*inglês*).

TANIR
Masculino de *Tanira*. Ver Tanira.

TARCÍLIO
O mesmo que *Tarsílio*. Ver Tarsílio.

TARCÍSIO
Ver Tarsísio.
Personal.: Tarcísio Meira, ator; Tarcizo Cintra, jornalista.
Feminino(s): Tarsísia.

TÁRIK
Do árabe *tariga*, lit. "via; caminho".
Personal.: Tárik de Souza, crítico musical.
Variante(s): Tariq (*árabe*).

TARQUÍNIO
Do latim *Tarquinius*, lit. "habitante (natural) de Tarquinios", uma antiga cidade etrusca.
Personal.: Tarquino Garbini, cineasta bras.
Feminino(s): Tarquínia.
Variante(s): Tarquino (*espanhol*); Tarquìnio (*italiano*); Tarquin (*francês*).

TARSÍLIO
Ver Tarsísio.
Feminino(s): Tarsília.
Variante(s): Tarcílio (*português*); Tarsilio (*espanhol*); Tarsilio (*italiano*).

TARSILO
Diminutivo de *Társeas*. Ver Tarsísio.
Feminino(s): Tarsila.
Variante(s): Tarcilo (*português*); Tarsilo (*espanhol*); Tassilon (*francês*).

TARSÍSIO
Do grego, forma relativa de *Társeas*, sign. "de (pertencente a; da natureza de) Társeas". *Társeas* origina-se de *thrasys*, *thras*, lit. "corajoso; ousado". *Tarcísio* e *Tarsílio* têm o mesmo significado. Ver Tarcílio.

NOMES MASCULINOS 273

Variante(s): Tarcísio, Tarcízio, Tarciso, Tarcizo (*português*); Tarcìsio (*italiano*).

TARSO
Nome originário de uma cidade da Ásia Menor, terra natal de S. Paulo. Ao que tudo indica, é o nome fenício genérico dado a toda cidade onde os minérios eram fundidos. Há uma Tharsis no Mar Negro e uma Tarso na Cilícia, esta última, cidade onde nasceu S. Paulo (Paulo de Tarso), antiga colônia fenícia altamente helenizada que deu origem ao antropônimo. Originariamente traduz-se por "lugar de fundição", mas por influência do apóstolo cristão, tornou-se gentílico, passando a significar "natural de Tarso". Há o grego *Tarsus*, que não tem ligação com o nome em questão.
Personal.: Tarso de Castro, jornalista.
Variante(s): Tarse (*francês*); Tarsus (*latim*).

TASSIANO
O mesmo que *Taciano*. Ver Taciano.
Feminino(s): Tassiana.

TASSILO
Diminutivo de *Tássio*, e este, o mesmo que *Tácio*. Ver Tácio.
Feminino(s): Tassila.

TASSO
Nome de origem francesa, derivado de *Eustace* (*Eustáquio*), através das variantes *Tasset*, *Tassot*. Ver Eustáquio.
Personal.: Tasso da Silveira, poeta, filósofo.

TATIANO
O mesmo que *Taciano*. Ver Taciano.

TELÊMACO
Do grego *Telémachos*, de *têle* (longe) e *mach*, raiz de *máchomai* (combater), sign. "o que combate de longe".
Personal.: Telêmaco Pompei, político.
Variante(s): Telémaco (*espanhol*); Telèmaco (*italiano*); Télémaque (*francês*); Telemachus (*latim*);

TELMO
Nome originário de uma divisão silábica incorreta de *Sant'Elmo*. Ver Elmo.
Personal.: Telmo Fontes, poeta.
Feminino(s): Telma.

274 DICIONÁRIO DE NOMES

Variante(s): Thelmo (*português*); Telmo (*espanhol*).

TEMÍSTOCLES
Do grego *Temistoklês*, de *thémis* (justiça) e *kléos* (glória, celebridade), sign. "o que se tornou glorioso (célebre) por sua justiça".
Personal.: Temístocles Melo, ator.
Variante(s): Temístocles (*espanhol*); Temìstocle (*italiano*); Thémistocle (*francês*).

TÉO
Nome com dois étimos. 1) Do grego *théos*, lit. "deus". Na acepção pagã, o nome primitivamente se referia a um deus qualquer do panteão grego. Mais tarde passou a significar "Deus Supremo". 2) Hipocorístico de nomes começados por Teo, como *Teobaldo*, *Teodemiro*, *Teotônio* etc. Ver Dionísio.
Personal.: Teo Brandão, folclorista.
Variante(s): Teo (*espanhol, italiano*); Theo (*italiano*); Théos (*francês*).

TEÓCRITO
Do grego *Theókritos*, de *théos* (deus) e *kritós* (escolhido, julgado), sign. "escolhido (julgado) por um deus". Posteriormente,

passou a significar "escolhido (julgado) por Deus". Ver Téo (1ª acepção).
Variante(s): Teócrito (*espanhol*); Teòcrito (*italiano*); Théocrite (*francês*).

TEODEMIRO
Do germânico *Theodemer*, de *thiuda* (povo) e *mêrs* (conhecido), sign. "conhecido (famoso) pelo povo".
Personal.: Theodemiro Toste, poeta; Teodomiro Dias, historiador.
Variante(s): Ditemar, Ditemaro, Teodemar, Teodemaro, Teodemir, Teodomaro, Teodomiro, Teomar, Teomaro, (*português*); Teodomiro (*espanhol*); Teodemiro (*italiano*); Théodemir, Théodomir (*francês*); Dietmar (*alemão*).

TEODORICO
Do germânico *Thiudoricus*, de *thiuda* (povo) e *rik* (príncipe, senhor), sign. "príncipe (senhor) do povo". Em Portugal, surgiu no A.E.L., na edição de 1838. Na Inglaterra, o nome apareceu na Idade Média, nas formas *Teodric*, *Theodric*, *Tedric* e *Terry*, esta última, por influência do francês antigo *Thierry*. Tornou-se nome

cristão naquele país por volta de 1630, e foi redivivo no séc. XVIII.

Personal.: Theodorico Ferraço, político.

Feminino(s): Teodorica.

Variante(s): Diderico (*português*); Teodorico (*espanhol, italiano*); Thierri (*italiano*); Theodoric, Thierry, Thièry (*francês*); Theodoric (*inglês*); Diedrich, Dietrich, Theodorich (*alemão*).

TEODORO

Do grego *Theódoros*, de *théos* (deus) e *dôron* (dom, dádiva), sign. "dádiva de um deus; dádiva divina (de Deus)". É o inverso de *Doroteu* (dôron + théos). Nome que surgiu na Inglaterra por volta do séc. XVII, originando os célticos *Tudor* e *Tewdwr*. Na Rússia é muito popular nas formas *Fedor* e *Feodor*. Os judeus adotaram-no para substituir *Nataniel*, cuja tradução é a mesma. **Ver Deodoro e Teodósio.**

Personal.: Theodoro Cochrane, ator.

Feminino(s): Teodora.

Variante(s): Deodoro, Diodoro, Fédor, Theodoro (*português*); Teodoro (*espanhol*); Teodòro (*italiano*); Théodore (*francês*); Theodor (*inglês, alemão, nórdico*).

TEODÓSIO

Do grego *Theodósios*, de *théos* (deus) e *dósis* (dom, dádiva), sign. "dádiva de um deus; dádiva divina (de Deus)". O mesmo que *Deodoro* e *Teodoro*. Em Portugal, foi encontrado em documentos que datam da primeira metade do séc. XVII à primeira metade do séc. XVIII.

Personalidade(s): 7º duque de Bragança.

Feminino(s): Teodósia.

Variante(s): Teodócio, Teudósio (*português*); Teodosio (*espanhol*); Teodòsio (*italiano*); Théodose (*francês*); Theodosius (*belga, latim*).

TEÓDULO

Do grego *Theódulos*, de *théos* (deus) e *doûlos* (servo), sign. "servo de Deus". Tem o mesmo significado de *Abdala*. **Ver Téo.**

Personal.: Théodulo Albuquerque, político.

Variante(s): Teòdolo, Teòdulo (*italiano*).

TEÓFILO

Do grego *théos* (deus) e *phílos* (amigo), sign. "amigo de (um) deus; amigo de Deus". O nome é o inverso de *Filoteu* (*phílos* + *théos*). Foi adotado como nome

DICIONÁRIO DE NOMES

cristão na Inglaterra pós-Reforma, tornando-se comum por volta do séc. XVII. Ver Téo.
Personal.: Teófilo Vasconcelos, ator.
Variante(s): Teofilo (*espanhol*); Teòfilo (*italiano*); Théophile (*francês, belga*); Theophilus (*inglês, belga, latim*).

TEOMAR
O mesmo que *Teodemiro*. Ver Teodemiro.

TEOTÔNIO
Nome de origem germânica, latinizado *Theutonius*. Provavelmente de *teutones* (teutões), calcado em *thiuda* (povo), sign. "do povo; popular".
Personal.: Teotônio Vilela, político bras.
Feminino(s): Teotônia.

TÉRCIO
Do latim *Tertius*, de *tertius*, lit. "terceiro", nome que os antigos romanos davam ao terceiro filho.
Personal.: Tércio de Lima, radialista.
Feminino(s): Tércia.
Variante(s): Térsio (*português*); Tercio (*espanhol*); Tèrzio, Terzo (*italiano*); Terttu (*finlandês*); Tertius (*latim*).

TERÊNCIO
Do latim *Terentius*, de origem e significado duvidosos. Provavelmente derivado de *Terensis*, deusa da debulha dos pães, calcado em *terere* (malhar os cereais), sign. "o que mói; o que debulha". *Terentius* foi o nome de uma *gens* romana. As formas *Terence* e *Terry* foram adotadas na Irlanda como nomes cristãos, onde substituem os nativos *Toirdhealbhach* e *Turlough*.
Personal.: Terence Stamp, ator.
Feminino(s): Terência.
Variante(s): Terencio (*espanhol*); Terènzio (*italiano*); Térence (*francês*); Terence, Terrence (*inglês*).

TERESO
Masculino de *Teresa*. Ver Teresa.

TÉRSIO
O mesmo que *Tércio*. Ver Tércio.

TERTULIANO
Do latim *Tertullus*, forma relativa de *Tércio*, sign. "de (pertencente a; da natureza de) Tércio". Ver Tércio.
Personal.: Tertuliano Barreto, ator; Tertuliano Azevedo, político.
Feminino(s): Tertuliana.

Variante(s): Tertuliano (*espanhol*); Tertulliano (*italiano*); Tertullien (*francês*).

THIERRY

Do francês *Thierry*, calcado em *Thietrich*, e este, modificação do velho nome germânico *Theodoric* (*Teodorico*). O mesmo que *Teodorico*. Ver Teodorico.
Personal.: Thierry Figueira, Thierry Lacoste, atores.
Variante(s): Thierri (*português*); Thierry (*francês*).

THIERS

Do francês *Thiers*, variante de *Théodore* (Teodoro). Há no francês antigo a forma *Thier*, que se traduz por "terceiro", mas que não tem relação com o nome em questão. Ver Teodoro.
Personal.: Thiers Maryins Moreira, escritor.
Variante(s): Thiers (*francês*).

THOMPSON

Do inglês *Thompson*, de *Thomas*, mais a partícula *son* (filho), sign. "filho de Tomás". Ver Tomás.
Personal.: Thompson Ramos, compositor.

TIAGO

Como *Telmo*, que se origina de uma divisão silábica irregular de *Sant'Elmo*, o mesmo acontece com *Tiago*, que tem sua origem em *Sant'Iago*. *Iago* é uma forma modificada de *Jacó*. Ver Jacó.
Personal.: Thiago Lacerda, ator.
Variante(s): Thiago (*espanhol*).

TIANO

Masculino de *Tiana*. Ver Tiana.

TIBÉRIO

Do latim *Tiberius*, sign. "**nascido às margens do (junto ao) rio Tibre**", ou em homenagem ao deus desse rio. *Tiberis*, *Tibris* ou *Thybris*, nomes latinos do rio Tibre, derivam da raiz *tib*, designativa de corrente de água descida da montanha.
Personal.: Tibério Gaspar, compositor.
Variante(s): Tiberio (*espanhol, italiano*); Tibère (*francês*).

TIBÚRCIO

Do latim *Tiburtius*, com dois étimos. 1) Relativo a *Tiburtus* (Tiburto), nome do fundador da cidade de Tibur (atual Tivoli), sign. "**de (pertencente a; da natureza de) Tiburto**". 2) Gentílico, cujo significado é "**habitante**

278 DICIONÁRIO DE NOMES

(natural) de Tibure". O nome está ligado à raiz *tib*, a mesma encontrada em *Tibério*. Ver Tibério.
Personal.: Tibúrcio Rodrigues, escritor.
Feminino(s): Tibúrcia.
Variante(s): Tiburcio (*espanhol*); Tibùrzio (*italiano*); Tiburce (*francês*).

TICIANO

Ticiano tem origem no latim *Titianus*, forma relativa de *Tício*, sign. "de (pertencente a; da natureza de) *Tício*". *Tício* é o relativo de *Tito*. Ver Tito.
Personal.: Tiziano Minio, escultor italiano.
Feminino(s): Ticiana.
Variante(s): Ticiano (*espanhol*); Tiziano (*italiano*).

TIMÓTEO

Do grego *Timótheo*, de *tim*, raiz de *timáo* (honrar) e *theós* (deus), sign. "que honra a um deus; que honra a Deus". Em Portugal, foi encontrado em documentos datados do séc. XVII. Na Inglaterra, só foi adotado após a Reforma, e na Irlanda é muito popular, geralmente na abreviação *Tim*, em representação do nativo *Tadhgh*. Ver Téo.

Personal.: Timóteo Faria, escritor.
Variante(s): Timoteo (*espanhol*); Timòteo (*italiano*); Timothée (*francês*); Timothy (*inglês*).

TIRSO

Do grego *thyrsos*, latim *Thyrsis*, de *thyrsus* (tirso, lança enramada de Baco), sign. "o inspirado". O tirso era a insígnia de Baco, que consistia num bastão enfeitado por hera e pâmpanos, que levava a figura do deus como cetro e era usado com caráter mágico-religioso. O nome latino era empregado de forma figurada, sign. "furor poético; estro; inspiração".
Personal.: Tirso de Molina, autor dramático espanhol.
Variante(s): Tirsis (*português*); Tirso (*espanhol, italiano*); Thyrsis (*latim*).

TITO

Do latim *Titus*. Nome de étimo discutível. Ao que tudo indica, está ligado a *tata*, voz infantil que significa "pai". Há também as traduções "respeitável" e "venerável", que se correlacionam entre si. Ver Átila.

Personal.: Tito Carvalho, escritor.
Feminino(s): Tita.
Variante(s): Tito (*espanhol, italiano*); Tite (*francês*).

TOBIAS
Do hebraico *Tobhiyyah*, lit. "agradável a Deus". O hebraico *tobh* (bom) relaciona-se com o árabe *tába* (agradável aos sentidos), aramaico *tebh*, *tabh* e siríaco *tebo*, *tobh* (era bom), ugárico *tb* (bom, agradável) e acadiano *tabu* (ser bom, ser agradável). O primeiro elemento do nome é o hebraico *El*, *Yah* (Deus). *Tobias* é uma helenização do nome hebraico. Na Inglaterra, a variante *Toby* foi usada durante a Idade Média, tornando-se popular na forma *Tobias*, por volta do séc. XVII.
Personal.: Tobias de Menezes, escritor.
Variante(s): Tobías (*italiano, francês*); Tobia (*italiano*); Tobie (*francês*); Tobias (*inglês, alemão*).

TOMÁS
Do aramaico *teoma*, lit. "gêmeo", relacionado com o siríaco *toma*, hebraico *teom*, acadiano *tu'amu*, árabe *tau'am*, todos com o mesmo significado, provenientes de uma raiz semítica *w-a-m* (parelha). Equivale a *Dídimo*. Na Inglaterra, foi encontrado antes da conquista normanda como nome sacerdotal, popularizando-se com a chegada dos invasores. Durante a Idade Média, foi um dos nomes ingleses mais comuns. A variante *Tomé* originou-se de *Thome*, abreviação medieval inglesa de *Thomas*.
Personal.: Tomás Morkos, ator; Tomé de Souza, ex-governador-geral do Brasil.
Feminino(s): Tomásia.
Variante(s): Thomaz, Tomaz (*português*); Tomás, Tome (*espanhol*); Tomaso, Tommaso (*italiano*); Thomas (*francês, inglês*).

TOMÉ
De *Thome*, abreviação medieval inglesa de *Thomas*. O mesmo que *Tomás*. Ver Tomás.
Personal.: Tomé de Souza, ex-governador geral do Brasil.
Variante(s): Tome (*espanhol*).

TÔNIO
Hipocorístico de *Antônio*. Ver Antônio.
Personal.: Tônio Carvalho, ator.
Feminino(s): Tônia.

TORQUATO

Do latim *Torquatus*, do adjetivo *torquatus, a, um*, sign. "aquele que traz um colar". Em Portugal, surgiu em documentos datados do séc. XVII, na forma *Torcato*.
Personal.: Torquato Neto, poeta.
Feminino(s): Torcata.
Variante(s): Torcato (*português*); Torcuato (*espanhol*); Torquato (*italiano*); Torquat (*francês*).

TRISTÃO

Do céltico *Drustan, Drystan*, de *drest* ou *drust*, lit. "algazarra; tumulto". A forma *Tristan* (Tristão) teve influência do francês *triste* (triste, infeliz, melancólico), e originou-se com o romance medieval "Tristão e Isolda". Segundo o autor (anônimo) do romance, "Rivalino ainda não regressara da guerra quando sua mulher deu à luz um filho, morrendo ao dar-lhe a vida... e deu-lhe o nome celta de Drustan: os cantadores e a tradição popular transformaram-no em Tristão, para melhor significar a tristeza dos pais no momento do seu nascimento". Tristam foi encontrado como nome cristão na Inglaterra por volta de 1139, mas foi raro na França do séc. XII, aparecendo apenas como sobrenome, na forma *Tristan*.
Personal.: Tristão Costa, historiador.
Feminino(s): Tristana.
Variante(s): Tristán (*espanhol*); Tristano (*italiano*); Tristan (*francês, alemão*); Trystan (*francês*); Tristam, Tristram (*inglês*); Drustan, Drystan (*céltico*).

TÚLIO

Do latim *Tullius*, relativo a *Tulo*, sign. "de (pertencente a; da natureza de) Tulo". O nome está preso a *Tullo*, de *tollo, tollere* (levantar, erguer, elevar, gerar, criar), ligado à tradição latina do *pater familias*, que "erguia" o recém-nascido que queria "criar", em lugar de lançá-lo à rua, visto que ao pai era concedido o direito de repudiar o filho nascido. O substantivo *tullius* (jorro, saída impetuosa de um líquido) confirma o étimo.
Personal.: Túlio Berti, Túlio Lemos, atores.
Feminino(s): Túlia.
Variante(s): Tulio (*espanhol*); Tullio (*italiano*).

TURÍBIO

Do grego *Thorybios*, de *thórybos* (ruído, estrondo), sign. "**ruidoso; estrepitoso**". Provavelmente, nome que no início foi alcunha ou foi dado a um recém-nascido que chorava muito.

Personal.: Turíbio Santos, violonista; Turíbio Ruiz, ator.
Variante(s): Toríbio (*português*); Toribio (*espanhol*).

U

UBALDINO
Forma relativa de *Ubaldo*, sign. "de (pertencente a; da natureza de) Ubaldo". Ver Ubaldo.
Personal.: Ubaldino do Amaral, Ubaldino Meirelles, políticos.

UBALDO
Do germânico *Hugbald*, de *hug* (espírito, pensamento) *e bald* (ousado, audaz), sign. "espírito audaz; audaz no pensamento".
Personal.: Ubaldo Dantas, político.
Variante(s): Hubaldo, Huguebaldo (*português*); Ubaldo (*espanhol, italiano*); Uboldo (*italiano*).

UBIRAJARA
Do tupi *übürai'yara*, lit. "senhor da vara; senhor da lança". Nome provavelmente dado a um guerreiro hábil no manejo da lança.
Personal.: Ubirajara Gama, ator; Ubirajara Forte, jornalista.

UBIRATÃ
Do tupi *übü'ra* (pau) e *á'tã* (duro), lit. "pau rijo; lança rija", nome indígena do pau-ferro.
Personal.: Ubiratan Martins, Ubiratã Gonçalves, atores; Ubiratã de Lemos, jornalista.
Variante(s): Ubiratan (*português*).

ULDERICO
Do germânico *Udalric*, de *uodal* (solar; propriedade herdada) e *rick* (príncipe, senhor), sign. "senhor (dono) de um solar".
Personal.: Ulderico Amêndola, ator.
Variante(s): Udalrico, Uldarico (*português*); Ulderico (*italiano*); Udalric (*francês, inglês*).

ULISSES
Do grego *Odysseús*, derivado do verbo *odyssomai* (irritar), sign. "o irritado". O nome é adotado na Irlanda para representar os nativos *Ulick* e *Uileos*.
Personal.: Ulysses Guimarães, político bras.
Variante(s): Ulises (*espanhol*); Ulisse (*italiano*); Ulysse (*francês*); Ulysses (*inglês*).

URBANO

Do latim *Urbanus*, do adjetivo *urbanus*, de *urbs*, *urbis*, sign. "da cidade de Roma". Foi nome de muitos papas.
Personal.: Urbano de Oliveira, escritor.
Variante(s): Urbano (*espanhol*); Urbàno (*italiano*); Urbain (*francês*); Urban (*inglês, nórdico*).

URBINO

Do latim *Urbino*, nome de uma antiga cidade italiana situada na Úmbria, derivado de *urbs*, *urbis* (cidade), sign. "da cidade; citadino". Por extensão, "civilizado".
Variante(s): Urbin (*francês*).

URI

Do hebraico, abreviação de *Uryyah* (Uria). **Ver Uria.**

Personal.: Uri Almago, sociólogo americano.
Variante(s): Uri (*hebraico*).

URIEL

Do hebraico *Uryyah*, de *ur* (*luz, ouro*) e *Yah*, El (Senhor, Jeová). sign. "o Senhor é minha luz". Na Inglaterra a variante *Uriah* foi adotada como nome cristão durante a Reforma. **Ver Melchior.**
Personal.: Uriel Azevedo, compositor.
Variante(s): Oriel, Uria, (*português*); Urías (*espanhol*); Urièle (*italiano*); Uriah (*inglês*); Uriel (*hebraico*).

UZIEL

O mesmo que *Oziel*. **Ver Oziel.**

V

VAGNER
Do germânico *Wagner*, sign. "fabricante de vagões (carroças)". Nome que inicialmente foi alcunha, atribuída a alguém que se dedicava a este mister.
Personal.: Wagner Vaz, ator.
Variante(s): Wagner (*português, francês, inglês, alemão*).

VÁLBER
O mesmo que *Guálber, Gualberto*. Ver Guálber.
Variante(s): Valberto (*português*).

VALDECI
Modificação de *Valdeck*, e este, o mesmo que *Waldeck, Waldick*. Ver Waldeck.
Personal.: Valdeci Rabello, poeta.

VALDECK
O mesmo que *Waldeck*. Ver Waldeck.
Variante(s): Valdick (*português*).

VALDEMAR
Do germânico Waldemar, de walde (senhor) e mar (famoso, célebre, brilhante), sign. "senhor famoso (célebre, brilhante)".
Personal.: Valdemar Correia, compositor; Waldemar Berditchevsky, ator.
Variante(s): Valdemir, Valdemiro, Valdomir, Waldemir, Waldemiro, Waldomir, Waldomiro (*português*); Waldemar (*português, francês, alemão*); Valdemaro (*espanhol*); Valdemàro (*italiano*); Valdemar (*francês*).

VALDEMIRO
O mesmo que *Valdemar*. Ver Valdemar.
Personal.: Waldemiro José da Rocha (Babaú), compositor; Waldemiro Cavalcanti, jornalista.

VALDER
O mesmo que *Válter*. Ver Válter.

VALDEREZ
Modificação de *Válter*, através do inglês antigo *Wealdhere*, com acréscimo arbitrário de um *z* final. Nome adotado por ambos os sexos. Ver **Válter**.

VALDEVINO
O mesmo que *Balduíno*, como atesta *Valdevinos* ou *Baldovinos*, personagem do ciclo carolíngio. Ver **Balduíno**.
Personal.: Valdevino Paiva, poeta.

VALDIR
Nome que se origina da raiz germânica *weald*, sign. "**força, poder, lei, governo.**" O antropônimo não foi encontrado, o que atesta ser uma modificação de *Valdo*, com a inclusão do *ir*, final, ocorrência muito comum no Brasil. No russo há um *Watdi* (senhor; soberano), originário da mesma raiz. O mesmo que *Valdo*. Ver **Valdo**.
Personal.: Valdir Fernandes, ator.
Variante(s): Valdeir, Waldir, Waldyr (*português*).

VALDO
Hipocorístico de nomes germânicos começados ou terminados em *valdo*, como *Oduvaldo*, *Osval-do*, *Valdomiro* etc., cujos elementos *weald*, *vald* significam "**força; poder; lei; governo**".
Personal.: Valdo César, ator.
Feminino(s): Valda.
Variante(s): Waldo (*inglês*).

VALDOMIRO
O mesmo que *Valdemar*. Ver **Valdemar**.
Personal.: Valdomiro Freitas Autran Dourado (Autran Dourado), escritor; Waldomiro Costa, ator.
Variante(s): Valdomir, Waldomir, Waldomiro (*português*).

VALENTINO
Do latim *Valentinus*, diminutivo de *valens*, *valentis*, sign. "**valente; forte; vigoroso; cheio de saúde**". Em Portugal, a variante *Valentim* foi encontrada em documentos datados da primeira metade do séc. XVI. Na Inglaterrra, a forma *Valentine* ocorreu ocasionalmente no séc. XII, e a partir do séc. XVII tornou-se mais popular, sendo comum a ambos os sexos.
Personalidade(s): Valentim da Fonseca e Silva (Mestre Valentim), escultor e entalhador bras.
Variante(s): Valentim (*português antigo*); Valentín (*espanhol*);

286 DICIONÁRIO DE NOMES

Valentino (*italiano*); Valentin (*francês, alemão*); Valentine (*inglês*).

VALERIANO
Forma relativa de *Valério*, sign. "de (pertencente a; da natureza de) Valério". A variante *Valerian* foi encontrada na Inglaterra, no séc. XIII, é até hoje adotada pela família Wellesley. Ver Valério.
Personal.: Walerian Borowczyk, cineasta.
Feminino(s): Valeriana.
Variante(s): Valeriano (*espanhol*); Valeriàno (*italiano*); Valérièn (*francês*); Valerian (*inglês*); Valerianus (*latim*).

VALÉRIO
Masculino de *Valéria*, nome que possui o mesmo significado de *Valentim, Valentino*. Ver Valéria.
Personal.: Valery Osse, ator; Valerio Peritin, atl. olímp. italiano; Valéry Giscard d'Estaing, estadista francês.
Feminino(s): Valéria.
Variante(s): Valerio (*espanhol, italiano*); Valère, Valeri, Valéry (*francês*).

VALFRIDO
Do germânico *Walfried*, de *walt* (poderoso) e *Friede* (paz), sig.

"poderoso portador da paz; pacificador poderoso".
Personal.: Valfrido Silva, compositor.
Variante(s): Valfredo, Walfredo, Walfrido (*português*); Valfrido (*espanhol*); Valfrèdo (*italiano*); Valfrid, Walfrid (*nórdico*).

VALKIR
Masculino de *Valquíria*. Ver Valquíria.
Variante(s): Valquir, Walkir, Walkyr, Walquir (*português*).

VALMIR
Do germânico *Walamir*, de *wala* (amado, eleito, escolhido) e *mir* (famoso, célebre, brilhante), sign. "amado e famoso; eleito famoso; escolhido (eleito, amado) por sua celebridade".
Personal.: Valmir Valentim, músico.
Variante(s): Vlamir, Wlamir (*português*); Walmir (*português*).

VALMOR
Nome português de origem geográfica, contração de "vale maior". Inicialmente foi alcunha, e depois sobrenome. A variante *Walmor*, já encontrada no Brasil, sofreu a influência de *Walmir*.

Personal.: Walmor Chagas, ator.
Variante(s): Walmor (*português*).

VALNEI
O mesmo que *Walney*. Ver Walney.

VÁLTER
Do germânico *Waldhar*, de *wald*, *waldan* (governar, comandar) e *her* (exército), sign. "comandante do exército". Na variante *Walter*, foi um dos nomes favoritos normandos, tendo sido introduzido na Inglaterra durante a Conquista, gerando uma série de sobrenomes, como *Walters*, *Watt*, *Watts*, *Watkin*, *Watson* etc. É o inverso de *Haroldo* (*her* + *wald*).
Personal.: Walter Salles, cineasta.
Variante(s): Guálter, Gualtério, Valder, Wálter (*português*); Walter (*espanhol, inglês, alemão*); Walther (*francês, alemão*).

VALTINO
O mesmo que *Galdino*. Ver Galdino.

VANDER
Nome com dois étimos. 1) Hipocorístico de *Vanderlei*. 2) Do inglês antigo *Wander*, modificação de *Genoveva*. Ver Vanderlei e Genoveva.
Personal.: Wander Sílvio, ator e cineasta; Vander Beatty, político americano.
Variante(s): Wander (*português*).

VANDERLEI
Do holandês *van der Ley*, nome de origem geográfica que significa "(da terra) da ardósia". A *ardósia* é uma espécie de xisto argiloso usado para cobrir casas ou na fabricação de quadros para se escrever a giz. Nome inicialmente dado a um morador de um local onde esse mineral ocorria em abundância.
Variante(s): Vanderley, Wanderlei, Wanderley (*português*).

VANDICK
Do sobrenome do pintor holandês *Antonio Van Dick* (em holandês, *Antoon Van Duck*), sign. "do dique". Inicialmente nome de residência, com o decorrer do tempo transformou-se em prenome.
Personal.: Vandick Wandré, ator.
Variante(s): Vandique, Wandick (*português*); Van Dyke (*inglês*).

VANDO
Masculino de *Vanda*. Ver Vanda.

VANTUIL

Antropônimo originado do sobrenome de um governador holandês dos séculos XVI e XVII, *Wouter Van Twiller*, com o significado de "de (natural de; habitante de) Twiller". *Van Twiller* passou a sobrenome de origem geográfica pela ligação com a antiga cidade de Twiller (atual Twello?), cujo significado é "mato curtinho". *Van* é uma preposição que indica origem.
Variante(s): Wantuil (*português*).

VARNER

O mesmo que *Guarnério*. Ver Guarnério.

VARNÉRIO

O mesmo que *Guarnério*. Ver Guarnério.

VASCO

Nome com dois étimos. 1) Derivado de *Valasco, Velasco*, de origem ibérica, relacionados com uma palavra vasconça traduzida por "corvo". 2) Do espanhol *basco*, latim *vascones*, traduzido por "bascos", denominação de um povo europeu cujo nome deriva de *Bsac-hos* ("povo serrano"), ou de baso-coa ("natural da floresta").

Personal.: Vasco Neto, ator.
Variante(s): Vasco (*espanhol, italiano*); Vásko (*russo*).

VENÂNCIO

Do latim *Venantius*, derivado de *vens, venantis*, particípio presente de *venari* (caçar), sign. "aquele que está caçando; caçador".
Personal.: Venâncio de Oliveira, historiador.
Feminino(s): Venância.
Variante(s): Venancio (*espanhol*); Venànzio (*italiano*); Venance (*francês*); Venantius (*latim*).

VENCESLAU

Do antigo eslavo *Wenceslava*, sign. "cercado de glória". Ver Clea.
Personal.: Wenceslau Silva, cineasta.
Variante(s): Venceslao, Wenceslao (*espanhol*); Venceslào (*italiano*); Venceslas (*francês*); Wenceslau, Wenzel, Wenzeslaus (*alemão*); Wenceslav, Wenceslava (*eslavo*).

VERIDIANO

Do latim *Viridianus*, derivado do adjetivo *viridis*, lit. "verde", nome de um deus germânico protetor das verduras.

Personal.: Veridiano Santos, ator.
Feminino(s): Veridiana.
Variante(s): Viridiano (*português*); Viridianus (*latim*).

VERNER
O mesmo que *Guarnério*. Ver Guarnério.

VICENTE
Do latim *vincente*, particípio presente do verbo *vincere* (vencer), que indica ação progressiva, sign. "o que está vencendo". Por extensão, "vencedor". Em Portugal, o nome foi encontrado em documento datado de 1172, na variante *Vicentius*. Há também uma forma arcaica *Vincente*, muito usada até o séc. XVIII. Na Inglaterra foi encontrado no séc. XIII, tornando-se comum naquele país por volta do séc. XIX.
Personal.: Vicente Celestino, cantor; Vicente de Paiva, compositor.
Variante(s): Vicêncio (*português*); Vicenzo, Vicencio, Vicente (*espanhol*); Vincenzo (*italiano*); Vincent (*francês, inglês*).

VILMAR
Do germânico *Villemar*, de *wilja* (vontade) e *mers* (brilhante, ilustre), sign. "brilhante na vonta-

de". A tradução "muito célebre", que se confundiu equivocadamente com o alto-alemão *Filomar*, deve ser descartada.
Feminino(s): Vilmara.
Variante(s): Guilmaro, Vilimar, Vilmaro (*português*); Wilmar, Willmar (*alemão*).

VINÍCIO
Do latim *Vinicius*, ligado a *vinum, vini,* lit. "da natureza do vinho". Ver "vinho" na seção Simbologia.
Personal.: Vinicius Salvatore, ator.
Variante(s): Vinicio (*espanhol*); Vinicius (*latim*).

VIRGÍLIO
Nome de origem latina que através dos séculos tem gerado um sem-fim de controvérsias. Uns pretendem que a grafia correta seja *Vergilius*, outros, *Virgilius*. A esse respeito, escreveu Medeiros de Albuquerque: "Pouco importa saber como Virgílio garatujava o seu nome. O essencial é saber como ele foi imortalizado." O nome está ligado a *virgo*, sign. "virgem; virginal". O mesmo que *Virgínio*.
Personal.: Virgílio Domingues, poeta.

290 DICIONÁRIO DE NOMES

Feminino(s): Virgília.
Variante(s): Virgilio (*espanhol*); Virgìlio (*italiano*); Virgile (*francês*); Virgil (*inglês*).

VIRGÍNIO
Masculino de *Virgínia*. Ver Virgínia.

VIRIATO
Nome de origem celta, de *viria*, sign. "**ornado com bracelete**", através do latim *Viriatus*. Ao que parece, primitivamente deve ter sido alcunha.
Personal.: Viriato Figueira da Silva, compositor.
Variante(s): Viriathe (*francês*); Viriatus (*latim*).

VITAL
Do latim *Vitalis*, sign. "**cheio de vida**". Nome de muitos santos, foi introduzido na Inglaterra pelos normandos, tornando-se comum por volta dos séculos XII e XIII, frequentemente na variante francesa *Viel*. *Vitalino* tem o mesmo significado.
Personal.: Vital Farias, cantor; Vital Nogueira, poeta; Vitàle Cavallini, pintor italiano.
Variante(s): Vital (*espanhol, francês*); Vitàle (*italiano*); Vitalis (*inglês, latim*).

VITALINO
O mesmo que *Vital*. Ver Vital.
Personal.: Vitalino Pereira dos Santos, ceramista popular bras.

VÍTOR
Nome derivado do latim *Victor*, calcado em *victor*, lit. "**vencedor; vitorioso**". Nome de muitos santos e mártires, foi encontrado na Inglaterra, na forma *Victor*, por volta de 1200. Na França tornou-se popular a partir da Revolução de 1789 e, na Inglaterra, na segunda metade do séc. XIX.
Personal.: Victor Fasano, ator.
Variante(s): Víctor (*espanhol*); Vittore (*italiano*); Victor (*italiano, francês, inglês*).

VITORINO
Forma relativa de *Vitório*, sign "de (pertencente a; da natureza de) Vitório". Ver Vitória.
Personal.: Vitorino Fernandes, atl. olímp. bras.
Feminino(s): Vitorina.
Variante(s): Vittorino (*italiano*); Victorin (*francês*).

VITÓRIO
Masculino de *Vitória*. Ver Vitória.
Personal.: Vittorio Alfieri, escritor italiano.
Feminino(s): Vitória.
Variante(s): Vittòrio (*italiano*).

VIVALDO
Nome de étimo incerto. Uma fonte deu uma origem germânica, "**forte na guerra**", provavelmente de *wig* (guerra, batalha) e *wald* (dominar, ter poder, ter fortaleza, governar).
Personal.: Vivaldo Coaracy, jornalista.

VLADIMIR
Do eslavo *walde, vladi* (senhor) e *mir* (paz), sign. "**senhor da paz**". Não confundir com *Valdemir*, *Valdemiro*.
Personal.: Vladimir Britcha, ator.
Variante(s): Vladmir, Wladimir, Wladimiro, Wladmir (*português*); Vladimiro (*espanhol*); Vladimìro (*italiano*); Vladimir (*alemão, russo*).

VLADISLAU
O mesmo que *Ladislau*. **Ver** Ladislau.

VLAMIR
O mesmo que *Valmir*. **Ver** Valmir.

VOLMAR
Do inglês antigo *Wulfmaer*, de *wul* (lobo) e *maer* (famoso, ilustre), sign. "**lobo famoso**". Por extensão, "**guerreiro famoso**".
Personal.: Wollmar Bostrom, atl. olímp. sueco.
Variante(s): Volmer, Wolmar, Wolmer (*português*); Wollmer, Woolmer, Woolmore, Ulmer (*inglês*).

VOLNEI
Nome de residência inglês, originado do toponímico *Wolney*, sign. "**da ilha infestada de lobos**".
Personal.: Volney Bilgliardi, ator.
Variante(s): Volney, Wolney (*inglês*).

W

WAGNER
O mesmo que *Vágner*. Ver Vágner.

WALDECK
Nomes de residência originados do germânico *wald* (floresta) e *eck* (recanto, canto, pedaço), sign. "(morado, habitante) do recanto da floresta". Como a maioria dos nomes de residência, a princípio deve ter sido alcunha e, depois, sobrenome.
Personal.: Waldeck de Macedo (Gordurinha), cantor e compositor; Waldick Soriano, cantor.
Variante(s): Valdeck, Valdeque, Valdick, Valdique, Waldick (*português*).

WALDEMAR
O mesmo que *Valdemar*. Ver Valdemar.

WALDEMIR
O mesmo que *Valdemar*. Ver Valdemar.

WALDIR
O mesmo que *Valdir*. Ver Valdir.

WALDOMIRO
O mesmo que *Valdemar*. Ver Valdemar.

WALLACE
De *Wallace*, sobrenome escocês equivalente ao inglês *Walsh*, *Welsh*, sign. "natural de Gales; gaulês". Já foi encontrada a forma aportuguesada Uálace, tradução fonética do inglês, que deve ser evitada.
Personal.: Wallace Viana, ator.
Variante(s): Wallis, Walsh, Welsh (*inglês*); Wallace (*escocês*); Wallache (*alemão*).

WALNEY
Nome derivado de um toponímico inglês calcado no *nórdico* antigo *Vogney*, sign. "da ilha dos grampus". *Grampus* é uma palavra originária do inglês antigo, designativo de uma espécie de baleia semelhante ao golfinho,

NOMES MASCULINOS 293

que habita os mares do hemisfério setentrional, sem tradução na língua portuguesa. Não confundir com *Wolney*.
Personal.: Walney Costa, ator.
Variante(s): Valnei, Valney (*português*).

WANDERLEY
O mesmo que *Vanderlei*, *Vanderley*. Ver Vanderlei.
Personal.: Wanderley Cardoso, cantor.

WASHINGTON
Nome de origem geográfica proveniente do inglês *Wassyngton*, sign. "da cidade (lugar) do povo de Wassa". *Wassa* é um antropônimo derivado do inglês antigo *Wapsige*, traduzido por "caçada". *Wasingetune, Wassingatune, Wassingetone, Wassinton, Wassyngtona, Wessingatun, Wessinton* são as antigas formas do toponímico. Existem algumas formas bizarras do nome – Oazinguiton, Uóshinton, Uoston, Woxington – encontradas no Brasil, que devem ser evitadas.
Personal.: Washington Luis de Paulo, atl. olímp. bras.

WATSON
De *Watson*, sobrenome inglês composto de *Walt*, *Watt* (Válter), mais a partícula *son* (filho), sign. "filho de Válter". Ver Válter.
Personal.: Watson Macedo, cineasta bras.
Variante(s): Watson (*inglês*).

WÉBER
Do germânico *Weber*, sign. "tecelão". Inicialmente foi alcunha dada a alguém que tinha esta profissão.
Variante(s): Weber (*alemão*).

WELLINGTON
De *Wellington*, nome de residência inglês originado de um toponímico que significa "do lugar (povoado) próximo a um curso-d'água (rio)". *Walintone, Walitone, Welingtun, Weliton, Welintona, Welintun, Wellinton, Weolingtun, Weolintum, Weolyntone* e *Wolinton* são as antigas formas do toponímico.
Personal.: Wellington Botelho, ator.

WELTON
De *Welton*, nome de residência inglês originado de um toponímico que significa "da cidade (lugar) próxima a uma fonte (corrente)".

294 DICIONÁRIO DE NOMES

Waletune, *Wellatuna*, *Welleton*, *Welletona*, *Welletuna*, *Welletune* e *Welintone* são as antigas formas do toponímico.
Variante(s): Welton (*inglês*).

WENDEL
Do germânico. 1) De *Vandal*, lit. "vândalo", designação de um antigo povo germânico. 2) Ou significando "torneiro".
Personal.: Wendell Corey, ator.
Variante(s): Vendel (*português*); Wendell (*inglês, alemão*).

WERNER
Do germânico *Gwernher* o mesmo que *Guarnério*. Ver Guarnério.
Personal.: Werner Dahms, ator.
Variante(s): Wellesley (*inglês*).

WILLIAM
Do inglês *William*, o mesmo que *Guilherme*. Ver Guilherme.
Personal.: William Bonner, William Waack, apresentadores de telejornal.

WILLY
Do inglês *Willy*, diminutivo de *William*, o mesmo que *Guilherme*. Ver Guilherme.
Personal.: Willy Aurelli, cineasta.

Variante(s): Wil, Will, Wiley, Willie (*inglês*).

WILSON
Do inglês *Wilson*, de *Will*, diminutivo de *William* (*Guilherme*), mais a partícula *son* (filho), sign. "filho de Guilherme". Não confundir este nome com *Hílson* ou sua variante *Ílson*. As variantes *Uílson* e *Vílson* já foram encontradas no Brasil. Ver Guilherme e Hílson.
Personal.: Wilson Grey, ator; Vílson Souza, poeta.
Feminino(s): Wilza.

WILTON
Nome com três étimos, originários de toponímicos ingleses. Não confundir com *Hílton*. 1) De *Widtune*, *Wiltona*, *Wiltone*, *Wiltuna*, localidade de Cumberland, que sign. "da cidade (lugar) situada (o) entre salgueiros". 2) De *Wulton*, *Wylton*, *Wilton*, localidade de Somerset, sign. "da cidade (lugar) onde há uma fonte". 3) De *Uuiltun*, *Wiltun*, *Wiltune*, localidade de Wiltshire, sign. "da cidade (lugar) do rio Wylye".
Personal.: Wilton Franco, apresentador de TV.
Variante(s): Wilton (*inglês*)

WINSTON

Nome derivado de *Winestona*, antigo toponímico inglês cuja tradução é "da cidade (lugar) fraterna(o); da cidade (lugar) pacífica(o)". Na Inglaterra tornou-se nome cristão adotado pela família Churchill desde 1620.

Personal.: Winston Churchill, estadista inglês.

WOLNEY

O mesmo que *Volnei*. Ver Volnei

X

XAVIER
Nome de residência originado do basco *Yxemerry*, sign. "da casa nova". Sobrenome já encontrado no Brasil como prenome, por influência estrangeira. Tornou-se popular com S. Francisco Xavier (1506-1552). Um autor deu o significado de "brilhante", sem maiores explicações.
Personal.: Xavier Cugat, músico.
Variante(s): Javier (*espanhol*); Xavier (*espanhol, francês, inglês*); Etchaberri, Javerri, Javier (*francês*); Xaver (francês, *alemão*).

XIMENES
Sobrenome às vezes usado como prenome. Do antigo espanhol *Ximenes*, patronímico de *Ximene*, o mesmo que *Ximon*, e este, modificação de *Simon* (Simão). Significa "filho de Simão".
Ver Simão.
Variante(s): Jiménez (*espanhol*).

XISTO
Nome de origem duvidosa, que em Portugal foi encontrado em documentos datados da primeira metade do séc. XVII. 1) Provavelmente do latim *Sextus, Sixtus, Xistus*, através do francês arcaico *Sixte*, lit. "sexto", nome dado ao sexto filho. 2) Ou do grego *xystós*, sign. "polido; educado".
Personal.: Xisto Guzzi, Xisto Bahia, atores.

Y

YURI
Do russo *Yuri*, diminutivo de *Georg* (Jorge). **Ver Jorge.**
Personal.: Yuri Rocha, ator bras.
Variante(s): Iório, Írio, Iuri, Jório (*português*); Youri (*francês*); Yorick (*dinamarquês*); Yrjo, Yirjo (*finlandês*); Juri, Juris (*estoniano*).

YVES
Do francês *Yves*, o mesmo que *Ivo*. **Ver Ivo.**
Personal.: Yves Rudner Schmidt, pianista e compositor bras.

Z

ZACARIAS
Do hebraico *Zekharyahu, Zekharyah*, lit. "lembrado por Deus", de *zakhár* (ele lembrou), correlato ao aramaico-siríaco *dekhar*, árabe *dhákara*, etíope *zakhára* (ele lembrou), e acadiano *sakaru, zakaru* (dizer, nomear). O segundo elemento do nome é *Yah* (Deus, Senhor, Jeová). Na Inglaterra surgiu no séc. XVI, mas tornou-se popular no século seguinte, com os puritanos.
Personal.: Zacarias Gondim, compositor.
Variante(s): Zacarías (*espanhol*); Zacharie (*francês*); Zachery (*inglês*); Zacharias (*inglês, alemão, latim*); Zachary, Zecharia, Zecharias, Zechary (*inglês*).

ZANONI
Do italiano *Zanoni*, patronímico que sign. "filho de Zenão". Ver Zenão.
Personal.: Zanoni Ferrite, ator bras.

ZAQUEU
Do hebraico Zakkáy, lit. "**puro; inocente**". O primeiro elemento do nome deriva do hebraico *zakhah* (ele era puro, ele era inocente), correlato ao árabe *dháka* (ele era puro), aramaico-siríaco dekha, *dekhí* (ele era limpo, luminoso) e *zekha, zekhi* (ele era puro, ele era inocente), e acadiano *zaku* (ser puro, ser brilhante). Foi um nome cristão muito comum na Inglaterra do séc. XVII. **Ver Inocêncio e Acácio.**
Feminino(s): Zaquia.
Variante(s): Zaqueo (*espanhol*); Zachée (*francês*); Zachaus (*alemão*); Zacheus (*holandês, belga, latim*).

ZÉLIO
Masculino de *Zélia*. **Ver Zélia.**

ZELITO
Diminutivo de *Zélio*. **Ver Zélio.**
Personal.: Zelito Vianna, cineasta.

ZENÃO

Do grego *Zénon*, lit. "o que dá vida; vivaz". Foi nome de muitos santos.

Personal.: Zenon Andrusyshyn, jogador de futebol americano.

Variante(s): Zenón (*espanhol*); Zénon (*francês*); Zenon (*inglês*).

ZOROASTRO

Do persa *Zaradusht*, de *zara* (ouro) e *thustra* (*brilhante*), sign. "brilhante como o ouro; ouro resplandecente". "Suprema Inteligência; Divina Luz". O persa *zara*, *zahra*, também tem o significado de "branco; florescente; luz da noite", e é o nome do planeta Vênus. Ver Melchior.

Personal.: Zoroastro Artiaga, escritor.

Variante(s): Zaratustra (*português*); Zoroastro (*espanhol*); Zardust, Zaradusht, Zaraduhsht, Zartusht (*persa*).

ZÓZIMO

Do grego *Zósimos*, do adjetivo *zósimos*, lit. "cheio de vida".

Personal.: Zózimo Alves Calazans, jogador de futebol bras.

Variante(s): Sósimo (*português*).

ZOULO

Do grego *Zoilos*, de *dzoé* (vida), sign. "vital; vivaz". Nome que vem da mesma raiz de *Zenão* e *Zózimo*.

Personal.: Zoulo Rabelo, radialista.

Variante(s): Zoilo (*espanhol*).

ZUÍNGLIO

Do sobrenome do reformador protestante suíço Ulrich *Zwingli*. O nome vem do suíço *zwingli*, sign. "gêmeo". Ver Dídimo, Tiago e Jacó, nomes aos quais equivale.

Personal.: Zuinglio Faustini, cantor lírico.

Variante(s): Zwilling, Zwiniling (*alemão*).

ZULMIRO

Masculino de *Zulmira*. Ver Zulmira.

Personal.: Zulmiro Campos, biógrafo.

Nomes Femininos

A

ABIGAIL
Do hebraico *Abhigáyil*, de *abh* (pai) e *gil* (regozijar-se), sign. "aquela cujo pai é alegria; meu pai é alegre". Alguns autores traduzem erroneamente por "fonte de glória".
Personal.: Abigail Nunes, atriz; Abigail Maia, compositora.
Variante(s): Abigail (*espanhol, francês, inglês*); Abigaille (*italiano*).

ACÁCIA
Do grego *akákios*, sign. "inocência; que não tem malícia; que não tem maldade". Nas Escrituras esta planta recebe o nome de *shittah* (plural *shittim*), e era considerada sagrada entre os hebreus.
Personal.: Acácia Rodrigues, atriz.
Masculino(s): Acácio.

ACÉLIA
O mesmo que *Azélia*. **Ver** Azélia.

ACEMIRA
Anagrama de *América*. **Ver** Américo.

ACIDÁLIA
Do grego *Akidalíe*, nome de uma fonte da Beócia consagrada a Vênus e às Graças, sign. "a que dá cuidados (proteção); a que protege". Também epíteto da deusa Vênus.
Variante(s): Cidália, Sidália (*português*).

ACÍLIA
Anagrama de *Alícia*, e este, variante italiana de *Alice*. Na variante portuguesa ocorreu mudança de tonicidade. **Ver** Alice.

ACILA
Acila é uma modificação de *Alicia*, e esta, variante italiana de *Alice*. *Acilina* é a forma relativa do nome, sign. "de (pertencente a; da natureza de) Acila". **Ver** Alice.

304 DICIONÁRIO DE NOMES

Personal.: Acylla Plaisant, redatora radiofônica.
Variante(s): Acylla.

ACILINA
Forma relativa de *Acila*, sign. "de (pertencente a; da natureza de) Acila". Ver Acila.
Personal.: Acilina Carvalho, jornalista.

ADA
Nome com cinco étimos. 1) Hipocorístico de nomes como *Adolfa, Adosina* etc. 2) Do germânico *Eada*, com influência do hebraico *Édhen*, sign. "lugar de delícias". 3) Do inglês *Ada*, hipocorístico de *Adelaide*. 4) Variação feminina do hebraico *iddo*, abreviatura de *addayah*, lit. "o Senhor (Jeová, Javé) concedeu benefícios". 5) Do hebraico *Adah*, lit. "ornamento; beleza", nome da mulher de Lameque. Ver Adelaide e Afrodite.
Personal.: Ada Curado, poetisa.
Variante(s) da 1ª, 2ª e 3ª acepções: Ada (*italiano, francês, inglês, holandês*); Adda (*inglês*).

ADAIL
1) Anagrama do holandês *Alida* e este, variante de *Adelaide*. 2)

Ou do árabe *addalil*, derivado de *dalla* (ensinar, mostrar o caminho conduzindo ou apontando com o dedo), sign. "líder; guia; sentinela avançada", que originou o substantivo *adail*. Este é o étimo provável.
Personal.: Adail Viana, atriz.
Masculino(s): Adaílo.
Variante(s): Adaí (*português*).

ADAIR
Nome com dois étimos. 1) Nomes célticos de residência, derivados de *Athadara*, toponímico que significa "passagem da vau sobre carvalhos". 2) Do árabe *Adaira*, sign. "o circuito; a coisa que circunda".
Variante(s): Adaíra (*português*).

ADALCINA
O mesmo que *Adalcinda*. Ver Adalcinda.

ADALCINDA
Do germânico *Adalseinda*, de *adal* (nobre) e *sint* (donzela), sign. "donzela nobre".
Personal.: Adalcinda Magno Camarão, poetisa.
Masculino(s): Adalsindo.
Variante(s): Adalcina, Adalsenda, Adalsinda, Adalzenda, Adalzinda,

Adelsinda, Adelzinda, Adosinda, Adozinda (*português*).

ADALGISA
Nome que oferece dúvidas quanto ao significado do segundo elemento. Do germânico. 1) De *adal* (nobre) e *gisa*, raízes originárias do alemão antigo cujo significado moderno equivale a *Geissel* (refém), traduzido como "nobre refém". 2) O segundo elemento pode ser *gisal* (lança). Nesse caso, o significado seria "lança da nobreza; lanceira nobre".
Personal.: Adalgisa Nery, poetisa.
Masculino(s): Adalgiso.
Variante(s): Adalgisa (*italiano*).

ADÁLIA
Nome com dois étimos. 1) Do germânico *Adel*, *Adale*, o mesmo que *Adélia*. 2) Do árabe *Adaliah*, sign. "adepta do bom direito; partidária da justiça". Nome pelo qual eram conhecidos os sectários de Ali. Ver Adélia.
Personal.: Adália Paiva, poetisa.
Masculino(s): Adálio.
Variante(s) da 1ª acepção: Adalia (*inglês*).
Variante da 2ª acepção: Adaliah (*árabe*).

ADALINA
O mesmo que *Adelina*. Ver Adelina.
Masculino(s): Adalino.
Variante(s): Adalina (*inglês*).

ADALINDA
Do germânico *Adallindes*, o mesmo que *Adelina*. Ver Adelina (1ª acepção).

ADALSINDA
O mesmo que *Adalcina*. Ver Adalcina.

ADALZIRA
Do germânico *adal* (nobre) e *zîre* (beleza, ornamento), sign. "ornamento da nobreza; beleza nobre; nobre ornamento".
Personal.: Adalzira Bittencourt, escritora.
Masculino(s): Adalziro.

ADAMINA
Feminino de *Adão*. Ver Adão.
Masculino(s): Adamino.
Variante(s): Adamina (*inglês*).

ADELA
Nome com três étimos. 1) Hipocorístico de nomes como *Adelaide*, *Adelinda*, *Adeltrudes* etc. 2)

306 DICIONÁRIO DE NOMES

Do germânico *Athala*, o mesmo que *Adélia*. Introduzido na Inglaterra pelos normandos, caiu em desuso e foi redivivo no séc. XIX. 3) Do árabe, derivado da raiz *adil* (força), sign. "a forte". Ver Adélia.
Personal.: Adela Turin, escritora.
Variante(s): Adela, Adella (*inglês*).

ADELAIDE
Do germânico *Adelheid, Adalheidis*, composto de *adal, athal* (nobre) e *haidu* (espécie, qualidade), sign. "de estirpe nobre; de nobre linhagem". O mesmo que *Alice*. A popularidade da rainha Adelaide tornou o nome popular na Inglaterra do séc. XIX, também abreviado nas formas *Ada* e *Addy*. Curiosamente, há no árabe a expressão *ad-dallal-aide*, traduzido por "a feminilidade exagerada da mulher; o gesto efeminado do homem".
Personal.: Adelaide Chiozzo, cantora, bras.
Variante(s): Alaíde, Alaíse, Alayde, Aleíde, Alice (*português*); Adelaida, (*espanhol*); Adèlaide (*italiano*); Adélaide, Aleyde (*francês*); Adelaide (*inglês*).

ADÉLIA
Do germânico *Athala*, da raiz *athal*, lit. "nobre". Nome introduzido na Inglaterra por volta do séc. IV e adotado na França, na forma *Adèle*, em virtude da popularidade de Santa Adela.
Personal.: Adélia Maria, poetisa.
Masculino(s): Adélio.
Variante(s): Adália, Adila, Adília, Atília (*português*); Adela (*português, inglês*); Adilia (*espanhol*); Adele, Adèlia (*italiano*); Adèle (*francês*); Adelle (*inglês*); Edila, Idelia (*germânico*).

ADELINA
Nome com dois étimos. 1) Do germânico *Ethelyna*, de *athal* (nobre) e *lind* (serpente), sign. "serpente nobre; serpente da nobreza". Serpente aqui tem a acepção de "força, energia, proteção". O nome foi introduzido na Inglaterra pelos normandos, nas formas *Adelin, Adelina, Edelin*, tornando-se muito comuns durante a Idade Média; no séc. XVIII, foram encontrados registros com as variantes *Athelinda, Ethelinda* e *Earthelinda*. Há uma variante *Ethelenda* adotada pelos ciganos. 2) Diminutivo do italia-

no *Adele*. Ver Adélia e Linda (1ª acepção).
Personal.: Adelina Amélia Lopes, poetisa.
Masculino(s): Adelino.
Variante(s): Adalina, Adalinda, Adelena, Adelinda, Edelena, Edelina, Edeline, (*português*); Alena (*português, inglês*); Adaline (*francês*); Adelin, Adeline (*francês, inglês*); Adelin, Edelin (*inglês*).

ADELSINDA
O mesmo que *Adalcina*. **Ver** Adalcina.

ADEMILDE
Nome de étimo incerto. Ao que tudo indica, do germânico athal (nobre) e *hild* (combate), sign. "combatente nobre; aquela que combate com nobreza".
Personal.: Ademilde Fonseca, cantora.

ADIELA
Feminino de *Adiel*. **Ver Adiel.**

ÁDILA
Do árabe *Aadila*, lit. "justa; honesta". Não confundir com *Adila*.
Masculino(s): Ádilo.

ADILA
O mesmo que *Adélia*. Não confundir com *Ádila*. Ver Adélia.
Personal.: Adila Adenar, escritora.
Masculino(s): Adilo.

ADÍLIA
O mesmo que *Adélia*. Ver Adélia.
Masculino(s): Adílio.
Personal.: Adília Penteado, escritora.

ADILEIA
Nome calcado em *Adila*, o mesmo que *Adélia*, com uma terminação arbitrária em *eia*, como ocorre com muitos nomes no Brasil.
Personal.: Adileia Silva da Rocha (Dolores Duran), cantora.

ÁDINA
O mesmo que *Edna*. Não confundir com *Adina*. Há uma variante, *Adinah*, que sofreu a influência de *Dinah*. Ver Edna.
Personal.: Ádina Meira, jornalista.

ADINA
Nome com três étimos. 1) Feminino de *Adino*. 2) Diminutivo italiano de *Ada*. 3) Do árabe *Aadina*, sign. "delicada". **Ver Adino (1ª acepção) e Ada.**

ADIR
Ver na seção de nomes masculinos.

ADNA
O mesmo que *Edna*. Não confundir com *Adina*. Há uma variante, *Adinah*, que sofreu a influência de *Dinah*. Ver Edna.
Personal.: Ádina Meira, Adinah Farias, jornalistas.

ADNETE
Diminutivo de *Ada*. Ver Ada.

ADOSINDA
O mesmo que *Adalcina*. Ver Adalcina.

ADRIANA
Feminino de *Adriano*. O nome surgiu pela primeira vez na Inglaterra, no masculino, e só muito raramente foi encontrado naquele país.
Personal.: Adriana Pietro, atriz.
Variante(s): Adriana (*espanhol, italiano, inglês*); Adrien (*francês*); Adrianne (*francês, inglês*); Adrienne (*francês, alemão*); Adriane (*inglês, alemão*).

AÉDE
Feminino de *Aêdo*, através do latim *Aede*. Segundo Varrão e Pau-

sânias, foi nome das três Musas primitivas. Não confundir com *Aidê*. Ver Aêdo.
Variante(s): Aêda (*português*).

AFRA
Do latim *Afra*, sign. "a africana".
Personal.: Afra Costa e Silva, jornalista paulista atuante nas Revoluções de 1924 e 1930.

AFRODITE
Do grego Aphrodite, de *aphrós*, lit. "espuma". "Espuma do mar". O nome está primitivamente ligado à onomatopeia *ber*, que designou todos os fenômenos da ebulição, a "água fervente que se move e murmura, razão pela qual supôs-se que um ser emprestava-lhe movimento e calor" (Sanchez Calvo). Afrodite ("a celeste") seria o próprio espírito da criação pelo calor, esposa de Hefaístos (Vulcano), o Deus do Fogo. Ver Estela e Ester.
Variante(s): Aphrodite (*inglês, latim*).

ÁGATA
Do grego *Agathe*, feminino de *Agatão*. Há duas variantes medievais francesas, *Agace* e *Agacia*, que se tornaram populares no séc. XIII. Ver Agatão.

NOMES FEMININOS 309

Personal.: Agatha Christie, escritora inglesa.

Variante(s): Águeda (*português*); Agueda (*espanhol*); Agata (*italiano*); Agathe (*francês, alemão*); Agace, Agacia, Agate (*espanhol, italiano*); Agatha (*inglês, latim*); Agda (*nórdico*).

AGENORA
Feminino de *Agenor*. **Ver Agenor.**
Personal.: Agenora Carolina, jornalista.

AGLAÉ
A mesmo que *Aglaia*. **Ver Aglaia.**
Personal.: Aglaé Machado, pintora; Eglê Malheiros, poetisa.

AGLAIA
Do grego *Aglaía*, de *aglaía* (brilho, elegância), através do latim *Aglaia*, sign. "a brilhante; a resplendente". Na mitologia grega, nome de uma das três Graças, mulher de Vulcano, representada com um botão de rosa na mão, símbolo do universo em manifestação.
Variante(s): Aglaíce, Aglais, Eglé, Eglê (*português*); Aglae (*espanhol*); Egle (*italiano*); Aglaé, Aglaea, (*francês*).

AGLAÍCE
Tradução fonética de *Aglais*, variante de *Aglaia*. **Ver Aglaia.**
Personal.: Aglaísse de Morais, pintora.
Variante(s): Aglaísse (*português*).

AGLAIR
Transformação intencional de *Aglais*, com terminação arbitrária em *r*. **Ver Aglaíce.**

AGLAÍSSE
O mesmo que *Aglaíce*. **Ver Aglaíce.**

AGNEIA
Do sânscrito *agneya*, lit. "nascida do fogo".

AGNELA
Femininos de *Agnelo*. **Ver Agnelo.**
Personal.: Agnélia Macedo, poetisa.

AGNÉLIA
Forma relativa de *Agnela*, sign. "de (pertencente a; da natureza de) Agnela". **Ver Agnela.**
Personal.: Agnélia Macedo, poetisa.

AGNES
Do grego *hagnes*, através do latim *Agnes*, lit. "pura; casta". Com *Eli-*

zabeth e o masculino *John* (João), foi um dos nomes mais populares na Inglaterra, no período compreendido entre os séculos XII e XVI, onde foi quase sempre confundido com *Ann* (Ana), em virtude da pronúncia *Anis*, fato compreensível, pois naquela época as formas usuais de *Ann* eram *Annes, Annis, Annys* e *Annais*. Equivale a *Ariadne* e *Catarina*. Ver Ariadne e Catarina.
Personal.: Agnes Fontoura, atriz.
Variante(s): Anese, Anésia, Anice, Anícia, Anísia, Inês (*português*); Inez (*português, espanhol*); Ines, Ynes, Ynez (*espanhol*); Agnesa, Agnese (*italiano*); Agnès (*francês*); Agnes (*inglês, alemão, nórdico*); Anneyce, Anneys, Anneyse, Annise (*anglo-saxão*).

AGNI
Do sânscrito *agni*, lit. "**fogo**". Originariamente masculino, é o nome do deus hindu – filho de Shiva – que personifica o fogo divinizado (ou "o Sol nos céus") e o fogo terrestre (ou "o fogo do lar e dos altares").

AGOSTINHA
Feminino de *Agostinho*. Ver Agostinho.

Personal.: Agostinha Ferreira, poetisa.

ÁGUEDA
Do espanhol *Agueda*, o mesmo que *Ágata*. Em Portugal, nome que surgiu em documentos encontrados na primeira metade do séc. XVI. Ver Ágata.
Personal.: Águeda Leda Santos, escritora.
Variante(s): Agueda (*espanhol*).

AÍDA
Nome surgido com a ópera do mesmo nome, de Verdi. Do árabe *Aa'ida*, sign. "a que retorna", significado condizente com a ação da escrava etíope da trama. Autores ingleses dão o nome como uma variante de *Ada*, o que não é aceitável.
Personal.: Aída Gomes, atriz.
Variante(s): Aida (*italiano*).

AIDÊ
O mesmo que *Haidê*. Ver Haidê.

AIDIL
1) Transformação intencional de *Aída*, com terminação arbitrária em *il*. 2) Ou anagrama de *Lídia*, o que é mais provável.
Variante(s): Aydil (*português*).

NOMES FEMININOS 311

AILDA
Anagrama de *Alida*. Ver Alida.
Personal.: Aylda Faria Pereira, escritora.
Variante(s): Aylda (*português*).

AILSA
Do germânico *Ailsa*, sign. "menina alegre (animada)".
Personal.: Aylza Pimenta, cantora.
Variante(s): Aylsa (*português*).

AIMAR
Do inglês *Aymar*, *Aylmer*, e este, do inglês antigo *Aethelmaer*, de *aethel* (nobre) e *maere* (famoso, ilustre, brilhante), o mesmo que *Adelmar*. Nome que na Inglaterra surgiu durante a conquista normanda, no Brasil é comum a ambos os sexos, em virtude da terminação neutra em *r*. Ver Adelmar na seção de nomes masculinos.
Personal.: Aymar Cruz, poetisa.
Variante(s): Aylmar, Aylmer (*inglês*).

AIMÉE
Do francês *Aimée*, de *aimée*, particípio passado de *aimer* (amar), sign. "a amada". Ver Amata, Davina, Filomena e Mabel, nomes aos quais equivale.
Personal.: Aimée Clairiond, atriz.
Variante(s): Aime, Aimée (*francês*).

ALAÍDE
Modificação do francês *Aleyde*, o mesmo que *Adelaide*. Ver Adelaide.
Personal.: Alaíde Costa, cantora.
Variante(s): Alayde (*português*); Aleyde (*francês*).

ALAÍNA
Feminino de *Alan* calcado no inglês *Alaina*. Ver Alan.
Personal.: Alaina Capri, atriz.
Variante(s): Alaina (*inglês*).

ALAÍRA
Feminino de *Alair*, e este, o mesmo que *Lair*. Ver Lair.

ALAÍS
Do francês *Alais*, o mesmo que *Adelaide*. Ver Adelaide.
Variante(s): Alais (*francês*).

ALANA
Femininos de *Alan*. Ver Alan.
Personal.: Alanna Nash, escritora americana.
Variante(s): Alaína, Alane, Alena, Alene (*português*); Alaine, Alana, Alanis, Alanna, Alayne, Allene (*inglês*); Alanne (*francês*).

ALARICE
Feminino de *Alarico*. Ver Alarico.
Variante(s): Alarica (*português*).

ALBA
Do latim *alba*, sign. "alva; muito branca". Corresponde ao hebraico *Zephirah* (Zefira), adotado como antropônimo em Israel. Em espanhol *alba* tem o significado de "aurora; primeira luz da manhã", curiosamente a mesma acepção do nome sagrado hindu Maitreya.
Personal.: Alba Francesa, atriz.
Variante(s): Alba (*italiano, inglês*); Albe (*francês*).

ALBERICE
Feminino de *Alberico*. Ver Alberico.

ALBERTA
Feminino de *Alberto*. Ver Alberto.
Personal.: Alberta Watson, atriz.
Variante(s): Alberta, Albertha, Elbertha (*inglês*).

ALBERTINA
Forma relativa de *Alberta*, sign. "de (pertencente a; da natureza de) Alberta". Ver Alberta.
Personal.: Albertina Ramirez, atriz; Albertina Berta, escritora.
Masculino(s): Albertino.
Variante(s): Elbertina, Elbertine (*inglês*); Albertina (*inglês, nór-dico*); Albertine (*inglês, francês, alemão*).

ALBINA
Feminino de *Albino*. Ver Albino.
Personal.: Albina Osipowich, atl. olímp. americana.
Variante(s): Albigna, Albina (*inglês*).

ALCEIA
Feminino de *Alceu*. Ver Alceu.

ALCESTE
Feminino de *Alceu*. Na mitologia grega, Alceste foi a mulher de Admeto, que consentiu morrer no lugar do marido, sendo mais tarde resgatada dos infernos por Hércules. Simboliza "a mulher perfeita". Ver Alceu.
Variante(s): Alceste (*italiano, francês, inglês*); Alcestis (*inglês, latim*).

ALCÍDIA
Feminino de *Alcides, Alcídio*. Ver Alcides.
Personal.: Alcídea d'Amato, cantora lírica; Alcídia Bastos, atriz.
Variante(s): Alcídea (*português*).

ALCINA
Feminino de *Alcino*. Ver Alcino.
Personal.: Alcina Leite, poetisa.

ALCINDA
Variante de *Alcina*. **Ver Alcina e Alcindo.**

ALCÍNIA
Feminino de *Alcínio*. **Ver Alcínio.**
Variante(s): Alcínea (*português*).

ALCIONE
Do grego *Alkuon*, de *als* (o mar) e *kuon* (que faz o ninho), sign. "**que faz o ninho no mar**". No Brasil, nome comum a ambos os sexos. Nome de uma ave bela e melancólica que, segundo a crença, faz seu ninho nas ondas e ali choca os ovos durante os sete dias anteriores e posteriores ao solstício de inverno, quando então reina a mais absoluta calma. Estes dias, chamados *alciônicos*, têm um significado oculto em ornitomancia.
Personal.: Alcione Mazzeo, atriz.
Variante(s): Alcião, Alcion (*português*); Alcyone (*francês, latim*).

ALCY
Hipocorístico de *Alcina*. **Ver Alcina.**
Personal.: Alcy Souto Maior, poetisa.

ALDA
Nome de origem germânica, com dois étimos, encontrado em obras portuguesas redigidas nos séculos XIII e XIV. 1) Hipocorístico de femininos germânicos cujo primeiro elemento é *Ald*, como *Aldegunda* ("combatente nobre"), no qual encontra-se a raiz indo-europeia *al* (alimentar, crescer). 2) Também na acepção de "a sábia; a experiente; que possui riqueza interior".
Personal.: Alda Garrido, atriz.
Masculino(s): Aldo.
Variante(s): Alda (*espanhol, italiano, inglês, alemão*); Alde (*francês*).

ALDINA
Feminino de *Aldino*. **Ver Aldino.**
Personal.: Aldina de Almeida, poetisa; Aldine Muller, atriz.
Variante(s): Aldine, Aldyne (*inglês*).

ALDINEIA
Forma relativa de *Aldina*, sign. "de (pertencente a; da natureza de) Aldina". **Ver Aldina.**

ALÉCIA
Feminino de *Alexis*. **Ver Alexis.**
Variante(s): Aleixa, Aléxia (*português*); Alexie (*francês*).

314 DICIONÁRIO DE NOMES

ALEÍDE
Do francês *Aleyde*, o mesmo que *Adelaide*. Ver Adelaide.
Variante(s): Aleyde (*francês*).

ALEIXA
O mesmo que *Alécia*. Ver Alécia.

ALENA
Femininos aportuguesados de *Allen*, variante inglesa de *Allan* (*Alan*). O mesmo que *Alana*. Ver Alan.
Variante(s): Alene (*português*).

ALÉSIA
Do latim *Alesia*, o mesmo que *Alice*. Ver Alice.
Variante(s): Alesia (*latim*).

ALEXA
Nome com dois étimos. 1) Feminino de *Alex*. 2) Feminino de *Alexo*, e este, variante de *Aléxio*, *Alexis*. Ver Alex e Alécio.
Personal.: Alexa Kenin, atriz.
Variante(s): Alexa (*inglês, francês*).

ALEXANDRA
Feminino de *Alexandre*. Nome encontrado na Inglaterra por volta do ano de 1205, na forma *Alisaundre*, na Rússia é um nome muito comum, na variante *Aleksándra*. Ver Alexandre.

Personal.: Alexandra Hermann, artista plástica; Alejandra de la Guerra, atl. olímp. peruana; Aleksandra Chudina, atl. olímp. russa.
Variante(s): Sandra (*português, inglês, francês*); Alejandra (*espanhol*); Alessandra, Alissandra (*italiano*); Alexane (*francês*); Alexandra (*francês, inglês*).

ALEXANDRINA
Forma relativa de *Alexandra*, sign. "de (pertencente a; da natureza de) Alexandra". Ver Alexandra.
Personal.: Alexandrina Marinho, poetisa; Alejandrina Hernandez, atl. olímp. cubana.
Variante(s): Alejandrina (*espanhol*); Alexandrine (*francês*); Alexandrina (*inglês*).

ALEXANE
Do francês *Alexane*, o mesmo que *Alexandra*. Ver Alexandra.

ALÉXIA
Feminino de *Alexis*. Não confundir com *Alésia*. Ver Alexis.
Personal.: Aléxia Deschamps, atriz bras.
Variante(s): Alécia (*português*); Alexa (*português, inglês*); Alejo (*espanhol*); Alèssia (*italiano*); Alexia

(*francês, inglês, alemão*); Alex (*francês*).

ALEXINA
Forma relativa de *Aléxia*, sign. "de (pertencente a; da natureza de) Aléxia". Ver Aléxia.
Personal.: Alexina Pinto, escritora.
Masculino(s): Alexino.
Variante(s): Alexine (*inglês*).

ALICE
Do germânico *Adalheidis* (Adelaide), através do francês antigo, nas formas *Adaliz, Aaliz, Aliz*. O mesmo que *Adelaide*. Por volta do séc. XII a literatura tornou este nome muito popular na França e na Inglaterra, através das variantes latinizadas *Alesia* e *Alicia*. Há quem derive erroneamente do grego *alethia* ("a verdadeira"). Da mesma forma, não é anagrama de *Célia*, como pretendem algumas fontes. Ver Adelaide.
Personal.: Alice Ribeiro, atriz.
Variante(s): Adelaide, Alaísia, Alícia (*português*); Alicia (*espanhol, italiano, inglês,*); Alizia (*espanhol, italiano,*); Alice (*espanhol, italiano, francês, inglês*); Alissa (*inglês*).

ALICINA
Forma relativa de *Alice*, sign. "de (pertencente a; da natureza de) Alice". Ver Alice.
Masculino(s): Alicino.

ALIDA
Nome com dois étimos. 1) Do holandês, o mesmo que *Adelaide*. 2) Originário do inglês *Aldith, Alith, Alid*, inglês antigo *Ealdguth*, de *eald* (velha) e *gyth* (batalha), sign. "velha combatente; combatente experiente". No começo do séc. XIV foi um nome comum na Inglaterra, na forma *Alditha*. Ver Adelaide.
Personal.: Alida Valli, atriz.
Variante(s): Adelida, Aldita, Aldite (*português*); Ailith, Alid, Alith; Aldith, Alditha (*inglês*); Alida (*inglês*).

ALÍDIA
Forma relativa de *Alida*, sign. "de (pertencente a; da natureza de) Alida". Ver Alida.
Variante(s): Alidia (*inglês*).

ALIENOR
Do provençal *Aliénor*, variante de *Helen* (Helena). O nome teria sido introduzido na Inglaterra em

316 DICIONÁRIO DE NOMES

1122, através de Eleanor of Aquitaine. Entre os séculos XII e XV, adquiriu as formas *Alienor*, *Eleanor*, *Elianor*, mas sua relação com *Helen* somente foi insinuada em 1604, quando um registro encontrado em Yorkshire referia-se ora a *Helen*, ora a *Elinor*, como sendo o mesmo nome. Uma tradução fonética (séc. XVII) transformou *Elinor* em *Elianor*. Não tem fundamento a tradução que o prende ao árabe *El-Nor* ("o Senhor é minha luz"). Ver Helena.
Personal.: Alienor Azevedo, roteirista de cinema.
Variante(s): Alienora, Alionor, Eleanora, Eleonor, Elianora, Leonor, Leonora (*português, espanhol*); Heleanor (*português, espanhol*); Eleonora (*português*); Aliénor, Elénaire, Eléonore, Léonor, Léonore (*francês*); Alienor, Eleanor, Elinor (*inglês, inglês antigo*); Lenore (*alemão*).

ALINA
Do latim *Alina*, *Alyna*, variantes de *Adelina*. Na forma *Aline*, foi um nome muito comum na Inglaterra dos séculos XII e XV. Ver Adelina.
Personal.: Alina de Lima, Aline Maria, Alinne Moraes, atrizes; Alinne Rosa, cantora.

Variante(s): Aliona (*francês*); Aline (*francês, inglês*); Alena, Alline, Alene (*inglês*); Alina, Alyna, (*inglês, latim*).

ALÍNIA
Forma relativa de *Alina*, sign. "de (pertencente a; da natureza de) Alina". Ver Alina.
Masculino(s): Alínio.

ALIONOR
O mesmo que *Alienor*. Ver Alienor.

ALÍRIA
Feminino de *Alírio*. Ver Alírio.

ALIRIANA
Forma relativa de *Alíria*, sign. "de (pertencente a; da natureza de) Alíria". Ver Alíria.
Variante(s): Aliriane (*português*).

ALISSA
Do inglês *Alissa*, variante de *Alice*. Ver Alice.

ALMERINDA
Feminino de *Almerindo*. Ver Almerindo.
Personal.: Almerinda Melo, educadora.

ALMIRA

Nome com dois étimos. 1) Feminino de *Almiro*. 2) Nos Estados Unidos é masculino, uma forma familiar de *Elmer*, o mesmo que *Aylmer* (Aimar). Ver Américo e Aimar.

Personal.: Almira Castilho, atriz.

Variante(s): Elmira (*português*).

ALOARA

Nome de origem bárbara, o mesmo que *Alarica*. Ver Alarico.

ALOÍSIA

O mesmo que *Heloísa*. Ver Heloísa.

Variante(s): Alouise (*inglês*).

ALTAIR

Ver Altair na seção de nomes masculinos.

Variante(s): Altaíra (*português*).

ALTEIA

Do grego *Althaía*, de *althéskein* (tratar, curar, sarar), através do latim *Althea*, sign. "a que cura". *Alteia* é outro nome dado à malva ou malvaísco, flor que simboliza as dores e os sofrimentos.

Personal.: Alteia Alimonda, violinista bras.

ALUÍSIA

O mesmo que *Heloísa*. Ver Heloísa.

ALVINA

Femininos de *Alvino*, *Alvínio*. Ver Alvino.

ALZIRA

Feminino de *Alzir*, *Alziro*. Alzirinha é diminutivo. Ver Alzir.

Personal.: Alzira Rodrigues, atriz.

Variante(s): Elzira (*português*).

AMABEL

Variante inglesa de *Amabília*. Ver Amabília e Mabel.

AMABÍLIA

Do latim *Amabilis*, lit. "amável; amorosa". Ver Mabel.

Personal.: Amabília Cunha, escritora.

Masculino(s): Amabílio.

Variante(s): Mabília (*português*); Amable (*espanhol*); Amabelle, Mabel (*francês, inglês*); Amabel (*inglês*); Amabilis (*latim*).

AMÁLIA

Amália, do germânico *amal* (trabalho), sign. "mulher ativa (trabalhadora)". *Amal* foi um hipocorístico germânico de nomes como *Amal-*

318 DICIONÁRIO DE NOMES

berga, que passou a ter vida própria na forma *Amelia*, por influência de *Amalie*. Em hebraico *Amal* também é traduzido como "trabalho", e foi nome de um personagem bíblico da tribo de Asher. Ver Amélia.
Personal.: Amália Figueiroa, escritora; Amália Rios, atriz; Amália Rodrigues, cantora portuguesa.
Masculino(s): Amálio.
Variante(s): Amília, Amélia, Emélia (*português*); Amalia (*espanhol, alemão*); Amàlia (*italiano*); Amailia (*francês*); Amaliah, Amilia (*inglês*).

AMALINA
Forma relativa de *Amália*, sign. "de (pertencente a; da natureza de) Amália". Ver Amália.
Masculino(s): Amalino.

AMÂNCIA
Feminino de *Amâncio*. Ver Amâncio.

AMANDA
Feminino de *Amando*. Na Inglaterra o antropônimo *Amanda* surgiu no séc. XVII, e hoje é um nome muito comum naquele país. Ver Amando.

Personal.: Amanda Maciel, pintora; Amanda Ribeiro, cantora lírica; Amanda Rei, Amanda Bease, atrizes.
Variante(s): Amanda (*inglês*).

AMANDINA
Feminino de *Amandino* Ver Amandino.
Personal.: Amandina Paranaguá, baronesa de Loreto; Amandine Dupin (George Sand), novelista francesa.
Variante(s): Amantina (*português*); Amandine (*francês*).

AMARILDA
Transformação de *Amarílida*, o mesmo que *Amarília*. Ver Amarília.
Masculino(s): Amarildo.

AMARILES
O mesmo que *Amarília*. Ver Amarília.

AMARÍLIA
Do grego *Amaryllís*, de *amarusso*, do verbo *amára*, através do latim *Amaryllis, Amaryllidis*, que gerou as variantes portuguesas *Amarilda, Amarílhida, Amarílhides, Amarílida, Amarílides, Amarylhida, Amarylides*, todas com o mesmo significado. O

NOMES FEMININOS 319

nome é traduzido por "**eu brilho**". Em Ovídio, Teócrito e Virgílio, são nomes de camponesas. As variantes latinas *Amaryllis*, *Amarylis* são comuns a ambos os sexos.
Personal.: Amaryllis Schloenbach, poetisa; Amarylhida Rodrigues, cantora lírica; Amarilis Savon Carmenaly, atl. olímp. cubana.
Masculino(s): Amarílio.
Variante(s): Amarilda, Amariles, Amarílhida, Amarílides, Amarilis, Amarylhida, Amarylides (*português*); Amarilis (*espanhol*).

AMARA
Feminino de *Amaro*. **Ver Amaro.**

AMATA
Do latim *amata*, lit. "**amada**". Nome que surgiu durante a época romana. O mesmo que *Aimée*, *Davina*, *Filomena* e *Mabel*.
Masculino(s): Amato.
Variante(s): Amata (*espanhol, italiano*); Amáta (*holandês*);

AMBRÓSIA
Do grego *Ambrosíe*, da partícula privativa *a*, e *brotós* (mortal), através do latim *Ambrosia*, sign. "**de natureza divina (imortal)**".

A ambrósia, a bebida dos deuses olímpicos, segundo a tradição, era nove vezes mais doce que o mel, e possuía a virtude de conferir a imortalidade a quem a ingerisse.
Masculino(s): Ambrósio.
Variante(s): Ambrosia, Ambrosie, Ambroisie (*francês*).

AMBROSINA
Forma relativa de *Ambrósia*, sign. "**de (pertencente a; da natureza de) Ambrósia**". **Ver Ambrósia.**
Personal.: Ambrosina da Cunha, poetisa; Ambrosina Maia, escritora.
Masculino(s): Ambrosino.
Variante(s): Ambrosine (*francês, inglês*); Ambroisine (*francês*).

AMÉLIA
Variante de *Amália*. Já em 1751, Amélia tornara-se símbolo da esposa admirável, no romance homônimo de Fielding, o mesmo autor de **Tom Jones**. No Brasil, *Amélia* é a mulher perfeita na canção de Ataulfo Alves e Mário Lago. **Ver Amália.**
Personal.: Amélia Oliveira, Amelia Kinkade, atrizes; Amélia Alves, poetisa; Amélia Beviláqua, escritora.
Masculino(s): Amélio.

320 DICIONÁRIO DE NOMES

Variante(s): Amèlia (*italiano*); Amélie (*francês*); Amely (*inglês*); Amelia, Melia (*belga*); Ilma (*húngaro*).

AMELINA
Forma relativa de *Amélia*, sign. "de (pertencente a; da natureza de) Amélia". Ver Amélia.
Masculino(s): Amelino.
Variante(s): Emelina (*português*); Emeline, Hameline (*francês*); Ameline (*francês, inglês, alemão*); Emmeline (*inglês*).

AMELINDA
O mesmo que *Amelina*. Ver Amelina.
Masculino(s): Amelindo.

AMINA
Do semítico *Ameena*, de *amin*, lit. "leal; fiel; aquela em que se pode confiar". Foi o nome da mãe do profeta Maomé. Há um autor que prende erroneamente o nome ao latim.
Personal.: Amina Annabi, atriz; Amina Claudine Myers musicista.
Variante(s): Amína (*espanhol*); Amina (*italiano*); Amine (*inglês*); Ameena (*semítico*).

AMIRA
Feminino de *Amir*. Ver Amir.

AMNERIS
Nome com influência egípcia, criado pelo libretista Piave para a ópera *Aída*, de Verdi. De *Ammon-Rá*, o Deus criador egípcio identificado com o Sol, e Eris, a deusa grega da discórdia. *Amneris*, a filha do faraó, é a rival de Aída pelo amor de Radamés. Nome já encontrado no Brasil.
Variante(s): Anéris, Anerys (*português*).

AMPARO
Do substantivo *amparo*, um título invocativo da Virgem Maria, usado sempre junto a Maria (Maria do Amparo).

ANA
Do hebraico *Hannah* (Graça), sign. "cheia de Graça". Nome antigo, atestado em vários evangelhos apócrifos, foi um dos favoritos no Império Bizantino. Curiosamente *ana* é também uma raiz sânscrita que se refere às Águas Primordiais da Criação. "*Anâ*, o céu invisível ou Luz Astral; a mãe celeste do mar terrestre; daí provavelmente a origem de *Anna*,

mãe de Maria" (Helena Petrovna Blavatsky). Em Portugal, o nome foi encontrado pela primeira vez em registros datados da primeira metade do séc. XVI. Na Inglaterra, ocorreu pela primeira vez no começo do séc. XIII, na forma *Anna*, mas somente se tornou popular no início do séc. XVII, quando os ingleses o confundiram com *Agnes*. *Nancy* é um diminutivo inglês do nome. **Ver** Agnes, Maria e Carísia.
Personal.: Ana Ariel, atriz.
Variante(s): Ana (*espanhol, romeno*); Anna, Anne (*francês, inglês, alemão*); Anya (*francês, inglês*); Ann (*inglês*); Hanna (*nórdico*).

ANABEL
Nome com dois étimos. Latinização das antigas formas inglesas *Annabel, Anabill, Anabille, Anabul, Annable, Annaple*, sign. "bela e graciosa" (Ana + bela). 2) Aglutinação de *Anna-Isabelle*, o que pode ser atestado pelo nome da esposa de Lord Byron, o célebre poeta inglês, Anna-Isabelle Milbanke (Lady Byron), familiarmente chamada *Annabella*. Foi popularizado com o poema "Annabel Lee", de Edgard A. Poe. Ver Ana e Amabel.

Personal.: Anabel Albernaz, cantora.
Variante(s): Anabela (*português*); Annabel, Annabella, Annebell (*inglês*).

ANADIR
Modificação intencional de *Nadir*, com a adição arbitrária do *a*. **Ver Nadir.**
Personal.: Anadir Coelho, escritora.
Variante(s): Anadyr (*português*).

ANAELISA
Aglutinação de *Ana* e *Elisa*. Ver Ana e Elisa.
Personal.: Anaelise Fraule, jornalista.
Variante(s): Anaelise, Anelis, Anelise (*português*); Annelise (*inglês*); Annelie, Anneliese (*alemão*); Annelies (*belga*).

ANAÍDE
Tradução fonética do alemão *Aneide*, com deslocamento posterior da tonicidade, o mesmo que *Eneida*. Ver Eneida.
Personal.: Anneyde da Rocha, jornalista.
Variante(s): Aneíde, Naíde (*português*); Aneide (*alemão*).

ANAÍS
Do inglês antigo *Annais*, o mesmo que *Agnes*. Ver Agnes.
Personal.: Annais Giusárd, escritora bras.
Variante(s): Anais (*francês*); Annais (*inglês antigo*).

ANÁLIA
Diminutivo de *Ana*, calcado no modelo inglês *Analy*, com influência de *Amália*. Ver Ana.
Personal.: Anália do Nascimento, poetisa.
Variante(s): Anélia (*português*); Analia (*espanhol*); Anely (*francês*); Analy (*inglês*).

ANALICE
Forma aglutinada de *Ana* e *Alice*. Ver Ana e Alice.
Personal.: Analice Caldas, escritora.

ANALU
Hipocorístico de *Ana Lúcia* e *Ana Luísa*. Ver Ana, Lúcia e Luisa.
Personal.: Analu Grassi, atriz.

ANALÚCIA
Forma aglutinada de *Ana* e *Lúcia*. Ver Ana e Lúcia.
Personal.: Analúcia Pacheco, pianista.

ANANDA
Do sânscrito *Ananda*, de *ananda*, lit. "bem-aventurança; alegria; felicidade". Foi o nome do discípulo favorito de Buda. No Brasil é um nome comum a ambos os sexos. Para os hindus, ananda é o estado de bem-aventurança alcançado na união entre a Alma (Buddhi) e o Espírito (Atma).
Personal.: Ananda Apple, repórter.
Variante(s): Ananda (*sânscrito*).

ANANÉRIS
Nome criado em homenagem a *Ana Néri* (1814-1880), pioneira brasileira da enfermagem. Tendo prestado assistência aos feridos da Guerra do Paraguai, ficou conhecida como "A Mãe dos Brasileiros". Em 1923 seu nome foi dado à primeira escola de enfermagem brasileira. Ver Ana e Néria.
Variante(s): Annaneris.

ANASTÁCIA
Feminino de *Anastácio*. Nome que já aparece no séc. III com a santa martirizada em Sirmio, no ano 304 da era cristã, durante o império de Diocleciano. Nos séculos

XVI e XVII, aparece na Inglaterra nas formas *Anstey, Anstice, Anstes, Anstis, Anastase* e *Anastatia*. Na Irlanda é um dos nomes favoritos, empregado para substituir o nativo *Aine*. Ver **Anastácio**.

Personal.: Nastassia Kinski, atriz.

Variante(s): Anastasia (*espanhol, francês, inglês, alemão, latim*); Anastasie, Astasie (*francês*); Anstace (*inglês*); Anastase (*inglês, inglês antigo*); Anastatia, Anstes, Anstey, Anstice, Anstis (*inglês antigo*); Nastasia (*romeno*); Anastazja (*polonês*); Nastassia, Nastassja (*russo*).

ANDREIA
Feminino de uma antiga variante *Andreu*, o mesmo que *Andrea*. Ver **Andrea**.

Personal.: Andreia Berti Rodrigues, atl. olímp. bras.

ANDREA
Como feminino de *André*, exprime "extrema feminilidade". O nome teve a influência do masculino italiano *Andrea* (Andrea del Verochio, Andrea del Sarto). Ver **André**.

Personal.: Andréa Duarte, Andréa Uchôa, Andréa Mariuza, atrizes.

Variante(s): Andreia (*português*); Andresa, Andreza (*espanhol*); Andrea (*espanhol, inglês, alemão*); Andrée (*francês*); Andreana, Andria (*inglês*).

ANECI
Do anglo-saxão *Annecy*, diminutivo de *Ann* (Ana). Ver **Ana**.

Personal.: Anecy Rocha, atriz.

Masculino(s): Anécio.

Variante(s): Anécia, Anecy (*português*); Annecy (anglo-saxão).

ANEÍCE
O mesmo que *Aneíse*. Ver **Aneíse**.

ANEÍDE
O mesmo que *Anaíde*. Ver **Anaíde**.

ANEÍSE
Do antigo saxão *Anneyce, Anneys, Anneyse*, o mesmo que *Agnes*. Ver **Agnes**.

Variante(s): Aneíce, Aneyce, Aneyse, Anis (*português*).

ANELI
Diminutivo de *Ana*, calcado no francês *Anely*. Ver **Ana**.

Masculino(s): Anélio.

Variante(s): Anélia (*português*).

ANÉSIA
O mesmo que *Agnes*. Um autor derivou o nome do grego *ánesis* (repouso), mas não existe o antropônimo naquele idioma (ou no latim), de modo que venha reforçar a hipótese da ocorrência de um segundo étimo. Ver Agnes.
Personal.: Anésia Lourenção, romancista.

ANETE
Diminutivo de *Ana*, com influência da variante anglo-alemã *Annette*. Ver Ana.
Personal.: Anete de Castro Matos, escritora.
Variante(s): Annete (*inglês, alemão*); Annett (*alemão*); Annette (*alemão, norueguês*).

ANEYSE
O mesmo que *Aneíse*. Ver Aneíse.

ÂNGELA
Feminino de *Ângelo*. Ver Ângelo.
Personal.: Ângela Maria, cantora.
Variante(s): Angela (*espanhol, italiano, inglês, alemão, romeno*); Angéle (*francês*); Angella (*inglês*); Engel (*alemão*); Anjela (*eslavo*).

ANGÉLICA
Feminino de *Angélico*. Nome que passou a ser adotado na Inglaterra, França e Alemanha por volta do séc. XVIII, respectivamente nas variantes *Angelica, Angélique* e *Angelika*. É também o nome de uma flor que simboliza a inspiração. Ver Angélico.
Personal.: Angélica Cole, prosadora.
Variante(s): Anjélica (*português*); Angélica (*espanhol*); Angèlica (*italiano*); Angélique (*francês*); Angelica, Anjelica (*inglês*); Angelika (*alemão, holandês, belga*); Anjelíka (*russo*).

ANGELINA
Nome que possui dois étimos. 1) Forma relativa de *Ângela*, sign. "de (pertencente a; da natureza de) Ângela". 2) Foi o nome dado à Virgem, em virtude da saudação feita pelo anjo Gabriel, quando do nascimento de Jesus, ganhando o sentido de "de natureza angelical". Ver Ângela.
Personal.: Angelina Muniz, atriz.
Masculino(s): Angelino.
Variante(s): Angelina (*italiano, inglês, holandês*); Angéline (*francês*); Angeline (*inglês*); Amgelot (*alemão*).

ANGELITA
Diminutivo de *Ângela*. **Ver Ângela.**
Personal.: Angelita Silva, atriz.
Masculino(s): Angelito.

ANICE
O mesmo que *Agnes*. **Ver Agnes.**

ANÍCIA
O mesmo que *Agnes*. **Ver Agnes.**
Masculino(s): Anício.
Variante(s): Anice (*português*).

ANIELA
Do polonês *Aniela*, forma diminutiva de *Agnes*. **Ver Agnes.**
Personal.: Aniela Jordan, técnica teatral.

ANILDA
1) Provável aglutinação de *Ana* e *Hilda*. 2) Ou de nomes começados em *An* e *Hilda*.
Personal.: Anilda Gomes, jornalista.

ANILZA
Nome calcado no modelo *Nilza*, com anteposição do *a*. O mesmo que *Nilza*. **Ver Nilza.**
Personal.: Anilza Leone, atriz.
Masculino(s): Anildo.

ANIS
Do inglês antigo *Annys*, o mesmo que *Agnes*. Não tem fundamento a tradução "completa; perfeita", do grego *anysos*. **Ver Agnes e Anésia.**
Personal.: Anis Murad, poetisa bras.
Masculino(s): Aniso.
Variante(s): Annys (*inglês*).

ANÍSIA
Aportuguesamento do anglo-saxão *Anneyce, Anneyse, Annise*, o mesmo que *Agnes*. **Ver Agnes e Anésia**
Masculino(s): Anísio.
Variante(s): Anneyce, Anneyse, Annise (anglo-saxão).

ANITA
Diminutivo de *Ana*. **Ver Ana.**
Personal.: Anita Cabral, escritora.
Variante(s): Anita (*inglês, alemão*).

ANTOINETTE
Do francês *Antoinette*, o mesmo que *Antonieta*. Pronuncia-se *antuanéte*. **Ver Antonieta.**
Personal.: Antoinette Cellier, atriz.

ANTONELA

Diminutivo de *Antônia*. Ver Antônia.
Personal.: Antonella Batista, atriz; Antoniella Devanier, poetisa bras.
Variante(s): Antoniella (*português*).

ANTÔNIA

Feminino de Antônio. *Ver Antônio.*
Personal.: Antônia Marzullo, atriz bras.; Antônia de Castro, poetisa.
Variante(s): Antonia (*espanhol, italiano, francês, belga*); Antonie (*alemão*).

ANTONIETA

Diminutivo de *Antônia*, calcado na francês *Antoinette*. Ver Antônia.
Personal.: Antonieta Lisboa Saldanha, poetisa; Antonieta Rudge, pianista bras; Antoaneta Frenkeva, atl. olímp. búlgara.
Variante(s): Antonieta (*espanhol*); Antonella, Antonietta (*italiano*); Antoinette (*francês*); Antonetta (*sueco, eslavo*).

ANTONINA

Forma relativa de *Antônia*, sign. "de (pertencente a; da natureza de) Antônia". Ver Antônia.
Personal.: Antonina Seredina, atl. olímp. russa.
Variante(s): Antonina (*espanhol, russo*); Antonine (*francês*).

ANUNCIAÇÃO

Nome de origem religiosa, relativo à *Anunciação* do Arcanjo Gabriel à Virgem, comemorada em 25 de março. Geralmente é adotado como sobrenome, ou após *Maria* (Maria da Anunciação).
Personal.: Anunciação Salgado dos Santos, diplomata bras.
Variante(s): Anunciación (*espanhol*).

ANUNCIATA

Aportuguesamento dos italianos *Annunciata*, *Annunziata*, o mesmo que *Anunciação*. Ver Anunciação.
Variante(s): Annunciata, Annunziata (*italiano*).

APARECIDA

Nome de origem religiosa, relacionado com uma lenda do séc. XVIII. Ao suspenderem uma rede lançada às águas do rio Paraíba, dois admirados pescadores içaram a cabeça de uma Virgem, e em seguida o resto da imagem, o que a tradição afirma ter originado o milagre da abundância de peixes verificada naquelas águas a partir de então. A santa foi batizada Nossa Senhora de Aparecida. No Brasil é comum formar um composto com *Maria* (Maria Aparecida).

Personal.: Aparecida Baxter, atriz.

APOLÔNIA

Nomes de origem grega, sign. "consagrada a Apolo". *Appoline* é o nome pelo qual os ingleses denominavam Santa Apolônia, mártir alexandrina do séc. III. Foi um dos nomes favoritos ingleses, muito popular antes da Reforma, também nas variantes *Appollonia, Appolina, Apoline, Apeline, Abbelina*.

Personal.: Apolônia Pinto, atriz.

Variante(s): Apolonia (*espanhol*); Apollònia (*italiano*); Apollonie (*francês*); Apolline (*francês, inglês*); Apollonia (*inglês, alemão, belga, holandês, latim*).

ARABELA

Arabela surgiu na Inglaterra, nas formas *Orabilis, Orabell, Arbel* e *Arable. Orabilis* é a forma mais antiga do nome, sign. "capaz de **ser sensibilizada pelas súplicas**", encontrado em meados do séc. XIII. *Arabel* é a variante francesa. Há autores que pretendem ter derivado do latim *ara bella* ("altar suntuoso"), outros apresentam-no como uma dissimilação de *Annabel*, hipóteses estas destituídas de fundamento semântico.

Personal.: Arabela Artemis, prosadora.

Variante(s): Arabella (*italiano, inglês, francês*); Arabel, Arabelle (*francês*); Arabel, Arabela (*inglês*).

ARACELE

Uma antiga forma – *Aracoeli* – indica a origem latina do nome. De *ara* (altar) e *coeli* (celeste, celestial), lit. "**altar celestial**".

Personal.: Araceli Melo, Aracoeli Moreno, escritoras.

Variante(s): Aracéli, Araceli, Aracélia, Aracoeli (*português*).

ARACI
Do tupi *a'ra sü*, lit. "mãe do dia; filha da luz", denominação tupi da cigarra. A tradução "aurora", por sinédoque, proposta por alguns autores, é equivocada. Aqui, a "mãe do dia" é a cigarra.
Personal.: Aracy Balabanian, atriz.
Variante(s): Aracy (*português*).

ARECI
O mesmo que *Darcy*, nome surgido com uma família inglesa (Darcy ou D'Arci), cujo patriota foi *Norman d'Areci*. Ver Darci.

ARETUSA
Do grego *Aréthousa*, de *arthousa*, sign. "a que se banha". Na mitologia grega, nome da ninfa predileta de Diana, filha de Nereu e Dóris. Ao banhar-se nas águas do rio Alfeu, foi perseguida pelo deus do rio e, ao tentar fugir, foi metamorfoseada por Diana numa fonte que brotou na ilha Urtígia.
Variante(s): Arèthuse (*francês*); Arethusa (*inglês, latim*).

ARGENTINA
Nome derivado do latim *argentum*, sign. "branca como a prata", provavelmente em homenagem à República Argentina.
Personal.: Argentina Agnes, poetisa.

ARIADNE
Do grego *Ariadne*, de *ádne* (casta), precedido de *ari*, partícula superlativa, sign. "a muito casta; castíssima". É a forma cretense de *Agnes*. Equivale a *Agnes* e *Catarina*. Ver Agnes, Catarina e Teseu.
Personal.: Ariane Pfister Benda, violinista.
Masculino(s): Ariano.
Variante(s): Ariádena (*português*); Ariana (*português, espanhol, francês*); Ariadna (*espanhol, latim*); Arianna (*italiano*); Ariane, Ariadná (*francês*); Ariadne (*inglês*).

ARIANA
O mesmo que *Ariadne*. Ver Ariadne.
Masculino(s): Ariano.

ARÍCIA
Do latim *Aricia*. Na mitologia grega, Arícia foi uma princesa ateniense, filha de Teseu e esposa de Hipólito, última remanescente da família dos Palântidas. Também uma antiga cidade perto de Roma. Nome ligado ao gre-

go *Áres* – o deus da guerra – sign. "da natureza de Ares". Masculino: Arício.

ARICINA
Na mitologia grega, epíteto de Diana, cultuada na floresta de *Arícia*. Segundo Virgílio, a Diana de Arícia era piedosa e acessível aos apelos dos mortais. Ver Arícia.

ARICLÊ
Forma regressiva de *Auricleia*. Ver Auricleia.
Personal.: Ariclê Perez, atriz.

ARIELA
Feminino de *Ariel*. Ver Ariel.
Personal.: Arielle Dombasle, atriz.
Variante(s): Ariele (*português*); Ariela, Ariella, Arielle (*inglês*).

ARIETE
Do italiano *Arieta*, sign. "Áries", nome de uma constelação boreal e do primeiro signo do zodíaco, cuja tradução literal é "carneiro".
Personal.: Ariete Regina de Paula, poetisa.
Variante(s): Arietha, Arita (*português*); Arieta (*italiano*).

ARIMÁ
Anagrama de *Maria*. Ver Maria.

ARISTEIA
Feminino de *Aristeu*. Ver Aristeu.
Personal.: Aristhéa Maria de Araújo Jorge, abolicionista alagoana.

ARITA
O mesmo que *Ariete*. Ver Ariete.

ARLANA
Femininos de *Arlan, Arlando*. Ver Arlan.
Variante(s): Arlanda (*português*).

ARLENE
Nome de origem céltica ou gaélica, através do inglês moderno *Arlene*, sign. "penhor; garantia". Por extensão, "refém; a que dá garantias". É um nome muito comum na Irlanda. Ver Gisele (1ª acepção).
Personal.: Arlene Cardoso, pintora.
Variante(s): Arlinda (*português*); Earlene, Arlen, Arlena, Arlene, Arleen, Arleyne, Arline (*inglês*).

ARLETE
Nome com dois étimos. 1) De *Arlette*, toponímico derivado do

330 DICIONÁRIO DE NOMES

inglês antigo *alrett, elrett*, também nas variantes *Attenerlette, Erlette*, sign. "do bosque (floresta) de amieiros". 2) Do germânico *Harlet*, sign. "comandante do exército", nome adotado na Antiguidade como masculino.
Personal.: Arlete Salles, atriz.
Variante(s): Arle, Arlett (*inglês*).

ARMÊNIA
Feminino de *Armênio*. Ver Armênio.
Personal.: Armênia Nercessian, atriz.
Variante(s): Arménie (*francês*).

ARMIA
Anagrama de *Maria*, criado pelo poeta Manuel Maria du Bocage para ocultar sua amante *Maria da Costa*. Posteriormente o nome apareceu em *Poesias*, de Raimundo Correia. Ver Maria.
Personal.: Armia D'Albuquerque, poetisa.

ARMINDA
Feminino de *Armindo*. Ver Armindo.
Personal.: Arminda Lavagnoli, poetisa.

ARMÍNIA
Feminino de *Armínio*. Ver Armínio.

ARTÊMIS
Do grego *Ártemis*, através do latim *Artemis, sign.* "luz suave do Sol e do calor criador; manifestação luminosa de Deus". Ver Diana.
Masculino(s): Artêmio, Artemiso
Variante(s): Artêmia, Artemisa (*português*); Arteme (*espanhol*); Arthémise, Artémise (*francês*).

ARTEMÍSIA
O nome tem o significado de "consagrada a Artêmis". Ver Artêmis.
Personal.: Artemísia Nunes, poetisa; Artemísia Pereira de Souza, jornalista.
Masculino(s): Artemísio.
Variante(s): Artemisia (*espanhol, inglês, latim*); Artemìsia (*italiano*)

ASCLEPINA
Feminino de *Asclepino*. Ver Asclepino.
Personal.: Asclepina do Carmo, poetisa.

ASPÁSIA
Do grego *Aspasia*, de *aspásios*, e este, de *aspázesthai* (boas-vindas, boa acolhida), sign. "a que dá uma boa acolhida".
Personal.: Aspásia Vieira Ayres, jornalista.
Masculino(s): Aspásio
Variante(s): Aspasia (*espanhol, inglês, latim*); Aspàsia (*italiano*); Aspasie (*francês*).

ASSUNTA
Do latim *assumptio*, lit. "elevação; arrebatamento". O mesmo que *Assunção*, título invocativo da Virgem, relacionado com Sua assunção aos céus (15 de agosto).
Personal.: Assunta Perez, atriz.
Variante(s): Asunción (*espanhol*); Assunta (*italiano*).

ASTREIA
Na mitologia grega, deusa da Justiça, filha de Júpiter e de Têmis. Habitou entre os homens durante a Idade de Ouro, subindo aos céus e transformando-se na constelação de Virgem quando o crime espalhou-se pela Terra. Do grego *Astraia*, pelo latim *Astraea*, sign. "estrelada". Nome muitas vezes erroneamente confundido com *Astéria*.

Personal.: Astra Biltauere, atl. olímp. russa.
Variante(s): Astrea (*português*); Astrèa (*italiano*); Astrée (*francês*); Astra (*inglês, russo*).

ASTRID
Do germânico *Ansitruda*, de *ansi* (deus) e *drudi* (força), sign. "força divina". Desde os tempos antigos tem sido um nome adotado pelas famílias reais da Escandinávia.
Personal.: Astrid Gilberto, cantora.
Variante(s): Astred, Astrid, Astrud (*inglês*).

ATÁLIA
Do hebraico *Athaliah*, sign. "Deus (Jeová) é exaltado".
Personalidade: Athalia Betoldi, poetisa.
Variante(s): Atalia (*espanhol, italiano*); Athalie (*francês*); Athalia (*inglês, holandês, latim*).

ATÍLIA
O mesmo que *Adília*. Ver **Adília**.

AUDA
Feminino de *Audo*. **Ver Audo.**

AUGUSTA
Feminino de *Augusto*. Nome primeiramente adotado pelas prin-

332 DICIONÁRIO DE NOMES

cesas germânicas do séc. XVI. Na Inglaterra, tornou-se popular no séc. XIX, nas formas reduzidas *Gus* e *Gussie*. Ver Augusto.
Personal.: Augusta Campos, poetisa.
Variante(s): Augusta (*espanhol, italiano, francês, inglês, alemão*); Auguste (*alemão*).

ÁUREA
Do latim *aurum* (ouro), sign. "**da natureza do ouro; da qualidade do ouro**". Ver Núbia.
Personal.: Áurea Gally, Áurea Paiva, atrizes; Aura Amara, Aura Dutra, Aura Pereira Lemos, poetisas.
Masculino(s): Áureo, Áurio.
Variante(s): Áuria (*português*); Aura (*português, espanhol, francês, inglês, finlandês*); Áurea (*espanhol*); Aure, Oria, Orianna, Orianne (*francês*).

AURÉLIA
Feminino de *Aurélio*. Foi nome de uma *gens* romana (*gens* Aurelia). Ver Aurélio.
Personal.: Aurélia Delorme, Aurelina Lisboa; Aurélia Bandeira, escritora; Aurelia Dobre, atl. olímp. romena.
Variante(s): Aurelia (*espanhol, inglês, romeno, holandês, belga*); Aurèlia (*italiano*); Aurèlie (*francês*).

AURELIANA
Forma relativa de *Aurélia*, sign. "**de (pertencente a; da natureza de) Aurélia**". Ver Aurélia.
Variante(s): Aureliane, Aurelina (*português*).

AURIANA
Forma relativa de *Áurea*, sign. "**de (pertencente a; da natureza de) Áurea**". Prenome usado desde a época romana. Ver Áurea.
Variante(s): Auriane, Aurina, Aurínia (*português*).

AURICEA
Ao que tudo indica, nome inventado, calcado em *Auricelia*, ou mais provavelmente em *Auricleia*. Já foi encontrada no Brasil uma variante *Auriceia*.
Personal.: Auricéa Araújo, atriz.
Variante(s): Auriceia (*português*).

AURICÉLIA
Do latim *aurum, auri* (ouro, cor do ouro) e *coelum, coeli* (céu), sign. "**ouro do céu (celeste)**".
Variante(s): Auriceli (*português*).

AURICLEIA
Hibridismo formado do latim *aurum, auri* (ouro, da cor do ouro) e do grego *kléos* (glória), sign. "**glória dourada**".
Variante(s): Aricleia (*português*).

AURORA
Do latim *Aurora*, sign. "**a aurora; o nascente; o nascer do dia**". O nome está ligado ao substantivo *aurum, auri* (ouro) e se relaciona com a luz emanada dos primeiros raios solares. Desde a Renascença, antropônimo adotado na Inglaterra, Alemanha e França.
Personal.: Aurora Miranda, atriz.
Variante(s): Aurora (*espanhol, italiano, inglês, latim*); Aurore (*francês*).

AUSÔNIA
Feminino de *Ausônio*, e este, do latim *Ausoniu*, sign. "**natural da Ausônia**". A Ausônia foi uma antiga região italiana habitada pelos áusones, povo de origem osca cujo nome originou-se de Auson, filho de Ulisses e de Calipso. Em poesia, a palavra *ausônio* refere-se aos habitantes da Itália.
Personal.: Ausonia Bernardes, atriz.
Masculino(s): Ausônio.
Variante(s): Ausonia (*espanhol, italiano*); Ausonie (*francês*).

AUTA
Do latim *auctus*, sign. "**aumentada; acrescentada (em graças, em virtudes)**". É um nome com conotação religiosa.

Personal.: Auta de Souza, poetisa.

AUZENDA
Variante de *Adosinda*. Ver **Adosindo**.
Personal.: Auzenda Oliveira, atriz.
Variante(s): Ausenda (*português*); Adsenda (*espanhol antigo*).

AVANI
Nome criado a partir de uma transformação intencional de *Ivani*. Ver Ivani.

AVELINA
O mesmo que *Evelyn*. Ver Evelyn.

AYMAR
Ver *Aimar* **na seção de nomes masculinos**.
Personal.: Aymar Cruz, poetisa.

AZALEIA
Do grego *azaleos*, sign. "**queimada; árida**". Nome de uma flor que gosta dos terrenos quentes e áridos, e simboliza o prazer de amar.
Variante(s): Azalea (*português*).

AZÁLIA
Do hebraico *Azaliah*, sign. "**reservada para o Senhor; aquela que o Senhor reservou**".

334 DICIONÁRIO DE NOMES

Personal.: Azália Machado Dias, tradutora de autores brasileiros para o esperanto.

AZÉLIA
Do grego *azelía* (ausência de ciúmes), sign. "aquela que não é ciumenta; que não sente ciúmes". *Azelina* é a forma relativa do nome, sign. "de (pertencente a; da natureza de) Azélia".
Masculino(s): Azélio, Azelino.
Variante(s): Acélia (*português*); Azelle (*francês*).

AZENAIDE
O mesmo que *Zenai*, *Zenaide*. Ver Zenai.

B

BALDUÍNA
Do germânico, feminino de *Balduíno*. Ver **Balduíno**.
Personal.: Balduína de Moreira Saião (Bidu Saião), cantora lírica bras.

BALBINA
Feminino de Balbino. **Ver Balbino**.
Personal.: Balbina Milani, poetisa.
Variante(s): Balbina (*espanhol, italiano*); Balbine (*francês*).

BÁRBARA
Do latim *barbarus*, sign. "**estrangeira**". Nome que os antigos davam aos estrangeiros de civilização inferior à sua. Em Portugal foi encontrado em documentos datados da primeira metade do séc. XVI. Na Inglaterra, tornou-se popular por volta do séc. XII, na forma *Barbary*. A variante medieval francesa foi *Barbe*.
Personal.: Bárbara Thiré, atriz.

Variante(s): Bárbara (*espanhol*); Barbara (*italiano, francês, inglês, alemão,*).

BARTIRA
Do tupi *bo tiira*, lit. "**flor**". O nome surgiu com a índia guaianás filha de Tibiriçá, casada com João Ramalho, batizada por Manoel da Nóbrega com o nome de Isabel Dias.
Personal.: Bartyra Soares, poetisa.
Variante(s): Botira, Botyra, Potira, Potyra (*português*).

BEATRIZ
Do latim *Beatrice*, de *beatus, beata*, sign. "**a que faz alguém feliz**". O nome surgiu no séc. IV, com uma santa martirizada em 303, a quem é dedicada a igreja de Berhersden, em Kent, Inglaterra, país onde em 1487 apareceu nas formas *Beautrice* e *Beatty*, e mais tarde como *Betteresse* e *Bettris*. Os diminutivos *Beatty* e *Beton* foram comuns naquele país durante a Idade Média. Na literatu-

336 DICIONÁRIO DE NOMES

ra, a mais famosa foi Beatriz Portinari, imortalizada por Dante Alighieri na sua *Divina Comédia*. Pela influência desta obra, por autonomásia, *Beatriz* tornou-se símbolo da *amante bela, casta e pura*.
Personal.: Beatriz Segal, atriz.
Variante(s): Beatriz (*espanhol*); Beatrice (*italiano, inglês, austríaco, romeno, latim*); Béatrice (*francês*); Beatrix (*inglês, alemão, latim*).

BELINA
Nome com dois étimos. 1) Diminutivo de *Bela*, e este, hipocorístico de *Isabel*. 2) Feminino de *Belino*. Ver Isabel e Belino.
Variante(s): Belina (*espanhol*); Beline (*francês*).

BELINDA
Nome com dois étimos. 1) Do germânico *Betlindis*. O primeiro elemento pode ser *bet* (incitar). O segundo é *lindi* (serpente) o que daria ao nome o significado de "serpente incitada (provocada)". Na Inglaterra, esta forma germânica surgiu com os romances de Carlos Magno. 2) Modificação do espanhol *Bellalinda*, lit. "bela e linda". Ver Linda (1ª acepção).
Personal.: Belinda Montgomery,

Belinda Varrol, Belinda Bauer, atrizes.
Variante(s): Belinda (*espanhol, italiano,inglês*); Belinde (*francês*).

BELISA
Hipocorístico de *Belisária*. Alguns autores sugerem ser anagrama de *Isabel*, o que não passa de uma coincidência. Ver Belisário.
Personal.: Belisa Ribeiro, jornalista.
Variante(s): Beliza (*português*).

BELITA
Diminutivo de *Isabel*. Ver Isabel.
Personal.: Belita Moreno, atriz.
Variante(s): Belita (*espanhol*).

BENEDITA
Feminino de *Benedito*. Na Inglaterra o nome surgiu no começo do séc. XIII, na forma *Benedicta*. Ver Benedito.
Personal.: Benedita Delazari, poetisa; Benita Hume, atriz; Benita Valente, cantora; Benita Fitzgerald, atl. olímp. americana.
Variante(s): Benta (*português*); Benita (*português, espanhol*); Benedicta (*espanhol, inglês, belga, latim*); Benedetta (*italiano*); Bénédicte, Benoite, Benoilte (*francês*); Benedikta (*alemão*).

BENITA
Forma popular espanhola de *Benedita*. Ver **Benedita**.
Personal.: Benita Hume, atriz; Benita Valente, cantora; Benita Fitzgerald Brown, atl. olímp. americana.

BENTA
Hipocorístico de *Benedita*. **Ver Benedita**.

BERENICE
Do grego *Berenike*, forma macedônia de *Phereníke*, de *phéro* (trazer) e *níke* (vitória), sign. "portadora da vitória". O mesmo que *Verônica*. O nome surgiu com uma mártir siríaca do séc. IV, morta em Antióquia no ano 302 da era cristã.
Personal.: Berenice Grieco, escritora.
Variante(s): Berenice (*espanhol, italiano, inglês*); Bernice (*francês, inglês*); Bérénice (*francês*).

BERNADETE
Diminutivo de *Bernarda*. Originário do francês *Bernadette*, é um nome comum entre os católicos, por influência da santa cuja aparição iniciou a peregrinação a Lourdes, na França. **Ver Bernarda**.

Personal.: Bernadete Lyzio, Bernadette Peters, atrizes; Bernadete Lyra, poetisa.
Variante(s): Bernardete (*português*); Bernadette, Bernadet (*francês, inglês*).

BERNARDA
Feminino de *Bernardo*. **Ver Bernardo**.
Variante(s): Bernarda (*espanhol*); Bernharda (*inglês, alemão*).

BERNARDETE
O mesmo que *Bernadete*. **Ver Bernadete**.

BERNARDINA
Forma relativa de *Bernarda*, sign. "de (pertencente a; da natureza de) Bernarda ", e também a designação das religiosas da Ordem de Císter, cujo primeiro convento foi fundado na Espanha. **Ver Bernarda**.
Personal.: Bernardina Rich, escritora.
Variante(s): Bernardina (*espanhol, italiano*); Bernardine (*francês, inglês*).

338 DICIONÁRIO DE NOMES

BERTA
Do germânico *Bertha*, de *bertha*, *bertho*, sign. "brilhante; ilustre; famosa". Na Inglaterra, também hipocorístico de nomes começados ou terminados em *bertha*, antigo inglês *beorht*. Foi nome de muitas rainhas e mulheres célebres.
Personal.: Bertha Lutz, escritora; Berta Bonat, pintora; Berthe Morisot, pintora francesa.
Masculino(s): Berto.
Variante(s): Berta (*espanhol, italiano, inglês*); Berte, Berthe (*francês*); Bertha (*inglês, inglês antigo, alemão*).

BERTILA
Diminutivo de *Berta*. Ver Berta.

BERTINA
Forma relativa de *Berta*, sign."de (pertencente a; da natureza de) Berta". Ver Berta.
Variante(s): Bertine (*português*).

BETÂNIA
1) De origem hebraica, já foram encontradas as traduções "casa da aflição"ou "casa da obediência". Foi o nome de uma pequena cidade do Monte das Oliveiras, onde se situava a residência de Lázaro, Marta e Maria. Hoje é uma aldeia turca chamada *El-Asarije*. 2) No Talmude, o nome é traduzido por "casa das tâmaras verdes", provavelmente em virtude das tamareiras que existiam na região.
Variante(s): Béthanie (*francês*); Bethanien (*alemão*).

BETINA
Diminutivo de *Elisabete*. Ver Elisabete.
Personal.: Betina Viany, atriz; Betina Diniz, escritora bras.; Bettina Overesch, atl. olímp. alemã.
Masculino(s): Betino.
Variante(s): Bettina (*italiano, francês, inglês*).

BIA
Do grego *Bías*, sign. "forte; poderosa". No grego, nome originariamente masculino.
Personal.: Bia Lessa, Bia Seidl, Bia Nunes, Bia Bedran, atrizes.

BIANCA
Do italiano *Bianca*, o mesmo que *Branca*. Ver Blanche, Branca e Cândida, nomes aos quais equivale.
Personal.: Bianca Byington, Bianca Castanho, Bianca Rinaldi, atrizes; Bianca Weiss, atl. olímp. alemã.
Variante(s): Bianca (*italiano*).

BIBIANA
O mesmo que *Viviana*. Ver Viviana.

BLANCHE
Do francês *Blanche*, o mesmo que *Branca*. Assim como *Branca* e *Bianca*, o nome é uma tradução do latim *candidus* (cândido, cândida). A variante *Blanche*, nome da mãe de S.Luís, tornou-se muito popular na França do séc. XIII. Na Inglaterra, a forma *Blaunch* ocorreu no séc. XV, voltando à moda, após um longo esquecimento, por volta do séc. XIX. Ver Bianca, Branca e Cândida, nomes aos quais equivale.
Personal.: Blanche Chueri, pianista; Blanche Mur, atriz.

BLANDINA
Blanda, do latim *blanda*, sign. "(mulher) de gênio afável e carinhoso; branda". Foi nome de uma santa martirizada no ano 222 da era cristã. *Blandina* é a forma relativa de *Blanda*, sign. "de (pertencente a; da natureza de) Blanda".
Personal.: Blandina Santos, poetisa.
Variante(s): Blandina (*espanhol, inglês*); Blandine (*francês*).

BRANCA
Do adjetivo *branca*. O nome surgiu primeiro como epíteto, passando depois a sobrenome. Houve várias santas com os nomes Cándida e Blanche, originárias de Navarra e Castela. Na Inglaterra viveu uma Santa Whyte. O nome originou-se do latim *candidus, a, um*, do qual os demais são traduções. Quanto à sua antiguidade, há uma santa do séc. I da era cristã que teria curado S. Paulo. Em Portugal, surgiu em documentos datados dos séculos XIII e XIV, sendo muito frequente na Idade Média. **Ver Bianca, Blanche e Cândida, nomes aos quais equivale.**
Personal.: Branca de Camargo, atriz.
Masculino(s): Branco.
Variante(s): Blanca (*espanhol, holandês, belga*); Bianca (*italiano*); Blanche (*francês, inglês*); Blanch, Whyte (*inglês*); Blanka (*alemão*).

BRASILINA
Nome que significa "natural do Brasil; brasileira".
Personal.: Brasilina de Alencar, escritora.

BRENA
Feminino de *Brenc*. Ver Breno.

BRENDA
Nome originário das Ilhas Shetland. O étimo é incerto. 1) O mesmo que *Brena*. Os irlandeses têm-no como feminino de *Brennain*, *Brendam* (Breno). Ocorre na Inglaterra a partir do séc. XII. 2) Há também o gaélico *Breandam*, lit. "pequeno corvo". Ver Breno.
Personal.: Brenda Vaccaro, atriz.
Variante(s): Brenda (*inglês*).

BRIANA
Feminino de *Briano*, e este, o mesmo que *Breno*. Ver Breno.
Personal.: Brianne Leary, atriz.
Variante(s): Brena (*português*); Briani (*italiano*); Brianne (*inglês*); Brina (*eslavo*).

BRÍCIA
Feminino de *Brício*. Ver Brício.

BRÍGIDA
De origem irlandesa, *Brígida* foi o nome de uma deusa da luz, mãe de *Brian*, *Iucharba* e *Iuchair*, deuses da inspiração literária. O nome vem do irlandês *brig* (forte; poderoso; superioridade; poder; autoridade), originário da raiz sânscrita *brih* (crescer, elevar), e sign. "forte; poderosa; superior". Em Portugal, surgiu em documentos datados de 1792. *Brigite* origina-se de uma variante francesa *Brigitte*.
Personal.: Brígida Barros, escritora.
Masculino(s): Brígido.
Variante(s): Brigita (*português*); Brígida (*espanhol*); Brigida, Brìgitta, (*italiano*); Birgitt, Brìgide (*francês*); Britte (*espanhol, italiano*); Brigitte (*francês, alemão*); Bridget, Bridgit, Briget, Brigid, Brigit (*inglês*).

BRIGITE
Variante de *Brígida*, surgida em Portugal, em documentos datados de 1792. *Brigite* origina-se de *Brigitte*, uma variante francesa.
Personal.: Brigitta Valberg, Brigitte Bardot, Bridget Kane, atrizes.

BRITES
Nome com dois étimos. 1) Aportuguesamento do francês antigo *Britt*, *Britte*, o mesmo que *Brígida*, *Brigite*. 2) Variante de *Beatriz* (*Breatriz*, *Briatiz*, *Britis*, *Brites*). Ver Brígida, Brigite e Beatriz.
Personal.: Brites Mota, poetisa.

BRUNA
Feminino de *Bruno*. Ver **Bruno**.
Personal.: Bruna Marquezine, atriz.
Variante(s): Bruna (*espanhol, italiano*).

BRUNELA
Diminutivo de *Bruna*, calcado no italiano *Brunella*. A variante *Braunette* é aplicada pelos ingleses a mulheres com cabelos e olhos negros. Ver **Bruna**.
Personal.: Brunella Bovo, atriz.
Masculino(s): Bruneto.
Variante(s): Braunette (*francês, inglês*).

BRUNETE
Forma aportuguesada do francês *Brunett,* diminutivo de *Bruna.* Ver **Bruna**.

Variante(s): Bruneta (*português*); Braunette (*francês, inglês*).

BRUNHILDA
Do germânico *Brunhild*, de *brunne* (couraça) e *hild* (combate), sign. "**a que combate protegida por uma couraça**". Na famosa tetralogia *O Anel dos Nibelungos*, de Wagner, é o nome da principal e mais amada valquíria "virgem guerreira", filha do deus Wotan. Ver **Cremilda**.
Personal.: Brunehilde Fontoura, pintora.
Masculino(s): Brunhildo, Brunildo.
Variante(s): Brunilda (*português, espanhol*); Brunilde (*italiano*); Brunehilde (*francês*).

C

CACILDA
Do germânico *gais* (lança) e *hilta, hilde* (combate), sign. "a que combate com uma lança".
Personal.: Cacilda Becker, atriz.
Variante(s): Cassilda (*português*); Casilda (*espanhol*); Cassilde, Casilde (*italiano*).

CALIPSO
Do grego *Kalypsó*, de *kalypto* (esconder), através do latim *Calypso*, sign. "a que se esconde (se encobre)".
Personal.: Calypso Escobar, escritora.
Variante(s): Calypso (*francês, inglês, latim*).

CAMÉLIA
Do nome de uma planta japonesa introduzida na Europa em 1739 pelo padre Jorge José *Camelli* (ou *Kamel*). Traduz-se Camelli ou Kamel como "camelo". A planta simboliza a altivez.
Personal.: Camelia Voinea, atl. olímp. romena.
Masculino(s): Camélio.
Variante(s): Camela (*espanhol*); Camellia (*francês*).

CAMILA
Feminino de *Camilo*. Ver Camilo.
Personal.: Camila Morgado, atriz.
Variante(s): Camile (*português*); Camila (*espanhol*); Camilla (*italiano, inglês, nórdico, latim*); Camille (*francês*).

CÂNDIDA
Do latim *Candida*, de *candidus, a, um*, lit. "branca; brilhante; radiante; resplandecente". Por extensão, "pura; ingênua; inocente". Na Inglaterra o nome surgiu em 1898, na forma *Candida*, personagem-título de uma peça de Bernard Shaw. Equivale a *Candice*. Ver Bianca, Blanche e Branca.
Personal.: Cândida Galeno, escritora.

CARINA
Feminino de *Carino*. A variante *Caren*, muitas vezes adotadas no Brasil na forma *Karen*, é originária do inglês. Ver **Carino**.
Personal.: Karin Rodrigues, Karina Bacchi, Karine Carvalho, atrizes bras.; Karen Debértolis, poetisa bras.
Variante(s): Carina (*espanhol*); Carine (*francês*); Carin, Karina, Karyn (*inglês*); Caren (*inglês, alemão*); Karen (*inglês*); Karin (*alemão, nórdico*).

CARÍSIA
Do grego *Charisios*, de *káris* (graça), sign. "a que favorece com as suas Graças (Benevolência, Dádivas, Mercês)". Na Inglaterra a variante *Charis*, latinizada *Charissa* ("benevolência; graça"), surgiu após a Reforma. As *Charisias* ou *Carísias* também eram as festas que os antigos gregos celebravam em honra a *Charites* (*Cárites*), isto é, as *Graças*.
Personal.: Cerise Bueno, poetisa; Carice Houten, atriz alemã.
Masculino(s): Carísio
Variante(s): Carissa, Cerise (*português*); Charis, Charissa (*inglês*).

CARLA
Feminino de *Carlos*. Ver **Carlos**.
Personal.: Carla Camurati, Carla Marins, atrizes; Karla Roffeis, atl. olímp. alemã.
Variante(s): Carla (*espanhol, italiano, francês, inglês, alemão*); Karla, Karola (*alemão*).

CARLINDA
Forma relativa de *Carla*, sign. "**de (pertencente a; da natureza de) Carla**". Neste nome ocorreu a troca do sufixo *ina* por *inda* (Carlina / Carlinda).
Variante(s): Carlina (*português*); Carlyne (*francês*); Carleen, Carlene, Carlin, Carline, Carlyn, Karlene, Karleen (*inglês*).

CARLOTA
Diminutivo de *Carlos*, com influência do italiano *Carlotta*. Ver **Charlene** e **Carlos**.
Personal.: Carlota Sales de Campos, poetisa; Carlota Carvalho, escritora; Charlotte Rampling, atriz.
Variante(s): Carlota (*espanhol*); Carlotta (*italiano*); Charlotte (*francês, inglês, nórdico*); Charlot, Charlotty (*inglês*).

CARMELA
Feminino de *Carmelo*.Ver Carmelo.
Personal.: Carmela Soares, atriz; Carmela Pereira, poetisa; Carmélia Alves, cantora.
Variante(s): Carmélia, Carmo (*português*); Carmela (*espanhol*); Carmèla (*italiano*); Carmel (*inglês*).

CARMELINA
Forma relativa de *Carmela*, sign. "de (pertencente a; da natureza de) Carmela (Carmélia)". Ver Carmela.

CARMELITA
Diminutivo de *Carmela*. Ver Carmela.
Personal.: Carmelita Madriaga (Carmen Costa), cantora; Carmelita Fontes, Carmelita Setubal, poetisas.

CARMEM
Carmem, *Carmen* têm origem em uma antiga onomatopeia *Ja-ermen* (luz, inspiração), passando mais tarde a significar "pensamento do espírito divino". No latim moderno originou *carmen* (poema, poesia, verso, profecia). Tem o mesmo significado de *Carmenta* – ou *Camena* – divindade romana, ninfa das águas, profetisa da Arcádia e amada de Mercúrio, que dava oráculos em forma de versos. Por extensão, como *Camena* e *Carmenta*, passou também a significar "aquela que profetiza em forma de versos". Curiosamente, *Carmen* é também uma palavra antiga aplicada a tudo o que é expresso em ritmo, especialmente no que diz respeito às encantações mágicas. O francês *charme*, por seu turno, deriva de *carmen*, e tem o significado de "influência oculta e mágica". *Carmina*, *Carminda* e *Carmínia* são as formas relativas de *Carmem*, *Carmen*, sign. "de (pertencente a; da natureza de) Carmem".
Personal.: Carmen Luz, atriz.
Variante(s): Camena, Carmenta (*português*); Carmen (*português, espanhol, italiano, inglês*); Carmina, Càrmine (*italiano*); Charmene (*francês*); Charmaine (*inglês*).

CARMINDA
Fortma relativa de *Carmen*, sign. "de (pertencente a; da natureza de) Carmem (Carmen)". Ver Carmem.
Variante(s): Carmina, Carmínia (*português*); Carmina, Càrmine (*italiano*).

CARMITA

Diminutivo de *Carmen*. Ver Carmem.

Personal.: Karmita Medeiros, atriz.

Variante(s): Karmita (*português.*

CARMO

O mesmo que *Carmela*, nome empregado geralmente após *Maria* (Maria do Carmo). Ver Carmela.

CARMOSINA

Forma relativa de *Carmo*, sign. "de (pertencente a; da natureza de) Carmo". Ver Carmo.

Personal.: Carmosina de Souza Uzel, poetisa.

CAROLINA

Diminutivo de *Carla*, por influência do espanhol e/ou do italiano *Carolina*. A variante *Caroline* foi introduzida na Inglaterra pela rainha Caroline of Brandenburg-Anspach, tornando-se um dos nomes mais populares naquele país por volta do séc. XVIII. Ver Carla.

Personal.: Carolina Ferraz, atriz.

Variante(s): Carolina (*espanhol, italiano, holandês, belga*); Caroline, Charlaine (*francês, inglês*); Carole, Charlène (*francês*); Carleen, Carlen, Carlene, Carlin, Carlyn, Carol, Carole, Caroleen, Carolyn, Charlayne (*inglês*); Carola (*inglês, alemão, latim*).

CASIMIRA

Femininos de *Casemiro, Casimiro*. Ver Casimiro.

Personal.: Casimira Cordovil, contista.

Variante(s): Casemira (*português*).

CASSANDRA

Do grego *Kassándra*, através do latim *Cassandra*, sign. "a que protege os homens". Ver Alexandre.

Personal.: Cassandra Barros, atriz.

Variante(s): Casandra (*espanhol*); Cassandra (*italiano, inglês, belga*); Cassandre (*francês, inglês antigo*); Cassander, Cassandry (*inglês*).

CÁSSIA

Existe em hebraico o termo *Kiddah* ou *qetziáh*, designação de uma madeira aromática que entrava na composição de certos preparados perfumados, traduzido por "**fragrância**". De *qetziáh* originou-se o antropônimo *Kesiah*, nome dado a uma filha de

346 DICIONÁRIO DE NOMES

Jó (Jó 42.14), posteriormente latinizado *Cassia*.
Personal.: Cássia Kiss, Cássia Linhares, Cássia Leal, atrizes; Cássia Eller, cantora.
Masculino(s): Cássio.
Variante(s): Casia (*espanhol*); Càssia (*italiano*); Cassia (*francês, latim*); Cassie (*irlandês*).

CASSIANA
Forma relativa de *Cássia*, sign. "de (pertencente a; da natureza de) Cássia". Ver Cássia.
Masculino(s): Cassiano.
Variante(s): Casiana (*espanhol*); Cassiana (*italiano*).

CATARINA
Nome originário do grego *Aikaterhíne*, de *katharós*, sign. "casta; pura". Em Portugal surgiu pela primeira vez em documentos datados da primeira metade do séc. XV, na forma *Catalina*. Na Inglaterra, seu primeiro registro data de 1100, tornando-se muito popular no séc. XIV, graças à influência de Santa Catarina, padroeira dos filósofos, dos estudantes e das donzelas, a quem os bretões dedicam 62 igrejas. Equivale a *Agnes* e *Ariadne*. Ver Agnes, Ariadne e Cátia.

Personal.: Catarina Abdala, atriz.
Masculino(s): Catarino.
Variante(s): Catalina (*português antigo, espanhol, italiano*); Caterina, Catrina (*italiano*); Catherine (*francês, inglês*); Cathelin, Catherina (*francês*); Katharine (*inglês, alemão*); Catharine, Cathleen, Cathryn, Katerine, Kathleen, Kathlene, Katherine, Kathryn, Katrina (*inglês*); Katharina, Kathrin, Katrin (*alemão*); Karen, Katarina (*nórdico*).

CÁTIA
Diminutivo de *Catarina*, através do russo *Katia, Katja*. Ver Catarina.
Personal.: Kátia D'Angelo, atriz.
Variante(s): Kátia (*português*); Cathy, Catie (*francês, inglês*); Cattia, Kate, Kathy, (*inglês*).

CECI
Nome criado por José de Alencar para o seu romance *O Guarani*. É hipocorístico de *Cecília* e/ou *Cecílio*. Na segunda parte da obra, capítulo IV, ocorre a explicação do nome: "Ceci era o nome que o índio (Peri) dava à sua senhora, depois que lhe tinham ensinado que ela se chamava Cecília". Ver Cecília.

Personal.: Cecy Villas-Boas Moura, poetisa.

Variante(s): Cecy (*português*).

CECÍLIA

Feminino de *Cecílio*. O nome surgiu na antiga Roma, com a *gens* Cecilia, por ter sido cego o seu progenitor. Na Inglaterra foi introduzido durante a conquista normanda, tornando-se muito popular nas formas *Cicely*, *Sisley* e *Cecil*. O mesmo que *Célia* e *Sheila*. Ver Cecílio.

Personal.: Cecilia Lage, atriz; Cecília Meireles, poetisa; Cécile Chaminade, pianista francesa.

Variante(s): Célia, Ciléa, Cileia, Sileia (*português*); Sheila (*português, inglês*); Cecilia (*espanhol, alemão*); Cecilia (*italiano*); Cécile, Cécilie, Cécily, Cicile, Cicille (*francês*); Cecile, Cecille (*inglês*); Celia (*inglês*).

CECILIANA

Forma relativa de *Cecília*, sign. "de (pertencente a; da natureza de) Cecília". Ver Cecília.

Masculino(s): Ceciliano (*português*).

CENIRA

O mesmo que *Cinira*. Ver Cinira.

CELENA

Do grego *kelainós*, através do latim *Celaena*, sign. "**negra; sombria**". Foi nome de uma das Hárpias. De *kelainós* originaram-se *kolumbán* (mergulhão), o latino *columba*, *columbae* (pombo, pomba) e o eslavo *galobí* (pombo, pomba), pássaros assim denominados devido à cor aproximada ao azul-escuro. A raiz indo-europeia *gel*, *gol*, sign. "de uma cor escura". Não confundir com *Seleno*.

Masculino(s): Celeno.

Variante(s): Celene (*português*); Celaena (*latim*).

CELESTE

Do adjetivo *celeste*, e este, do latim *caelestis*, lit "**do céu; celeste; celestial**".

Personal.: Celeste Aída, Celeste Irene, Celeste Holm, atrizes; Celeste Masera, poetisa bras.

Variante(s): Celéstia (*português*); Celesta (*português, francês*); Celeste (*espanhol, italiano, inglês*); Céleste (*francês*).

CELESTINA

O mesmo que *Celeste*. Na Bretanha a variante *Celestine* substitui o gaélico *Gillespie*. Ver Celeste.

348　DICIONÁRIO DE NOMES

Personal.: Celestina Popa, atl. olímp. romena.
Variante(s): Celestina (*espanhol, italiano*); Célestina, Célestine (*francês*); Celestine (*inglês*).

CELI
Aportuguesamento do inglês *Celie*, *Sely*, hipocorístico de *Cecília*, e este, uma abreviação inglesa de *Celia* (Célia). O mesmo que *Ceci*. **Ver Ceci e Cecília.**
Personal.: Cely Vilhena, poetisa.
Variante(s): Celie, Cely, Sely (*inglês*).

CÉLIA
Nome com três étimos. 1) Do inglês *Celia*, abreviação de *Cecília*. 2) Do latim *coeli*, *orum*, sign. "dos céus", donde o nome *Regina Coeli* ("rainha dos céus"). 3) Feminino de *Célio*. **Ver Cecília e Célio** (1ª acepção).
Personal.: Célia Biar, Célia Helena, Celia Lovsky, atrizes, Célia Monte, poetisa.
Variante(s): Celia (*inglês*).

CELINA
Diminutivo de *Célia*. **Ver Célia.**
Personal.: Celina Niedzwiecka, atriz; Celina Ferreira, poetisa; Céline Seurre (Cécile Sorel),

atriz francesa; Celine Dion, cantora americana.
Variante(s): Celine (*português*); Selina (*português, inglês*); Celina (*espanhol, italiano, inglês*); Céline (*francês*).

CELITA
Diminutivo de *Célia*. **Ver Célia.**
Personal.: Celita Vacarri, pintora.

CERES
Do latim Ceres, nome de uma deusa da mitologia greco-romana, que equivale à Déméter grega. Origina-se de um antigo *cer-er*, dupla onomatopeia do calor, e significa "**a criadora**". Alguns autores, equivocadamente, propõem o significado de "deusa do pão", o que pode ser explicado pelo fato de os sabinos terem confundido Ceres com *cerés* (o pão), fato que levou-os a adorá-la a deusa que faz crescer o trigo e ideia que aos poucos se generalizou. Mais tarde Ceres tornou-se a deusa protetora da terra cultivada e da agricultura, e ensinou a arte de cultivar os cereais.
Personal.: Ceres Autas, poetisa.
Variante(s): Ceres (*espanhol, inglês, latim*); Cérés (*francês*).

CERISE

O mesmo que *Carísia*, *Carissa*. Ver **Carísia**.

Personal.: Cerise Bueno, poetisa; Carice Houten atriz alemã.

CHARLENE

Do francês *Charlaine*, *Charlène*, diminutivos de *Carla*, e o mesmo que *Carola*. Ver **Carla**.

Personal.: Charlene Dallas, atriz.

Variante(s): Charlaine, Charlène (*francês*); Charlayne (*inglês, francês*); Charlene, Carlette, Sharleene (*inglês*).

CHARMENE

Do francês *Charmene* diminutivo de *Carmen*. Ver **Carmem**.

Personal.: Charmaine Craig, atriz.

Variante(s): Charmaine (*inglês*).

CHRISTIE

Do inglês *Christie*, diminutivo de *Cristina*, *Christina*. Ver **Cristiana**.

CIBELE

Do grego *Kybéle*, nome que gerou uma série de interpretações forçadas e sem fundamento. A sua origem está na evolução das onomatopeias primitivas *Ja-ber*, *Ka-bel*, *Ky-bel*, *Cybel-es*, sign. "espírito criador (produtor e gerador) do calor e da vida", tradução que condiz com os atributos da deusa que personifica a Natureza rude, selvagem e profícua.

Personal.: Cibele Silva, atriz.

Variante(s): Sibele (*português*); Cibele (*espanhol*); Cibèle (*italiano, francês*).

CIDA

Nome com dois étimos. 1) Hipocorístico de *Aparecida*. *Cidinha* é o diminutivo do nome. 2) Feminino de *Cid*. Ver **Aparecida** e **Cid**.

Personal.: Cida Moreira, atriz.

CIDÁLIA

O mesmo que *Acidália*. Ver **Acidália**.

Personal.: Cidália Alves, atriz.

Masculino(s): Cidálio.

CÍDIA

Feminino de *Cid*. Ver **Cid**.

CILA

Do grego *Skylla*. 1) Do verbo *skyllo* (esfolar, dilacerar), sign. "a que esfola (dilacera)". 2) Ou tradução grega do fenício *scol*, lit. "destruição; perigo de morte". As raízes grega e fenícia têm uma

350 DICIONÁRIO DE NOMES

origem comum, haja vista os sentidos semelhantes.
Personal.: Cila Machado, atriz; Scylla Venancio, atl. olímp. bras.
Variante(s): Escila (*espanhol*); Szyla (*alemão*); Scila (*romeno*); Scílla (*russo*).

CILEIA
Do escocês, *Sileas*, o mesmo que *Cecília* e *Júlia*. João Ribeiro sugere o anagrama de *Alice*, o que não passa de uma coincidência. **Ver** Cecília e Júlia.
Personal.: Silea Stopatto, cantora lírica italiana.
Variante(s): Cilea, Silea, Sileia (*português*); Sileas (*escocês*).

CILENE
Do grego *Kyllene*, pelo latim *Cyllene*, monte da Arcadia onde, segundo a mitologia grega, Hermes teria nascido. Não confundir com *Silene*.
Personal.: Cilene Falleiro Rocha, atl. olímp. bras.
Variante(s): Cilene, Silena (*português*).

CINARA
Do grego *Kynara*, lit. "alcachofra". Nome de uma ilha do Mar Egeu, hoje chamada Zinara, famosa por sua alcachofra.

Variante(s): Sinara (*português*); Cynara (*latim*).

CINIRA
Do hebraico *cinira*, lit. "cinor", palavra que primitivamente significa "que emite um som trêmulo". *Cinira* ou *cinor* era uma espécie de lira muito difundida entre os sírios, fenícios e hebreus. Curiosamente, em sânscrito existe *Kinnara*, palavra que designa os gênios músicos que estão a serviço de Kuvera, deus do Hades e das riquezas, como o Plutão grego.
Personal.: Cinira Bordini, poetisa.
Variante(s): Cenira, Cynira (*português*).

CÍNTIA
Do grego *Kynthia*, através do latim *Cynthia*, sign. "do Cinto", nome de um monte situado na ilha de Delos, onde teriam nascido Apolo e Diana. *Cíntia* foi também um epíteto de Diana. Nome que na Inglaterra surgiu no séc. XVII, tornando-se popular a partir do séc. XIX.
Personal.: Cynthia Benini, Cíntia Grillo, atrizes; Cíntia Moscovich, contista bras.

CIRENE
Cirene, do grego *Kyréne*, de *kyros*, sign. "senhora; que tem plena autoridade".
Personal.: Cirene Tostes, atriz.
Variante(s): Cirena (*português*); Cyrène (*francês*); Cyrene (*latim*).

CIRINA
O mesmo que *Quirina*. **Ver Quirina.**

CLAIR
Do francês *Clair*, o mesmo que *Clara*. Pronuncia-se *clér*. **Ver Clara.**
Personal.: Claïr de Mattos, romancista.

CLARA
Do adjetivo *clara*, na acepção de "brilhante; ilustre". Em Portugal, nome encontrado em documentos datados do séc. XIII. O mesmo ocorreu na Inglaterra com as formas *Clara* e *Clere*, que se tornaram muito populares em virtude da influência de Clara de Assis (Santa Clara).
Personal.: Clara Nunes, cantora.
Variante(s): Clara (*espanhol, italiano, inglês, belga*); Clair, Claire (*francês*); Claira, Clare (*inglês*); Klara (*alemão, nórdico, polonês*).

CLARICE
O mesmo que *Clarissa*. **Ver Clarissa.**

CLARINDA
Forma relativa de *Clara*, sign "de (pertencente a; da natureza de) Clara". Em *Clarinda* houve a troca do sufixo *ina* por *inda*. **Ver Clara.**
Personal.: Clarinda Lopes, atriz.
Masculino(s): Clarindo.
Variante(s): Clarina (*português*).

CLARINA
O mesmo que *Clarinda*. Em *Clarina* ocorreu a troca do sufixo *ina* por *inda*. **Ver Clara.**
Masculino(s): Clarino

CLARISSA
Nome dado às religiosas seguidoras da Ordem das Clarissas, fundada por Santa Clara (Clara de Assis) no séc. XIII. A variante *Clarisse* veio do francês. **Ver Clara.**
Personal.: Clarice Lispector, escritora.

352 DICIONÁRIO DE NOMES

Variante(s): Clarice (*português, francês, inglês*); Clarisa (*espanhol*); Clarissa (*italiano, francês, inglês*); Clarice (*francês, inglês*); Clarisse, Clérisse (*francês*); Clares, Claris (*inglês*).

CLAUDETE
Do francês *Claudette*, diminutivo de *Cláudia*. Ver Cláudia.
Personal.: Claudete Soares, cantora.
Variante(s): Claudette (*francês*).

CLÁUDIA
Feminino de *Cláudio*. Na França o nome surgiu no séc. XII, na forma *Claude*, e na Inglaterra, durante o séc. XVI, na forma *Claudia*. Ver Cláudio.
Personal.: Claudia Jimenez, Cláudia Abreu, Claudia Alencar, Cláudia Rodrigues, atrizes; Klavdiya Kozenkova, atl. olímp. russa.
Variante(s): Gladis (*português*); Cláudia (*espanhol, italiano*); Claudia (*inglês, alemão*); Claude (*francês*).

CLAUDINA
Forma relativa de *Cláudia*, sign. "de (pertencente a; da natureza de) Cláudia". Ver Cláudia.

Personal.: Claudina Montenegro, Claudine Auger atrizes.
Variante(s): Claudina (*espanhol, belga*); Claudine (*francês*).

CLEA
Do grego *Kleio*, de *kléos*, lit. "glória; revelação". Não confundir com *Cleia*. Diz Jaa Torrano na sua obra "Hesíodo", que "gloriar é expor um ser ou um fato à luz da manifestação, tal como a essência mesma deste ser ou fato o exige ou impõe. Glória (*kléos*) é esta força de revelação própria do que é glorioso, i.e., do que por sua essência mesma reclama a revelação; e esta força é Kleio, Glória, uma das Musas. Por isso, o poeta consagrado pelo poder das Musas ao exercício deste mesmo poder tem por função gloriar, i.e., revelar o que por essência reclama a revelação".
Personal.: Clea Barros, atriz.
Masculino(s): Cleo

CLÉCIA
Feminino de *Clécio*. Ver Clécio.
Personal.: Cleci Silveira, contista.
Variante(s): Cleci (*português*)

CLEIA
Nome com três étimos. O mesmo que *Cleise* e *Clio*. Não con-

fundir com *Clea*. 1) Do grego *kléeia* ou *kleíos*, sign. "a gloriosa; a celebrada". 2) Hipocorístico de *Heracleia*, antropônimo e nome de muitas cidades fundadas por Hércules. 3) Nome de residência originário do inglês antigo *Cleia*, de *Cley, Cleye, Claya, Claia*, e estes, variações de um toponímico derivado de *claeg*, lit. "da (região) da terra argilosa". Comparar com Clea.
Variante(s) da 1ª acepção: Cleise, Clio (*português*).

CLEIDE
Nome com dois étimos. Há em português uma variante *Cleidir*, adaptação livre de *Cleide*, com o acréscimo do *r* final. 1) Adaptação do inglês *Clyde* (pronúncia: *cláide*), rio escocês cujo nome deriva de *clywd*, lit. "quente". 2) Hipocorístico do grego *Herakleides* (Heráclides), patrorímico que sign. "filha (descendente) de Hércules". Ver Hércules.
Personal.: Cleide Yáconis, atriz.
Variante(s): Cleida, Cleidir, Cleuda, Cleude (*português*); Clyde (*inglês*).

CLEIDIR
O mesmo que *Cleide*. Ver Cleide.

CLEISE
Do grego *kleízo* (gloriar, celebrar), o mesmo que *Cleia* e *Clio*. Ver Cleia (1ª acepção).
Variante(s): Cleisa, Cleize (*português*).

CLÉLIA
Do latim *Cloelia*, forma relativa de *Cloé*, sign. "de (pertencente a; da natureza de) Cloé". Foi nome de uma *gens* romana. Ver Cloé.
Personal.: Clélia Guerreiro, atriz.
Variante(s): Clelia (*espanhol, italiano*); Clélia, Cléilie (*francês*).

CLEMÊNCIA
Feminino de *Clemêncio*. Ver Clemêncio.
Personal.: Clémence Robert, poetisa francesa.
Variante(s): Clemencia (*espanhol*); Clemenza (*italiano*); Clémence (*francês*); Clemency (*inglês*).

CLEMENTINA
O mesmo que *Clemência*. Ver Clemência.
Personal.. Clementina de Jesus, cantora.
Variante(s): Clementina (*espanhol, holandês*); Clémentine (*francês*); Clementine (*inglês*); Klementina (*alemão*).

CLENIRA
Adaptação livre de *Cleonice*. Ver Cleonice.
Variante(s): Clenir (*português*).

CLEO
O mesmo que *Clea*. Ver Clea.
Personal.: Cleo Pires, atriz.

CLEONICE
Do grego *kleoníke*, de *kléos* (glória) e *níke* (vitória), sign. "a que alcança as glórias da vitória; aquela que tornou-se gloriosa com a vitória".
Personal.: Cleonice Rainho, poetisa.
Variante(s): Cleonice (*espanhol, italiano*); Cléonice (*francês*).

CLER
Nome com dois étimos. Do francês. 1) Aportuguesamento de *Clair*, de *clair*, sign. "clara; límpida; brilhante". 2) Derivado de *clerc*, lit. "sábia; letrada".
Variante(s): Clair (*francês, inglês*).

CLÉRIA
Feminino de Clério. *Ver Clério.*

CLÉSSIA
Feminino de *Clésio*. Ver **Clésio**.

CLEUDE
O mesmo que *Cleide*. Ver Cleide.

CLEUSA
Dissimilação de *Creusa*. Ver Creusa.
Variante(s): Cleuza (*português*).

CLÍVIA
Nome de residência adaptado do inglês antigo *Clive*, um toponímico originado de *clif*, nas variações *Cleeve, Clyve, Clife*, sign. "do rochedo; da colina". Originariamente foi alcunha, depois sobrenome.

CLOÉ
Do grego *Chloé*, de *chloé*, sign. "erva esverdeada; folhagem nova, viçosa". Foi um epíteto de Deméter, no seu atributo de deusa da vegetação. Deméter Cloé tinha um templo próximo à Acrópole, em Atenas, onde eram celebradas as *Cloeias*, festa em honra à deusa, que tinha início quando a vegetação começava a florir. Nome originário da mesma raiz de *Clóris*, foi um dos preferidos dos poetas pastorais ingleses. Ver Clorinda.
Variante(s): Cloe (*espanhol, italiano*); Chloé (*francês*); Chloe (*inglês, latim*).

CLORINDA
Forma relativa de *Clóris*, sign. "de (pertencente a; da natureza de) Clóris". Ver Clóris.
Personal.: Clorinda Rosato, pianista, compositora.
Variante(s): Clorinda (*espanhol, italiano, inglês*); Clorinde (*francês*).

CLÓRIS
Nome de uma deusa grega das flores, identificada com a Flora romana. Origina-se do grego *Chlôris*, nome derivado de *chlorís, chlorós* (verde, esverdeado), sign. "de cor esverdeada" ou "florida; verdejante". Ver Cloé.
Personal.: Cloris Leachman, atriz; Chloris Arruda de Araújo, escritora.
Variante(s): Chloris (*francês, inglês, latim*); Cloris (*inglês*).

CLOTILDE
Do germânico *Chlotichilda*, de *hlot* (fama, glória) e *hilde* (combate), sign. "a que ficou famosa (alcançou a glória) através do combate; combatente famosa (gloriosa); famosa (gloriosa) guerreira", através da variante francesa *Clotilde*, surgida no séc.V da era cristã com a esposa de Clóvis, rei dos francos.
Personal.: Clotilde Prado, dramaturga.
Variante(s): Clotilda (*espanhol, italiano, inglês*); Clotilde (*espanhol, francês*).

CONCEIÇÃO
Do latim *conceptus*, sign. "fruto; concepção". Nome de origem religiosa, é um dos títulos invocativos da Virgem Maria (Nossa Senhora da Conceição). Segundo a Igreja Católica, no momento da concepção no seio de Santa Anna, a Virgem Santa foi isenta da mancha do pecado original, comum a toda a humanidade adâmica. Nome usado mais após *Maria* ou *Manuel* (Maria da Conceição, Manuel da Conceição).
Personal.: Conceição Cunha, poetisa.
Variante(s): Conception (*francês*); Concetta (*italiano*).

CONSOLAÇÃO
Nome proveniente de uma invocação da Virgem, no seu aspecto *consolativus*, ou seja, "a que consola". Geralmente vem acompanhado de *Maria* (Maria da Consolação).
Variante(s): Consuelo (*espanhol*); Consolata (*italiano*).

CONSTÂNCIA
Feminino de *Constâncio, Constante*. *Constança* foi encontrado em obras portuguesas datadas dos séculos XIII e XIV, na forma *Costança*. Na Inglaterra, foi introduzido na forma *Custance*, em meados do séc. XVI. A variante *Constança*, oriunda do português antigo, equivale a *Constância*.
Personal.: Constância Laviolla, Constance Bennett, Constance Cummings, atrizes; Constanta Pipota, atl. olímp. romena.
Variante(s): Costança (*português antigo*); Constancia (*espanhol*); Constanza (*italiano*); Constance (*francês, inglês*); Constancy, Custancia, Cunstans (*inglês*); Constantia (*inglês, holandês, belga*).

CONSTANTINA
Forma relativa de *Constança e Constância e Constante*, sign. "de (pertencente a; da natureza de) Constância. Ver Constância. Foi um nome muito comum na Inglaterra e Escócia, no período compreendido entre os séculos XII e XVII. Na Irlanda é usado para substituir os nativos *Connor* e *Conn*.
Personal.: Constantina Araujo, cantora lírica.
Variante(s): Constantina (*espanhol*); Constantine (*francês, inglês*).

CONSUELO
Do espanhol *Consuelo*, o mesmo que *Consolação*. Ver Consolação.
Personal.: Consuelo Leandro, Consuelo Flores, atrizes; Consuelo Belloni, poetisa.

CORA
Do grego *Kora*, de *kóre*, sign. "moça; donzela; virgem". O mesmo que *Corina*.
Personal.: Cora Costa, atriz, Cora Coralina, Cora Benita poetisas; Cora Rónai, jornalista.
Variante(s): Corina (*português*); Cora (*espanhol, italiano*); Kora, Cori (*inglês*).

CORDÉLIA
Nome criado por Shakespeare para o seu *Rei Lear*, calcado no latim *cordis* (coração). De acordo com a personagem, *Cordélia* é "aquela que é guiada pelos sentimentos".
Personal.: Cordélia Ferreira, atriz.
Variante(s): Cordelia (*espanhol*); Cordèlia (*italiano*); Cordelie (*francês*).

NOMES FEMININOS 357

CORINA
Do grego *Kórinna*, o mesmo que *Cora*. Na Inglaterra, nome muito empregado pelos poetas dos séculos XVII e XVIII. Ver Cora.
Personalidade(s): Corina de Carvalho, cantora lírica; Corina de Abreu Pessoa, Corina de Vivaldi Coaracy, cronistas; Corinne Marian, poetisa.
Variante(s): Corina (*espanhol*); Corinna (*italiano, inglês, alemão, latim*); Corinne (*francês*).

COSIMA
Feminino de *Cosme*. Ver Cosme.
Variante(s): Cosma (*português*).

CREMILDA
Do germânico *Kriemhild*, de *kriem*, *grima* (capacete) e *hild*, *hiltia* (combate), sign. "a que combate protegida por um capacete".
Personal.: Cremilda Oliveira, atriz.
Variante(s): Clemilda, Clemilde, Cremilde (*português*).

CREUSA
Do grego *Kréiousa*, sign. "soberana; rainha; princesa".
Personal.: Creuza Neves, atriz.
Variante(s): Cleusa, Cleuza, Creuza (*português*); Crèusa (*italiano*).

CRISEIDA
Patronímico originado do grego *Chryseís*, de *Chryses*, mais a partícula *ides*, sign. "filha (descendente) de Crises". *Chryses* origina-se de *chrysós*, lit. "ouro". Na mitologia grega, filha de Crises, sacerdote de Apolo, que se tornou escrava de Agamenon, e mais tarde foi libertada e engravidada por Apolo. Não confundir com *Criselda*.
Variante(s): Criseide (*português*).

CRISELDA
O mesmo que *Griselda*. Ver Griselda.

CRISTEL
Nome com dois étimos. 1) Do alemão *Kristel*, o mesmo que *Cristina*. 2) Modificação do escocês *Christal*, *Chrystal*, o mesmo que *Cristóvão*, por influência de *Emeral*, *Ruby* etc. Ver Cristina.
Personal.: Khristhel Byancco, atriz bras.

CRISTIANA
O mesmo que *Cristina*. Ver Cristina.
Personal.: Cristiana Oliveira, Cristiana Galvão, Christiana Guinle, atrizes.

358 DICIONÁRIO DE NOMES

Variante(s): Cristiána (*espanhol*); Cristiana (*italiano*); Christiana (*inglês*).

CRISTIANE
Aportuguesamento do francês *Christiane*, o mesmo que *Cristina*. Ver Cristina.
Personal.: Christiane Torloni, Christiane Palhares, Christiane Rando, atrizes.
Variante(s): Christiane, Chrétienne (francês).

CRISTIANI
O mesmo que *Cristina*. Ver Cristina.

CRISTINA
Feminino de *Cristino*. Em Portugal, a variante *Christina* foi encontrada em obras datadas dos séculos XIII e XIV. As variantes *Christiana*, *Christiania*, mais populares que *Christina*, foram encontradas na Inglaterra do séc. XII. Ver Cristino.
Personal.: Cristina Pereira, Kristyna Kohoutova, Kristine Skyler, atrizes; Christina Cabral, contista; Christine de Pisan, escritora francesa.
Variante(s): Cristiana, Cristiane, Cristiani, Cristina (*espanhol, italiano*); Christina, Christine (*francês, inglês, alemão*); Kristen (*inglês*); Christel, Christina, Kerstin (*alemão*).

CYNIRA
O mesmo que *Cinira*. Ver Cinira.

D

DAGMAR

Hibridismo formado do sueco *dag* (dia) e do germânico *mar* (glória), sign. **"glória do dia"**. Nome do gênero masculino na escandinávia, no Brasil é feminino. Não confundir com *Dagomar*. Ver Dagomar.

Personal.: Dagmar de Carvalho, poetisa.

Variante(s): Dagmara (*português*).

DAIANE

Tradução fonética do inglês *Diane*, o mesmo que *Diana*. Ver Diana.

Personal.: Daiane Dias, nadadora bras.

DALCE

Femininos de *Dálcio*, e este, variante de *Dalmácio*. Ver Dalmácio.

Personal.: Dalce Maria, jornalista.

Variante(s): Dálcia (*português*).

DÁLIA

Do nome de uma flor, latinizado em homenagem ao botânico sueco A.Dahl. Nomes em *Dal* e *Dale* são muito comuns na Escandinávia. O nórdico antigo *darl* e os antigos sueco e dinamarquês *dal* têm o significado de "vale". Dália traduz-se por **"do vale"**. Equivale a *Glenda*. Ver Glenda.

Personal.: Daliah Lavi, atriz.

Variante(s): Dalia (*espanhol, francês*); Dahlia (*francês, inglês, latim*); Daliah (*inglês*); Dal, Dale (*nórdico*).

DALILA

Do semítico *Delilah*, de *Di* (grande) e *lilah* (noite), sign. "a grande noite". Há muitas interpretações desse nome, a maioria incoerentes. Em hebraico *lilah* é coruja e também Lua, palavras relacionadas com a noite. Recorrendo-se à simbologia de *Sansão* ("o Sol, Apolo"), entende-se por que o herói enfraqueceu e caiu prisioneiro dos inimigos, quando seus cabelos ("raios") foram cortados por *Dalila* ("a noite"). Este nome pas-

DALILA

sou a simbolizar a influência negativa de uma mulher sobre um homem forte. Ver Laila.

Personal.: Dalila Almeida, atriz.

Variante(s): Dalila (*espanhol*); Dàlila (*italiano*); Dahlila (*inglês, latim*).

DALVA

Nome derivado de *d'alva*, contração de *da alva*, lit. "da aurora; da manhã", ligado ao latim *albus, a, um* (claro, branco, brilhante). Ver Aurora e Albino.

Personal.: Dalva de Oliveira, cantora.

DALVINA

Forma relativa do nome, sign. "de (pertencente a; da natureza de) Dalva". Ver Dalva.

Personal.: Dalvina de Paiva Teixeira, romancista.

DAMÁSIA

Feminino de *Damásio*. Ver Damásio.

DAMIANA

Feminino de *Damião*. Nome pelo qual também eram designadas as clarissas, em virtude de Santa Clara ter vivido no mosteiro de S. Damião. Ver Damião e Clarissa.

DÂNIA

Do inglês *Dania*, feminino de *Dan*, e este, hipocorístico de *Daniel*. Ver Daniela.

Variante(s): Danya (*inglês*).

DANIELA

Femininos de *Daniel*. *Daniele* tem a influência do francês *Danielle*. Nomes que no Brasil tornaram-se populares na década de 1970. Na Itália a variante *Daniele* é comum a ambos os sexos. Ver Daniel.

Personal.: Daniela Pessoa, Daniele Guerreiro, atrizes; Danielle Anke Woodward, atl. olímp. australiana.

Variante(s): Danièle (*italiano*); Danielle (*francês*); Danella, Danelle (*francês, inglês*); Daniela (*romeno, polonês*).

DANÍSIA

Forma relativa de *Dani*, diminutivo de *Daniela*, com influência do inglês *Danny*, sign. "de (pertencente a; da natureza de) Dani". Ver Daniela.

DARCI

No Brasil, nome comum a ambos os sexos. Ver Darci, na seção de nomes masculinos.

Personal.: Darcy Denófrio, Darcy Rosa. Reis, poetisas.

DARCÍLIA
Forma relativa de *Darci*, sign. "de (pertencente a; da natureza de) Darci". Ver Darci.

DARIA
Feminino de *Dario*. **Ver Dario.**
Personal.: Daria Werbowy, atriz.

DARLENE
Do anglo-saxão *Darleen*, *Darlene*, de *darling*, sign. "querida; amada".
Personal.: Darlene Glória, atriz.
Variante(s): Darla, Darleen, Darlene, Darline (*inglês*).

DÁUCIA
Feminino de *Dáucio*. **Ver Dáucio.**

DAVINA
Feminino escocês de *Davi*, nome encontrado pela primeira vez no séc. XVII. Ver Davi, Aimée, Amata e Filomena.

DAYSE
Do inglês *Daysi*, o mesmo que *Deise*. Ver Deise.

DÉBORA
Do hebraico *Debhoráh*, sign. "abelha", correlato ao siríaco *debborá* (vespa) e *debboritháe* (abelha), aramaico *dibboritháe* e árabe *zunbur*, *dabbur* (abelha), da raiz semítica *d-b-r* (zumbir, zunir), e *dibbér* (ele falou), *dabhár* (palavra). Os hebreus veem nas abelhas uma relação com a linguagem, como também símbolos de ordem e sabedoria. *Dbure* (Débora, "abelha") vem da mesma raiz *d-b-r*, traduzida também por "palavra". Por outro lado, nos templos gregos de Elêusis e Éfeso, as sacerdotisas eram denominadas "abelhas". No séc. XVII, a variante *Deborah* foi adotada pelos puritanos ingleses, tornando-se um dos nomes cristãos mais comuns. Na Irlanda, com *Abigail*, substitui o nativo *Gobnait*.
Personal.: Débora Duarte, Débora Bloch, Deborah Secco, Debra Winger, Debrah Farentino, atrizes.
Variante(s): Dévora (*português*); Débora (*espanhol*); Dèbora (*italiano*); Déborah (*francês*); Deborah, Debrah (*inglês*); Debora (*inglês, alemão*).

DEIA
Do latim *dea*, sign. "deusa". Equivale a *Diana*. Ver Diana.
Personal.: Déa Selva, atriz.
Variante(s): Dea (*português*); Dea (*espanhol, italiano*).

DEISE
Do inglês *Daisy*, e este, do inglês antigo *daeges ege*, *daeges eage*, inglês médio *daies*, lit. "olho do dia". Nome de uma flor assim denominada porque abre-se pela manhã. Na Inglaterra vitoriana era um nome familiar (apelido) de *Margaret* (Margarida). O mesmo que *Margarida*. Apesar de aparentemente dessemelhantes, *Daisy* e *Marguerite* ("pérola") têm o mesmo sentido, tendo ocorrido, por isso, a associação. Ver Margarida.
Personal.: Deise Lucidi, Dayse Braga atrizes; Daise Lacerda, poetisa; Deisy Jurdelina de Castro, atl. olímp. bras.
Variante(s): Daise Deisi, Deisy (*português*); Daisy (*inglês*).

DEJANIRA
1) Do grego *Deiáneira*, de *deís* (tocha) e *anér* (homem), sign. "a que queima os homens (maridos)". 2) No sentido figurado, *tocha* significa combate, daí o outro sentido: "a que combate contra os homens".
Personal.: Djanira da Mota e Silva (Djanira), pintora; Djanira Bertolotti, poetisa.
Variante(s): Djanira (*português*); Dejanira, Deyanira (*espanhol*); Deianira (*italiano*).

DELFINA
Feminino de *Delfim, Delfino*. Ver Delfim.
Personal.: Delfina Cunha, poetisa.
Variante(s): Dalfina (*português*); Delfína (*espanhol*); Delfina (*italiano*); Delphine (*francês*); Delphina (*latim*).

DÉLIA
Feminino de *Délio*. Ver Délio.
Personal.: Delia D'Alberti, Delia Lindsay, Delia Boccardo, atrizes.
Variante(s): Delia (*espanhol, francês*); Délia (*italiano*).

DELMA
Feminino de *Delmo*. Ver Delmo.
Personal.: Delma Silva, atriz; Delma Godoy, artista plástica.

DELMIRA
Feminino de *Delmiro*. Ver Delmiro.
Personal.: Delmira Agustini, poetisa uruguaia.

DENISE

Do francês *Denise*, e este, feminino de *Dênis*. Na Inglaterra, o nome surgiu no séc. XII, tornando-se muito popular naquele país. Foi encontrada uma variante, *Dionis*, no início do séc. XVII, provavelmente um hipocorístico de *Dionysia*. Após cair em desuso, o nome foi redivivo no séc. XVIII. Ver Dênis.

Personal.: Denise Bandeira, atriz.

Variante(s): Dinisa, Dionísia (*português*); Denisa, Denisse (*espanhol*); Denise (*francês*); Denice, Denyse, Deonycia, Dionise, Dionycia (*inglês*); Dionis (*inglês antigo*); Dionysia (*latim*).

DERCY

O mesmo que *Darci*. Ver Darci.
Personal.: Dercy Gonçalves, atriz.

DERLY

Modificação do inglês antigo *Darly*. Como *Darly*, nome no Brasil comum a ambos os sexos. Ver Darley.

DIANA

Do latim *Diana*, de *dius*, lit. "divina". No latim arcaico, a forma do nome foi *Diviana*, lit. "da natureza de Divia". *Divia* ("aquela que ilumina") é a deusa da Lua, nome correlato ao sânscrito *dyut* (brilhar, resplandecer, iluminar, irradiar) que originou *Dyu*, nome de um antigo deus ariano traduzido por "o céu pai; Espírito; dia". Curiosamente o sânscrito *Dhyanas* significa "êxtase", estado interno alcançado com a graça divina. Na Inglaterra, o nome foi encontrado no séc. XVI, caindo no gosto popular no período renascentista. Ainda hoje é muito comum na Inglaterra e nos Estados Unidos. Ver Artêmis e Dioniso.

Personal.: Diana Morell, atriz.

Variante(s): Diana (*espanhol, italiano, francês, alemão*); Diane (*francês, inglês*); Dianna, Dianne, Dyana, Dyane, Dyanna (*inglês*).

DÍLIA

Hipocorístico de *Odília*. Ver Odília.

DILMA

Nome moderno, criado com base no modelo *Delma*. Ver Delma.
Personal.: Dilma Lóes, atriz.

DILSA
Femininos de *Dílson*. Ver Dílson.
Variante(s): Dilza (*português*).

DINA
Feminino de *Dino*. Ver Dino.
Personal.: Dina Sfat, Dina Lisboa, Dina Leipzig, atrizes.

DINÁ
Do hebraico *Dinah*, sign. "juízo, julgamento". Na Inglaterra, o nome foi equivocadamente confundido com *Diana*, e tornou-se o preferido das classes trabalhadoras do final do séc. XIX.
Personal.: Dinah do Nascimento, poetisa.

DINEIA
Hipocorístico de nomes terminados em *dineia*, como *Claudineia*.

DINORÁ
Nome de étimo incerto. A origem pode estar no hebraico *Daniaran*, sign. "da floresta (da tribo) de Dan".
Personal.: Dinorá Miranda, atriz; Dinorá de Carvalho, compositora; Dinorah Pacc, poetisa.
Variante(s): Dinorah (*português*).

DIONE
O mesmo que *Dioni*. Ver Dioni.
Personal.: Dione Barreto, poetisa; Dionne Warwick, cantora americana.
Variante(s): Edione (*português*); Diòne (*italiano*); Dioné (*francês*); Diona, Dionne (*inglês*); Dione (*inglês, latim*).

DIONEIA
Cognome de Vênus, deusa grega nascida da união de Zeus e Dione. Significa "filha (descendente) de Dione". Ver Dione.

DIONI
Hipocorístico de *Dionisa*, *Dionise* e *Dionísia*, e estes, o mesmo que *Denise*. A variante *Dionis* foi encontrada em 1604, na Inglaterra. Ver Dionisa e Denise.
Variante(s): Dione (*português*).

DIONISA
Femininos de *Dioniso*. Ver Dioniso.

DIONÍSIA
Feminino de *Dionísio*. Ver Dionísio.
Personal.: Dionísia Pinto, escritora.

DIORACY
O mesmo que *Juracy*. **Ver Juracy.**

DIRCE
Do grego *Dírke*, de *dírkos*, sign. "pinha; ananás".
Personal.: Dirce Migliaccio, atriz; Dyrce Velloso, cantora lírica.
Variante(s): Dirce (*espanhol, italiano, latim*); Dircé (*francês*); Dyrce (*inglês*).

DIVA
Do latim *diva*, sign. "**deusa; divindade**". Por extensão, "**beldade; mulher formosa**". Nome que na Itália é usado como epíteto de cantoras famosas. **Ver Diana e Dione.**
Personal.: Diva Helena, atriz; Diva Cunha, Diva Goulart poetisa.

DIVANA
Forma relativa de *Diva*, sign. "**de (pertencente a; da natureza de) Diva**". **Ver Diva.**
Personal.: Divana Brandão, atriz; Divana Veloso, poetisa.

DOLORES
Do espanhol *Dolores*, de *dolores*, lit. "**dores**". O nome originariamente esteve ligado a *Maria de Dolores* (*Maria das Dores*), título atributiva da Virgem Maria.
Personal.: Dolores Del Rio, atriz; Dolores Duran, cantora; Dolores Furtado, poetisa.
Variante(s): Dolores (*espanhol*); Dolòres (*italiano*); Dolorés (*francês*); Delora, Delores, Deloris (*inglês*).

DOMÊNICA
Do latim *Dominica*, feminino de *Domênico*. Nome de origem religiosa, usado na Inglaterra apenas pelos católicos. **Ver Domênico.**
Personal.: Dominique Pennors, atriz.
Variante(s): Domingas (*português*); Domínica (*português, espanhol*); Dominga (*espanhol*); Domenica (*italiano*); Dominique (*francês*); Dominica (*inglês, latim*).

DOMINGAS
O mesmo que *Domênica*. **Ver Domênica.**

DONATA
Feminino de *Donato*. **Ver Donato.**
Variante(s): Donatila (*espanhol*).

DONATELA
Diminutivo de *Donata*. **Ver Donata.**

366   DICIONÁRIO DE NOMES

Variante(s): Donatila (*espanhol*); Donatella (*italiano*).

DORA
Nome com três étimos. 1) Do grego *dôron*, lit. "dádiva; presente". 2) Hipocorístico de nomes começados ou terminados em dora, como *Doralice*, *Teodora* etc. 3) Na Inglaterra, hipocorístico de *Doroteia*, que se tornou independente no começo do séc. XIX. Ver Dóris (2ª acepção). **Personal.**: Dora Pellegrino, atriz. **Variante(s)**: Dora (*espanhol, italiano, francês, inglês*)

DORALICE
Combinação de *Dora* e *Alice*. Apareceu pela primeira vez em "Orlando Furioso", de Ariosto, como o nome de uma filha do rei Estordilano. Ver Alice e Dora. **Personal.**: Doralice Bitencourt, atriz; Doralice de Lemos, cantora lírica.

DORENE
Do gaélico *Doirean*, através do inglês *Doreen*, e este, adaptação do inglês *Dorothy* (Doroteia). Nome que se tornou usual na Inglaterra no início do séc. XX. No antigo teatro francês, *Dorina* era nome dado às criadas intrigantes. Ver Dolores. **Personal.**: Dorina Vaccaroni, atl. olímp. italiana. **Variante(s)**: Dorine (*português*); Dorina (*italiano*); Doreen, Dorene (*inglês*); Doirean (gaélico).

DORINA
Do gaélico *Doirean*, através do inglês *Doreen*, e este, adaptação do inglês *Dorothy* (Doroteia). Nome que se tornou usual na Inglaterra no início do séc. XX. No antigo teatro francês, *Dorina* era nome dado às criadas intrigantes. Ver Dolores **Personal.**: Dorina Vaccaroni, atl. olímp. italiana.

DÓRIS
Nome com dois étimos. 1) Do grego *Dorís*, de *Dorus*, o legendário ancestral dos dorianos. Significa "a dória". Foi empregado pelos poetas latinos para designar *o mar*. 2) Em alemão é hipocorístico de *Doroteia*. Ver Dora (3ª acepção). **Personal.**: Dóris Reis, atriz. **Variante(s)**: Doris (*espanhol, francês, inglês*); Dòris (*italiano*).

DORITA
Diminutivo de *Dóris*. Ver Dóris.
Personal.: Dorita Soares, atriz.

DOROTEIA
Inversão do grego *Teodora*, e este, de *theós* (Deus) e *dôron* (presente, dádiva), sign. "presente (dádiva de Deus)". Em Portugal, apareceu em obra datada de 1157, na forma *Dorottea*. Na Inglaterra, surgiu em fins do séc. XV (1494), na forma *Dorothy*, tornando-se muito popular na segunda metade do séc. XVI, principalmente nas abreviações *Doll*, *Dolly*, *Dorat* e *Dorate*. O mesmo que *Zenodora*.
Personal.: Dorothy Malone, Dorothee Jemma, atrizes; Dorota Jokiel, atl. olímp. polonesa.
Masculino(s): Doroteo, Doroteu.
Variante(s): Dorottea (*português antigo*); Dorotea (*espanhol*); Dorotèa (*italiano*); Dorothée (*francês*); Doroteya, Dorothee, Dorothy, Dorothea (*inglês*).

DUÍNA
Nome de origem toponímica. De *Duina*, nome de um rio da Rússia calcado em *dwina* (duplo). Significa "rio de duas nascentes", referindo-se a alguém que nasceu ou morou junto a um rio com esta característica.
Masculino(s): Duíno (*português*).

DULCE
Dulce, do latim *dulcis* (doce), através do espanhol *Dulce*, na acepção de "mulher muito doce, muito amável; mulher branda, de bom gênio". Na Inglaterra, nome que na forma *Dowse* tornou-se popular durante a Idade Média. Mais tarde foi latinizado *Dulcia*.
Personal.: Dulce Almeida, atriz; Dulce Carneiro, poetisa; Dulce Cunha, ensaísta.
Variante(s): Dúlcia (*português*); Dulce (*espanhol*); Douce (*francês*); Dulcia, Dulcy (*inglês*).

DULCIANA
Forma relativa de *Dulce*, sign "de (pertencente a; da natureza de) Dulce". Ver Dulce.
Masculino(s): Dulciano.
Variante(s): Dulciana (*inglês*).

DULCINA
Forma relativa de *Dulce*, originária do francês *Doucin*, sign "de (pertencente a; da natureza de) Dulce". Ver Dulce.

368 DICIONÁRIO DE NOMES

Personal.: Dulcina Moraes, atriz.
Masculino(s): Dulcino.
Variante(s): Delcine, Dolcina, Dulcine (*inglês*).

DULCINEIA
Nome calcado em *Dulce*, criado por Cervantes para o seu Dom Quixote. Dulcineia del Toboso é uma rude camponesa transformada pelo herói na mulher ideal, em quem via todas as perfeições físicas e morais. O nome passou a ser sinônimo de "um amor ridículo".
Personal.: Dulcinéa Paraense, poetisa.
Variante(s): Dulcinea (*espanhol*).

DÚNIA
Do inglês antigo, provável adaptação de *Dunne*, sign. "marrom". Por extensão "morena".

E

ECILA
Anagrama de *Alice*. **Ver Alice.**

EDA
Nome com dois étimos. Não deve ser confundido com *Heda*. 1) Do *nórdico* antigo *Edda*, proveniente de *ódhr*. Originariamente o nome significava "bisavô", e foi dado à coleção de tradições místicas nórdicas, com uma nova acepção de "espírito; alma; canção; poesia", reunidas por Snorri Sturbson numa obra intitulada Edda. 2) Do inglês *Eda, Ede,* forma obsoleta de *Edith*. **Ver Enida e Gina** (1ª acepção).
Personal.: Eda Sagarra, escritora americana.
Variante(s): Edda (*italiano, inglês*); Eda (*inglês*).

EDÉSIA
Do latim *Edesia*, de *edax, edacis*, e este, de *edere* (comer), sign. "voraz; ávida; comilona". Entre os antigos romanos, Edésia era a deusa que presidia as refeições.

Masculino(s): Edésio.

EDILA
Nome com dois étimos. 1) Do germânico *Edila*, o mesmo que *Adélia*. 2) Feminino de *Edilo*. **Ver Adélia e Edilo** (1ª acepção).
Personal.: Edyla Mangabeira, poetisa.
Variante(s): Edyla (*português*).

ÉDINA
O mesmo que *Edna, Ednah*. Não confundir com *Edina*. **Ver Edna.**
Masculino(s): Édino.

EDINA
Feminino de *Edino*. Não confundir com *Édina*. **Ver Edino.**

EDIONE
O mesmo que *Dione*. **Ver Dione.**

EDITE
Do inglês antigo *Eadgyth*, de *ead* (riqueza, felicidade) e *gyo* (guerra), sign. "guerreira feliz". Na Inglaterra, nome que surgiu no séc. X,

370 DICIONÁRIO DE NOMES

em virtude da popularidade de santa Eadgyth (962-984), filha do rei Edgar, onde tornou-se comum durante a Idade Média, rareando nos séculos XVI, XVII e XVIII, para voltar à moda no séc. XIX. Ver Eda (2ª acepção).
Personal.: Edith Siqueira, escritora.
Variante(s): Edita (*espanhol*); Editta (*italiano*); Edith (*espanhol, italiano, francês, inglês, alemão*); Edyth (*inglês*).

EDIVINA
O mesmo que *Eduína*. Ver Eduína.

EDMAR
No Brasil, a forma *Edmar*, originalmente masculina, é comum a ambos os sexos. Ver Edmar, Edmaro na seção de nomes masculinos.
Personal.: Edmar Ferreti, cantora lírica.
Variante(s): Edmara (*português*).

EDMEIA
Do francês *Edmée*, o mesmo que *Edmunda*. Ver Edmundo.
Personal.: Edméa Coutinho, atriz.
Variante(s): Edméa (*português*); Edmea (*espanhol*); Edmèa (*italiano*); Edmée (*francês*).

EDNA
Do grego *Edná*, e este, do hebraico *ednáh*, lit. "deleite; encanto; alegria", da mesma raiz de *édhen* (deleite), *adhín* (voluptuoso), correlatos ao aramaico *adden* (ele seduziu, ele encantou, ele deleitou) e ao árabe *ghádan* (luxúria). Na Inglaterra, o primeiro registro do nome consta de 1860, com o romance Hopes and Fears, de C.M. Yonge.
Personal.: Edna St. Vincent Millay, poetisa.
Variante(s): Ádina, Adna (*português*); Edana (*espanhol, francês*); Adina (*italiano*); Adena, Adine, Edna (*inglês*).

EDINEIA
Femininos de *Ednei*. Ver Ednei.
Variante(s): Ednea, Edneia (*português*).

EDUÍGE
Do germânico *Hadwig*, alemão *Hedwig*, compostos de *hadu* e *wig*, dois termos designativos de disputa, rivalidade, luta, competição, guerra, que dão ao nome o significado de "a guerreira". Ver Edite.
Personal.: Edwige Feuilere, Edwige Navarro, atrizes.
Variante(s): Aduíges, Advige, Adviges, Eduíges, Edviges,

NOMES FEMININOS 371

Edwiges, Hedviges (*português*); Hedvige (*português, francês*); Edvige (*italiano*); Edwige, Hedwige (*francês*); Hedwig (*inglês, alemão*).

EDUÍNA
Feminino de *Eduíno*. **Ver Eduíno.**
Personal.: Edwina Ford, atriz.
Variante(s): Edivina (*português*); Edvina (*português, espanhol*); Edwina (*inglês*).

EDVIGES
O mesmo que *Eduíge*. **Ver Eduíge.**

EDVINA
O mesmo que *Eduína*. **Ver Eduína.**

EGÍDIA
Feminino de *Egídio*. *Egide* é uma variante erudita rara do masculino *Egídio* (Gille, Gilles), usada como prenome na região francesa de *Yvetot*. **Ver Egídio.**
Personal.: Egide Spinato, memorialista bras.
Variante(s): Egide (*francês*).

EGLANTINA
Do latim *aculenta*, através do francês antigo *aiglente*, sign. "**espinhosa**". "**Roseira brava**". Também nome de uma planta. As formas *Aiglante* e *Aiglentina* apareceram frequentemente nas canções de gesta. *Eglantina* foi encontrado na Inglaterra, em 1213. **Ver Sabrina.**
Personal.: Eglantina Rosa, atriz.
Variante(s): Eglantina (*espanhol, inglês antigo*); Eglantine (*francês, inglês*); Aiglante, Aiglente, Aiglentine, Aiglentina (*espanhol, italiano*); Eglentine, Eglentyne (*inglês antigo, inglês*).

ELAINE
Variante de *Helaine*, e este, o mesmo que *Helena*. É uma variante originária do francês antigo, que ocorre nas canções de gesta e na Morte d'Artur, de Malory. Foi o nome da mãe de Galahad, popularizado por Tennyson em *Idylls of the King* (1859). **Ver Helena.**
Personal.: Elaine Cristina, Elayne Boosler, atrizes; Elaina Joyce Oden, atl. olímp. americana.
Variante(s): Helaine (*português*); Elaine (*francês, inglês*); Hélain (*francês*); Elain, Elaina, Elane, Elayne, Helayne (*inglês*).

ELBA
Nome com dois étimos. 1) Do nome de uma ilha europeia, latim *Ilva*, e este, do grego *Iloua*, lit. "(**da**) **floresta**". 2) Do gaélico *Eubha*, o mesmo que *Eva*. **Ver Eva.**

372 DICIONÁRIO DE NOMES

Personalidades: Elba Ramalho, cantora; Helba Maria Antunes, poetisa.
Variante(s): Helba, Ilva (*português*); Elba (*espanhol*); Elbe (*francês, alemão*).

ELCE
Forma feminizada de *Élcio*. Ver Élcio.
Personal.: Elce Andries, poetisa.

ELDA
O mesmo que *Griselda*. Ver Griselda.

ÉLEN
Variante de *Hélen*, o mesmo que *Helena*. Nome muito comum na Irlanda, na variante *Ellen*. Na Inglaterra tornou-se comum entre as classes mais pobres do séc. XIX. Ver Helena.
Personal.: Elen Blanco, atriz; Ellen de Lima, cantora.
Variante(s): Elleen (*inglês*); Ellen (*inglês, alemão, holandês, dinamarquês*).

ELENI
Variante de *Élen*. Ver Élen.

ELENICE
O mesmo que *Helenice*. Ver Helenice.

ELEONOR
O mesmo que *Eleonora*. Ver Alienor.

ELEONORA
Do provençal *Aliénor*, variante de *Helen* (Helena). O nome teria sido introduzido na Inglaterra em 1122, através de Eleanor of Aquitaine. Ver Helena.
Personal.: Eleonora Rocha, Eleanor Parker, Elanor Boardman, atrizes; Alienor Azevedo, roteirista de cinema; Elinor Wylie, poetisa americana.
Variante(s): Alienora, Alionor, Eleanora, Elenor, Eleonor, Elianora, Leonor, Leonora (*português, espanhol*); Heleanor (*português, espanhol*); Eleonora (*português, italiano*); Aliénor, Eléonore, Léonor, Léonore (*francês*); Elanor, Eleanore (*inglês*).

ELGA
Nome com dois étimos. 1) Do escandinavo *Elga*, o mesmo que *Olga*. 2) Do inglês antigo *Ealdgar*, de *eald* (velho) e *geir, gar* (lança), sign. "velha lanceira; lanceira experiente". Ver Olga.
Personal.: Helge Thama, atriz; Helga Klein, atl. olímp. alemã.
Variante(s) da 1ª acepção: Helga (*português, inglês*); Elga (*espanhol, francês*); Helge (*inglês*).

NOMES FEMININOS 373

ELI
Nome com dois étimos. Nome comum a ambos os sexos. Ver Eli na seção de nomes masculinos.
Personal.: Eli de Camargo, cantora.

ELIANE
Do latim *Aeliana*, feminino de *Eliano*, e este, do latim Aelianu, sign. "de (pertencente a; da natureza de) Élio". Ver Élio.
Personal.: Eliane Giardini, atriz.
Masculino(s): Eliano.
Variante(s): Eliane, Eliani (*português*); Heliana (*português, espanhol*); Eliana (*espanhol, francês*); Eliàna (*italiano*); Eliane (*francês*); Elianna (*inglês*).

ÉLIDA
Do toponímico grego *Êlis*, *Êlidos*, dórico *Alis*, sign. "do baixio; do vale". Nome de residência, originário de uma região do Peloponeso junto ao Mar Jônico, cuja costa é baixa e arenosa.
Personal.: Élida L'Astorina, Élida Muniz, atrizes; Élida Astorga, figurinista.
Variante(s): Elis (*português, inglês*); Elida (*espanhol*).

ELÍDIA
Forma relativa de *Élida*, sign, "de (pertencente a; da natureza de) Élida". Ver Élida.

ELIETE
Diminutivo de *Eli*, através do francês *Eliot, Eliette, Hélyette*. Ver Eli.
Personal.: Eliete Negreiros, cantora.
Variante(s): Heliete (*português*); Elie, Éliet, Eliot (*francês*).

ELÍGIA
Feminino de *Elígio*. Ver Elígio.

ELINA
Variante de *Helina*. Ver Helina.
Personal.: Elina Gousseva, atl. olímp. da CEI.

ELIODORA
O mesmo que *Heliodora*. Ver Heliodora.

ELIS
Nome com quatro étimos. 1) Variante medieval hebraica de *Elisha* (Eliseu), que no Brasil tornou-se feminino. 2) Do inglês *Ellis, Elys, Helys*, variante de *Elias*, adotada como feminino no Brasil. 3) De *Aelis, Alys, Elis*, anti-

374 DICIONÁRIO DE NOMES

ga corruptela inglesa de *Alice*. 4) Do inglês *Elis*, o mesmo que *Élida*. Ver Eliseu, Elias, Alice e Élida.

Personal.: Elis Regina, cantora.

Variante(s) da 2ª acepção: Ellis, Elys, Helys (*inglês*).

Variante(s) da 3ª acepção: Aelis, Alys, Elis (*inglês antigo*).

ELISA
Hipocorístico de *Elisabete*. Nome pelo qual algumas vezes era denominada Dido, principalmente em Virgílio. Ver Elisabete.

Personal.: Elisa Lisboa, Elisha Cook Jr, Elyse Knox, atrizes; Eliza Barreto, escritora.

Variante(s): Eliza (*português, inglês, polonês*); Elisa (*espanhol, italiano, francês, inglês*); Élise (*francês*); Elise, Elisha, Elissa, Elyse, Elyze (*inglês*).

ELISABETE
Do hebraico *Elishebha*, através do latim *Elisabeth*, sign. "Deus é juramento". Na Inglaterra, o nome foi encontrado na forma *Elizabeth*, por volta do séc. XIII, mas tornou-se popular somente no final do séc. XV.

Personal.: Elizabeth Savala, Elisabeth Hartmann, Elzbieta Karakoszka, atrizes; Elisabeta

Guzganu, atl. olímp. romena.

Variante(s): Elisa, Elisabeth, Elisete, Eliseth, Elizete, Elizeth, Elsa, Élsia, Elza, Élzia, Elzira, Ilsa, Ilza, Isabel, Lisbete, Lisete, Lizete, Lísia (*português*); Elisabeth (*espanhol, inglês, alemão*); Elisabetta (*italiano*); Elizabeth, Lisa, Liza (*inglês*).

ELISEIA
Feminino de *Eliseu*. Ver Eliseu.

ELISETE
Diminutivo de *Elisabete*. Ver Elisabete.

Personal.: Elisete Soares, Elizete Buriti, poetisas; Elizeth Cardoso, cantora.

ELÍSIA
Feminino de *Elísio*. Ver Elísio.

ELIZA
O mesmo que *Elisa*. Ver Elisa.

ELMA
Nome com três étimos. 1) Do italiano *Elma*, hipocorístico de *Guglielma* (Guilhermina). 2) Feminino de *Elmo*. Ver Guilhermino e Elmo (1ª e 2ª acepções).

Personal.: Elma Nascimento, poetisa.

ELMIRA
O mesmo que *Almira*. Ver Almira.

ELOÁ
Do hebraico *Eloah* (plural: *Elohim*), lit. "Deus", correlato ao aramaico *Eláh*, *Elahá*, siríaco *Allahá*, árabe *Iláh*, *Alláhu*. Originariamente masculino, no Brasil tornou-se feminino em virtude da terminação característica em *a*.
Personal.: Eloá Dias, atriz.

ELOÍNA
Do germânico *Hailwin*, com dúvidas quanto ao primeiro elemento. O segundo é *win* (amigo). 1) De *hail* (salvamento, salvador) e *win*, sign. "amiga salvadora". 2) Ou *hel* (abrigo, proteção) e *win*, sign. "amiga protetora". Os elementos *hail* e *hel* originam-se de uma mesma raiz, daí os significados semelhantes.
Variante(s): Heloína (*português*); Héloin (*francês*).

ELOÍSA
O mesmo que *Heloísa*. Ver Heloísa.

ELSA
Diminutivo de *Elisabete*. Ver Elisabete.

Personal.: Elza Gomes, atriz.
Masculino(s): Elso, Élsio.
Variante(s): Élsia, Elza, Elzi, Élzia (*português*); Elsie (*escocês*); Ilse (*alemão*); Else (*alemão, nórdico*).

ELSI
Do finlandês *Elsi*, o mesmo que *Elsa*. Ver Elsa.

ÉLSIA
O mesmo que *Elsa*. Ver Elsa.

ELVA
Do inglês *Elva*, variante de *Alfreda*. Ver Alfredo.
Masculino(s): Elvo.
Variante(s): Helva (*português*); Elva (*inglês*).

ÉLVIA
O mesmo que *Hélvia*. Ver Hélvia.

ELVINA
Nome com dois étimos. 1) Diminutivo de *Élvia*. 2) Do *germânico*, de *elf* (gênio, elfos) e *win* (amiga), sign. "amiga dos gênios (elfos)".
Masculino(s): Elvino.

ELVIRA
Do germânico *Gailvira*. Em Portugal o nome foi encontrado em

376 DICIONÁRIO DE NOMES

documentos datados de meados do séc. XI, nas formas *Ielvira*, *Galvira*, *Gilvira*, *Giloira*. Outras variantes encontradas são *Geluira*, *Iheluira* e *Eluira*. Tudo indica que os elementos são *gair*, *ger* (lança) e *vira* (amante), sign. "amante da lança".
Personal.: Elvira Camile, atriz; Elvira de Menezes Góes, poetisa bras.
Masculino(s): Elviro.
Variante(s): Elvira (*espanhol, italiano, francês, inglês*); Elvire (*francês*).

ELZA
O mesmo que *Elsa*. Ver Elsa.

ELZI
O mesmo que *Elsa*. Ver Elsa.

ELZIRA
Variante de *Alzira*, e este, feminino de *Alziro*. Ver Alziro.
Personal.: Elzira Cozzolino, cantora.

EMA
Do germânico *Emma*, *Imma*, hipocorístico de nomes começados por *Irmin*, *Yrmin*, como *Yrmingarda* (Hermengarda). Nome antigo muito popular entre os normandos, surgiu na Inglaterra em 1002. As variantes *Em*, *Emm* aparecem naquele país somente no séc. XVIII, quando o nome, após longo esquecimento, foi redivivo no poema de Prior intitulado "Henry and Emma".
Personal.: Ema D'Ávila, Emma Thompson, atrizes.
Variante(s): Ema (*espanhol*); Emma (*italiano, francês, inglês*); Em, Emm (*inglês*).

EMANUELA
Feminino de *Emanuel*. Ver Emanuel.
Personal.: Emmanuelle Moritz, atriz.
Variante(s): Emanuela (*espanhol, italiano, inglês*); Emanuele (*italiano*); Emmanuelle (*francês*); Emanuella (*inglês*).

EMI
Hipocorístico de nomes como *Emília*, *Emiliana*. Ver estes nomes.
Personal.: Emi Bulhões, romancista.

EMÍLIA
Feminino de *Emílio*. Em Portugal, a variante *Emília* foi encontrada no séc. XIII. Na Inglaterra o nome tornou-se popular no séc. XIX, na forma *Emily*, e foi

erroneamente confundido com *Amélia*. Ver Emílio e Amélia.
Personal.: Emília Rey, atriz; Emília Savana Borba (Emilinha Borba), cantora; Emily Dickinson, poetisa americana.
Variante(s): Emilia (*espanhol, italiano, alemão*); Emilie (*francês, alemão*); Emily (*inglês*).

EMILIANA
Forma relativa de *Emília*, sign. "de (pertencente a; da natureza de) Emílio". Ver Emília.
Personal.: Emiliana Amaral, poetisa bras.
Masculino(s): Emiliano.

ENA
Do romeno *Ena*, variante de *Helena*. Ver Helena.
Masculino(s).: Eno

ENEDINA
Do grego *Enedyno*, calcado em *edùs*, sign. "a que é complacente".
Variante(s): Hénedine (*francês*).

ENEIDA
Do grego *Aineís*, através do latim *Aeneida*, sign. "filha (descendente) de Eneias". Ver Eneas.
Personal.: Eneida Costa, atriz.
Variante(s): Eneide (*português*); Eneida (*espanhol*); Enéide (*francês*); Aneide (*alemão*).

ENI
Do finlandês *Henni*, diminutivo de *Ana*. Ver Ana.
Personal.: Eni da Rocha, pianista.
Variante(s): Eny, Henny (*francês*); Henni (*finlandês*).

ÊNIA
Feminino de *Ênio*. Ver Ênio.
Variante(s): Enya (*inglês*).

ENIDA
Do celta *Enit*, sign. "espírito; pureza". Nas velhas lendas arturianas, Enid foi a esposa de Geraint. O nome tornou-se conhecido na Inglaterra, após a publicação de *Idylls of the King*, de Tennyson, em 1859. Ver Eda e Gina (1ª acepção).
Personal.: Enide Braga, atriz.
Variante(s): Enide (*francês*); Enid (*inglês*); Enit (celta); Enith (*holandês*).

ENIS
Anagrama de *Inês*, criado pelo escritor Bernadim Ribeiro.
Variante(s): Eniz (*português*).

ERAILDA
O mesmo que *Irailda*. Ver Irailda.

ERCÍLIA
O mesmo que *Hersília*. Ver Hersília.

ÉRICA
Feminino de *Érico*. Nome que na Inglaterra surgiu no séc. XIX, na forma *Erica*, com a popularidade do romance *We Two*, de Edna Lyall, provavelmente por influência do sueco *Erika*. Ver Érico.
Personal.: Érika Mader, atriz.
Variante(s): Erica (*italiano, francês, inglês*); Erika (*sueco*).

ERLI
Nome de residência originado do inglês. De um toponímico *Erly*, nas variações *Earley, Earnley, Erlea*, inglês moderno *Earley, Early, Erley, Erly*, sign. "da floresta da águia".

ERMÍNIA
O mesmo que *Hermínia*. Ver Hermínia.

ERONIDES
Do grego *Eros*, mais a partícula *ides*, que denota descendência, sign. "filha (descendente) de Eros". Entre os antigos gregos, Eros foi o deus do Amor.
Personal.: Eronides Carvalho, atriz.

ERSÍLIA
O mesmo que *Hersília*. Ver Hersília.

ESMERALDA
Do grego *smaragdos*, e este, do semita *barraqtu*, através do latim *smaragdus*, lit. "clarão; raio; relâmpago", sentido original de esmeralda, pedra preciosa de grande valor. O nome tornou-se popular com o romance *O Corcunda de Notre-Dame*, de Victor Hugo. Ver "esmeralda" na seção Simbologia.
Personal.: Esmeralda Barros, atriz.
Variante(s): Esmeralda (*espanhol, italiano, inglês*); Smeralda (*italiano*); Esmérald (*francês*); Emerald (*inglês*).

ESPERANÇA
Do grego *Elpís*, através do latim *Spes*, de *spes, spei*, lit. "esperança". Tem o mesmo significado de *Elpídio*. Ver Elpídio.
Variante(s): Esperanza (*espanhol*); Speranza (*italiano*); Espérance (*francês*); Hope (*inglês*); Nadéjda, Nadézdha (*russo*).

ESTEFÂNIA
Do latim *Sthephania*, feminino de *Estefânio*. Ver Estefânio.
Personal.: Stefania Casini, atriz.
Variante(s): Estephânia (*português*); Estefanía (*espanhol*); Stefânia (*italiano*); Esteva, Etienne, Sthéphanie (*francês*); Stefanie (*francês, inglês*); Stephania (*inglês*).

ESTELA

Do latim *stella*, lit. "estrela", correlato ao grego *astér*, inglês antigo *steorra*. O mesmo que *Ester*. Ver Ester.

Personal.: Estela Rodrigues, escritora; Stella Meira, poetisa; Estelle Getty, atriz; Estella Agsteribbe, atl. olímp. holandesa.

Variante(s): Ester, Estella, Stela (*português*); Estela (*espanhol*); Stella (*italiano, francês, inglês, alemão, nórdico*); Estella (*italiano, francês, inglês*); Estelle (*francês*); Sitaara (*árabe*).

ESTELITA

Diminutivo de *Ester*. Ver Ester.
Personal.: Estelita Bell, atriz.

ESTER

Do hebraico *Esther*, correlato ao persa *Stara*, caldeu *Ishtar* (deusa da beleza, identificada com Vênus), hitita *Shittar*, ugárico *strt*, latim *Stella*, lit. "estrela". Da mesma raiz originou-se Ashtoret, a Astarteia grega. O mesmo que *Estela*, provém da raiz indoeuropeia *astero*. Alguns autores traduzem equivocadamente o nome por "mirto", termo originário do hebraico *Hudasah*, *Hadassah*. Ocorre que *Hadassah* foi o nome verdadeiro da rainha hebreia casada com Assuero, rei da Pérsia, depois mudado para *Ester* – talvez devido à sua grande beleza – conservando, porém, cada nome, seu significado próprio. Ver Estela.

Personal.: Ester Góes, atriz.

Variante(s): Estela, Hester (*português*); Ester (*espanhol, italiano*); Esther (*francês, inglês*); Hesther (*inglês, alemão,*); Stara (*persa*); Ishtar (*caldeu*).

ETEL

Nome com dois étimos. Foi muito comum na Inglaterra do séc. XIX, na forma *Ethel*, em virtude da popularidade das novelas *The Newcomes* (1853), de Thackeray, e *The Daisy Chain*, de C.M. Yonge. 1) Hipocorístico de nomes começados em *Etel*, como *Etelvina*, *Etelfreda* etc. 2) Do inglês antigo *aethel*, lit. "nobre".

Personal.: Ethel Pacheco, poetisa.

Variante(s): Ethelle (*francês*); Ethel (*inglês*).

ETELVINA

Feminino de *Etelvino*. Ver Etelvino.

EUCARIS

Do grego *Eúcharis*, através do latim *Eucharis*, sign. "aquela que é

muito graciosa". Da mesma raiz originou-se a palavra *eucaristia*.
Personal.: Eucaris Moraes, atriz.

EUCLEIA
Do grego *Eukleía*, de *eu* (bem, muito) e *kleíos* (celebrada), sign. "a muito celebrada (gloriosa); a muito ilustre". Foi sobrenome de Artêmis (em Tebas e Corinto), cidades onde era celebrada a *Eucleia*, festa em honra da deusa.
Variante(s): Euclea (*português*); Euclea (*inglês, latim*).

EUDÓCIA
O mesmo que *Eudóxia*. Ver Eudóxia.

EUDORA
Do grego *eúdoros*, sign. "generosa, liberal".
Personal.: Eudora Welty, escritora americana.
Variante(s): Eudora (*italiano*); Eudore (*francês*).

EUDÓXIA
Feminino de *Eudóxio*. Ver Eudóxio.
Personal.: Eudóxia de Barros, pianista; Eudózia Acuña, atriz.
Variante(s): Eudócia, Eudócima, Eudóquia, Eudoxa, Eudózia (*português*).

EUFRÁSIA
Do grego *Euphrasía*, de *euphrasía* (alegria), através do latim *Euphrasia*, sign. "a alegre".
Personal.: Euphrasia Donnelly, atl. olímp. americana.
Masculino(s): Eufrásio.
Variante(s): Eufrasia (*espanhol*); Eufràsia (*italiano*); Euphrasie (*francês*); Euphrasia (*inglês*).

EUFROSINA
Do grego *Euphrosyne*, através do latim *Euphrosyna*, sign. "alegre; jovial". "Alegria da alma".
Personal.: Eufrosina Miranda, poetisa.
Masculino(s): Eufrosino.
Variante(s): Eufrosina (*espanhol, italiano*); Euphrosine (*francês*); Euphrosyne (*francês, inglês, latim*); Euphrosyna (*latim*).

EUGÊNIA
Feminino de *Eugênio*. Em Portugal, o nome foi encontrado em documentos datados de 1792. Na Inglaterra, ocorreu pela primeira vez no séc. XII, na forma *Eugenia*. Ver Eugênio.
Personal.: Eugênia Levy, atriz; Eugenie Sokolova, bailarina russa.
Variante(s): Eugenia (*espanhol, italiano, inglês, romeno, holandês,*

NOMES FEMININOS 381

belga, latim); Eugénie (*francês, inglês*); Eugenie (*inglês*).

EULÁLIA

Do grego *Eulalia*, de *eúlalos*, através do latim *Eulalia*, sign. "a que fala muito". Foi um epíteto do deus Apolo. É um nome muito comum na França, Espanha e Inglaterra.

Personal.: Eulália Sampaio, escritora; Eulália Vidal, escultora.
Masculino(s): Eulálio.
Variante(s): Eulalia (*espanhol, italiano, inglês*); Eulalie (*francês, inglês*).

EULINA

Do grego, derivado de *aióllo*, (agitar, fazer girar), sign. "a que agita". Da mesma raiz originou-se Éolo, deus grego dos ventos e tempestades.

Personal.: Eulina Rosa, atriz.
Masculino(s): Eulino.
Variante(s): Eolina (*português*).

EUNICE

Do grego *Euneike*, de *eu* (bem, muito) e *níke* (vitória), sign. "a que alcança muitas vitórias". Na Inglaterra, surgiu no séc. XVII, tornando-se um dos nomes bíblicos favoritos, por influência da mãe de Timóteo (Atos XVI).

Unice e *Younice* são traduções fonéticas inglesas do nome.

Personal.: Eunice Mendes, atriz.
Masculino(s): Eunício.
Variante(s): Ionice (*português*); Eunice (*espanhol, italiano, inglês*); Unice (*inglês antigo*).

EURÍDICE

Do grego *Eurydíke*, de *eurys* (muito, largo) e *díke* (justiça), através do latim *Eurydice*, sign. "a muito justa".

Personal.: Eurydice Natal e Silva, poetisa.
Variante(s): Eurídice (*espanhol*); Euridìce (*italiano*); Eurydice (*francês, inglês*).

EVA

Do hebraico *Hawwá, Havah*, sign. "a vivente", da raiz *hawá* (ele viveu), correlata ao aramaico siríaco *hayá*, árabe *nayyá* (ele viveu) e ugárico *hwy, hyy* (viver). Na Inglaterra, o nome apareceu no fim do séc. XII, na forma *Eve*; na Irlanda e na Escócia é usado para substituir os gaélicos *Aoiffe* e *Eubha*.

Personal.: Eva Tudor, atriz.
Variante(s): Eva (*espanhol, italiano, francês, alemão, holandês, nórdico, russo*); Heva (*espanhol*); Eve (*francês, inglês*); Ava (*inglês*).

EVANGELINA
Forma relativa de *Evângela*, sign. "de (pertencente a; da natureza de) Evângela". Ver Evângelo.
Personal.: Evangelina Cavalcanti, poetisa.
Variante(s): Evangelina (*espanhol, italiano*); Evangéline (*francês*); Vangeline (*inglês*).

EVÉLIA
O mesmo que *Evelyn*. Ver Evelyn.

EVELYN
Gentílico originado do alemão *Avelina*, através do inglês *Evelyn*. Segundo Virgílio, o nome deriva da cidade de Abella, na Campânia, rica em maçãs. Do nome da cidade surgiu a designação indo-europeia da maçã (*Apfel* em alemão, *apple* em inglês, *aball* em irlandês antigo), que ganhou nas línguas românicas a acepção de "avelã", em razão da existência de um outro fruto cultivado na região, denominado em latim *nux abellana* (noz de Abella), *avelana* em francês, e *avellana* em italiano antigo. O gentílico *Avelina* surgiu na Alemanha, sendo introduzido na Inglaterra pelos normandos, onde surgiram os sobrenomes *Aveline, Eevelyn, Eveline. Evelyn* tornou-se prenome (atualmente naquele país é comum a ambos os sexos), muitas vezes confundido com *Eveleen*, diminutivo de *Eva*.
Personal.: Evelyn Rios, Evelyne Bouix, atrizes; Avelina de Almeida, poetisa; Evelina Gramani, escritora.
Variante(s): Evélia, Évelin, Evelina (*português*); Avelina (*português, espanhol, inglês, germânico*); Evelina (*português, espanhol, nórdico*); Eveline, Evelyne (*francês, inglês*); Ailene, Eveleen, Evelyn (*inglês*).

EVINA
Forma relativa de *Eva*, sign. "de (pertencente a; da natureza de) Eva". Ver Eva.

EVITA
Do espanhol, diminutivo de *Eva*. Ver Eva.

F

FÁBIA
Feminino de *Fábio*. **Ver Fábio.**

FABIANA
Forma relativa de *Fábia*, sign. "**de (pertencente a; da natureza de) Fábia**". **Ver Fábia.**
Personal.: Fabiana Karla, atriz; Fabiana Guimarães Rocha, romancista.
Variante(s): Fabienne (*francês*).

FABÍOLA
Diminutivo de *Fábia*. **Ver Fábia.**
Personal.: Fabíola Fracarolli, atriz.
Masculino(s): Fabíolo.
Variante(s): Fabiola (*espanhol*); Fabìola (*italiano*).

FABRÍCIA
Feminino de *Fabrício*. **Ver Fabrício.**

FABRICIANA
Forma relativa de *Fabrícia*, sign. "de (pertencente a; da natureza de) Fabrícia". **Ver Fabrícia.**

FANI
Do inglês antigo *Franny*, inglês moderno *Fanny*, hipocorístico de *Stefanie* (Estefânia) e *Francis* (Francisca), nomes encontrados na Inglaterra do séc. XIII. **Ver Estefânia e Francisca.**
Personal.: Fanny Luiza Dupré, poetisa bras.; Fany Solter, pianista bras.; Fanny Elssler, dançarina austríaca.
Variante(s): Fanny (*italiano, inglês*); Fannie (*francês, inglês*); Fanya (*inglês*).

FÁTIMA
Nome que apresenta um sentido vulgar e, outro, místico. Do persa *Fatimat*, *Fatima*, árabe *Faatima*, sign. "**mulher que desmama seus filhos**". Foi o nome que Maomé deu a uma de suas filhas – Fátima, a filha do Profeta, a "mulher perfeita, física, moral e intelectualmente" –, e tem um sentido místico profundo. Da mesma raiz originaram-se *fath* (graça divina descida sobre os que estão

384 DICIONÁRIO DE NOMES

adiantados no conhecimento sagrado; vitória; conquista) e *fattah* (conquistador; aquele que abre; um dos nomes de Deus). O sentido místico do nome, é "mulher que realizou seus filhos no caminho do conhecimento divino (da Iniciação, da imortalidade)".
Personal.: Fátima Freire, atriz.
Variante(s): Fátima (*espanhol*); Fàtima, Fatma (*italiano*); Fatima (*árabe*).

FAUSTA
Feminino de *Fausto*. Ver Fausto.

FAUSTINA
Forma relativa de *Fausta*, sign. "de (pertencente a; da natureza de) Fausta". Ver Fausta.

FELÍCIA
Feminino de *Felício*. Na Inglaterra, o masculino *Felicius* foi encontrado no séc. XII. Na segunda metade do séc. XVI surgiu o feminino *Phelis* e, mais tarde, *Phyllis* e *Felice*. No séc. XVIII era usado ocasionalmente naquele país, na forma *Felicia*. Ver Felício.
Personal.: Felícia Agnelo, atriz; Felícia Leirner, escultora bras.
Variante(s): Felisa (*português*); Felicia (*espanhol, francês, inglês*);

Felice (*italiano, inglês*); Félicie, Félise (*francês*); Felisse (*inglês*).

FELICIANA
Forma relativa de *Felícia*, sign. "de (pertencente a; da natureza de) Felício". Ver Felícia.
Variante(s): Feliciana (*espanhol*); Félicienne (*francês*).

FERNANDA
Feminino de *Fernando*. Nome que nas décadas de 1970 e 1980 tornou-se muito popular no Brasil. Ver Fernando.
Personal.: Fernanda Montenegro, Fernanda Torres, atrizes; Fernanda Canaud, pianista.
Variante(s): Ferdinanda (*português, italiano*); Fernanda (*espanhol, italiano*); Fernande (*francês*).

FILOMENA
Do grego *Philoméne*, particípio presente do verbo *philoúmai* (ser amado), sign. "eu sou amada". Na Inglaterra, nome ocasionalmente encontrado durante a Idade Média. Equivale a *Aimée*, *Amata* e *Davina*. Ver Aimée, Amata e Davina.
Personal.: Filomena Modesto, poetisa.
Variante(s): Filomena (*espanhol, polonês*); Filomèna (*italiano*);

Philoména, Philomène (*francês*); Philomena (*inglês, alemão*).

FLÁVIA
Feminino de *Flávio*. Flavia foi uma *gens* romana de onde saíram alguns homens notáveis, como Constantino, o Grande, e Teodósio. Nome que se tornou popular no Brasil, nos anos 1970 e 1980. Ver Flávio.
Personal.: Flávia Alessandra, Flávia Galvão, Flávia Guimarães, Flávia Oliveira, atrizes; Flávia Savary, poetisa.
Variante(s): Flavia (*espanhol, italiano, inglês*); Flavie (*francês*).

FLAVIANA
Forma relativa de *Flávia*, sign. "de (pertencente a; da natureza de) Flávia". Ver Flávia.

FLAVÍNIA
Forma relativa de *Flávia*, sign. "de (pertencente a; da natureza de) Flávia". Ver Flávia.
Masculino(s): Flavínio.

FLORA
Do latim *Flora*, nome calcado em *flor, floris*, sign. "florida". Nome adotado na França durante o período renascentista, foi levado para a Escócia, onde é comum até hoje. Não confundir com *Flória*. Ver Flória.
Personal.: Flora Fabri, atriz; Flora Romana, poetisa.
Masculino(s): Floro.
Variante(s): Flóris (*português*); Flora (*espanhol, inglês, latim*); Fiora (*italiano*); Floris (*francês, inglês*); Floire, Flore (*francês*); Florys, Flower (*inglês*).

FLORENÇA
Feminino de *Florêncio*, derivado do latim *Florentia*. Na Inglaterra, nome comum a ambos os sexos. Na Idade Média, a variante *Florence* caiu em desuso naquele país, ganhando novo impulso no séc. XVIII, graças à fama de Florence Nightingale, fundadora do corpo de enfermeiras militares inglesas. Ver Florêncio.
Personal.: Florence Arliss, atriz.
Variante(s): Florência (*português*); Florencia (*espanhol*); Fiorenza (*italiano*); Florance, Florence (*francês, inglês*); Fleurance (*francês*).

FLORENTINA
Feminino de *Florentino*. Ver Florentino.
Personal.: Florentina Quintas, educadora.

386 DICIONÁRIO DE NOMES

Variante(s): Florentina (*espanhol, holandês, belga*); Florentine (*francês*); Florentyntje (*belga*).

FLÓRIA
Forma relativa de *Flora*, sign. "de (pertencente a; da natureza de) Flora". O mesmo que *Florina*. Ver Flora.
Variante(s): Floria (*italiano, latim*).

FLORINA
Forma relativa de *Flora*, sign. "de (pertencente a; da natureza de) Flora", calcada no inglês *Floryn*. O mesmo que *Flória*. Ver Flora.
Variante(s): Florinda (*português*); Floryn (*inglês*).

FLORINDA
Nome com três étimos. 1) O mesmo que *Florina*, com substituição do sufixo *ina* por *inda*. 2) Aglutinação da forma arcaica *frol linda*, sign. "flor linda". 3) Do gerúndio *florinda*, sign. "que começa a florescer". Ver Florina.
Personal.: Florinda Grandino de Oliveira (Linda Batista), cantora.
Variante(s): Florine, Frolaine (*francês*).

FRANCETE
Do francês *Francette*, diminutivo de *Francisca*. Ver Francisca.

Personal.: Francete Olivier, atriz.
Variante(s): Francette (*francês*).

FRANCINA
Do nórdico *Francina*, francês *Francine*, formas diminutivas de *Francisca*. Ver Francisca.
Personal.: Francine Berge, atriz; Francine Fox, atl. olímp. americana.
Masculino(s): Francino.
Variante(s): Francine (*francês*); Francyn (*inglês*); Francina (*holandês, dinamarquês*).

FRANCINETE
Diminutivo de *Francina*, *Francine*. Ver Francina.

FRANCISCA
Feminino de *Francisco*. O mais antigo registro inglês do nome data de 1288, na forma italiana *Francesca*. O francês *Françoise* apareceu naquele país à mesma época, e *Frances*, no final do séc. XV, tornando-se um dos nomes favoritos da aristocracia inglesa durante o período elizabetano. *Chica* e *Chiquinha* são hipocorísticos do nome. Ver Francisco.
Personal.: Francisca Queiroz, atriz.
Variante(s): Francisca (*espanhol, holandês, belga*); Francesca (*italia-*

no); Françoise (*francês*); Frances, Francis (*inglês*).

FREDERICA
Feminino de *Frederico*. Ver Frederico.
Personalidades: Fritzi Schwingl, atl. olímp. austríaca; Fritze Carstensen, atl. olímp. dinamarquesa.

FRIDA
Nome com dois étimos. Não confundir com *Freda*, hipocorístico do inglês *Winifred*. 1) Do germânico *Fridu* (paz), sign. "a pacífica". 2) Do escandinavo *Frida*, diminutivo de *Frederica*. Ver Frederica.
Personal.: Frida Spiegler, Frieda Inescort, Frieda Dowie, atrizes.
Variante da 1ª acepção: Frida (*italiano, francês*).
Variantes da 2ª acepção: Frieda, Friede (*inglês*); Frida (*nórdico*).

FÚLVIA
Feminino de *Fúlvio*. Nome de uma *gens* romana de onde saiu um grande número de cônsules. Ver Fúlvio.
Personal.: Fúlvia Lopes, poetisa.

G

GABRIELA
Feminino de *Gabriel*. Na Inglaterra, durante a Idade Média, a variante *Gabrielle* tornou-se comum a ambos os sexos. Ver Gabriel.
Personal.: Gabriela Duarte, atriz.
Variante(s): Gabriela (*espanhol, francês*); Gabriella (*italiano*); Gabrielle (*francês, inglês, alemão*).

GARDÊNIA
Do latim científico *gardenia*, e este, do inglês *garden*, sign. "jardim". *Gardenia* foi um termo criado por Lineu, em homenagem a Alexander Garden, naturalista escocês do séc. XVIII.
Personal.: Gardênia Garcia, Gessy de Paula, poetisas.

GECI
Do escocês *Jessie*, *Jessy*, diminutivo de *Janet* (Janete). O registro mais antigo do nome encontra-se na novela inglesa *Jessy: or the Bridal*, de Robert Tannahill, publicada em 1770. Ver Janete.
Personal.: Gessy Fonseca, atriz.
Variante(s): Gessi, Gecy (*português*); Gessy (*inglês*); Jessie, Jessy (*escocês*).

GEÍSA
Do germânico *geisel*, sign. "refém; garantia; penhor". Nome raro no Brasil.
Personal.: Geysa Bôscoli, escritora.
Variante(s): Geisa, Geiza, Geysa, Geyza (*português*).

GENI
Nome com três étimos, no Brasil encontrado principalmente entre as classes mais humildes. Do inglês. 1) De *Genie*, diminutivo de *Eugénie* (Eugênia). 2) De *Genie*, diminutivo de *Genevieve* Genoveva. 3) De *Jenny*, diminutivo de *Jane* (*Joana*). Ver Eugênia, Genoveva e Joana.
Personal.: Genny Nassif, poetisa bras.

Variante(s): Jeni (*português*); Genie, Jenny (*inglês*).

GENOVEVA
Do céltico *Gwenhwyvar*, através do francês *Geneviève*, sign. "espírito branco; onda branca". Foi o nome da mulher do legendário Rei Artur, da Távola Redonda. Em Portugal, surgiu em documentos datados do séc. XV – quando na Inglaterra tornou-se nome cristão na forma *Gwenhevare* – e primeira metade do séc. XVI, na forma *Ginevra*. É um nome muito comum na França e, hoje em dia, na Inglaterra, nas variantes *Jenifer*, *Jennifer*.
Personal.: Genevieve Grad, Genevieve Page, Genevieve Bujold, atrizes.
Variante(s): Genoveva (*espanhol*); Genoveffa (*italiano*); Geneviève, Ginévra (*francês*); Guinevere, Jenifer, Jennifer (*inglês*).

GEORGETE
Diminutivo de *Geórgia*, calcado no inglês *Georgette*. **Ver Geórgia.**
Personal.: Georgete Vilas, atriz.
Variante(s): Georgeta (*português*); Georgett, Georgette (*inglês*).

GEÓRGIA
Feminino de *George* (Jorge), calcado no inglês *Georgia*. **Ver Jorge.**
Personal.: Geórgia Gomide, atriz.
Variante(s): Georgia (*espanhol, francês*); Giorgia (*italiano*); Georgia, Georgie, Georgy, Georja (*inglês*).

GEORGIANA
Nome com dois étimos. 1) Do inglês *Georgiana* (depois *Georgina*), nome que surgiu surgiu na Inglaterra com *Georgia Anna*, filha de Anna da Dinamarca, no séc. XVIII. 2) Forma relativa de *Geórgia*, sign. "de (pertencente a; da natureza de) Geórgia". **Ver Ana e Geórgia.**
Personal.: Georgiana Góes, atriz.
Variante(s): Georgina (*espanhol, alemão, nórdico*); Georgiane, Georgienne (*francês*); Georgine (*francês, inglês*); Georgene, Georgianna (*inglês*).

GEORGINA
Do inglês *Georgina*, o mesmo que *Georgiana*. **Ver Georgiana.**
Personal.: Georgina Marchiani, atriz.

GEOVANA
O mesmo que *Joana*. Ver Joana.

GERALDA
Feminino de *Geraldo*. Ver Geraldo.
Variante(s): Giralda (*italiano*).

GERALDINA
Forma relativa de *Geralda*, sign. "de (pertencente a; da natureza de) Geralda". Ver Geralda.
Personal.: Geraldina Steves, Geraldine Chaplin, Geraldine Page, atrizes.
Variante(s): Geraldina (*espanhol, italiano, inglês*); Géraldine (*francês*), Geraldine, Geraldynne (*inglês*).

GERDA
Nome com dois étimos. 1) Do alemão hipocorístico de *Gertrudes*. 2) Do antigo nórdico, sign. "a protetora", nome de uma deusa escandinava, esposa de Freyer. Ver Gertrudes.
Personal.: Gerda Queiroz, poetisa.

GERMANA
Feminino de *Germano*. Ver Germano.
Personal.: Germana Delamare, atriz.

Variante(s): Germana (*espanhol, italiano, francês*); Germane (*francês*); Germain (*francês, inglês*); Germaine (*francês, inglês, alemão*).

GERTRUDES
Do germânico *Geredrudis, Geretrudis*. O primeiro elemento do nome é *ger* (lança). O segundo pode ser 1) *trut, drut* (querida, amada), o que lhe dá o significado "aquela que ama a lança; aquela que é íntima da lança", ou 2) *drudi* (força), neste caso, sign. "forte no manejo da lança".
Personal.: Gertrudes Morg, atl. olímp. bras.; Gertruida Bosboon, romancista neozelandesa; Gertrude Stein, poetisa americana.
Variante(s): Gertrudis (*espanhol*); Gertrude (*espanhol, italiano, francês, inglês, alemão*); Geltrudes (*italiano*).

GERUSA
Do grego *géron, gérontos*, sign. "velha; antiga". Não confundir com *Jerusa*. Ver Gerôncio e Jerusa.

NOMES FEMININOS 391

GILDA
Nome com três étimos. 1) Do inglês antigo *gyldar*, sign. "coberta de ouro". 2) Hipocorístico de nomes começados por *Gild*, como *Gildásia*. 3) Feminino de *Gildo*. Ver Gildo (1ª acepção).
Personal.: Gilda de Abreu, cantora.

GILENA
O mesmo que *Gislaine*. **Ver** Gislaine.

GILIANA
De uma variante popular inglesa de *Gillian* (Juliana), nome muito comum na Inglaterra medieval, principalmente nos diminutivos *Gill*, *Jill*, *Gillot*. Após cair em desuso, voltou à moda no séc. XX. *Giliana* originou-se da variante francesa *Giliane*.
Personal.: Gillian Borge, atriz.
Variante(s): Juliana (*português*); Giliane (*francês*); Gillian (*inglês*).

GILMA
Feminino de *Gilmar*. **Ver Gilmar.**
Personal.: Gilma Coelho, atriz.
Variante(s): Gilmara (*português*).

GILMARA
O mesmo que *Gilma*. Ver Gilma.
Personal.: Gilmara Sanchez, atriz.
Variante(s): Gilmara (*português*).

GILSA
Hipocorístico de *Gilsemar*. **Ver Gilsemar.**
Personal.: Gilza Gabindo, atriz; Gilse Campos, apresentadora de TV.
Variante(s): Gilce, Gilse, Gilza (*português*).

GILSEMAR
Do germânico *Giselmaere*, de *gisal*, *Geisel* (refém, garantia) e *maere* (famoso, ilustre, brilhante), sign. "refém famosa" No Brasil, nome comum a ambos os sexos. Ver Gilmar (2ª acepção).

GILSETE
Dimunutivo de *Gilsa*, *Gilse*. **Ver Gilsa.**
Personal.: Gilzete Marçal, poetisa.
Variante(s): Gilzete (*português*).

GINA
Nome com vários étimos. 1) Do árabe *djinna*, lit. "espírito; gênio". 2) Diminutivo de *Joana*, *Ângela* e *Regina*. Ver Eda e Enida.

GISELDA

Do germânico *Gishilde*, sign. "guerreira nobre".
Personal.: Giselda Schneider, atriz.
Variante(s): Gizelda (*português*).

GISÉLIA

Forma relativa de *Gisela*, sign. "de (pertencente a; da natureza de) Gisela". Ver Gisela.

GISLAINE

Do germânico *Gislain*, *Ghislain*, de *gisl*, *ghil* (refém) e *lind* (afável, brando, suave). Por sinédoque, na antiga linguagem dos teutões, *lind* assumiu também o sentido de "escudo". O nome tem o significado de "refém usada como escudo". Ver Linda.
Masculino(s): Gislano.
Variante(s): Gilana, Gilena, Gislana (*português*); Gislena (*espanhol*); Geslain, Geslin, Ghilain, (*germânico*).

GLACY

Dissimilação do francês *Glaise*. O mesmo que *Gleice*. Ver Gleice.

GLADE

Do inglês *Glade*, primitivamente um nome de residência origina-

---

Personal.: Gina Cavalieri, atriz.
Variante(s): Gina (*espanhol, italiano, romeno*).

GIOCONDA

Do latim *Jucundus*, de *jucundus*, sign. "agradável; que encanta; que deleita". Da mesma família de *jucunditas* (agrado, prazer, graça, felicidade) e de *jucundor* (regozijar-se).
Personal.: Gioconda Labeca, poetisa.

GIOVANA

O mesmo que *Joana*. Ver Joana.

GISELA

Do germânico *Gisila*, nome com dois étimos. 1) De *gisl*, *gisal*, *Geisel*, inglês antigo *gisel*, sign. "refém; a que dá garantias". O mesmo que *Arlene*. 2) De *gisel*, *gisal*, derivado de *geir*, *ger* (lança), nome dado "àquela que maneja a lança com presteza". Ver Arlene.
Personal.: Gisela Pinheiro, atriz.
Variante(s): Gisele (*português*); Gisela (*espanhol, nórdico*); Gisella (*italiano*); Gisèle, Gyselle (*francês*); Giselle (*francês, inglês*); Gisila (*alemão*).

do de *glad*, *glade*, sign. "da clareira; do espaço luminoso; da senda da floresta". A acepção original do nome vem de *glaed*, lit. "brilho; claridade". Não confundir com *Gladys*. Ver Gladys.
Variante(s): Glaide, Gleide (*português*); Glade (*inglês*).

GLADIR
Do teutônico *Gladir*, sign. "jovem loura". Nome calcado na raiz *glaed*, *glad*, *gled* (brilho, claridade). Ver Fúlvia.

GLADYS
De *Gwladys*, forma gaulesa do latim *Claudia*. Há autores que derivam o nome, equivocadamente, do latim *gladiolus*. Na Inglaterra, surgiu no início do séc. XII, na forma *Gladusa*. Ver Cláudia.
Personal.: Gladys Marisa, atriz.
Variante(s): Gladez (*francês*); Gwladys (gaulês).

GLAÍCE
O mesmo que *Glaís*. Ver Glaís.

GLAIDE
O mesmo que *Glade*. Ver Glade.

GLAÍS
Nome com dois étimos. 1)Do francês antigo *Glais*, originaria-mente um nome masculino, adotado no Brasil como feminino. O mesmo que *Cláudio*. 2) Ainda no francês, o nome tem a acepção de "medo; dor; amargura". Ver Cláudio.
Variante(s): Glaíce, Glaísse (*português*); Glais (*francês antigo*).

GLAÍSSE
O mesmo que *Glaís*. Ver Glaís.

GLAUCE
Feminino de *Glauco*. Ver Glauco.
Personal.: Glauce Rocha, Glauce Graieb, atrizes.

GLÁUCIA
Feminino de *Gláucio*. Na mitologia grega, filha de Escamandro, que durante o cerco de Troia despertou a paixão de Deímaco. Ver Gláucio.
Personal.: Gláucia Bandeira, Gláucia Rothier, atrizes; Gláucia Lemos, poetisa.

GLEICE
Dissimilação do francês *Glaise*. Não confundir com *Glaíce*, variante aportuguesada de *Glaís*. Ver Gleise e Glaís.
Variante(s): Glaise (*francês*).

GLEIDE
Tradução fonética do inglês *Glade*. Ver Glade.
Variante(s): Glade (*inglês*).

GLEISE
Do francês antigo *Gleyze*, de *Glaise*, lit. "igreja". Provavelmente nome de residência dado a alguém que morou próximo a uma igreja.
Variante(s): Gleice, Gleyce, Gleize (*português*); Glaisa, Glaise, Glaize, Gleyze (*francês*).

GLENDA
Do inglês *Glenda*, e este, do gaulês *glyn* (vale), sign. "do vale", elemento presente no toponímico *Glendue* (vale escuro). O nome surgiu nos Estados Unidos, em fins do século passado, e foi redivivo modernamente com a atriz Glenda Jackson, tornando-se popular na Inglaterra, seu país natal. Equivale a *Dália*. Ver Dália.
Personal.: Glenda Kozlowski, jornalista bras.
Variante(s): Glena, Glenda, Glenna, Glennis, Glynie, Glynis (*inglês*).

GLEYCE
O mesmo que *Gleize*. Ver Gleise.

GLICEIA
O mesmo que *Glícia*. Ver Glícia.

GLICÉRIA
Feminino de Glicério. Ver Glicério.
Variante(s): Glícera (*português*).

GLÍCIA
Forma relativa de *Glice*, e este, o mesmo que *Glicéria*, sign. "de (pertencente a; da natureza de) Glice". Ver Glicéria..
Personal.: Glícia Rodrigues, poetisa; Glycia Castro, atriz.
Variante(s): Gliceia (*português*).

GLÓRIA
Nome de origem religiosa, emprestado a uma das invocações de Nossa Senhora, geralmente dado às meninas nascidas em 15 de agosto, quando a Virgem é cultuada. Do substantivo *glória*. Equivale a *Cleia*.
Personal.: Glória Menezes, Glória Pires, Glória Portella, Gloria Guida.
Variante(s): Gloria (*espanhol, italiano, francês, alemão*).

GLORIANA
Forma relativa de *Glória*, sign. "de (pertencente a; da natureza de Glória". Ver Glória.

NOMES FEMININOS 395

Personal.: Gloriane Perrier atriz.
Variante(s): Gloriane *francês*).

GRAÇA
Nome de origem religiosa, do substantivo graça, no sentido de "dom divino; ajuda espiritual; mercê, benevolência divina". No Brasil, vem geralmente acompanhado de *Maria* (Maria das Graças). O nome surgiu com as irmãs Maria e Graça, martirizadas em 1180. Na Inglaterra, apareceu pela primeira vez no séc. XIII, nas variantes *Gracia, Grecia, Gricia*. Na Irlanda é usado para substituir o nativo *Grainne*. Ver Mercedes e Mércia, nomes aos quais equivale.
Personal.: Graça Barreto, poetisa.
Variante(s): Engracia, Gracia (*espanhol*); Grazia (*italiano*); Grâce (*francês*); Grace, Gracie (*inglês*); Gracia, Grecia, Gricia (*inglês antigo*).

GRACIANA
Nome com dois étimos. 1) Do latim *Graciana*, relativo às três Graças mitológicas – Aglaia, Tália e Eufrosina. 2) Feminino de *Graciano*. Ver Graciano (1ª acepção).

Variante(s): Graciana (*espanhol, latim*); Graziana (*italiano*); Graciane (*francês*); Grazien (alemão).

GRACIELA
Do italiano *Graziella*, diminutivo de *Grazia* (Graça). Ver Graça.
Personal.: Graciela Lara, atriz.
Variante(s): Graziela, Graziella, Grazila, Grazilla (*italiano*).

GRACIETE
Diminutivo de *Grácia*, e este, do espanhol *Gracia*, o mesmo que *Graça*. Ver Graça e Graciano (1ª acepção).
Variante(s): Graciela, Graziela (*português*).

GRACINDA
Forma relativa de *Graça*, sign. "de (pertencente a; da natureza de) Graça". Ver Graça.
Personal.: Gracinda Freire, Gracinda Fernandes, atrizes.
Variante(s): Gracina (*português*).

GRETA
Do sueco, hipocorístico de *Margaret* (Margarida). Nome muito comum na Suécia. Ver Margarida.

396 DICIONÁRIO DE NOMES

Personal.: Greta Walkíria, Greta Garbo, Gretchen Becker, atrizes; Crete Heckscher, atl. olímp. dinamarquesa.
Variante(s): Greta (*inglês, nórdico*); Grete (*alemão, nórdico*); Gretch. Gretchen (*alemão*).

GRISELDA
Do germânico *Grishilda, Griselde*, de *grisja* (experiente, maduro) e *hilde* (combate), sign. "combatente experiente". Nome muito comum na Escócia, na variante *Grizel*.
Personal.: Griselda Barton, escritora americana.
Variante(s): Criselda, Elda (*português*); Griselda (*espanhol, italiano, francês*); Chriselda, Grizelda (*inglês*).

GUADALUPE
Nome de origem toponímica. De uma serra e cidade espanholas, onde, no convento fundado por Afonso XI (séc. XIV), há uma imagem da Virgem (Virgem de Guadalupe). Do árabe *wadallobb*, sign. "(do) rio do lobo".
Variante(s): Guadalupe (*espanhol*); Guadeloupe (*francês*).

GUIDA
Nome com dois étimos. 1) Diminutivo de *Margarida*. 2) Feminino de *Guido*. Ver Guido (1ª e 2ª acepções).
Personal.: Guida Vianna, atriz.

GUILHERMINA
Feminino de *Guilherme*, originado do alemão *Wilhelmine*. O mesmo que *Guilherma*, hoje em desuso, mais o sufixo *ina*.
Personal.: Guilhermina Guinle, atriz.
Variante(s): Velma (*português, inglês*); Vilma (*português, espanhol, italiano, inglês*); Guillelmina (*espanhol*); Guglielma, Gulielma (*italiano*); Guillelmine (*francês*); Welma, Wilhelma, Willamina, Wilma (*inglês*); Wilhelmine (*alemão*); Willemien (*holandês*); Wilhelmina (*holandês,*); Guilielma, Willemyn (*belga*); Vilhelmina, Vilhelmine (*nórdico*).

GUIOMAR
Nome com dois étimos. Em Portugal, encontrado em obras redigidas no séc. XIII, na forma *Guimar*. 1) Do bretão *Guyomarch, Guimarch*, de *guiu* (digno) e *marc'h* (cavalo), sign. "amazona digna". 2) Do germânico, modificação de *Ingwiomar*, de *Ingwio* (o deus Ingo) e *mar*

(glória, esplendor), sign. "glória (esplendor) do deus Ingo".

Personal.: Guiomar Novaes, pianista.

Variante(s): Guimar (*português antigo*); Guiomar (*espanhol*); Guiomard, Guyomard (*francês*).

H

HAIDÊ
Do grego moderno *Haido*, derivado de *haideúo* (acariciar, afagar), sign. "a que acaricia (afaga)". Encontrado nas áreas rurais da Grécia, é nome de uma jovem grega que aparece em *Don Juan*, de Byron. Tornou-se popular com o romance *O conde de Monte Cristo*.
Personal.: Haidê Pigatto, poetisa.
Variante(s): Aidê, Heideia (*português*); Haydée (*espanhol, italiano*); Haidée (*espanhol, italiano, francês, inglês*).

HEBE
Do grego *Hébe*, de *hébe*, através do latim *Hebe*, lit. "juventude; mocidade".
Personal.: Hebe Machado Brasil, poetisa.

HEDA
Do alemão *Hedda*, o mesmo que *Eduíge*. Ver Eduíge.
Personal.: Hedda Hooper, atriz.

HEDI
Nome com dois étimos. 1) Do alemão, hipocorístico de nomes como *Hedda*, *Hedviges* etc. 2) Do grego *hedys*, sign. "doce, suave".

HEDVIGES
O mesmo que *Eduíge*. Ver Eduíge.

HELAINE
O mesmo que *Elaine*. Ver Elaine.

HELBA
O mesmo que *Elba*. Ver Elba.

HÉLEN
Do latim *Helen*, o mesmo que *Helena*. Primitivamente foi nome de homem, como o do filho de Deucalião e Pirra, que deu aos seus súditos o nome de helenos, designação do povo grego. Ver Helena.
Personal.: Helen de Lima, cantora.
Variante(s): Helen (*inglês, francês, latim*).

HELENA

Do grego *Heléne*, de *heláne, heléne* (tocha), sign. "a reluzente; a resplandecente". O nome tornou-se popular com Santa Helena, mãe do imperador Constantino, morta no ano 338 da era cristã, a quem os ingleses dedicam 135 igrejas. Foi um nome muito popular em Gales, mas na Inglaterra apareceu somente após a conquista normanda, na forma *Elena*.

Personal.: Helena Ranaldi, atriz.
Masculino(s): Heleno.
Variante(s): Alena, Elaine, Elen, Eleni, Elina, Helaine, Hélen, Helina, Hileana, Neli (*português*); Helena (*espanhol, alemão*) Elene (*italiano*); Eline, Hélène (*francês*); Elane, Ellen, Ellene, Ilana (*inglês*); Ileana, Ilona (*inglês, romeno*); Helene (*inglês, alemão, nórdico,romeno*); Nelly (*irlandês, romeno*); Alena, Alina, Eileen, Elina, Ella, Ena, Helen, Ileana, Jelena, Lan, Lena, Nele, Olena, Loina, Luana, Liana, Ylène (*romeno*).

HELENICE

Diminutivo de *Helena.* Ver **Helena.**
Personal.: Elenice Camargo Guarnieri, poetisa.
Variante(s): Elenice (*português*).

HELGA

O mesmo que *Elga.* Ver **Elga.**

HELI

Nome com dois étimos. 1) Do escandinavo *Helli*, o mesmo que *Hélia*, e este, feminino de *Hélio.* 2) O mesmo que *Eli.* Ver **Hélio e Eli.**
Variante(s): Hélie (*francês*); Heille, Helia, Helli (*nórdico*).

HÉLIA

Feminino de *Hélio.* Ver **Hélio.**
Personal.: Hélia Souza, ex-jogadora Seleção Brasileira de vôlei.

HELIANA

Feminino de Heliano. Ver **Heliano.**
Personal.: Heliana Menezes, atriz.

HELIETE

O mesmo que *Eliete.* Ver **Eliete.**

HELINA

O mesmo que *Helena.* Ver **Helena.**
Variante(s): Elina (*português*).

HELISA

Do espanhol *Helisa*, hipocorístico de *Heloísa.* Não confundir com *Elisa.* Ver **Heloísa.**

HELIODORA
Feminino de *Heliodoro*. Ver Heliodoro.
Variante(s): Eliodora (*português*); Eleodora, Heliodora (*espanhol*).

HELMA
Do germânico *Helma*, de *helm* (helmo), inglês antigo *helma*, sign. "elmo; proteção; a que protege". Não confundir com *Elma*. Ver Elma.
Masculino(s): Helmo.
Variante(s): Ilma (*português*); Hilma (*português*).

HELMINA
Hipocorístico de *Hermengarda*. Ver Hermengarda.
Masculino(s): Helmino.

HELOÍNA
O mesmo que *Eloína*. Ver Eloína.

HELOÍSA
Do germânico *Helewidis*, feminino de *Aloísio*, *Aluísio*. As variantes *Helewis*, *Helewidis* foram comuns na Inglaterra, durante os séculos XII e XIII, originando o sobrenome *Elwes*. Ver Aluísio.
Personal.: Heloísa Perissé, atriz.
Variante(s): Aluísia, Eloísa, Eloísia (*português*); Heloisa (*espanhol*); Eloísa (*italiano*); Héloise (*francês*); Helewise (*inglês*).

HELSA
Do hebraico, sign. "consagrada a Deus". Não confundir com *Elsa*. Ver Elsa.
Personal.: Helza Cameu, pianista.
Variante(s): Helza (*português*).

HÉLVIA
Feminino de *Hélvio*. Ver Hélvio.
Personal.: Helvi Juvonnen, poetisa finlandesa.
Variante(s): Élvia (*português*); Elvia (*espanhol*); Helvia, Helvi (*nórdico*).

HENRIQUETA
Variantes femininas de *Henrique*. *Henrieta* têm a influência do latim *Henrietta* e do francês, este último, introduzido na Inglaterra pela esposa de Carlos Magno (séculos VIII e IX). O nome foi redivivo na Inglaterra, no séc. XIX, na forma *Henriette*. Ver Henrique.
Personal.: Henriqueta Brieba, Henriete Morineau, Harriet Andersson, atrizes; Hendrika Mastenbroek, atl. olímp. holandesa.

Variante(s): Henrieta, (*português*); Enriqueta, Henriqueta (*es-

panhol); Enrica, Enrichetta (*italiano*); Henriete (*francês*); Henrietta (*francês, inglês, alemão, latim*); Harriet, Harriete (*inglês*).

HERACLEIA
Nome com dois étimos. 1) Do nome de muitas cidades antigas fundadas pelo mitológico Hércules (Héracles), e assim chamadas em sua homenagem. 2) Designação das festas em honra a Hércules, celebradas a cada cinco anos em Atenas e, anualmente, em Rodes.
Variante(s): Heraclea (*português*).

HERCÍLIA
O mesmo que *Hersília*. Ver Hersília.

HERENA
O mesmo que *Irene*. Ver Irene.

HERMENGARDA
Do germânico *Yrmingarda*, sign. "morada de Irmino". Irmino foi uma divindade dos antigos saxões, nome que tem o significado de "grande; poderoso".
Personal.: Hermengarda Takeshita, poetisa.
Variante(s): Hermengardes (*português*); Ermengarda (*português,*

italiano); Ermengard, Hermengarde (*francês*).

HERMÍNIA
Feminino de *Hermínio*. Ver Hermínio.
Personal.: Hermínia Basile, poetisa.
Variante(s): Ermínia (*português*); Hermine (*francês, alemão*).

HERSÉ
Do francês *Hersé*, e este, do grego *Hérse*, de érse *ou hérse*, lit. "orvalho". No Brasil, já foi encontrado como masculino, mas entre os antigos gregos, Hérse era a filha de Cécrops e a personificação do orvalho. Ver "orvalho" na seção Simbologia.

HERSÍLIA
Nome calcado no grego *Hérse*, sign. "nascida do orvalho; filha de Hérse; filha do orvalho". Ver Hersé.
Personal.: Hercília Legoy, atriz.
Masculino(s): Hersílio.
Variante(s): Ercília, Ersília, Hercília (*português*); Hersilia (*espanhol*).

HÍGIA
O mesmo que *Higina*. Ver Higina.

HIGINA
Do grego *Hygieía*, e este, de *hygiés*, sign. "sadia". Também: "colocada sob a proteção da deusa Hígia". Entre os antigos gregos, Hígia era a deusa da Saúde, e inspirava aos homens a escolha dos remédios e alimentos. *Higina* tem o mesmo significado.
Masculino(s): Higino.
Variante(s): Hígia, Ígia (*português*); Hygia (*latim*).

HILDA
Do germânico *hild*, *hilde*, *hilt* (combate, guerra), sign. "a combatente; a guerreira".
Personal.: Hilda Rebello, atriz.
Masculino(s): Hildo.
Variante(s): Ilda (*português*); Hilda (*inglês*); Hilde (*inglês*).

HILDEGARDA
Do germânico *Hildegard*, feminino de *Hildegardo*. Nos tempos atuais, nome não incomum nos Estados Unidos, nas variantes *Hildegard*, *Hildegarde*.
Personal.: Hildegard Angel, jornalista bras.
Variante(s): Hildegardes, Ildegarda (*português, italiano*); Hildegard (*espanhol, inglês, nórdico*); Hildegarde (*francês, inglês*).

HILDETE
Diminutivo de *Hilda*. Ver Hilda.
Personal.: Hildete Favilla, poetisa.

HILEANA
Forma aportuguesada do inglês *Ileana*, o mesmo que *Helena*. Ver Helena.
Personal.: Hileana Menezes, atriz.

HILMA
O mesmo que *Ilma*. Ver Ilma.
Personal.: Hilma Renauro, poetisa; Hilma Caldeira, atl. olímp. bras. vôlei.

HILMARA
Femininino de *Hilmar*, e este, o mesmo que *Hildemar*. Ver Hildemar.
Variante(s): Ilmara (*português*).

HÍPIA
Nome calcado no grego *híppos* (cavalo), através do latim, sign. "amazona".
Personal.: Hípia Madeira, jornalista.

HIRÊNIA
O mesmo que *Irene*. Ver Irene.

HONORATA
Feminino de *Honorato*. Ver Honorato.

Personal.: Honorata Carneiro, poetisa.

HONORINA
Diminutivo de *Honória*, e este, feminino de *Honório*. Já foi sobrenome romano. **Ver Honório.**
Personal.: Honorina Silva, pianista.
Variante(s): Honorina (*espanhol*); Onorina (*italiano*); Honoriane, Honorine (*francês, inglês*).

HORTÊNSIA
Do latim *Hortensia*, sign. "jardineira; aquela que cultiva hortos". Foi nome de uma *gens* romana. Uma variante latina *Ortensia* transformou-se no inglês *Hortense*.
Personal.: Hortência Santos, atriz.
Variante(s): Hortência (*português*); Hortensia (*espanhol, latim*); Ortènsia (*italiano*); Hortense (*francês, inglês*).

I

IARA
Do tupi *yara*, também nas variantes *jara, yára, oiára, uiara, uyára*, sign. "senhora; dona; a dominadora". "Mãe-d'água". Na mitologia indígena brasileira, é a sereia dos rios e lagos.
Personal.: Yara Cortes, atriz.
Variante(s): Uiara, Yara (*português*).

IDA
Nome com dois étimos. 1) Do grego *Íde*, através do latim *Ida*, lit. "(da) floresta". Nome de um monte na ilha de Creta (pródiga de belos pinheiros), cuja origem remonta a Ida, ninfa que teria cuidado de Júpiter quando criança. 2) Do germânico *idhja*, *nórdico* antigo *idh* (trabalhar), sign. "mulher trabalhadeira". Esta forma germânica foi levada para a Inglaterra pelos normandos, onde ocorreu até os fins do séc. XIV, para voltar no séc. XIX. Na Irlanda, substitui o nativo Ita. Equivale a *Idina*. Ver Ilva e Idina.

Personal.: Ida Gomes, atriz.
Variante(s): Ida (*espanhol, italiano, francês, inglês, nórdico, eslavo*).

IDÁLIA
Nome com dois étimos. 1) Do grego *Idálion*, através do latim *Idalia*, de *Íde* (floresta), sign. "lugar das florestas". Foi epíteto de Vênus, tomado de Idálio, antiga cidade da ilha de Chipre, famosa pelos seus bosques e jardins, onde a deusa era adorada sob o nome de Flora ou Floraia. 2) "Nativa (habitante) do monte Ida". Ver Ida.
Masculino(s): Idálio.
Variante(s): Idalia (*latim*).

IDALINA
Forma relativa de *Idália*, sign. "de (pertencente a; da natureza de) Idália". Ver Idália.
Masculino(s): Idalino.

IDENI
O mesmo que *Idina*. Ver Idina.

IDINA

Do *nórdico* antigo *Idhuna*, da raiz *idh* (trabalho), sign. "mulher trabalhadeira". Na Inglaterra, nome comum em fins do sec. XII, que apareceu nas formas *Edony, Ideny, Idonea, Idonia, Idony*, e originou os sobrenomes *Idney* e *Edney*, este último encontrado como prenome masculino no Brasil. As variantes *Idonea, Idonia*, apesar da aparência, não têm correspondência com o latim *idoneus, a, um* (idôneo, digno de confiança), como pretendem alguns autores. Equivale a *Ida*. Ver Ida. (2ª acepção).
Masculino(s): Edney.
Variante(s): Ideni, Idona, Iduna (*português*); Edony, Ideny, Idonea, Idonia, Idony (*inglês antigo*).

IDORA

Do francês *Idora*, hipocorístico de *Isadora*. Ver Isadora.
Masculino(s): Idoro.

IEDA

Do hebraico *Iadah*, sign. "favo de mel". Por extensão, "mulher de grande doçura". Ver Débora e Irapuan.
Personal.: Iêda Estergilda, poetisa.

IFIGÊNIA

Do grego *Iphigénia*, de *íphi* (poder, vigor) e *génos* (raça), sign. "de linhagem vigorosa; de uma raça forte (poderosa)".
Masculino(s): Ifigênio.
Variante(s): Efigênia (*português*); Ifigenia (*espanhol*); Ifigenìa (*italiano*); Iphigénie (*francês*).

ÍGIA

O mesmo que *Higina*. Ver Higina.
Masculino(s): Ígio (*português*).

ILARA

Nome inventado por Carlos Gomes, para uma personagem índia da sua ópera *Lo Schiavo*. Ao que tudo indica, está calcado no latim *Illaria* (Hilária). Ver Hilário.

ILCA

Nome com dois étimos. 1) Do húngaro *Ilka*, diminutivo de *Ilona* (Helena). 2) Do suíço, o mesmo que *Gilca*, e este, abreviação de *Egídia*. Ver Egídio.
Personal.: Ilka Soares, atriz.
Variante(s): Gilca (*português*); Gilk, Gilka, (*alemão*); Ilkaa (*nórdico*); Ilka (*húngaro*).

ILDA
O mesmo que *Hilda*. **Ver Hilda.**

ILDEFONSA
Feminino de *Ildefonso*. **Ver Ildefonso.**
Personal.: Ildefonsa Laura César, poetisa.

ILDEGARDA
O mesmo que *Hildegarda*. **Ver Hildegarda.**

ILEANA
O mesmo que *Helena*. **Ver Helena.**
Personal.: Ileana Kwasinsky, atriz.
Masculino(s): Ileano.
Variante(s): Iliana, Iliane, Hileana (*português*).

ILIANE
O mesmo que *Ileana*. **Ver Ileana.**

ILÍDIA
Feminino de *Ilídio*. **Ver Ilídio.**

ILMA
Nome com três étimos. 1) Nome de uma importante divindade finlandesa, originário do ugro-finlandês *Ilma*, sign. "a Virgem do Ar". 2) Do germânico, o mesmo que *Helma*. 3) Do húngaro *Ilma*, variante de *Amélia*. **Ver Amélia e Helma.**
Personal.: Ilma Pereira, atriz.
Masculino(s): Ilmo.
Variante da 1ª acepção: Ilma (*ugro-finlandês*).
Variante(s) da 2ª acepção: Hilma (*português*).

ILMARA
O mesmo que *Hilmara*. **Ver Hilmara.**

ILSA
Do germânico. De *ilsa*, sign. "ninfa; ondina". Posteriormente o nome confundiu-se com *Ilsa*, *Elsa*, hipocorísticos de *Elisabete*.
Personal.: Ilza Menezes, atriz.
Variante(s): Ilse, Ilza, Ilze (*português*).

ILVA
Do nome de uma ilha europeia (Elba), latim *Ilva*, derivado do grego *Iloua*, sign. "(da) floresta". O mesmo que *Elba*. **Ver Elba.**
Personal.: Ilva Niño, atriz.

ILZA
O mesmo que *Ilsa*. **Ver Ilsa.**

ILZE
O mesmo que *Ilsa*. **Ver Ilsa.**

IMARA
Anagrama de *Maria*. **Ver Maria**.
Personal.: Imara Reis, atriz.

INA
Nome com dois étimos. 1) Do irlandês, o mesmo que *Agnes*. 2) Forma familiar de nomes terminados em *ina*, como *Catarina*, *Georgina*, *Janina*, *Rosina* etc., que se tornou independente.
Personal.: Ina Maciel, poetisa.
Variante(s): Ina (*inglês, alemão*).

INÁ
Significa "mãe", no linguajar caribê.
Personal.: Iná Dort, atriz.

INAIÁ
Do tupi *ina'ya*, *inajá*, nome dado pelos indígenas brasileiros a uma espécie de palmeira.

INÊS
Do espanhol *Inez*, o mesmo que *Agnes*. Em Portugal, nome encontrado em obras redigidas no séc. XIII. **Ver Agnes**.
Personal.: Inês Galvão, atriz.
Variante(s): Inez (*espanhol*); Inessa, Ineze (*eslavo*).

INGA
Nome com dois étimos. 1) Hipocorístico do gaulês *Ingaret*, e este, modificação de *Angharad*, sign. "a muito amada". 2) Do inglês antigo, sign. "filhos; descendentes".
Variante(s): Inge (*português, inglês, alemão*); Inger (*inglês*).

INGE
O mesmo que *Inga*. **Ver Inga**.
Personal.: Inge Sílvia, atriz; Inge Helten, atl. olímp. alemã.

INGRA
Hipocorístico de *Ingrid*, *Íngrida*, *Íngride*.. **Ver Ingrid**.
Personal.: Ingra Liberato, atriz.

INGRID
Do *nórdico* antigo. O primeiro elemento deriva de *Ingvi*, *Ing*, o segundo, de *rida* (amazona), sign. "a amazona de Ing". Na mitologia escandinava, Ing é um deus da paz e da fertilidade.
Personal.: Ingrid Guimarães, atriz.
Masculino(s): Ingres.
Variante(s): Íngrida, Íngride (*português*); Ingrid (*alemão, nórdico*).

408 DICIONÁRIO DE NOMES

INOCÊNCIA
Feminino de *Inocêncio*. Ver Inocêncio.
Personal.: Inocência Colado, atriz.
Variante(s): Innocenza (*italiano*).

IOLA
Nome com dois étimos. 1) Hipocorístico de *Iolanda*. 2) Do grego *íole*, sign. "violeta".
Personal.: Yola Maia, atriz.
Variante(s): Yola (*português*); Jole (*italiano*); Iole, Yole (*francês*).

IOLANDA
Do latim *viola*, e este, do grego *íole*, sign. "violeta". As variantes inglesas *Jolenta* e *Yolende* foram encontradas no séc. XIII. Durante a Idade Média ocorreu a variante *Violante*, derivada de *Viola*, que originou o francês *Yolande*, o espanhol *Yolanda*, e o italiano e português *Iolanda*.
Personal.: Yolanda Campello, pintora bras.
Variante(s): Yolanda (*português, espanhol, inglês*); Jolanda (*espanhol*); Iolanda (*italiano*); Yolande (*francês, inglês*).

IOLETE
Do francês *Iolete*, diminutivo de *Iole*, e este, o mesmo que *Iola*. Ver Iola.

IONÁ
Do hebraico *Yonah*, lit. "pomba", o mesmo que o masculino *Jonas*. Nome que tem correspondência com *Iohanan* (João). Quando Iohanan (João Batista) batiza Jesus, *Ionah* (a pomba, o fogo, o Espírito Santo) desce sobre a cabeça do Mestre. "João sabia, pela tradição dos profetas, que a pomba Iona significa, no mundo astral, o Eterno-Feminino celeste, o arcano do Amor divino, fecundador e transformador das almas, que os cristãos deviam chamar de Espírito Santo", escreveu Édourad Schuré em *A evolução divina*. Ver Jonas, Celena e "pomba" na seção Simbologia.
Personal.: Ioná Magalhães, atriz.

IONARA
Nome calcado em *Ioná*, sign. "da natureza de Ioná". Ver Ioná.
Personal.: Ionara Travassos, atriz.

IONE
Nome com dois étimos. 1) Do grego *Ionía*, através do latim *Ionia*, lit. "Jônia". *Ionía* (*Iaon*, em Homero) originário do hebreu *Iavan*, foi nome de uma região da Ásia Menor habitada pelos jônios. O mesmo que *Javan*. 2)

De *Jonet*, *Ione*, diminutivos ingleses de *Joan* (Joana). Ver **Javan** e **Joana**.

Personal.: Ione Stamato, atriz.

Variante(s) da 1ª acepção: Jone, Jônia (*português*); Yone (*espanhol, francês*); Ionie (*francês*).

Variante(s) da 2ª acepção: Jonet, Ione (*inglês*).

IONICE
O mesmo que *Eunice*. Ver **Eunice**.

IRA
Do hebraico *Irá*, lit. "a vigilante", correlato ao aramaico-siríaco *ur* (estar acordado), aramaico *ir* (acordado), árabe *ára* (estava acordado), acadiano *eru* (estar acordado, vigiar). Entre os antigos hebreus, nome do gênero masculino.

Personal.: Ira Miraino, atriz.

IRACEMA
Criação de José de Alencar para a personagem-título de um romance escrito em prosa, retratando o idílio entre uma índia e um aventureiro português chamado Martim Moreno. João Ribeiro apresentou-o como um anagrama de América, mas o próprio autor depois explica que a origem está no guarani e significa "lábios de mel". Ocorre que *ira* tem sua origem no nheengatu, e assumiu a forma *eira*, no tupi antigo. Quanto ao segundo elemento, *acema*, *cema* tem o sentido de "escorrer, sair em grande quantidade". Portanto, o nome significa "a saída do mel; o fluxo do mel".

Personal.: Iracema de Alencar, atriz.

IRACI
Do tupi *yira* (mel) e *sü* (mãe), sign. "mãe do mel". Por extensão, "abelha". Equivale a *Débora*.

Variante(s): Iracy (*português*).

IRAÍDE
O mesmo que *Irailda*. Ver **Irailda**.

IRAILDA
De *Erhais*, nome grego da deusa Juno, sign. "filha (**descendente**) **de Hera**". Ver **Hera**.

Variante(s): Erailda, Iraída, Iraíde, Iraídes, Iraís, Raísa (*português*); Iraida, Iraís (*espanhol*); Raisa (*russo*).

IRANI
Nome com três étimos. 1) Do tupi, sign. "abelha enfurecida".

410 DICIONÁRIO DE NOMES

2) Do húngaro *Irány*, lit. "direção". 3) Do persa *irani*, sign. "nativa do Irã".

IRENE
Do grego *Eiréne*, de *eiréne* (paz), através do latim *Irene*, sign. "a pacificadora". A variante *Irene* foi muito comum entre os bizantinos, e também na Sicília.
Masculino(s): Irênio, Irino.
Personal.: Irene Ravache, atriz; Irena Kirszenstein, atl. olímp. polonesa.
Variante(s): Herena, Hirênia, Irênia, Reni (*português*); Irina (*português, nórdico, eslavo*); Irene (*espanhol, italiano, inglês*); Irène (*francês*); Irena (*alemão*); Eirena, Erena, Irenee (*inglês*).

IRENICE
Diminutivo de *Irene*. Ver Irene.

ÍRIA
Feminino de *Írio*, e este, do finlandês *Yrjo*, *Yirjö* (Jorge), o mesmo que *Geórgia*. Ver Geórgia e Jorge.
Personal.: Íria Maria Surya, escritora.

IRINA
O mesmo que *Irene*. Ver Irene.
Personal.: Irina Greco, atriz.

IRINEIA
Feminino de *Irineu*. Ver Irineu.

ÍRIS
Do grego *Íris*. Segundo Platão, provém do verbo *eirein* (dizer), sign. "mensageira (pela palavra)". Na mitologia grega, filha de Taumas e de Electra, Íris foi transformada por Juno num belo arco-íris, símbolo da ligação transcendental entre o Céu e a Terra, deuses e homens. Ver Débora.
Personal.: Íris Bruzzi, atriz.
Variante(s): Iris (*espanhol, francês, inglês*); Iride (*italiano*).

IRMA
Do germânico *Irma*, hipocorístico de *Armina*, *Hermengarda*, *Ermentrudes* e *Irmina*.
Personal.: Irma Alvarez, atriz.
Variante(s): Irma (*espanhol, italiano, francês, alemão, nórdico*).

IRMINA
Feminino de *Irmino*, e este, o mesmo que *Armino*. Ver Armino.
Variante(s): Irmina (*espanhol*).

ISA
Hipocorístico de *Isabel*. Ver Isabel.
Personal.: Isa Lero, Isa Lins, atrizes.

NOMES FEMININOS 411

Variante(s): Iza (*português*); Isa (*espanhol, inglês*).

ISABEL
O mesmo que *Elisabete*. Ver Elisabete.
Personal.: Isabel Ribeiro, Isabela Garcia, atrizes.
Variante(s): Isabela, Isabele (*português*); Ysabel (*espanhol*); Isabel, Isabela (*espanhol, francês*); Isabella (*italiano, inglês, alemão, nórdico*); Isabelle (*francês, alemão*).

ISADORA
Feminino de *Isidoro*, *Isidro*. Não seria uma aglutinação de *Isa* e *Dora*, como já foi sugerido por alguns autores. Ver Isidoro e Ísis.
Personal.: Isadora Ribeiro, atriz.
Variante(s): Idora, Isidra (*português*); Isidora (*português, espanhol*); Isadora (*espanhol, italiano, francês*).

ISALTINA
Diminutivo de *Isolda*. Ver Isolda.

ISAURA
Do grego *ísauros*, sign. "natural (habitante) de Isauras". *Isauras* foi nome de uma antiga cidade da Ásia Menor, hoje chamada Semba.

Personal.: Isaura Bruno, atriz.
Variante(s): Isaura (*espanhol, italiano*); Isaure (*francês*).

ISELE
Hipocorístico de *Isabel*. Ver Isabel.

ISETE
Do irlandês *Izette*, o mesmo que *Isolda*. Ver Isolda.
Variante(s): Izete (*português*); Izette (*irlandês*).

ISILDA
O mesmo que *Isolda*. Ver Isolda.

ÍSIS
Outro nome da deusa egípcia Sait, sign. "**nasci de mim mesma, não procedo de ninguém**". Segundo Plutarco, "nome que provém da palavra *iestai* (adiantar-se) ... um movimento da alma que se dirige e se lança para adiante", significando também "**a que se adianta**". Ainda na mesma obra, Plutarco afirma: "Também diz Platão que, para designar a substância Oysia, os antigos serviam-se da palavra Isia". Ver Lótus.
Personal.: Ísis de Oliveira, atriz; Ísis Figueiroa, poetisa.
Variante(s): Isis (*espanhol, italiano, francês, inglês, latim*); Íside

412 DICIONÁRIO DE NOMES

(*italiano*); Isice (*francês*); Issa (*egípcio*).

ISMÊNIA
Feminino de *Ismênio*. Ver Ismênio.
Personal.: Ismênia Mateus, atriz; Ismênia Coaracy, pintora.
Variante(s): Ismenia (*italiano*); Ismenie (*francês*).

ISOLDA
Nome de origem céltica. Há quem atribua sua origem ao germânico, com os significados "forte (poderosa) em mocidade", "forte (poderosa) pela espada", "combatente de ferro" e "que está na força da juventude". Mas o nome provém do céltico *Esyllt*, sign. "**bela; formosa**". Há um Iseu (Isolda) – mulher de Tristão – na saga do Rei Artur. Na ópera *Tristão e Isolda*, de Wagner, o nome aparece germanizado *Isold*, daí a confusão. Ver Iseu.
Personal.: Isolda Cresta, Isolda Fernandes, Isolda Maguini, atrizes.
Variante(s): Isete, Iseu, Isilda, Izilda (*português*); Iseo (*espanhol*); Isolda (*espanhol, francês, inglês*); Izolda (*italiano*); Isolde (*francês*).

ISOLINA
Nome com dois étimos. 1) Diminutivo de *Isol*, e este, hipoco-

rístico italiano de *Isolda*. 2) Feminino de *Isolino*. Ver Isolda e Isolino (1ª acepção).
Personal.: Isolina Rios, atriz.
Variante(s) da 1ª acepção: Encelina, Ezelina (*português*).
Variante(s) da 2ª acepção: Isolinda (*português*); Isolina (*espanhol*); Isoline (*francês*).

ITACI
Do tupi *Ytaicy*, de *ytá* (pedra) e *ici* (cortada), sign. "**pedra cortada**". O antropônimo não foi encontrado no tupi, mas há um toponímico *Itaici*, localizado entre Jundiaí e Indaiatuba, SP, que deve tê-lo originado. No Brasil, já foi encontrado como masculino.
Personal.: Itaci Pellegrini, escritora.
Variante(s): Itacy (*português*); Ytaicy (tupi).

ÍTALA
Feminino de *Ítalo*. Ver Ítalo.
Personal.: Ítala Nandi, atriz; Ítala Silva de Oliveira, poetisa.
Variante(s): Itala (*italiano*).

ITAMARA
Feminino de *Itamar*. Não confundir com *Ithamara*. Ver Itamar.

NOMES FEMININOS 413

ITHAMARA
Feminino de *Ithamar*. Não confundir com *Itamara*. Ver Ithamar.
Personal.: Ithamara Koorax, cantora bras.

IVANA
Feminino de *Ivan*. Ver Ivan.
Personal.: Ivana Bonifácio, Ivana Domenico, atrizes; Ivana Diniz, jornalista; Ivana Spagna, cantora.
Variante(s): Ivane, Ivani, Ivanir, Ivanira, Yvana, (*português*); Ivanna (*russo*).

IVANE
O mesmo que *Ivana*. Ver Ivana.

IVANETE
Diminutivo de *Ivana*. Ver Ivana.

IVANI
Feminino de *Ivan*, calcado em *Ivana*, com terminação arbitrária em *i*. Ver Ivana e Avani.
Personal.: Ivani Oliveira, Ivani Guimarães, atrizes; Ivany Ribeiro, novelista.
Variante(s): Avani, Ivanir, Ivanira, Ivany (*português*).

IVANICE
Nome calcado em *Ivani*, com a terminação característica de feminino *ice*. Ver Ivani.

Personal.: Ivanice Sena, atriz; Ivanice Mantovani, poetisa.
Variante(s): Ivanise, Vanice, Vanisa, Vanise, Vanice, Yvanise (*português*).

IVANIR
Feminino de *Ivan*. Criação livre calcada nos modelos *Ivana* e *Ivani*. A terminação arbitrária em *r* é uma ocorrência comum no Brasil. Ver Ivana e Ivani.
Personal.: Ivanir Callado, atriz; Ivanira Prado, poetisa.
Variante(s): Ivanira (*português*).

IVANISE
O mesmo que *Ivanice*. Ver Ivanice.
Personal.: Yvanise Rabello, poetisa.
Variante(s): Yvanise (*português*).

IVETE
Do francês *Yvette*, feminino de *Yves*. Ver Yves.
Personal.: Ivete Bonfá, Yvette Mimieux, atrizes; Ivete Sangalo, cantora.
Variante(s): Iveta (*português*); Ivette (*francês*); Yvette (*inglês*).

ÍVIA
Do inglês *Ivi, Yvi Ívia*, nome esta ligado a *ivy*, lit. "hera".
Masculino(s): Ívio.

IVONE
Do francês *Yvone*, feminino de *Ivon*. Ver Ivon.
Personal.: Ivone Pereira, poetisa.
Variante(s): Ivonne (*espanhol*); Yvonne (*espanhol, francês, inglês*); Ivòne (*italiano*); Ivone, Yvone (*francês*).

IVONEIA
Adaptação livre de *Ivone*. Ver Ivone.

IVONETE
Diminutivo de *Ivone*. Ver Ivone.
Personal.: Ivonete Miranda, atriz.

Variante(s): Ivineta, Ivoneta (*português*).

IVY
Do inglês antigo *ivi*, lit. "vinha; videira". Nome que inicialmente deve ter sido sobrenome.
Personal.: Ivy Holzer, atriz.

IZA
O mesmo que *Isa*. Ver Isa.

IZETE
O mesmo que *Isete*. Ver Isete.

IZILDA
O mesmo que *Isilda*. Ver Isilda.

J

JAÇANÃ
Do tupi *ya-ça-nã*, lit. "a que grita alto (forte)", referindo-se a uma certa ave aquática. Nome comum a ambos os sexos.
Personal.: Jaçanã Altair, escritora.
Variante(s): Iaçanã, Jassanã (*português*).

JACI
Do tupi *yacy*, lit. "a Lua". Entre os indígenas brasileiros, também nome de um mês lunar e de um adorno em forma de meia-lua. Nome comum a ambos os sexos.
Personal.: Jacy de Oliveira, atriz.
Variante(s): Jacy, Yaci, Yacy (*português*).

JACIARA
Do tupi *jassy-ara*, sign. "tempo de luar".

JACINA
Do tupi *ya'sina*, lit. "libélula". Nome que os indígenas brasileiros dão a uma borboleta de cor parda, com asas azul-claras.

JACINTA
Feminino de *Jacinto*. **Ver Jacinto.**
Variante(s): Jacintha (*português*); Jacinta (*espanhol*); Giacinta (*italiano*); Jacinthe (*francês, inglês*); Jacinth (*inglês*).

JACIRA
Do tupi *yacy* (Lua) e *ira* (mel), sign. "mel da lua". Alguns autores traduzem equivocadamente por "abelha da lua". Ocorre que *ira* é "mel", e não "abelha", como dão algumas fontes.
Personal.: Jacyra Sampaio, atriz.
Variante(s): Jacyra (*português*).

JACY
O mesmo que *Jaci*. **Ver Jaci.**

JADE
Do francês (*e*)*jade*, derivado do espanhol (pedra) *de ijada*, e este, do latim *ilia, ilium* (flancos; partes laterais do ventre). Nome de uma pedra preciosa que, segundo acreditavam os antigos, cura-

416 DICIONÁRIO DE NOMES

va os males renais e também era utilizada nos trabalhos de parto.
Personal.: Jade Barbosa, ginasta bras.

JAMINA
Feminino de *Jaime*. Ver **Jaime**.

JAMILA
Feminino de *Jamil*. Ver **Jamil**.
Variante(s): Jamil, Jamile, Jemile (*português*).

JANAÍNA
Nos cultos afro-brasileiros, o mesmo que *Iemanjá*, orixá que simboliza a divinização do mar e que corresponde à Afrodite grega, cujo significado é "mãe dos peixes; mãe-d'água; rainha do mar". Ver Afrodite.
Personal.: Janaína Diniz, atriz.
Variante(s): Janayna (*português*).

JANDIRA
Do tupi Jandieira, *Jandira*, lit. "abelha de mel; melíflua". Há uma tradução "mel da abelha jandaia", que deve ser descartada.
Personal.: Jandira Martini, atriz.
Masculino(s): Jandir
Variante(s): Jandyra (*português*).

JANE
O mesmo que *Joana*. O nome origina-se do francês antigo *Jehane*. *Joan* tornou-se usual na Inglaterra medieval e a variante *Jane* popularizou-se no final do séc. XVIII, início do séc. XIX. Na Inglaterra são comuns as combinações *Mary Jane*, *Sarah Jane* e *Jane Anne*. Ver **Joana**.
Personal.: Jane Duboc, cantora.
Variante(s): Sìne, Shena, Sheena (*gaélico*).

JANETE
Diminutivo de *Joana*, calcado no inglês *Jane*. Ver **Joana**.
Personal.: Janete Pires, atriz.
Variante(s): Joanet, Juanita (*espanhol*); Gianete (*italiano*); Janet (*italiano, inglês*); Jannet (*francês*); Janette, Jeanete (*francês, inglês*); Jeanette (*inglês*).

JÂNIA
Feminino de *Jânio*. Ver **Jânio**.
Personal.: Jânia Cordeiro, poetisa.

JANICE
Nome de origem inglesa, o mesmo que *Jane*. Na década de 1970 foi um nome muito comum nos Estados Unidos.
Personal.: Janice Japiassu, poetisa bras.
Variante(s): Jeannice (*francês*); Janice, Jeanice (*inglês*).

JANINA

Do grego bizantino *Iánina*, forma relativa de *João*, sign. "de (pertencente a; da natureza de) João". Em português, passou a feminino, em virtude da terminação característica. *Jânina* é o nome de uma cidade grega do Epiro, às margens do lago de *Jânina*, edificada nos terrenos que pertenceram a um convento de S. João.

Personal.: Janina Scott, atriz; Janine MacGregor, atl. olímp. inglesa.

Variante(s): Joanina (*português*); Jeannine (*francês, inglês*); Janeene, Janine, Jeanine (*inglês*).

JAQUELINE

Do francês *Jacqueline*, Feminino de *Jacques*. Ver Jacques.

Personal.: Jaqueline Sperandio, atrizes.

Variante(s): Jaquelina (*espanhol*); Jacqueline (*italiano, francês*); Jacquine (*francês*); Jacquelyn, Jacquelynne (*inglês*).

JASMINA

Do persa *Yasaman*, *Yasamin*, *Yasamun*, *Yasmin*, lit. "jasmim", correlato ao árabe *jasamin*, planta notável pelas flores de suave fragrância. Na Inglaterra, o nome surgiu nos fins do séc. XIX, nas formas *Jasmin*, *Jasmine*.

Personal.: Jasmina Hilton, atriz.

Variante(s): Jessamina (*português*); Jessemin, Yasmine (*francês*); Jasmina, Jasmine (*francês, inglês*); Jasmin, Jesmine (*inglês*); Yasamin, Yasmin (*persa*).

JEMILE

O mesmo que *Jamila*. Ver Jamila.

Personal.: Jemile Diban, artista plástica bras.

JENI

Do inglês *Jenny*, diminutivo de *Jane*. Ver Jane e Geni.

Personal.: Jeni Borba, contista.

Variante(s): Jennie, Jenny (*inglês*).

JENIFER

Do inglês *Jennifer*, o mesmo que *Genoveva*.

Personal.: Jennifer Daniel, Jennifer O'Neil, Jenifer Lewis, atrizes.

Variante(s): Jenifer, Jennifer (*inglês*).

JERUSA

Do hebraico *Jerusha*, lit. "a que toma posse de (algo); a que se apodera de". Nome que no séc. XIX foi um dos preferidos pelos

418 DICIONÁRIO DE NOMES

puritanos americanos. Não confundir com *Gerusa*. Ver Gerusa.
Personal.: Jerusa Franco, atriz.

JESSAMINA
O mesmo que *Jasmina*. Ver Jasmina.

JÉSSICA
Nome que pela primeira vez apareceu em *O mercador de Veneza*, de Shakespeare. Ao que tudo indica, origina-se do hebraico *Yiskah* (ele observa; ele vê). Significa "a observadora". Na versão autorizada de Gênesis XI, 29, o nome surge na forma *Iscah*, e *Jesca* nas traduções posteriores. Não tem ligação com *Jesse, Jessie*, como já foi sugerido.
Personal.: Jéssica Socré, atriz bras.
Variante(s): Jessica (*inglês*).

JOANA
Feminino de *João*. A variante *Joanna* aparece numa versão autorizada do Evangelho de S. Lucas, primeiramente como nome dado a um homem e, depois, como nome de uma mulher que serviu a Jesus. Passou a ser adotado definitivamente como feminino após a Reforma. *Jane* foi uma variante muito comum na Inglaterra, durante os séculos XVIII e XIX. Ver Janete e João.
Personal.: Joana Fomm, atriz.
Variante(s): Geovana, Giovana, (*português*); Jane (*português, inglês*); Juana (*espanhol*); Giovanna (*italiano*); Jehane, Jehanne, Joanne, Johanne, (*francês*); Jeanne (*francês, inglês, nórdico*); Joann (*francês, russo*); Jenna (*inglês*); Joan (*inglês, romeno*); Joanna (*inglês, belga*); Johanna (*inglês, alemão, nórdico*); Hanne (*alemão*); Janis, Janne (*nórdico*); Hanna (*holandês, belga*); Jovana, Janis, Jovanna (*eslavo*).

JOANÍDIA
Nome com influência grega, de *Joana*, mais a partícula *ides*, que denota descendência, sign. "filha (descendente) de João (Joana)". Ver Joana e João.
Personal.: Joanídia Sodré, pianista.

JOANINA
O mesmo que *Janina*. Ver Janina.

JOAQUINA
Nome com dois étimos. 1) Feminino de *Joaquim*. 2) Feminino de *Joaquino*. Ver Joaquim e Joaquino.

NOMES FEMININOS 419

Personal.: Joaquina Felicidade, atriz.
Variante(s): Joaquina (*espanhol*); Joachine (*francês*).

JOCELI
Modificação arbitrária de *Jocelin*. Ver Jocelin.

JOCELIN
Do inglês *Jocelin, Jocelyn*, o mesmo que *Jocelina*. Nos países de língua inglesa, a variante *Jocelyn* é comum aos dois gêneros. **Ver** Jocelina.

JOCELINA
Feminino de *Jocelino*, e este, o mesmo que *Juscelino*.
Personal.: Joceline du Carmo, atriz; Joslyn HoyteSmith, atl. olímp. inglesa.
Variante(s): Joseli, Jucelina, Juscelina (*português*); Jocelin, Joceline, Jocelyn, Joslyn (*inglês*); Jocelyne, Joscelin, Josselin, Josseline (*francês*).

JOCY
Aportuguesamento do inglês antigo *Jossy*, uma variante de *Joice*. Ver Joice.
Personal.: Jocy de Oliveira, pianista

JOICE
Do nome de um santo, derivado do hebraico *Jude* (latim *Judocus*), através dos antigos *Josse, Goce*, lit. "**elogio**". A variante *Joyce*, de origem céltica e comum a ambos os sexos, foi um nome muito popular na Inglaterra medieval. No final do séc. XIX voltou à moda naquele país, graças à influência da novela *In the Golden Days*, de Edna Lyall.
Personal.: Joyce Cavalcante, romancista; Joyce Caldas, Joyce de Oliveira, atrizes.
Variante(s): Joisse (*francês*); Joyce (*inglês, céltico*); Jossy (*inglês antigo*).

JORACI
O mesmo que *Juracy*. Ver Juracy.

JORDANA
Feminino de *Jordão*. Ver Jordão.
Personal.: Gordana Perkucin, atl. olímp. iugoslava.
Variante(s): Jordane (*francês*); Giordana (*italiano*).

JORGINA
Feminino de *Jorge*. Ver Jorge.

JOSEFA
Feminino de *José*, nome ocasionalmente usado na forma *Josepha*, na

420 DICIONÁRIO DE NOMES

Inglaterra do séc. XIX, quando a popularidade do masculino *Joseph* era grande. Ver José.
Personal.: Josefa Idem, atl. olímp. alemã.
Variante(s): Josefa (*espanhol, alemão*); Joséfa, Josépha, Josèphe (*francês*); Josepha (*inglês, alemão*).

JOSEFINA
Hipocorístico de *Josefa*. Ver Josefa.
Personal.: Josephine Baker, atriz.
Variante(s): Josefina (*espanhol*); Giuseppina (*italiano*); Joséphine (*francês*); Josephine (*inglês, alemão*).

JOSELI
Forma regressiva de *Josélia*, e este, o mesmo que *Josefa*.
Variante(s): Josélia (*português*).

JOSÉLIA
O mesmo que *Josefa*. Ver Josefa.

JOSELINA
Feminino de *Joselino*. Ver Joselino.

JOSENETE
O mesmo que *Josinete*. Ver Josinete.

JOSETE
Do francês *Josette*, diminutivo de *Joséphine* (Josefina). Ver Josefina.
Personal.: Josette Lassance, poetisa bras.

JOSI
Do inglês *Josie*, hipocorístico de *Josefina*. Ver Josefina.

JOSIANA
Forma relativa de *Josi*, sign. "de (pertencente a; da natureza de) Josi". Ver Josi.
Variante(s): Josina (*português*); Josine (*francês*).

JOSINA
Hipocorístico de *Josefina*, o mesmo que *Josi*. Ver Josefina.

JOSINETE
Diminutivo de *Josi* e de *Josina*. Ver Josi e Josina.
Variante(s): Josine (*francês*); Josina, Jozyn (*belga*).

JUÇARA
O mesmo que *Jussara*. Ver Jussara.

JUCELINA
O mesmo que *Jocelina*. Ver Jocelina.

JUDITE

Do hebraico *Iehudíth*, feminino de *Iehudhí*, lit. "judia". Na Inglaterra, o nome foi introduzido no séc. IX, mas se tornou comum somente no séc. XVII. O familiar *Judy* tornou-se nome independente.

Personal.: Judite Monteiro Coimbra (Lolita Ríós), cantora; Judith Patarra, jornalista.

Variante(s): Judit (*espanhol*); Giudita (*italiano*); Judith (*francês, inglês, alemão*); Yudit (*inglês*); Yehudit (*iídiche*).

JÚLIA

Feminino de *Júlio*, nome que foi muito comum na França e na Itália durante o séc. XVI, nas variantes *Julie* e *Giulia*, respectivamente. A variante *Julia* foi adotada na Irlanda (séc. XIX) para substituir *Sheila*. Ver Júlio e Sheila.

Personal.: Júlia Lemmertz, Giulia Gam, Julie Christie, atrizes.

Variante(s): Julia (*espanhol, inglês*); Giula, Giulia (*italiano*); Julie (*francês, alemão, nórdico*); Jule, Jules, Juli, Gillie (*inglês*).

JULIANA

Forma relativa de *Júlia*, sign. "de (pertencente a; da natureza de) Júlia". Ver Júlia.

Personal.: Juliana Aguiar, Juliana Guimarães, atrizes; Juliana Gongolo, poetisa; Julienne Simpson, atl. olímp. americana.

Variante(s): Juliána (*espanhol*); Giuliana (*italiano*); Julieanne, Jullien (*francês*); Julian, Julianne (*francês, inglês*); Julienne (*francês, inglês*); Julyan (*inglês*); Juliana (*inglês, alemão*).

JULIETA

Diminutivo de *Júlia*. Ver Júlia.

Personal.: Julieta Gama, Juliete Drouet, atrizes; Julieta de Menezes, cantora lírica.

Variante(s): Julieta (*espanhol*); Giulietta (*italiano*); Julietta, Julitte (*francês*); Juliette (*francês, nórdico*); Juliet (*inglês*).

JULITA

Diminutivo de *Júlia*. Ver Júlia.

Personal.: Julita Scarano, poetisa.

JÚNIA

Feminino de *Júnio*. Foi nome de uma família plebeia romana de onde saiu Décimo Júnio Bruto, assassino de César.

Personal.: Júnia Marise, política.

Variante(s): June (*inglês*).

JURACY
Do tupi *jura* (boca) e *cy* (mãe), sign. "**boca materna**". Houve quem traduzisse o nome por "mãe dos conchais", dando ao termo *jura* a acepção de "concha". Mas *jura* é "boca, abertura", e "concha" generalizou-se nas comunidades tupis-guaranis numa expressão para designar o órgão sexual da mulher, gerando a confusão e a consequente tradução ao pé da letra. Nome (incluindo-se as variantes) comum a ambos os sexos. Ver **Juraci** na seção de nomes masculinos.
Personal.: Juracy Mara, atriz.
Variante(s): Dioracy, Joraci, Joracy, Juraci (*português*).

JUREMA
Do tupi *yu-r-ema*, de *yu, ju* (espinho) e *rema* (odor desagradável), sign. "**(árvore) de espinhos de odor desagradável**". Nome de uma árvore muito espinhosa e de lenho duro, de cujas folhas os selvagens preparam uma bebida narcótica e alucinógena. Há quem, equivocadamente e sem explicar, traduza por "espinheiro suculento".
Personal.: Jurema Magalhães, Jurema Penna, atrizes.

JUSSARA
Do tupi *ii'sara*, lit. "**coceira; comichão**". Nome de uma palmeira cujos espinhos, grandes e duros, serviam de agulhas para fazer meia e tecer renda. O pó dessa palmeira causa coceira na pele, daí o seu nome.
Personal.: Jussara Freire, atriz.
Variante(s): Jossara, Juçara (*português*).

JUSTINA
Forma relativa de *Justa*, sign. "**de (pertencente a; da natureza de) Justa**". Ver **Justo**.
Personal.: Justine Bateman, atriz.
Masculino(s): Justino.
Variante(s): Justina (*espanhol, inglês, holandês, belga, latim*); Giustina (*espanhol*); Justine (*francês, inglês*).

K

KAREN
Variante dinamarquesa de *Katharine* (Catarina), introduzida recentemente na Inglaterra. **Ver Catarina.**
Personal.: Karen Rodrigues, atriz bras.

KÁTIA
Variante de *Cátia*. **Ver Cátia.**

KEILA
Do hebraico *qehilláh, kehillah* (assembleia, congregação), da raiz *qahal*, o mesmo que *hiqhil* (ele reuniu, ele congregou). Significa "**aquele que reúne os membros de uma congregação (assembleia religiosa)**".
Personal.: Keila Costa, atleta bras.

KELLY
Nome com dois étimos. Sobrenome inglês adotado por modismo no Brasil como prenome. 1) Na Irlanda *Kelly* sign. "**descendente da guerra**". De grande ocorrência naquele país, foi o segundo sobrenome mais comum no final do séc. XIX. 2) Há um antigo toponímico *inglês,* nas variantes *Chenleie, Chelli, Kelli* que, segundo o CODEPN, parece estar ligado ao Galês *celli*, sign. "**bosque**".
Personal.: Kelly Key, cantora bras.; Kelly Wilson, atriz inglesa.
Variante(s): Keely, Kelee, Kelli (*inglês*).

KÊNIA
Do inglês *Queenie*, nome familiar que tornou-se independente no séc. XIX. Surgiu com Hester Maria Thrale, também chamada de "Queen Hester" ou "Queenie". O nome está calcado no inglês *queen*, sign "**pequena rainha**".
Variante(s): Quênia (*português*).

KÉSIA
Do hebraico *Kesiah*, de *qetziáh,* designação de uma madeira aromática traduzida por "**fragrância**". Posteriormente o nome foi latinizado *Cássia*. **Ver Cássia.**

Variante(s): Quézia (*português*); Ketzia, Kezia (*inglês*).

KIRIA
Do grego *Kyrie eleison*, uma breve súplica utilizada pela Igreja Católica Romana. Sign. "Senhor, tende piedade". *Kyrie* é o vocativo de *kyrios*, lit. "mestre, senhor".
Personal.: Kiria Meurer, repórter de TV.
Variante(s): Kyria (*português*).

L

LAÍDE
O mesmo que *Laís*. Ver **Laís**.
Variante(s): Laídi (*português*).

LAÍS
Do hebraico *Lais*, *Laish*, através do latim *Lais*, *Laidis*, antigo nome da cidade de Dan, situada ao norte da Palestina, hoje chamada Tell-el-Kadi. Significa "**lugar de leões**".
Personal.: Laís Mann, Laís Mac-Rency, atrizes; Laís de Sousa Brasil, pianista.
Variante(s): Laíde, Laísa (*português*); Lais, Laidis (*latim*).

LAÍSA
O mesmo que *Laís*. Ver **Laís**.

LAILA
Do árabe *Láyla*, de *láylah*, persa *Lailá*, sign. "**escura como a noite**", correlato ao hebraico *layil*, *láylah*, aramaico *lelá*, *lelyá*, siríaco *lelyá*, etíope *lelit*, lit. "**noite**". Nome de sete poetisas dos tempos pré-islâmicos, também é traduzido pelos árabes por "a embriaguez dos poetas". Em persa, *lailá* é também o odor do vinho tinto, ou o odor da sua influência embriagante. Há fontes que traduzem equivocadamente por "formosa". Ver **Dalila**.
Personal.: Laila Santos, atriz.
Variante(s): Leilá (*português*); Lélia, Leilah (*português, inglês*); Leila (*português*); Laila, Laleh (*inglês*); Laila (*nórdico*); Lailah (*hebraico*).

LANA
Nome com três étimos. 1) Do irlandês *Lana*, sign. "**minha criança**". 2) Hipocorístico de *Alana*. 3) Do romeno, hipocorístico de *Helena*. Ver **Alana** e **Helena**.
Personal.: Lana Turner, atriz.

LANDA
Hipocorístico de *Iolanda*. Ver **Iolanda**.
Personal.: Landa Lopes, poetisa.
Masculino(s): Lando.

LAODICEIA
Do grego *Laodíkeia*, forma relativa de *Laódice*, sign. "de (pertencente a; da natureza de) Laódice", e este, de *laós* (povo) e *díke* (justiça), sign. "justiceira do povo". No Novo Testamento, Laodiceia surge como o nome de uma das sete igrejas do Apocalipse. Foi também nome de uma antiga cidade da Síria batizada por Seleuco Nicator, em homenagem à sua mãe Laódice.
Variante(s): Laodicea (*português*); Laodice (*italiano*); Laodicée (*francês*); Laodicea (*inglês, latim*).

LARA
Do grego *lara*, lit. "muda", nome de uma náiade também chamada Tácita ou Muta. Da sua união com Mercúrio nasceram os Lares, deuses domésticos protetores dos lares, das ruas, dos caminhos, das culturas e dos campos. Na verdade, os lares eram as sombras das pessoas falecidas, e se dividiam nos lares familiares, guardiães invisíveis da família, os *lares parvi*, que eram utilizados para adivinhações e os *lares proestites*, que mantinham a ordem entre os demais. Equivale a Múcia. Ver Múcia.

Personal.: Lara Vance, atriz; Lara de Lemos, poetisa.
Variante(s): Lara (francês, russo).

LARISSA
O nome tem origem no pelásgico (os pelasgos foram primitivos habitantes da Grécia e das ilhas do Mediterrâneo oriental). Passou ao grego *Lárissa* através do latim *Larisa* ou de *Larissa, Larissae*, lit. "(da) acrópole". Foi nome de uma cidade da Tessália, pátria de Aquiles.
Personal.: Larissa Vereza, atriz; Larissa Petrik, atl. olímp. russa.
Variante(s): Lárissa (*grego*); Larisa, Larissa (*eslavo*).

LAURA
Feminino de *Lauro*. Ver Lauro, Lourenço e Dafne.
Personal.: Laura Cardoso, atriz; Laure Conan, escritora canadense.
Variante(s): Laura (*espanhol, italiano, francês, inglês*); Laure (*francês, inglês*); Lauri (*nórdico*).

LAUREANA
Forma relativa de *Laura*, sign. "de (pertencente a; da natureza de) Laura". Ver Laura.
Variante(s): Lauriana (*português*); Lauriane (*francês*).

LAURÊNCIA
O mesmo que *Lourença*, e este, feminino de *Lourenço*. Ver Lourenço.
Variante(s): Laurícia (*português*); Laurentia, Laurice (*inglês*).

LAURENE
Antropônimo calcado no inglês *Lauren*, e este, hipocorístico de *Laurence* (Lourenço). *Lauren* originou as variantes *Laurena*, *Laurene*. Ver Laura e Lourenço.
Variante(s): Laurena (*português*).
Personal.: Lauren Bacall, Lauren Hutton, atrizes.
Variante(s): Lauraine, Laurane, Lauren, Laurena, Laurene (*inglês*).

LAURENTINA
Feminino de *Laurentino*. Ver Laurentino.
Personal.: Laurentina Viotti, escritora.

LAURETA
Diminutivo de *Laura*. Ver Laura.
Variante(s): Laurete (*português*); Lauretta (*inglês*).

LAURIANA
O mesmo que *Laureana*. Ver Laureana.

LAURÍCIA
O mesmo que *Lourença*, e este, feminino de *Lourenço*. Ver Lourenço.
Variante(s): Laurice (*inglês*).

LAURIENE
Variante de *Laura* adaptada do inglês *Laurie*, e este, um sobrenome originado de *Laurence*. Ver Laura e Lourenço.
Personal.: Laurien Willemse, atl. olímp. holandesa.
Variante(s): Laurien (*holandês*).

LAURINA
Forma relativa de *Laura*, sign. "de (pertencente a; da natureza de) Laura". Ver Laura.
Variante(s): Laurinda (*português*); Laureen (*inglês*).

LAURINDA
Forma relativa de *Laura*, sign. "de (pertencente a; da natureza de) Laura". Ver Laura, Lourenço e Dafne.

LAURITA
Diminutivo de *Laura*. Ver Laura.
Personal.: Laurita Fonseca dos Santos, poetisa.

428 DICIONÁRIO DE NOMES

LAVÍNIA
Foi nome da filha única do rei Latinus e de Amata. Tornou-se a segunda esposa de Eneas, que em sua honra construiu a cidade de Lavínia, hoje Pratica, em local designado pelo oráculo. O nome tornou-se popular após a Renascença, no final do séc. XVII. É um dos nomes favoritos dos ciganos. Nos séculos XIII e XIV foram encontradas as variantes *Lavina*, *Lavena*, possíveis versões de *Lavínia*. Origina-se do latim *lavo*, *lavi*, *lavatum* (lavar; banhar; purificar), sign. "a que banha; a que purifica".
Personal.: Lavínia Vlasak, atriz; Lavínia Soares, cronista.

LEANDRA
Feminino de *Leandro*. Ver **Leandro**.
Personal.: Leandra Leal, atriz.

LECI
Forma regressiva de *Lécia, e este*, do inglês antigo *Lecia*, uma variante de *Lettice* (Letícia). Ver **Letícia**.
Personal.: Leci Brandão, cantora
Variante(s): Lécia, Lecy (*português*).

LEDA
Nome que possui dois étimos. Existe uma variante moderna, *Ledir*, com terminação arbitrária em *r*. 1) Do grego *Leda*, derivado de *lada*, sign. "mulher; esposa". 2) Feminino de *Ledo*. Ver **Ledo** (1ª acepção).
Personal.: Leda Nagle, jornalista.
Variante(s): Ledir (*português*); Leda (*espanhol, italiano*); Léda (*francês*).

LEIA
Do hebraico *Leah*, sign. "vaca selvagem", correlato ao árabe *láan*. O étimo está registrado no *Hebrew Proper Names, de Buchanan*, e no *Die Israelitischen Personennamen im Tahmen der Gemeinsemitischen Namengebung*, de Martin Noth. O nome já apareceu como feminino de Leo e também com as traduções "cansada", "ativa", "trabalhadeira", "bonita" etc. Nenhum desses significados deve ser considerado.
Personal.: Léa Garcia, atriz .
Variante(s): Léa, Lia (*português*); Lea (*espanhol, italiano, latim*); Leah (*inglês*).

LEIDE
Tradução fonética do inglês *Lady*, sign. "senhora; dama; amada". Ver **Leda** e **Marta**.

LEILA
O mesmo que *Laila*. Ver Laila.
Personal.: Leila Diniz, atriz; Leilah Assumpção, dramaturga; Leyla da Silveira, poetisa.
Variante(s): Leilah, Leyla (*português*); Leila (*inglês*).

LEILANE
O mesmo que *Leilani*. Ver Leilani.
Personal.: Leilane Neubarth, apresentadora de telejornal.

LEILANI
Do havaiano *Leilani* (pronuncia-se *leilaní*) sign. "belo (gracioso, formoso) lei". *Lei* é o nome do colar havaiano de flores.
Variante(s): Leilane (*português*); Lelani (*inglês*).

LEINA
Hipocorístico de *Madalena* calcado no inglês *Madeleine, Maudeleyn*. Ver Madalena.
Personal.: Leina Krespi, atriz.

LÉLIA
Do semítico *lelya*, aramaico-siríaco *Lelyá*, através do latim *Laelia*, o mesmo que *Laila, Lailah*. Ver Laila.
Personal.: Lélia Abramo, atriz; Lélia Frota, poetisa.
Masculino(s): Lélio.

LELIANA
Forma relativa de Lélia, sign. "de (pertencente a; da natureza de) Lélia". Não confundir com *Liliana*.
Personal.: Leliana Rodrigues, jornalista, repórter.
Masculino(s): Leliano.

LENA
Nome com dois étimos. 1) Hipocorístico de *Eleanor* (Eleonora). 2) Hipocorístico de *Helena*. Ver Eleonora e Helena.
Personal.: Lena Olin, atriz.

LENI
Do inglês *Lennie*, diminutivo de *Helena*. Ver Helena.
Personal.: Leny de Andrade, cantora.
Variante(s): Lany (*francês*); Lenis, Lennie (*inglês*).

LENICE
Nome com dois étimos. 1) Hipocorístico de *Helenice*, e este, diminutivo de *Helena*. 2) Do francês *Lenice*, sign. "simples; natural; inocente".
Personal.: Lenice Prioli, cantora lírica.

LENILDA
Feminino de *Lenildo*, e este, o mesmo que *Leonildo*. Ver Leonildo.

430 DICIONÁRIO DE NOMES

Variante(s): Lenilde (*português*); Leonilda (*espanhol, italiano*); Léonilde (*francês*).

LENIR
O mesmo que *Leni*, com sufixo arbitrário, característico de nomes derivados criados no Brasil. Ver Leni.
Personal.: Lenira Fraccaroli, escritora.
Variante(s): Lenira (*português*).

LENISE
Do inglês *Lenis*, diminutivo de *Helena*. Ver Helena.
Personal.: Lenise Figueiredo, jornalista.
Variante(s): Lenis (*inglês*).

LENITA
Diminutivo de *Leni*. Ver Leni.
Personal.: Lenita de Figueiredo.

LEODEGÁRIA
Feminino de *Leodegário*. Ver Leodegário.
Personal.: Leodegária de Jesus, poetisa.

LEÔNCIA
Feminino de *Leôncio*. Ver Leôncio.

LEONETE
Diminutivo calcado no italiano *Leone*, sign. "pequena leoa".

Personal.: Leonete de Oliveira, poetisa.

LEONI
Do inglês *Leoni*, francês *Leonie*, variantes femininas de *Léon* (Leão), sign. "leoa".
Variante(s): Leônia (*português*); Leonia (*italiano*); Leonie (*francês*); Leona, Leoni, Leony, Leonir (*inglês*).

LEONICE
O mesmo que *Leonícia*. Ver Leonícia.
Personal.: Leonice Vidotto, poetisa.
Variante(s): Leonícia (*português*).

LEONÍCIA
Forma relativa de *Leoni*, sign. "de (pertencente a; da natureza de) Leoni". Ver Leoni.

LEONÍDIA
Feminino de *Leonídio*. *Leonídias* eram também as festas anuais da antiga Esparta, em homenagem a Leônidas, quando era celebrada a vitória das Termópilas. Compreendiam jogos e panegíricos dos heróis espartanos que participaram da célebre batalha. Ver Leonídio.
Personal.: Leonídia Vasconcelos, poetisa.

LEONILDA
Feminino de *Leonildo*. Ver Leonildo.
Personal.: Leonilda Justus, poetisa.
Variante(s): Leonilde (*português*).

LEONOR
O mesmo que *Eleonora*. Em Portugal, nome encontrado em obras redigidas nos séculos XIII e XIV, na forma *Leanor*. Ver Alienor.
Personal.: Leonor Lambertini, Leonora Augusta, Lenore Aubert, atrizes.
Masculino(s): Leonório, Leonoro.
Variante(s): Leonora (*português*); Lenore (*inglês*).

LEONTINA
Do latim *leontina*, sign. "natural (habitante) de Leontinos". *Leontinos* é uma antiga cidade da Sicília, cujo nome está relacionado com *leão*.
Personal.: Leontina Licínio Cardoso, poetisa.
Variante(s): Leontina (*italiano*); Léontine (*francês*); Leontine, Leontyne (*inglês*).

LEOPOLDINA
Feminino de *Leopoldino*. Ver Leopoldino.
Personal.: imperatriz bras. casada com o príncipe D. Pedro, mais tarde D. Pedro I, imperador do Brasil.
Variante(s): Leopoldine (*francês*).

LETÍCIA
Do latim *laetitia*, sign. "alegria; prazer". Nome que se tornou de uso geral na Inglaterra do séc. II, como também a sua variante latinizada *Lecia*, de origem inglesa. Ver Gaudêncio.
Personal.: Letícia Sabatella, atriz; Letitia Baldrige, escritora americana.
Variante(s): Leticia (*espanhol*); Letízia (*italiano*); Laetitia (*francês, latim*); Letice, Letitia, Lettice (*inglês*); Lecia, Letyce (*inglês antigo*).

LIA
Do hebraico, o mesmo que *Leia*. Ver Leia.
Personal.: Lia Brasil, atriz; Lya Luft, poetisa, romancista.
Variante(s): Lía (*espanhol*); Lia (*italiano, francês*); Lie (*francês*).

LIANA
Nome com dois étimos. 1) Hipocorístico de *Liliana*, *Liliane*, através do francês *Liana*, *Liane*. O étimo não tem relação com o latim *ligamem* (francês *liane*), lit. "liana" (uma espécie de cipó

432 DICIONÁRIO DE NOMES

lenhoso), como sugerem algumas fontes. Ver Liliana. 2) Do romeno, o mesmo que *Helena*. Ver Helena e Luana.
Personal.: Liana Duval, atriz; Liane dos Santos, poetisa.
Variante(s): Liane (*português, francês, inglês*); Leaná, Leanne (*inglês*).

LÍCIA
Nome com três étimos. 1) Hipocorístico de *Alice*, através da variante *Alícia*. 2) Feminino de *Lício*. Ver Alice e Lício (1ª e 2ª acepções).
Personal.: Lícia Magna, atriz.
Variante(s): Licia (*espanhol*); Lìcia (*italiano*).

LICÍNIA
Do latim *Licinia*, feminino de *Licínio*. Ver Licínio.
Personal.: famosa vestal romana do séc. VII da era cristã.
Variante(s): Licinia (*espanhol*); Licinia, Licymnia (*latim*).

LÍDIA
Do grego *Lydía*, sign. "natural (habitante) da Lídia", antiga região da Ásia Menor, no Mar Egeu. Os lídios consideravam-se descendentes de Lud ("aquele que sente as dores do parto"). Na Inglaterra, o nome surgiu no séc. XVII, na forma *Lydia*.
Personal.: Lídia Brondi, atriz.
Masculino(s): Lídio.
Variante(s): Lidia (*espanhol, russo*); Lydia (*italiano, inglês, latim*); Lydie (*francês*); Lydia (*inglês, alemão, nórdico*).

LIEGE
De *Liège*, nome de uma cidade da Bélgica, *Luik* em flamengo, *Lüttich* em alemão, *Leodicum* em latim. O nome origina-se do antigo alto alemão *liudic*, através de *Liuga, Liugewe, Legia*, sign. "do povo; popular". Existe um adjetivo *liege*, inglês médio *lege, lige, liege*, francês *liege* ("livre") que não tem relação com o antropônimo em questão.
Personal.: Liege Monteiro, atriz.

LÍGIA
Do grego *Ligeia*, através do latim *Ligea, Ligia*, sign. "natural (habitante) da Lígia". Os lígios constituíram um povo germânico que habitou próximo ao rio Oder. O nome deriva da raiz *lig* (água).
Personal.: Lígia Diniz, atriz.
Variante(s): Lígea, Ligeia (*português*); Ligia (*espanhol, latim*); Lygia (*inglês*).

LILIAN

Forma familiar de *Elisabete*. Do ingês, com influência do alemão *Lili*. *Lília* e *Lilian* têm origem no inglês *Lillian*, variante encontrada na Inglaterra no séc. XVI. Há uma variante *Lilion*, encontrada em 1273, que sugere ser um diminutivo de *Lily*. *Liliana* e *Liliane* originaram-se do francês.
Personal.: Lilia Cabral, Lilian Lemmertz, atrizes; Lilian Palmer, atl. olímp. americana.
Variante(s): Lilia, Liliana, Liliane (*português*); Lilia (*espanhol, inglês, russo*); Liliane, Liliane (*francês*); Lilian (*francês, inglês*); Lillian (*inglês*).

LILIANA

O mesmo que *Lilian*. **Ver Lilian.**
Personal.: Liliana Castro, Liliana Komorowska, atrizes.
Variante(s): Liliane (*português, francês*).

LINA

Nome com vários étimos. 1) Diminutivo de nomes terminados em *lina*, tais como *Adelina, Angelina* e, mais precisamente, *Carolina*. 2) Feminino de *Lino*. **Ver Lino** (2ª e 3ª acepções).
Personal.: Lina Reston, atriz; Lina Walkíria, autora infantil.

Variante(s): Lina (*espanhol, italiano, francês, inglês*).

LINDA

Nome com três étimos. 1) Da raiz germânica *lent* (flexível, suave, branda, afável), de onde se originam os germânicos *linthia, lenthia*, o alemão *lind* (suave), o inglês *lithe* (flexível) e o latim *lentus* (flexível, tenaz, lento). Da mesma raiz saíram *lenthaz* (lindo, em antigo alto-alemão), sign. "**serpente**" – o animal flexível por excelência – e *lind*, lit. "tília", que deve seu nome à flexibilidade e tenacidade da sua madeira. Por sinédoque, *lind* passou a significar "**escudo**", na linguagem dos antigos guerreiros teutões, que usavam esta madeira para fabricar seus escudos de guerra. 2) Hipocorístico de nomes terminados em *linda*, como *Belinda, Siglinda* etc. 3) Do adjetivo *linda*.
Personal.: Linda Múrcia, Linda Blair, atrizes.
Variante(s): Lynda (*inglês*); Linda (*inglês, nórdico*); Linde (*alemão*).

LINDAURA

Aglutinação de *Linda* e *Aura* ou *Linda* e *Áurea*. **Ver Áurea.**

434 DICIONÁRIO DE NOMES

Personal.: Lindaura Pedrosa, poetisa.

LINETE
Nome com dois étimos. 1) Do francês *Linet*, diminutivo de *Liné*, alcunha dada a um fabricante de toalhas de linho. 2) Do francês *Linet*, abreviatura de *Colinet*, e este, derivado de *Colin*, o mesmo que *Nicolin* (Nicolino). No Brasil, o nome é tido como feminino, em virtude da terminação característica. Ver Nicolino.
Personal.: Lynette Curran, atriz.
Variante(s): Linnet, Linnette (*inglês*).

LISA
Diminutivo de *Elisabete*. Ver Elisabete.
Personal.: Lisa Negri, atriz.
Variante(s): Lisa (*espanhol, italiano, francês, inglês, nórdico*); Lise (*francês, inglês*); Liza (*inglês*).

LISANDRA
Femininos de *Lisandro, Lizandro*. Ver Lisandro.
Personal.: Lisandra Souto, atriz.
Variante(s): Lizandra (*português*); Lysandra (*inglês*).

LISANE
Feminino de *Lisâneas*. Ver Lisâneas.
Personal.: Lisanne Lejeune, atl. olímp. holandesa.
Variante(s): Lisana (*português*); Lisanne (*holandês*).

LISBETE
Diminutivo de *Elisabete*. Ver Elisabete.

LISETE
Nomes originários do francês *Lisette*, diminutivo de *Elisabete*. Ver Elisabete.
Personal.: Lisete Carkino, atriz.
Variante(s): Lizete (*português*); Lisette (*francês*); Lysette (*inglês*)

LÍSIA
Nome calcado no inglês *Lysie*, e este diminutivo de *Lisa*. Ver Lisa.
Personal.: Lízia Pessin Adam, contista.
Masculino(s): Lísio.
Variante(s): Lízia (*português*); Lizzie, Lizzy, Lysie (*inglês*).

LÍVIA
Feminino de *Lívio*. *Livia* foi o nome de uma antiga *gens* romana de onde saíram Marco Livio Denter, Livio Druso e Livia Drusilla, esta última, mulher do im-

NOMES FEMININOS 435

perador Augusto e mãe de Tibério. Ver Lívio.
Personal.: Lívia Maschetti, Lívia Paulini, poetisas.
Variante(s): Livia (*espanhol, inglês*); Livia (*italiano*); Livie (*francês*); Livya (*inglês*).

LIVINA
Forma relativa de *Livia*, sign. "de (pertencente a; da natureza de) Lívia". Ver Lívia.

LOLA
Do espanhol *Lola*, diminutivo de *Dolores* já encontrado no Brasil como prenome. **Ver Dolores.**
Personal.: Lola Brah, Lola Lane, atrizes; Lola de Oliveira, poetisa.

LORENA
Sobrenome de origem geográfica, já encontrado como prenome. Do francês antigo *Lot-regne*, francês moderno *Lorraine*, e este, do latim *Lotharil regnum* sign. "reino (campo, domínio) de Lotário". Foi nome de uma antiga província francesa, assim batizada em honra ao primogênito de Luís, o Bonachão, rei de França do séc. VIII, que se tornou possuidor daquelas terras graças ao Tratado de Verdun. **Ver Lotário.**

Personal.: Lorena Fernandes, atriz; Lorena Calábria, apresentadora de TV.
Variante(s): Laraine, Loraine, Loran, Lorann, Lorene (*inglês*).

LORETA
De *Loreto*, nome de uma cidade da Itália. O nome está calcado no latim *lauretu*, sign. "bosque de loureiros".
Personal.: Loretta Emiri, poetisa bras.

LÓTUS
Do grego *lótos*, lit. "lótus; loto", ou seja, o *padma* dos indianos. O nome originou-se do hebraico *loth*, sign. "o que esconde; coberto; véu; cobertura". Ocorre que os gregos usaram o termo lótos para designar plantas diferentes, tais como a jujubeira, o cinamomo, o trevo etc. O lótus a que se refere o verbete é o que os indianos na língua nativa denominam *padma*, uma planta aquática dos pântanos que floresce na Índia e no Egito. Era tida pelos egípcios como a representação do Sol, da Ressurreição, do Cosmo e do homem. A semente desta planta (*padma*) contém em seu interior o modelo perfeito da planta futura, como o arquétipo

436 DICIONÁRIO DE NOMES

das coisas espirituais que existem no mundo divino antes de se materializarem nos mundos das formas.
Personal.: Lótus Lobo, artista plástica bras.

LOURDES
O mesmo que *Lurdes*. Ver Lurdes.

LUANA
Nome de uma personagem de *Bird of Paradise*, filme americano de 1932. Possui três étimos. 1) Na Romênia, variante de *Helena*. Naquele país é uma personagem mitológica importante. Há muitas lendas a seu respeito, que diferem de lugar para lugar. Dependendo da região, *Luana* pode ser uma espécie de heroína civilizadora que tem como missão ensinar as pessoas a escrever, ou uma princesa originária de terras estrangeiras que se apaixonou por um jovem camponês nativo. 2) Do inglês (América), aglutinação de **Lou** (hipocorístico de *Louis* ou *Louise*) + **Anna**. 3) Do havaiano, com o significado de "calma; descansada; relaxada; desocupada; livre".
Personal.: Luana Cardoso, atriz; Luana Lani, modelo.

Variante(s): Luane (*português*); Louanna, Luane, Luann, Luanna, Luwana (*inglês*).

LUCÉLIA
O mesmo que *Lucília*. Ver Lucília.
Personal.: Lucélia Freire, Lucélia Maquiavelli, atrizes.

LUCI
O mesmo que *Lúcia*, com influência do inglês *Lucy*. Com *Luce*, foi um dos nomes ingleses favoritos no séc. XII.
Personal.: Luci Rangel, Lucie Arnaz, atrizes; Lucy Teixeira, poetisa.

LÚCIA
Feminino de *Lúcio*. Ver Lúcio.
Personal.: Lúcia Alves, atriz; Lúcia Aizim, poetisa.
Variante(s): Luci (*português*); Lucía (*espanhol*); Lucìa (*italiano*); Luce (*francês, inglês*); Lucie (*francês, inglês, holandês*); Lucy (*inglês*).

LUCIANA
Feminino de *Luciano*. Ver Luciano.
Personal.: Luciana Braga, Luciana Vendramini, atrizes.
Variante(s): Luciene (*portu-*

NOMES FEMININOS 437

guês); Luciana, Lucien, Lucienne (*francês*).

LUCIENE
Do francês *Lucienne*, o mesmo que *Luciana*. Ver Luciana.
Personal.: Luciene Franco, Luciene Melo, Lucienne Bridou, atrizes.

LUCÍDIA
Feminino de *Lucídio*. Ver Lucídio.

LUCÍLIA
Feminino de *Lucílio*. Ver Lucílio.
Personal.: Lucília Cândida Sobrinho, poetisa; Lucile Perrone, Lucille Benson, atrizes.
Variante(s): Lucélia (*português*); Lucelia (*espanhol*); Lucìlia (*italiano*); Lucillia (*francês, inglês*).

LUCILA
Feminino de *Lucilo*. Ver Lucilo.
Personal.: Lucila Nogueira, Lucila Pini, atl. olímp. bras.
Variante(s): Lucila (*espanhol*); Lucilla (*italiano, inglês*); Lucille (*francês, inglês*); Lucile (*inglês*).

LUCINA
Do latim *Lucina, Lucinae*, e *lux, lucis* (luz), sign. "a luminosa". Por extensão, "a que ajuda a dar à luz". Nome de uma deusa romana que presidia os partos, invocada pelas mulheres grávidas e muitas vezes confundida com Juno (Juno Lucina). Nome pelo qual também os antigos poetas designavam a Lua.
Personal.: Lucyna Langer, atl. olímp. polonesa.
Variante(s): Lucina (*espanhol, italiano, latim*); Lucinne (*francês*); Lucine, Lucyna (*inglês*).

LUCINDA
Do inglês, variante poética de *Lucina* e *Lúcia*, surgida no séc. XVII por influência dos nomes terminados em *inda*, como *Belinda, Clorinda* etc. Ver Lúcia e Lucina.
Personal.: Lucinda Freire, atriz.
Masculino(s): Lucindo.

LUCINETE
Diminutivo de *Lucina*. Ver Lucina.
Personal.: Lucinete Ferreira (Anastácia), cantora.
Variante(s): Lucineti (*português*).

LUCÍOLA
Do latim *Luciola*, diminutivo de *Lúcia*. Ver Lúcia.

438 DICIONÁRIO DE NOMES

LUCRÉCIA
Do latim *Lucretia*, com dúvidas quanto ao significado. Na Inglaterra, o nome apareceu por volta do séc. XV, na forma *Lucretia*. *Lucrèzia* surgiu na Itália, à mesma época. 1) Apoiado em *Lucro*, deus do lucro entre os antigos romanos, sign. "a que lucra". 2) Ou significando "pura; casta". Foi nome de uma *gens* romana de onde saiu o ramo dos Vespillo ("coveiros").
Personal.: Lucrèzia Bori, cantora lírica italiana.
Masculino(s): Lucrécio.
Variante(s): Lucrecia (*espanhol*); Lucrèzia (*italiano*); Lucrèce, Lucrétia (*francês*); Lucrece (*inglês*).

LUDMILA
Do eslavo, sign. "a amada do povo". Segundo João Ribeiro, a forma *Ludemila* teria surgido de personagens literários – *Ludwig* e *Emilia*. Entretanto, *Ludemila* é uma transformação semântica de *Ludmila*.
Personal.: Ludmila Dayer, atriz; Lyudmila Yegorova, atl. olímp. russa.
Masculino(s): Ludmilo, Ludemilo.
Variante(s): Lidmila, Ludemila, Lumila (*português*); Ludomila (*espanhol*); Ludmila (*espanhol, francês,*); Ludmilla (*francês, alemão, nórdico, eslavo*).

LUÍSA
Feminino de *Luís*. O nome foi encontrado na Inglaterra, em 1646, na forma *Luese* (Luese Bencon), e tornou-se popular naquele país a partir do séc. XVIII. Foi nome de muitas duquesas, princesas e rainhas. Ver Luís.
Personal.: Luiza Brunet, modelo bras.
Variante(s): Luíse, Luíza, Luíze (*português*); Luisa (*espanhol*); Luigina (*italiano*); Louise (*francês*); Louisa (*francês, inglês*); Loise (*inglês*).

LUPE
Hipocorístico de *Guadalupe*. Ver Guadalupe.
Personalidades: Lupe Gigliotti, atriz; Lupe Cotrim Garaude, poetisa.

LURDES
Do francês Lourdes, nome de origem toponímica, que tornou-se antropônimo no Brasil em homenagem à Virgem Imaculada, que teria aparecido na vila francesa do mesmo nome. O fato ocorreu em 1858 e foi presencia-

NOMES FEMININOS 439

do pela menina Bernadette Soubirous, então com 13 anos de idade. A forma documentada mais antiga do nome origina-se de *Lorde*, toponímico de uma raiz basca, que em úscaro significa "altura escarpada ou rochosa que se prolonga em declive". A situação do castelo de Lourdes confirma o significado.
Personal.: Lourdes Bacelar, Lourdes Gonçalves, escritoras; Lourdes Teodoro, poetisa.
Variante(s): Lourdes (*francês*).

LÚSIA
Epíteto de Ceres – na mitologia grega, filha de Saturno e de Ops, e deusa da Agricultura – porque gostava de banhar-se no Ladão. O nome significa "a que se banha". Não confundir com *Lusia*.

LUTÉCIA
Do celta *louk-teih*, através do latim *Lutetia*, nome de residência que significa "do lugar dos pântanos", referindo-se a alguém que morava próximo a um charco, ou do nome de uma cidade gaulesa, hoje o bairro parisiense localizado na ilha da Cité ou ilha de Nossa Senhora.

LUZIA
Luzia, do grego *Loukía*, o mesmo que *Lúcia*, provavelmente através do italiano *Lucìa*. Ver Lúcia.
Personal.: Lusia Harris, atl. olímp. americana.
Variante(s): Lusia (*português, inglês*); Lucìa (*italiano*).

LUZINETE
Diminutivo de *Luzia*. Ver Luzia.
Personal.: Luzinete de Lemos, poetisa.

M

MABEL
Do inglês *Mabel, Mabella*, o mesmo que *Amabel*. Na Inglaterra, a variante *Mabella* foi encontrada no séc. XII, e *Mabel*, no séc. XVI. Ver Amabel.
Personal.: Mabel King, atriz.
Variante(s): Amabel, Mabília (*português*); Mabel (*espanhol, francês*); Mabelle (*francês*); Mabell, Mabella (*inglês*).

MADALENA
Do grego *Magdaléne*, sign. "natural (habitante) de Magdala". *Magdala* foi nome de uma antiga cidade palestina, próxima ao lago Tiberíades, que significa "torre de Deus". A variante foi adotada na Inglaterra durante o séc. XII, como nome cristão. Ver Magda.
Personal.: Madalena de Sousa, poetisa; Magdalena Tagliaferro, pianista bras; Madeleine Stowe, atriz.
Variante(s): Magdalena (*espanhol, francês, alemão*); Maddalena (*italiano*); Madeleine, (*francês*);

Magdelen (*espanhol, italiano*); Magdalen (*inglês*).

MAFALDA
Do germânico, o mesmo que *Matilda, Matilde*, nas antigas variantes *Mahalta, Mafalta*. Em Portugal, nome encontrado em obras datadas dos séculos XIII e XIV. Ver Matilde.
Personal.: Mafalda Minnozzi, cantora.
Variante(s): Mafalda (*espanhol, italiano*); Maphalde (*francês*).

MAGALI
Do francês, hipocorístico provençal de *Margarida*. Ver Margarida.
Personal.: Magaly Carvajal atl. olímp. cubana.
Variante(s): Magalí (*espanhol*); Magali (*francês*); Magaly (*inglês*).

MAGDA
Do alemão *Magda*, diminutivo de *Madalena*. Com o aconteceu com outros diminutivos, o gosto

popular, com o tempo, transformou-o em um nome independente. **Ver Madalena**.
Personal.: Magda Maria, atriz.
Variante(s): Magda (*inglês*).

MAGNA
Feminino de *Magno*. **Ver Magno**.
Personal.: Magna Celi, poetisa.

MAGNÓLIA
Do nome de uma planta aromática, surgido em homenagem ao botânico Pierre *Magnol* (1638-1715). O nome está ligado ao latim *magnus*, lit. "grande".
Personal.: Magnolia Figueiredo, atl. olímp. bras.

MAIARA
1) Há em tupi o termo *maya arya*, de *maya* (mãe) e *aryia* (avó por parte de mãe), sign. "bisavó". Como o nome já foi encontrado grafado *Mayara*, é possível que tenha ocorrido uma transformação de *maya aryia* em *mayara*, como é comum nestes casos. Este é o étimo provável. 2) Já houve quem sugerisse, sem muita convicção, a origem no uapixana (tribo de indígenas aruaques do alto Rio Branco) maiáre, lit. "bicho".
Personal.: Maiara Magri, atriz.
Variante(s): Mayara (*português*).

MAÍRA
Do tupi *mair*, sign. "herói mítico; francês; branco estrangeiro; estrangeiro louro". Daí o termo *Mairi* (Mayri) aplicado pelos tupis às cidades e povoados dos franceses, inclusive Belém do Pará, que se generalizou, passando mais tarde a ser traduzido por "cidade". Uma fonte propôs a acepção "que faz o mal", que deve ser descartada.

MAÍSA
Do escocês *Maisie*, *Mysie*, diminutivo de *Margaret* (Margarida). Há quem pretenda ser o nome uma transformação intencional de *Marisa* ou aglutinação da primeira e última sílaba de *Maria Luísa*, hipóteses destituídas de fundamento. **Ver Margarida**.
Personal.: Maysa Matarazzo, cantora bras.
Variante(s): Maisie, Mysie (*escocês*).

MAITÊ
Do germânico *Maite*, sign. "(a) virgem". A variante *Maites* é muito difundida entre os judeus. Equivale a *Virgínia*. **Ver Virgínia e Maria**.
Personal.: Maitê Proença, atriz.

442 DICIONÁRIO DE NOMES

MALU
Hipocorístico de nomes *Maria Lúcia* e/ou *Maria Luísa*. A inclusão do duplo "ele" e do "agá" final são adaptações livres.
Personal.: Malu Mader, atriz.

MANUELA
O mesmo que *Emanuela*. Ver Emanuela.
Personal.: Manuela Maya, atriz.
Variante(s): Manoela (*português, espanhol, alemão, eslavo*); Manuella (*inglês*).

MARA
Nome com dois étimos. 1) Do hebraico *Marah*, lit. "amarga". Foi também nome de um lugar no deserto de Sur, onde os israelitas fizeram a primeira parada depois de atravessarem o Mar Vermelho. Ali existia uma fonte de águas amargas. Diz a tradição que Moisés lançou um lenho na água e esta se tornou doce. 2) Há no tupi o vocábulo *marã*, lit. "guerra, desordem, revolução; ficar doente" e daí, *Mara*, nome de uma lendária filha de um pajé da Amazônia que teria aprendido as artes sobrenaturais para praticar o mal.
Personal.: Mara Rúbia, atriz.

MARCELA
Do latim *Marcella*, nome que possui dois étimos. 1) Feminino de *Marcelo*. 2) Na Inglaterra, adotado também como diminutivo de *Marcia*. Ver Marcelo e Márcia.
Personal.: Marcela Muniz, atriz; Marcelle Tinayre, romancista francesa.
Variante(s): Marcela (*espanhol, romeno*); Marcella (*italiano, francês, inglês, latim*).

MARCÉLIA
O mesmo que *Marcelina*. Ver Marcelo e Márcia.
Personal.: Marcélia Cartaxo, atriz.

MARCELINA
Forma relativa de *Marcela*, sign. "de (pertencente a; da natureza de) Marcela ". O mesmo que *Marcélia*. Ver Marcelo e Márcia.
Personal.: Marceline Desbordes-Valnore, poetisa francesa.
Variante(s): Marcelina (*espanhol*); Marcellina (*italiano, inglês*); Marcelline (*francês*); Marcelyn (*inglês*).

MÁRCIA
Feminino de *Márcio*. Ver Márcio.
Personal.: Márcia Haydée, bailarina bras.

Variante(s): Marcia (*espanhol, francês, inglês*); Màrzia (*italiano*); Marcie (*francês, inglês*); Marci, Marcy, Marsha, Marshe (*inglês*).

MARCÍLIA
Feminino de *Marcílio*. Ver Marcílio.

MARGA
Nome com dois étimos. 1) Diminutivo de *Margarete, Margarida*. 2) Do sânscrito *mârga*, lit. "senda; caminho", relativo ao caminho santo que conduz ao Nirvana. Ver Margarida.
Personal.: Marga Lemos, atriz.
Variante(s): Marga (*inglês, alemão*).

MARGARETE
Do inglês *Margareth*, o mesmo que *Margarida*. Ver Margarida.
Personal.: Margareth Meneses, cantora.

MARGARIDA
Do grego *margarítes*, através do latim *Margarita*, lit. "pérola". Equivale ao espanhol *Perla*. Nome que os gregos tomaram emprestado ao persa *murvarid, murwari*, e que originalmente significa "criatura de luz". Em Portugal, foi encontrado em obras redigidas nos séculos XIII e XIV. Na Inglaterra, o primeiro registro do nome data de 1093, com Santa Margaret, irmã de Edgar Atheling. Ver Deise.
Personal.: Margarida Rey, atriz.
Variante(s): Margarete, Margô, Rita (*português*); Margarita (*espanhol, latim*); Margherita (*italiano*); Marguérite (*francês*); Margaret (*inglês*); Margarete (*inglês, alemão*).

MARGÔ
Do inglês *Margot*, diminutivo de *Margarida*. Como aconteceu com outros diminutivos, o gosto popular, com o tempo, transformou-o em um nome independente. Ver Margarida.
Personal.: Margot Morel, atriz.
Variante(s): Margaux (*francês*); Margot (*inglês*).

MARIA
Do sânscrito *Maryâh*, lit. "a pureza; a virtude; a virgindade". Segundo Saint-Yves D'Alveydre, "as sílabas Ma Ri Hâ formam o trígono das águas vivas, origem e emanação temporal dos seres". A letra *M* tem relação com as águas. Em sânscrito *Ma* refere-se ao Tempo, à Medida, ao Mar, à

444 DICIONÁRIO DE NOMES

Luz refletida, à Água. Em russo, *marh* traduz-se por "mar". *Míriam* e *Marília* são, respectivamente, as variantes hebraica e árabe do nome.
Personal.: Maria Pompeu, Marya Bravo, atrizes.
Variante(s): Mariá, Marília, Míriam (*português*); María (*espanhol, russo*); Maria (*italiano, alemão, romeno, holandês, belga, nórdico, eslavo*); Marie (*francês, holandês*); Mary (*inglês*); Marya (*inglês, russo*); Mair (*gaulês, russo*); Marja (*nórdico, polonês*); Masha, Mariya (*russo*); Miryam (*hebraico*); Mariam, Marilyam (*árabe*).

MARIANA
Nomes com três étimos. 1) Do inglês *Marianne*, e este, aglutinação de *Mary Ann* (Mariana). Foi um nome composto muito comum na Inglaterra durante o séc. XIX. 2) Do francês *Marianne*, diminutivo de *Marie* (Maria). 3) Feminino de *Mariano*. Ver Ana, Maria e Mariano (1ª acepção).
Personal.: Mariana Ximenes, Mariane Vicentini, Marianne Ebert, Marianna Hill, atrizes.
Variante(s): Mariane, Mariene (*português*); Mariana (*espanhol,*

italiano); Mariani (*italiano*); Marianna (*italiano*); Marianne (*francês, inglês, alemão*).

MARIÂNGELA
Aglutinação de *Maria* e *Ângela*. Ver Maria e Ângela.
Personal.: Mariângela Gomide, historiadora.

MARIETA
Nome com dois étimos. 1) Do francês *Mariette*, diminutivo de *Maria*. 2) Do nome de uma cidade americana do estado de Ohio, fundada em 1788 em homenagem a MARIa AntoniETA.
Personal.: Marieta Severo, Mariette Hartley, atrizes..
Variante(s) da 1ª acepção: Marieta (*italiano*); Mariette (*francês*); Moriotta (*inglês*).

MARILDA
Do germânico *Marhild*, de *mar* (famosa, brilhante, ilustre) e *hild* (batalha), sign. "famosa (brilhante) na batalha". É o inverso de *Hildemar* (hild + mar). Algumas fontes equivocam-se ao pretenderem que o nome seja uma forma alterada de *Marília*, ou aglutinação de *Maria Hilda*.
Personal.: Marilda Pedrosa, atriz; Marilda Vasconcelos, poetisa.

MARILENA
Do francês *Marilene*, aglutinação de *Marie Hélène* (Maria Helena). Ver Maria e Helena.
Personal.: Marilena Chiarelli, jornalista.
Variante(s): Marilene (*francês*).

MARÍLIA
Tradução fonética do árabe *Marilyam*, o mesmo que *Maria*. Nome dado pelo poeta Tomás Antônio Gonzaga à amada Maria Joaquina Doroteia de Seixas, inspiradora de "Liras". Não foi um nome inventado pelo poeta, como sugerem algumas fontes. Ver Maria.
Personal.: Marília Pêra, atriz.

MARILU
Nome com dois étimos. 1) Do inglês *Marylou*, *Marylu*, *Marilu*, aglutinação de *Mary* (Maria) e *Louisa*, *Louise* (Luísa). 2) Aglutinação de *Maria* e *Lurdes*. Ver Maria, Luísa e Lurdes.
Personal.: Marilu Martinelli, atriz.
Variante(s): Marylou, Mary Lou, Marilu, Marylu (*inglês*).

MARINA
Do latim *marina*, lit. "do mar". Na Inglaterra, o nome surgiu no início do séc. XIV, tornando-se muito popular, especialmente entre os ciganos de Northamptonshire, nas variantes *Marina* e *Meirenni*. No Brasil o nome foi imortalizado em uma canção de Dorival Caymmi.
Personal.: Marina Colasanti, escritora bras.
Masculino(s): Marino.
Variante(s): Marina (*espanhol, italiano, francês, inglês, alemão*); Marine (*francês*).

MARINEI
Aglutinação de *Maria* ou *Marina* com *Nei* ou *Neide*.

MARINETE
Diminutivo de *Marina*. Ver Marina.

MARINEZ
Aglutinação de *Maria Inez*. Ver Maria e Inês.
Variante(s): Marinês (*português*).

MARION
Do inglês *Marion*, diminutivo de *Mary* (Maria). Nos países de língua inglesa é um nome comum a ambos os sexos. Ver Maria.
Personal.: Marion Desmond, atriz.

MARISA
Forma aportuguesada do inglês *Maris*, e este, hipocorístico de *Maria*. Ver Maria.
Personal.: Marisa Orth, atriz; Mariza Regina de Souza, Marize Castro, Maryse Weyne, poetisas.
Variante(s): Mariza, Marize (*português*); Marise (*português, francês*); Marisa (*espanhol*); Maryse (*francês*).

MARISETE
Diminutivo de *Marisa*. Ver Marisa.
Personal.: Marizete Moreira Santos, atleta bras.
Variante(s): Marizete (*português*).

MARISTELA
Nome com dois étimos. 1) Aglutinação de *Maria Stella* (Estela). 2) Inversão de *Stella Maris*, composto originário do latim *stella maris*, lit. "estrela do mar".
Personal.: Maristela Andrade, atriz.

MARIZA
O mesmo que *Marisa*. Ver Marisa.

MARLA
Do bávaro *Marla*, o mesmo que *Maria*. Ver Maria.

Personal.: Marla Landi, atriz.
Masculino(s): Marlo.

MARLENA
Aglutinação de *Maria Helena*. O mesmo que *Marilena*. Não confundir com *Marlene*. Ver Maria, Marilena e Helena.

MARLENE
Nome surgido da aglutinação do prenome verdadeiro da atriz alemã Marlene Dietrich, MARia MagdaLENE. O mesmo que *Maria Madalena*. Ver Maria e Madalena.
Personal.: Marlene Fernanda, atriz.
Variante(s): Marleny (*espanhol*); Marlene (*espanhol, francês, inglês, alemão*).

MARLI
Do nome de uma cidade francesa, Marly, conhecida por suas indústrias têxteis e metalúrgicas, calcado na raiz *marl* (marga), mais o sufixo *y*, referindo-se a uma localidade ou região onde a *marga* (um calcário argiloso) é abundante.
Personal.: Marli Aguiar, atriz.
Variante(s): Marly (*francês*).

MARLUCE
Variação de *Marlúcia*. **Ver Marlúcia.**
Variante(s): Marlúcia (*português*).

MARLÚCIA
Aglutinação de *Maria Lúcia*. **Ver Maria e Lúcia.**

MARLY
O mesmo que *Marli*. **Ver Marli.**

MARTA
Do aramaico *Martha*, de *mar*, *mara*, lit. "senhora".
Personal.: Marta André, poetisa.
Variante(s): Marta (*espanhol, italiano, nórdico*); Marthe (*francês, inglês*); Martha (*francês, inglês, alemão*).

MARTINA
Feminino de *Martim*, *Martinho*, *Martino*. **Ver Martim.**
Personal.: Martina Navratilova, tenista tcheca.
Variante(s): Martína (*espanhol, russo*); Martina (*italiano, inglês, alemão, nórdico*); Màrtine (*italiano*); Martine (*francês*).

MATILDE
Do germânico *Mahthildis*, de *mahts* (força) e *hild* (combate), sign. "guerreira que combate com energia; guerreira potente". O mesmo que *Mafalda*. Nome muito popular na Inglaterra durante os séculos XII e XIII, foi redivivo no séc. XIX com o poema "Maud", de Tennyson. **Ver Mafalda.**
Personal.: Matilde Carneiro, atriz.
Variante(s): Mafalda (*português*); Matilde (*espanhol, italiano, inglês*); Matelda (*italiano*); Mathilda (*francês, inglês*); Mathilde (*francês, inglês, alemão, nórdico*).

MAURA
Feminino de *Mauro*. **Ver Mauro.**
Personal.: Maura Lopes Cançado, escritora.

MAURÍLIA
Feminino de *Maurílio*. **Ver Maurílio.**

MAURINA
Forma relativa de *Maura*. **Ver Maura.**
Masculino(s): Maurino.

MAXIMIANA
Feminino de *Maximiano*. **Ver Maximiano.**

448 DICIONÁRIO DE NOMES

MAXIMILIANA
Feminino de *Maximiliano*. Ver Maximiliano.
Variante(s): Maximiliane (*francês*).

MAXIMINA
Feminino de *Maximino*. Ver Maximino.

MAXINA
Feminino de *Maxino*. A variante *Maxine* é atualmente um nome muito popular na França. Ver Maxino.
Personal.: Maxine Albert, atriz.
Variante(s): Maxine (*francês, inglês*).

MAYARA
O mesmo que *Maiara*. Ver Maiara.

MÉCIA
Feminino de *Mécio*. Ver Mécio.
Personal.: Mécia Rodrigues, poetisa.

MEIRE
Nome com dois étimos. 1) Do hebraico *Meir, Meirah*, sign. "a luminosa; a iluminada". Equivale a *Lúcia* e *Lucina*. 2) Do irlandês *Máire, Maire*, o mesmo que *Maria*. Ver Maria e Lúcia.
Personal.: Meire Nogueira, atriz.

MELÂNIA
Do francês *Melanie*, e este, do grego *mélaina*, através do latim *Melania*, lit. "negra; escura". A variante *Melanie* foi introduzida na França pelos huguenotes refugiados, ganhando naquele país as formas *Melloney* e *Melony*, por volta do séc. XVII.
Personal.: Melania Luz, atl. olímp. bras.
Variante(s): Melani (*português*); Melania (*português, espanhol*); Melània (*italiano*); Melanie (*francês*).

MELENA
Nome de origem cigana, originado do grego *mélaina*, lit. "negra; escura", referindo-se à cabeleira negra das mulheres daquela raça. Equivale a Melânia. Ver Melânia.

MELINA
Nome provavelmente preso ao grego *Melitinna*, da raiz *meli*, sign. "mel". O mesmo que *Melinda*.
Personal.: Melina Mercouri, atriz; Melinda Clarke, Melinda Dillon, atrizes.
Variante(s): Melinda (*português, inglês*); Mélinda, Mélina, Melina (*francês*).

MELISSA
Do grego *Melissa*, de *mélissa*, através do latim *Melissa*, lit. "abelha". Equivale a *Débora*. **Ver Débora e significado em Irapuã.**
Personal.: Melissa Mel, Melise Maia, Melissa Gilbert, atrizes.
Variante(s): Mélissa (*francês*); Melissa (*italiano, inglês, latim*).

MERCEDES
Do espanhol *Mercedes*, lit. "graças; mercês". *Mercedes* é um epíteto da Virgem Maria. Equivale a *Graça* e *Mércia*. **Ver Graça e Mércia.**
Personal.: Mercedes Dantas, poetisa.
Variante(s): Mercês (*português*); Merced (*espanhol*); Mercedes (*espanhol, francês*); Mercède (*italiano*); Mercèdés (*francês*).

MÉRCIA
Aportuguesamento do inglês *Mercy, Mercia*, e estes, do francês *merci*, lit. "graça; mercês", nomes calcados no modelo *Mercedes. Mercy* foi adotado como prenome cristão na Inglaterra do séc. XVII, com os similares *Faith, Hope* e *Charity* (Fé, Esperança, Caridade). **Ver Graça e Mercedes.**

Personal.: Mercia Glossap, atriz inglesa.
Variante(s): Mercy, Mercia (*inglês*).

MÉRI
Tradução fonética do inglês *Mary*, o mesmo que *Maria*. **Ver Maria.**
Variante(s): Mary (*inglês*).

MICAELA
Feminino de *Miguel*. A variante *Michele*, muitas vezes usada no Brasil, tem origem no francês *Michéle*. **Ver Miguel.**
Personal.: Micaela Góes, Michele Lee, atrizes.
Variante(s): Miguela (*português*); Miguelina (*espanhol*); Michèa (*italiano*); Michèle (*francês*); Michelle (*inglês*); Michaela, Michal (*inglês*).

MICHELE
Ver Micaela.

MILA
Hipocorístico de *Emília* e *Ludmila*. **Ver Emília e Ludmila.**
Personal.: Mila Ramos, poetisa.

MILENA
Forma familiar de *Maria Helena*. **Ver Maria e Helena.**

450 DICIONÁRIO DE NOMES

Personal.: Milena Duchková, atl. olímp. tcheca.

MIRELA
Do inglês antigo *Miriel*, *Miriella*, *Muriella* mesmo que *Muriel*. **Ver Muriel.**
Personal.: Mirella Santos, dançarina e modelo bras.
Variante(s): Mirella (*português*).

MÍRIAM
Do hebraico *Miryam*, o mesmo que *Maria*. **Ver Maria.**
Personal.: Míriam Pérsia, atriz.
Variante(s): Miriã, Mirian (*português*); Miriam (*espanhol, francês*); Miriàm, Myriàm (*italiano*); Myriam (*francês*).

MIRNA
Do gaélico *Muirne*, sign. "educada; gentil".
Personal.: Mirna Chaves, atriz.
Variante(s): Merna, Mirna, Morna, Myrna (*inglês*); Muirne (gaélico).

MIRTES
Do grego *myrtis*, lit. "baga de murta". A *murta* (ou *mirta*) era um arbusto considerado sagrado na Antiguidade. Equivale a *Múrcia*. **Ver Múrcia** e "mirta" na seção Simbologia.

Personal.: Mirtes Paranhos, escritora especializada em culinária; Mirtis Grisoli, atriz; Myrtis Campelo, escritora.
Variante(s): Mirta, Mirtis, Mirtys (*português*); Myrtle (*inglês*).

MOEMA
Nome de origem tupi calcado no gerúndio *moeemo* (adoçando), com transformação para o feminino. Foi criado por Santa Santa Rita Durão, para uma personagem do seu poema "Caramuru" e sign. "(a que está) adoçando". Há algumas interpretações inaceitáveis, como "a que faz sair (emergir)" e "mentira; calúnia; hipocrisia". Seguindo a mesma linha de pensamento de Silveira Bueno, concordamos que um poeta preocupado em exaltar o indígena brasileiro não poderia parecer tão incoerente e limitado de imaginação.
Personal.: Moema Cardoso, poetisa.

MÔNICA
Do grego *Mónikos*, de *mónos*, lit. "só; solitária; viúva". Alguns autores propõem o significado equivocado de "conselheira", prendendo o nome ao latim *monere* (avisar).

Personal.: Mônica Reis, Monika Kelly, atriz.
Variante(s): Monica (*espanhol, inglês*); Mònica (*italiano*); Monique (*francês*).

MONIQUE
O mesmo que *Mônica*. Ver Mônica.
Personal.: Monique Lafond, atriz.

MÚCIA
Do latim *Mucia*, e este, de *mutus*, lit. "muda; calada". Equivale a *Lara*. Ver Lara.
Personal.: Múcia Miranda, cantora.
Variante(s): Mùzia (*italiano*).

MUNIRA
Feminino de *Munir*. Ver Munir.
Personal.: Munira Haddad, atriz.

MÚRCIA
Epíteto de *Prosérpina*, em razão da murta, que lhe era consagrada. O nome tem origem no árabe, significando originaria-mente "afincada; fixa; firme". O mesmo que *Mirtes*. Ver Mirtes.

MURIEL
Nome com dois étimos. 1) Do irlandês *Muirgheal*, composto de *muir* (o mar) e *geal* (luminoso, resplandecente, claro, brilhante), sign. "mar luminoso". A forma *Muriel* já aparece no séc. XI com as variantes *Meriel* e *Miriel*, todos muito populares naquela época. Foi um nome muito usado entre os judeus ingleses na substituição de *Míriam*, que começa com a mesma letra. Após cair em desuso, foi redivivo no séc. XIX com a novela *Gentleman*, de John Halifax. 2) Do francês, variante de *Moure* (Maura). Ver Maura.
Personal.: Muriel Barker, atriz inglesa.
Variante(s) da 1ª acepção: Muriel (*inglês, inglês antigo*); Mariel, Maryel, Meriall, Meriel, Miriald, Miriel, Miriella, Muriella (*inglês antigo*).
Variante da 2ª acepção: Moure (*francês*).

N

NÁDIA
Do árabe *Naadiya*, lit. "mensageira; anunciadora". Equivale a *Ângela*. Ver Ângela.
Personal.: Nádia Maria, atriz.
Variante(s): Nadia (*romeno*); Naadiya (*árabe*).

NADIR
Do persa *nadir*, lit. "singular; rara; incomum; maravilhosa". Esta palavra, em persa, também significa "mensageira" e "criança consagrada a um culto".
Personal.: Nadir Gonçalves, Nadir Fernandes, atrizes.
Variante(s): Nadira (*português*).

NÁIADE
Do grego *Náeira*, de *náein* (fluir, nadar), latim *naias*, *naiadis*, sign. "a que nada; nadadora". Equivale a *Naira*. Na mitologia grega: as náiades eram as ninfas filhas de Júpiter que presidiam os rios, fontes, córregos, regatos e mananciais. Ver Nereu.

NAÍDE
Variante(s): Naiade, Naide (*português*); Naide (*italiano*).

NAÍDE
Nome com dois étimos. 1) O mesmo que *Anaíde*. 2) O mesmo que *Náiade*. Ver Anaíde e Náiade.

NAILA
Do árabe *Najla*, *Nayla*, lit. "a de olhos grandes". Nome adotado na América pelos sírios e libaneses.
Personal.: Naila Graça Melo, atriz.
Variante(s): Nailia (*russo*); Najla, Nayla (*árabe*).

NAIR
Do árabe *Nayyir*, sign. "brilhante; luminoso". Originariamente é do gênero masculino; no Brasil é feminino, raramente encontrado como nome de homem. Ver Lúcia e Meire.
Personal.: Nair Belo, atriz.
Variante(s): Nayyir (*árabe*).

NAIRA
Do grego *Náeira*, lit. "náiade".
Nome que não tem relação etimológica com *Nair*, como já foi sugerido. Ver Náiade.

NANCI
Do inglês *Nancy*, transformação de *Nan* e *Nany*, e estes, diminutivos de *Anna* (Ana), surgido na Inglaterra durante o séc. XVIII. *Nancy* é também nome de uma cidade francesa cujo étimo se origina de um céltico *Nancius*, de origem desconhecida. Mas o nome em questão origina-se do inglês.
Personal.: Nancy Addison, atriz.
Variante(s): Nancy (*inglês*).

NAOMI
Do hebraico *Naomi*, o mesmo que *Noêmia*. Ver Noêmia.
Personal.: Naomi Chance, atriz; Naomi Campbell, famosa modelo inglesa.

NARA
Do sânscrito *Nara*, lit. "o Espírito divino; o Homem original; o Homem eterno". Nas antigas escrituras hindus, incluindo-se o Bhagavad Gitâ, nome pelo qual é denominado Arjuna. O nome também tem a acepção de "herói; esposo", e mais propriamente "homem da raça ária". No Brasil é feminino, em razão da terminação, significa "esposa; mulher da raça ária".
Personal.: Nara Leão, cantora.

NARCISA
Feminino de *Narciso*. Ver Narciso.
Personal.: Narciza Leão, atriz; Narcisa Amália, poetisa.
Variante(s): Narciza (*português*).

NATÁLIA
Nome de origem religiosa relativo ao Natal, com que primitivamente batizavam-se as meninas nascidas em 25 de dezembro.
Personal.: Natália do Vale, Nathália Timberg, Natalie Figueiredo, Natalya Bondarchuk, Nathalie Baye, Natasha Hovey, atrizes.
Variante(s): Natalia (*espanhol, italiano, francês*); Natale (*italiano*); Natelia (*francês*); Natalie (*francês, alemão*); Nathalie (*francês, nórdico*); Nathalia (*inglês*).

NATALINA
Forma relativa de Natália, sign. "de (pertencente a; da natureza de) Natália". Ver Natália.
Personal.: Natalina Fernandes, poetisa.

454 DICIONÁRIO DE NOMES

NATÂNIA
Feminino de *Natan*. Ver Natan.
Variante(s): Nataniela (*português*); Natanièle (*italiano*); Natania, Nathania (*inglês*); Nataniella, Natanielle, Nathaniella, Nathanielle.

NATÉRCIA
Anagrama de *Caterina* (Catarina). O nome surgiu com Catarina Athayde, dama portuguesa da corte de D. João VI, que teria inspirado grande paixão a Luís de Camões. O poeta a imortalizou sob o nome *Natércia*. Ver Catarina.
Personal.: Natércia Silva, poetisa.
Masculino(s): Natércio.
Variante(s): Nathércia (*português*).

NAZARÉ
Do hebraico *Natzráth*, o mesmo que *Nazário* e *Nazir* (1ª acepção). Ver Nazário.
Personal.: Nazaré Prado, escritora.

NEIA
Hipocorístico de nomes terminados em *neia*, como *Claudineia, Irineia* etc.
Personal.: Néa Simões, atriz.
Variante(s): Néa (*português*); Nea (*italiano*).

NEIDE
Do francês *Énéide*, com aférese do *E* inicial. Ver Eneida.
Personal.: Neide Migliaccio, atriz.
Variante(s): Neida, Neyda, Neyde (*português*); Énéide (*francês*).

NEILA
Do inglês *Neilla*, nome calcado no anglo-saxão *Neil*, de *niad*, *niadh* (campeão, campeã), sign. "campeã". O mesmo que *Neilda*. Ver Neilda e Nélson.
Personal.: Neila Tavares, apresentadora de TV.
Variante(s): Neilla (*inglês*).

NEILDA
Nome de origem saxônica, de *Neild*, e este, de *niad*, *niadh* (campeão, campeã), sign. "campeã". O mesmo que *Neila*. Ver Neila e Nélson.
Masculino(s): Neildo.
Variante(s): Nailda, Nailde (*português*).

NEIMÁ
Do hebraico *Neimah*, o mesmo que *Noemi*. Ver Noemi.

NELDA
Nome com dois étimos. 1) Do germânico, hipocorístico de *Tus-*

nelda ("a que combate contra gigantes"). 2) Do inglês antigo *Needler, Neelder, Nelder*, de *naedlere* (agulha), sign. "**fabricante de agulhas**", inicialmente alcunha atribuída a alguém que se ocupava desse mister.
Personal.: Nelda Quilian, atriz.
Variante(s): Nelda (*italiano*).

NELI
Do inglês *Nelly*, diminutivo de *Hellen* (Helena) e de suas variantes *Ellen* e *Eleanor*. Na Inglaterra, os registros medievais dão as variantes *Nel* e *Nell*.
Personal.: Neli Silva, escritora.
Variante(s): Nelly (*espanhol, francês, inglês, nórdico, russo*); Nella (*italiano, francês, inglês*); Nélie (*francês*); Nellie (*inglês*); Nelli (*russo*).

NÉLIA
Feminino de *Nélio*. Ver Nélio.
Personal.: Nélia Paula, atriz.

NELMA
Do inglês antigo *Nelms, Nelmes*, lit. "**aquela que mora (vive) em um olmeiro**". Sem dúvida, um nome mitológico, relacionado com os espíritos das florestas.
Personal.: Nelma Costa, atriz.
Variante(s): Nelms, Nelmes (*inglês antigo*).

NELSI
Feminino (adaptado) de *Nélson*. Ver Nélson.
Personal.: Neuci Lima, atriz.
Variante(s): Neuci, Neucy (*português*).

NÉRCIA
Hipocorístico de *Natércia*. Ver Natércia.
Personal.: Nércia Penteado, escritora.

NEREIDA
Do grego *Nereis*, lit. "**filha (descendente) de Nereu**". As nereidas, em número de 50, eram filhas de Nereu e Dóris. Ninfas do Mediterrâneo, muito belas, eram o símbolo dos encantos e benefícios do mar. Levavam a vida andando sobre as ondas, no dorso de cavalos-marinhos ou de golfinhos. Muitas vezes eram representadas como seres fantásticos, metade mulher, metade peixe (sereias). Ver Nereu.
Personal.: Nereide Valkíria, atriz.
Variante(s): Nereide, Nerissa (*português*); Nereida (*espanhol*); Nerèide (*italiano*); Néréides (*francês*); Nereis (*grego, latim*); Nereidis (*latim*).

NERINA
Feminino de *Nerino*. **Ver Nerino.**
Personal.: Nerina Castelo Branco, poetisa.

NERISSA
O mesmo que *Nereida*. **Ver Nereida.**

NEUCI
O mesmo que *Nelsi*. **Ver Nelsi.**

NEUSA
Do grego *Néousa*, do verbo *néo* (nadar), sign. "a que está nadando".
Personal.: Neusa Amaral, atriz.

NEY
Ver este antropônimo na seção de nomes masculinos.
Personal.: Ney Azambuja, poetisa.

NEYDE
O mesmo que *Neide*. **Ver Neide.**

NICE
Do grego *Níkaia*, de *níke* (vitória), sign. "a vitoriosa". Na mitologia grega, Nica ou Nika é o nome da deusa da vitória.
Personal.: Nice Rocha, atriz; Nice Abrantes, Nice Ribeiro, escritoras; Nice Monteiro Daher, poetisa.
Variante(s): Niceia (*português*); Nice, Nicea, Nicei, Nizza (*italiano*); Nicée (*francês*).

NICEIA
O mesmo que *Nice*. **Ver Nice.**

NICETE
Hipocorístico de *Eunicete*, e este, diminutivo de *Eunice*. **Ver Eunice.**
Personal.: Nicete Bruno, atriz.

NÍCIA
Do italiano *Nicea*, o mesmo que *Nice*, *Niceia*. **Ver Nice.**
Personal.: Nícia Luz, historiadora.
Masculino(s): Nício.
Variante(s): Nicea, Nìcia (*italiano*).

NICOLE
Do francês *Nicole*, feminino de *Nicolau*. **Ver Nicolau.**
Personal.: Nicole Puzzi, Nicole Garcia, Nicole Kidman, atrizes; Nicola Payne, atl. olímp. neozelandesa.
Variante(s): Nicole (*francês, alemão, austríaco*); Nicola, Nicolle (*inglês*).

NICOLETA
Diminutivo de *Nicole*. **Ver Nicole.**
Personal.: Nicoletta Boris, atriz.

NÍDIA
Feminino de *Nídio*. **Ver Nídio.**
Personal.: Nydia Lícia, atriz.

NOMES FEMININOS 457

Variante(s): Nidia (*espanhol*); Nìdia (*italiano*); Nydia (*inglês*).

NILCE
O mesmo que *Nilsa, Nilse, Nilza.* Ver Nilsa.

NILCEIA
Adaptação livre de *Nilce.* Ver Nilce.
Personalidade: Nilceia Cleide Baroncelli, compositora.

NILDA
Nome com dois étimos. 1) Anagrama de *Linda.* 2) Feminino de *Nildo.* **Ver Linda e Nildo (2ª acepção).**
Personal.: Nilda Lackner, cantora lírica.
Variante(s): Nilde (*português*).

NILDEIA
Nome calcado em *Nilda.* Ver Nilda.
Personal.: Nildeia Andrade, poetisa.

NILDETE
Diminutivo de *Nilda.* Ver Nilda.

NILGE
Provavelmente um nome inventado, calcado em *Nilce.* Ver Nilce.
Personal.: Nilge Limeira, poetisa.

NILMA
Aportuguesamento (tradução fonética) do inglês *Newman,* com exclusão da consoante final.
Personal.: Nilma Lacerda, poetisa.

NILSA
Feminino de *Nílson,* e este, o mesmo que *Nélson.* Ver Nélson.
Personal.: Nilsa Velloso, pintora; Nilza Santos, atriz; Nilza Diniz Silva, Nilze Costa e Silva, romancistas.
Variante(s): Nilza, Anilza, Nilce (*português*).

NILSE
O mesmo que *Nilsa.* Ver Nilsa.
Personal.: Nilze Costa e Silva, romancista.
Variante(s): Nilze (*português*).

NISA
Hipocorístico de *Dionisa.* Ver Dionisa.
Personal.: Nysa Moraes, poetisa.
Variante(s): Nysa (*inglês*).

NISE
Anagrama de *Inês.* Ver Inês.
Personal.: Nise Poggi Obino pianista.
Variante(s): Nize (*português*).

458 DICIONÁRIO DE NOMES

NÍSIA
Feminino de *Nísio*. Ver **Nísio**.
Personal.: Nísia Lúcia, pintora.

NÍVEA
Do latim *nivens, a, um*, lit. "nívea; de neve; branca como a neve".
Personal.: Nívea Maria, Nivea Stelmann, atrizes; Nívia Nohmi, poetisa.
Variante(s): Nívia (*português*).

NOELI
O mesmo que *Noélia*, por influência do francês *Noellie*. Ver **Noélia**.

NOÉLIA
Feminino de *Noel*. Ver **Noel**.
Personal.: Noélia Noel, Noelle Adam, atrizes.
Variante(s): Noela, Noeli, Noely (*português*); Noella, Noélle, Noellie (*francês*); Noelle (*inglês*).

NOEMI
O mesmo que *Noêmia*. Ver **Noêmia**.
Personal.: Noemi Gerbelli, atrize; Noemi Assumpção Osório, Noemy Valle Rocha, poetisas; Noemi Lung, atl. olímp. romena.

NOÊMIA
Do hebraico *Naami, Naomi*, de *no'am* (agradabilidade, amenidade, deleite), correlato ao árabe *na'ima* (era agradável), sign. "**meu deleite; minha doçura**", através do francês *Noémie*. Em Ruth I:20, lê-se: "Não me chamais de Noemí (doçura); chamai-me antes Mara (amargura)."
Personalidade(s): Noêmia Barros, atriz; Noemia Lentino, ensaísta.
Variante(s): Neimá, Noemi, Noemy (*português*); Noemi (*espanhol, francês, inglês*); Noèmi (*francês*); Naoma (*inglês*).

NOEMISE
Antropônimo calcado em *Noemi*, possivelmente aglutinação de *Noemi* com nome terminado em *ise*, como *Denise, Louise, Vanise* etc.
Personal.: Noemise França Carvalho, poetisa bras.

NORA
Nome com dois étimos. 1) Na França, abreviação de *Eléonora* (Eleonora). 2) Na Irlanda, nas variantes *Nora, Norah*, hipocorístico de *Honora* (Honória). Ver **Eleonora** e **Honório**.
Personal.: Nora Ariffin, atriz.

Variante(s): Nora (*espanhol, italiano, irlandês, nórdico*); Nore (*francês*); Noreen (*francês, inglês*); Norah (*irlandês, nórdico*).

NORMA
Feminino de *Nórman*, com a acepção de "**mulher do Norte**". Na Inglaterra, surgiu no séc. XIII, mas tornou-se popular com a ópera *Norma*, de Bellini. Ver **Nórman**.
Personal.: Norma Blum, atriz.
Variante(s): Norma (*espanhol, italiano, francês, inglês, alemão, austríaco*).

NÚBIA
Do nome ᴠe uma região africana. O étimo é o egípcio *nub*, lit. "ouro", através do latim *Nubae*. *Nub* era uma denominação de Hathor, deusa do ouro e personificação da montanha do Ocidente, onde o Sol se põe. Não tem fundamento o suposto étimo *nubes, nubis* (nuvem, fumaça), de origem latina, como sustenta uma fonte.
Personal.: Núbia Lafayete, cantora.
Masculino(s): Núbio.
Variante(s): Nubie (*francês, holandês*); Nubye (*inglês*).

NUNA
Feminino de *Nuno*. Ver **Nuno**.
Personal.: Nuna Marquezine, atriz.

O

ODALEIA
O mesmo que *Odália*. Ver Odália.

ODÁLIA
Do germânico *Odelia*, de *od*, *ot*, tema que dá ideia de bens, posses, riqueza, sign. "rica; proprietária; poderosa".
Personal.: Odalis Jimenez, atl. olímp. cubana.
Variante(s): Dília, Odaleia, Odélia, Odila, Odília, Otília (*português*); Odila (*português, inglês*); Odilia (*espanhol, italiano*); Ottília (*italiano*); Odile, Odille (*francês*); Odela, Odele (*inglês*).

ODÉLIA
O mesmo que *Odália*. Ver Odália.

ODETE
Do francês *Odette*, e este, diminutivo de *Oda*, do tema germânico *od*, *ot*, que dá ideia de bens, posses, riquezas. Ver Odália.

Personal.: Odete Vasconcelos, poetisa.
Variante(s): Odette (*espanhol, italiano, francês, inglês*); Odetta (*inglês*).

ODILA
O mesmo que *Odália*. Ver Odália.

ODÍLIA
O mesmo que *Odália*. Ver Odália.

OFÉLIA
Do grego *Ophéleis*, lit. "ajuda; socorro". Na Inglaterra, nome que surgiu no séc. XVI.
Personal.: Ofélia Cunha, atriz.
Variante(s): Ophélia (*português*); Ofelia (*espanhol, francês*); Ofèlia (*italiano*); Ophélie (*francês*); Ophelia (*inglês*).

OLDA
Nome de origem germânica, calcado no tema *wald*, *oldo*, sign. "governadora".

Masculino(s): Oldo, Older.
Personal.: Olda Avelino, poetisa.

OLGA
De origem russa, calcado no escandinavo *Halag*, sign. "santa; sagrada; sublime". Na Rússia, o nome surgiu no séc. IX, com Santa Olga, de Kiev, primeira mulher russa convertida ao cristianismo.
Personal.: Olga Hamada, atriz.
Variante(s): Olga (*espanhol, italiano, francês, inglês, alemão, nórdico, russo*); Helga (*eslavo*).

OLÍMPIA
Do grego *Olympía*, feminino de *Olímpio*. Ver **Olímpio**.
Personal.: Olympia Fassini, poetisa.
Variante(s): Olìmpia (*italiano*); Olympia (*italiano, inglês, alemão*); Olympie (*francês*).

OLINDA
João Ribeiro, em *Curiosidades Verbais*, deriva o nome de uma suposta exclamação "ó linda", que teria sido dada por um explorador galego ao se defrontar com a beleza da região onde hoje é a cidade pernambucana de Olinda. O étimo, hipotético, é forçado. O nome, na verdade, surgiu com **Olinta**, personagem de *Amadis e Gaula*, célebre novela de cavalaria atribuída a Vasco de Lobeira (séc. XIII), com mudança do *t* para *d*. Ver **Olindo**.
Personal.: Olinda Fernandes, atriz.
Variante(s): Olinta (*português*).

OLÍVIA
Nome espanhol de origem geográfica, calcado no latim *oliva*, lit. "azeitona". Foi encontrado em registros latinos datados de 1203, relacionado àqueles que se dedicavam ao cultivo de *oliveiras*.
Personal.: Olivia Byington, cantora; Olive Schreiner, romancista sul-africana.
Variante(s): Olívia (*espanhol*); Olìvia (*italiano*); Oliva (*francês*); Olive (*francês, inglês*); Olivia (*francês, inglês, alemão, holandês*).

OLIVINA
Forma relativa de *Olívia*, sign. "de (pertencente a; da natureza de) Olívia". Ver **Olívia**.
Personal.: Olivina Carneiro da Cunha, poetisa bras.

ONDINA
Entre os antigos germanos e escandinavos, nome das mitoló-

462 DICIONÁRIO DE NOMES

gicas ninfas ou elementais da água, calcado no latim *unda*, *undae*, sign. "da água".
Personal.: Ondina Ferreira, romancista.
Variante(s): Ondina (*espanhol*); Ondine (*francês*); Undina, Undine (*inglês*); Undína (*russo*).

ONEIDA
Nome norte-americano de origem indígena. De *Oneidas*, tribo de peles-vermelhas que habitava a região que se estendia do Atlântico até os grandes lagos. Deriva do iroquês *oneiuts*, *onenhiote*, sign. "pedra de pé".
Personal.: Oneida Marques, cantora lírica.

Variante(s): Oneide, Oneyde (*português*); Oneida, Oneyda (*inglês*).

ORMINDA
Não foram encontradas referências a esse nome, quer em português ou em outros idiomas. Tudo indica que seja um nome criado, uma transformação intencional de *Arminda* ou um nome calcado em *Ormi*. Ver **Armindo e Ormi**.
Personal.: Orminda Escobar Gomes, poetisa.
Masculino(s): Ormindo.

OTÍLIA
O mesmo que *Odália*, *Odaleia*, *Odélia*. Ver Odália.
Personal.: Otília Amorim, atriz.

P

PALMIRA
Do nome de uma cidade da Síria, cujo significado é "(da) cidade das palmeiras".
Personal.: Palmira Wanderley, poetisa.
Variante(s): Palmira (*italiano*); Palmyre (*francês*); Palmyra (*inglês*).

PALOMA
Do espanhol *Paloma*, de *paloma*, lit. "pomba". Ver Celena.
Personal.: Paloma Lorena, atriz.

PATRÍCIA
Feminino de *Patrício*. O nome tornou-se popular no séc. XIX com a princesa Victoria Patricia Helena Elizabeth of Connaught, comumente chamada Princesa Patrícia. Anteriormente, os registros medievais ingleses consignavam uma mulher com o nome *Patrick* (Patrício). No Brasil, o nome tornou-se popular a partir da década de 1970. **Ver** Patrício.

Personal.: Patrícia Travassos, atriz.
Variante(s): Patricia (*espanhol, inglês, belga*); Patrizia (*italiano*); Patrice (*francês*).

PAULA
Feminino de *Paulo*. Na Inglaterra, *Paula* tornou-se conhecido com a peça *The Second Mrs. Tanqueray*, de Pinero. Ver Paulo.
Personal.: Paula Burlamaqui, Paula Manga, Paola Oliveira atrizes; Paula Toller, cantora.
Variante(s): Paula (*espanhol, inglês, alemão, latim*); Paola (*italiano*); Paule (*francês*); Paulla (*latim*).

PAULETE
Diminutivo de *Paula*. Ver Paula.
Personal.: Paulete Silva, Paulette Goddard, atrizes.
Variante(s): Paulette (*inglês, francês*).

PAULINA

Forma relativa de *Paula*, sign. "de (pertencente a; da natureza de) Paula". Ver Paula.
Personal.: Pauline Brooks, atriz; Paulina D'Ambrosio, violinista; Paulina Frank, escritora; Pauline de Beaumont, romancista francesa.
Variante(s): Paulina (*espanhol, inglês*); Paolina (*italiano*); Pauline (*francês, inglês, alemão, nórdico*).

PERLA

Do italiano *Perla*, de *perla*, lit. "pérola". Nome surgido recentemente nos países de língua inglesa, algumas vezes usado como apelido de *Margaret* (Margaret = Margarida = margarita = pérola). Ver Margarida.
Personal.: Perla Primus, bailarina.
Variante(s): Pérola (*português*); Pearl, Pearle, Perla, Perle (*inglês*).

PÉROLA

O mesmo que *Perla*. Ver Perla.
Personal.: Pérola Faria, atriz.

PIA

Nome com dois étimos. 1) Do franco-germânico *Pia*, lit. "abelha". Equivale a *Débora*. 2) Feminino de *Pio*. Ver Débora, Irapuã e Pio (1ª acepção).

Personal.: Pia Manfroni, atriz bras.
Variante(s): Pía (*espanhol*); Pia (*italiano*).

PILAR

Invocação aragonesa da Virgem Maria, que, segundo a tradição, teria aparecido ao apóstolo Santiago sobre um pilar de mármore às margens do rio Ebro. Do latim, *pila*, lit. "pilar".
Personal.: Pilar Lorengur, cantora lírica.
Variante(s): Pilar (*espanhol*).

PLÁCIDA

Feminino de *Plácido*. Ver Plácido.
Personal.: Plácida dos Santos, atriz.
Variante(s): Plácida (*italiano*); Placide (*francês*).

POTIRA

Do tupi *Potyra*, de *po'türa*, lit. "flor".
Variante(s): Bartira, Botira, Portyra (*português*); Potyra (*tupi*).

PRISCILA

Feminino de *Priscilo*. O nome surgiu na Inglaterra, no séc. XVI, na variante *Precilla*, tornando-se, no séc. XVII, favorito entre os puritanos. Ver Priscilo.

Personal.: Priscila Camargo, Priscila Dias, Priscila Fantin, Priscila Freire, Priscilla Presley, atrizes.

Variante(s): Pricila (*espanhol*); Priscilla (*francês, inglês, latim*); Precilla (*inglês antigo*).

PRISCILIANA
Forma relativa de *Priscila*, sign. "de (pertencente a; da natureza de) Priscila". Ver Priscila.

Personal.: Presciliana de Almeida, escritora.

Variante(s): Presciliana (*português*).

R

RACHEL
O mesmo que *Raquel*. Ver Raquel.

RAFAELA
Feminino de *Rafael*. Ver Rafael.
Personal.: Rafaela Colado, Rafaela Franco, Rafaela Mandelli, atrizes bras.
Variante(s): Rafaela (*espanhol*); Raffaella (*italiano*); Raphaela (*inglês, latim*).

RAFAELINA
Forma relativa de *Rafaela*, sign. "de (pertencente a; da natureza de) Rafaela". Ver Rafaela.
Personal.: Rafaelina de Barros, escritora.

RAIANE
Nome criado, calcado no irlandês *Ryan*, cujo étimo é de origem incerta. Foi um dos oito nomes irlandeses mais comuns no fim do séc. XIX e está entre os 200 mais populares nos Estados Unidos. Provavelmente ligado a *raien*, e este, de *arraien* lit. " colocado em formação militar".

RAÍSA
Do russo *Raisa*, o mesmo que *Irailda*. Ver Irailda.
Personal.: Raissa Medeiros, atriz; Raisa Kurvyakova, atl. olímp. russa.
Masculino(s): Raís.
Variante(s): Raissa (*português*); Raisa (*espanhol, russo*).

RAMONA
Feminino de *Ramon*. Ver Ramon.
Personal.: Ramona Morel, atriz.

RAQUEL
Do hebraico *Rahel*, lit. "ovelha", correlato ao árabe *ráhil*, aramaico *rahlá*, acadiano *lahru*, todos com o mesmo significado. Por extensão, "mansa; pacífica". Apesar de sempre ter sido comum entre os judeus, foi adotado como nome cristão na Inglaterra pós-Refor-

ma, nas variantes *Rachel* e *Rachael*.

Personal.: Rachel de Queirós, escritora; Rachel Welsh, atriz.

Variante(s): Raquel (*espanhol, iídiche*); Raquela, Rachèle (*italiano*); Rachel (*francês, inglês*); Rachael (*inglês antigo*).

REBECA
Do hebraico *Ribhqah*, *Rivkah*, de *ribhqah*, lit. "**conexão; ligação; união**", através do grego *Rhebékka*, latim *Rebeca*. O hebraico *ribhqah* é correlato ao árabe *rábaqa* (ele amarrou) e *rpabqah* (laço, armadilha). Foi nome de uma hebreia de grande beleza, mãe de Esaú e Jacó, muitas vezes citada no Gênesis, passando a significar também, por extensão, "**donzela cuja beleza prende os homens**". Nome comum entre os judeus, muito em voga na Inglaterra durante o séc. XVII, nas abreviações *Beck* e *Becky*.

Personal.: Rebecca Saire, atriz.

Variante(s): Rebeca (*espanhol*); Rebecca (*italiano, francês, inglês*); Rebecque (*francês*); Rebekah (*inglês*).

REGIANE
O mesmo que *Regina*. **Ver Regina.**

Personal.: Regiane Ritter, atriz; Regiana Antonini, roteirista de TV.

Variante(s): Regiana (*português*).

REGINA
Do latim *Regina*, lit. "**rainha; senhora absoluta; a maior**". Na Alemanha, o latino *Regina* confundiu-se com o antigo germânico *Regino*, de *ragin* (conselho). Na Inglaterra, foi adotado como nome cristão durante a Idade Média, mas já fora encontrado anteriormente em registros datados do séc. XIII, nas formas *Regina* e *Reina*.

Personal.: Regina Duarte, Regina Casé, atrizes.

Masculino(s): Régis.

Variante(s): Regiana, Regiane, Rejane (*português*); Reina (*espanhol*); Regina (*espanhol, italiano, inglês*); Régina, Régine, Reine, Réjane (*francês*); Raina, Rayna, Reyna (*inglês*).

REJANE
O mesmo que *Regina*. **Ver Regina.**

Personal.: Rejane Arruda, atriz.

RENATA
Feminino de *Renato*. **Ver Renato.**
Personal.: Renata Sorrah, Renata Fronzi, atrizes; Renate Vogel, atl. olímp. alemã.
Variante(s): Renata (*espanhol*); Renée (*francês*); Renate (*alemão*).

RENÉE
Variante francesa de *Renata*, muitas vezes encontrada em países de língua inglesa. Nome comum a ambos os sexos. **Ver Renato.**
Personal.: Renée de Vielmond, atriz bras.; Rene Russo, atriz americana.
Variante(s): Rene (*alemão*).

RENI
O mesmo que *Irene*. **Ver Irene.**

REVOCATA
Nome de origem religiosa. Do latim *Revocata*, sign. "chamada de novo (ao serviço de Deus)".
Masculino(s): Revocato.
Personal.: Revocata Heloísa de Melo, poetisa.

RILDA
Tradução fonética do inglês *Hilda*. **Ver Hilda.**

Personal.: Rilda Fernanda, atriz.
Masculino(s): Rildo.

RITA
Diminutivo italiano de *Margherita* (*Margarida*). Em Portugal, foi encontrado em registros datados de 1792. **Ver Margarida.**
Personal.: Rita Moreno, Rita Guedes, atrizes; Rita Lee, cantora; Rita de Abreu, poetisa.
Variante(s): Rita (*espanhol, francês*); Rite (*francês*).

RIVA
Do francês antigo *rive*, lit. "rio; praia".
Personal.: Riva Blanche, Riva Nimitz, atrizes.

ROBERTA
Feminino de *Roberto*. **Ver Roberto.**
Personal.: Roberta Foster, atriz; Roberta Miranda, cantora.
Variante(s): Roberte (*francês*).

ROGÉRIA
Feminino de *Rogério*. **Ver Rogério.**

ROMILDA
Do germânico *Hromhilde*, de *hruom*, *hrom* (glória, fama) e *hilde* (guerreira, combatente), sign. "guerreira gloriosa (famosa)".

Personal.: Romilda Alves, atriz.
Masculino(s): Romildo.

ROSA
Nome com dois étimos. Foi introduzido na Inglaterra pelos normandos, na forma *Roese*, mais tarde modificado para *Roesia, Rohesia, Royse, Roysia* e, na Idade Média, *Rose*. 1) Do latim *Rosa*, do substantivo *rosa, rosae*, nome de uma flor. 2) Hipocorístico de nomes começados por *Rosa*, como *Rosabel, Rosalba, Rosalina, Rosamunda* etc.
Personal.: Rosa Diaz, Rosie Jones, atriz; Rosa Maria, cantora.
Variante(s): Rosa (*espanhol, italiano, francês, alemão*); Rose (*francês, inglês*).

ROSALI
Do inglês *Rosaly*, o mesmo que *Rosália*. Ver Rosália.

ROSÁLIA
De *Rosalia*, antiga festa romana semelhante ao nosso Dia de Finados, quando as pessoas depositavam flores sobre os túmulos dos entes queridos. Provavelmente, nome dado às meninas nascidas naquele dia.

Personal.: Rosália Pombo, atriz; Roselis Batista, poetisa bras.; Rozalia Oros, atl. olímp. romena.
Variante(s): Roseli (*português*); Rosalía, Rozalia (*espanhol*); Rosalia (*italiano*); Rosalie (*francês, inglês, nórdico*); Rosaly (*inglês*).

ROSALINA
O mesmo que *Rosilene*. Ver Rosilene.
Personal.: Rosalina Lereno, atriz.
Variante(s): Roselene, Roselina, Rosilena, Rosilene (*português*); Rosalina (*espanhol*); Rosaline, Roseline (*francês, inglês*); Roselyn, Roselyne (*inglês*);

ROSALINDA
Do germânico *Roslindie*, de *hros, ros* (cavalo) e *lind* (escudeira), sign. "escudeira a cavalo". Nome que teria sido levado para a Espanha pelos godos, onde tomou a forma *Rosalinda*. Na Inglaterra, tornou-se conhecido com *Rosalind*, personagem de Shakespeare em *As You Like*. Apesar de *Rosalinda* e *Roselene* terem significados diferentes, muitas vezes suas variantes se confundem. Ver Roselene.
Personal.: Rosalind Russel, atriz.
Variante(s): Rosalinda, Roselinda (*português*); Rosalinda (*es-*

470 DICIONÁRIO DE NOMES

panhol, italiano); Rosalind, Rosalyn, Rosalynd (*inglês*).

ROSALITA
Diminutivo de *Rosa*. Ver Rosa.
Personal.: Rosalita Oliveira, atriz.

ROSALVA
O mesmo que *Rosalba*. Ver Rosalba.
Masculino(s): Rosalvo.

ROSAMARIA
Aglutinação de *Rosa* e *Maria*. Ver Rosa e Maria.
Personal.: Rosamaria Murtinho, atriz.
Variante(s): Rosemarie (*francês, inglês, alemão*).

ROSANA
De *Roseanna*, nome que no séc. XVII surgiu na Inglaterra, da aglutinação de *Rose* e *Anna*.
Personal.: Rosana Garcia, atriz.
Variante(s): Rosena (*português*); Rosana (*espanhol*); Rosanna (*francês, inglês*).

ROSÂNGELA
Aglutinação de *Rosa* e *Ângela*. Ver Rosa e Ângela.

Personal.: Rosângela Pinheiro, atriz.

ROSÁRIA
Nome de origem religiosa, adaptação de *Maria do Rosário*. A princípio, foi dado às meninas nascidas no Dia do Rosário.
Personal.: Rosária Bertonato, atriz.

ROSAURA
Aglutinação de *Rosa* e *Áurea*, sign. "rosa áurea; rosa dourada". Houve um autor que viu no nome uma variante de *Rosária*, através da troca de *au* por *ai* em *Rosaira*, uma hipotética forma popular do nome. Mas tudo mera especulação.
Variante(s): Rosaura (*espanhol*); Rosàura (*italiano*).

ROSE
O mesmo que *Rosa*. Ver Rosa.
Personal.: Rose Calza, roteirista de TV; Rose Marie Baby, atriz.

ROSEANE
O mesmo que *Rosana*. Ver Rosana.
Personal.: Rosiane Rodrigues, poetisa.
Variante(s): Roseana, Roseane, Rosena, Roseni, Rosiani (*por-*

tuguês); Roseanna, Roseanne (*inglês*).

ROSELI
O mesmo que *Rosália*. Ver Rosália.

ROSEMAR
O mesmo que *Rosimar*. Ver Rosimar.

ROSEMARY
Do inglês *Rosemary*, de *rosemary*, lit. "orvalho marinho", nome inglês do *alecrim* (*Rosmarinus officinalis*). O nome provém do latim *ros, roris* (orvalho) e *marinus* (marinho, do mar), através do médio inglês *rosmarine*. A variante alemã *Rosmarin* tornou-se um sobrenome judeu. Não confundir com *Rosemarie* (Rosamaria).
Personal.: Rosemary Gracie, Rosemary Maio, Rosemary Lane, atrizes.
Variante(s): Rosemere, Rosemeri, Rosemery, Rosimer (*português*); Rosemary (*inglês*).

ROSEMERE
O mesmo que *Rosemary*. Ver Rosemary.

ROSENI
Adaptação livre de *Roseane* (*Roseane, Rosene, Roseni*), e este, o mesmo que *Rosana*. Ver Rosana.

ROSETA
Do francês *Rosette*, diminutivo de *Rose* (Rosa). Ver Rosa.
Personal.: Roseta da Costa Pinto, cantora lírica.
Variante(s): Rosete (*português*); Rosette (*francês*).

ROSI
Nome com dois étimos. 1) Hipocorístico de nomes como *Rosina, Rosita* etc. 2) O mesmo que *Rosi*, forma familiar de *Rosita*. Ver Rosita.
Personal.: Rosi Campos, atriz.
Variante(s): Rosy (*português*).

ROSIANE
O mesmo que *Roseane*. Ver Roseane.
Personal.: Rosiane Rodrigues, poetisa.
Variante(s): Rosiani (*português*); Rosana (*espanhol*).

ROSILENE
Do germânico. De *Rosa*, mais sufixo diminutivo *lein*. Sign. "pe-

472 DICIONÁRIO DE NOMES

quena rosa". Apesar de *Rosalinda* e *Roselene* terem significados diferentes, muitas vezes suas variantes se confundem. Ver Rosa.
Variante(s): Roselene (*português*); Rosaline, Roseline (*francês, inglês*); Roselyn, Roselyne (*inglês*).

ROSIMAR
Nome com dois étimos. 1) Hipocorístico do francês *Rosemarie* (Rosamaria). 2) Hipocorístico de *Rosemary*. Ver Rosamaria e Rosemary.
Personal.: Rosimar de Mello, atriz.
Variante(s): Rosemar (*português*).

ROSINA
Do francês *Rosine*, e este, diminutivo de *Rose* (Rosa). Ver Rosa.
Personal.: Rosina Pagã, atriz.
Variante(s): Rosine (*francês, inglês*); Rozina (*inglês*).

ROSITA
Diminutivo de *Rosa*. Ver Rosa.
Personal.: Rosita Thomás Lopes, atriz.
Variante(s): Rozita (*espanhol*).

ROSSANA
Feminino de *Rossano*. Ver Rossano.
Personal.: Rossana Ghessa, atriz italiana.

ROXANA
Do persa *Roshana*, de *roshan*, avesta *raoxshana* (luz, claridade, luminosidade, esplendor), sign. "o despontar do dia". Foi nome da filha de Oxyartes, sátrapa da Pérsia, e mulher de Alexandre, o Grande.
Personal.: Roxanne Hart, atriz; Roxana Dumitrescu, atl. olímp. romena.
Variante(s): Roxane (*português*); Roxanna, Roxanne, Roxine (*inglês*).

RÚBIA
Feminino de *Rúbio*. Ver Rúbio.
Variante(s): Rúbria (*português*).

RUTE
Do hebraico *Ruth*, sign. "amiga; companheira". Na Inglaterra, tornou-se nome cristão após a Reforma, país onde o mais antigo registro data de 1589.
Personal.: Ruth de Souza, atriz; Ruth Guimarães, escritora; Ruth Staerke, cantora lírica.

Variante(s): Rut (*espanhol, nórdico*); Ruth (*espanhol, italiano, francês, inglês*); Ruthe (*inglês*).

RUTINEIA
Forma relativa de *Ruth*, *Rute*, sign. "de (pertencente a; da natureza de) Ruth, Rute". Ver Rute.

Personal.: Ruthineia de Moraes, atriz.

Variante(s): Ruthineia (*português*).

S

SABINA
Feminino de *Sabino*. Na Inglaterra, o nome foi encontrado no séc XII. Nos países de língua inglesa, é usado esporadicamente até os dias atuais. Ver Sabino.
Personal.: Sabina Have, cantora.
Variante(s): Sabina (*espanhol, inglês*); Sabine (*francês*)

SABRINA
Nome com dois étimos. 1) Do hebraico *Tzabar*, árabe *Sabra*, lit. "cactus espinhoso". Nome dado às judias nascidas em Israel, relativo à suposta índole do povo israelense considerado pouco delicado e "espinhoso" exteriormente, apesar da alma dócil e sensível que possui. 2) Do anglo-saxão *Sabrina*, sign. "princesa", nome de uma legendária deusa que habitava o rio Severna, na Inglaterra. Ver Sara.
Personal.: Sabrina Marchesina, atriz.
Variante(s) da 1ª acepção: Sabra (*árabe*).

Variante da 2ª acepção: Sabrina (*inglês*).

SAIONARA
Do japonês *sayonara*, lit. "adeus; até logo". Nome que deve ser evitado, pois tem significado vazio.

SALETE
Nome calcado no inglês *Sally*, e este, diminutivo de *Sarah* (Sara). Ver Sara

SALOMÉ
Originariamente do aramaico *Shalam-zion* (paz de Sion), abreviado para *Shalamzu* e helenizado *Salome*, sign. "a pacífica". Foi o nome favorito da família de Herodes.
Personal.: Salomé Parisi, atriz.
Masculino(s): Salomão.
Variante(s): Saleme, Sulamita (*português*); Salomé (*espanhol*).

SAMANTA
Do sânscrito *Samanta*, lit. "limite; término", e também "(a que

NOMES FEMININOS 475

está presente) em todas as partes; universal". Nome composto das raízes *Sa* (laço, aderência, o que reúne), *Ma* (o tempo, a medida) e *Ta* (força, conservação, ação de transpassar). Nos Estados Unidos, o nome popularizou-se na década de 1970 com *A feiticeira*, série de TV.
Personal.: Samantha Eggar, Samantha Jones, atrizes.
Variante(s): Samantha (*francês, inglês, alemão*).

SAMARA
Nome de origem semítica, lit. "de Samaria". *Samaria* é o nome de uma antiga cidade da Palestina cujo significado é "guardada (por Deus)".
Personal.: Samara Felippo, atriz.

SAMIRA
Do árabe *Samira*, sign. "**vigorosa; animada; vivaz; loquaz**".
Masculino(s): Samir.

SANDRA
Hipocorístico de *Alessandra* (Alexandra) e de *Cassandra*. Os judeus adotaram este nome (e também *Shirley* e *Susana* para substituir *Shayna*, que começa com a mesma letra. **Ver Alexandra e Cassandra.**

Personal.: Sandra Barsotti, atriz.
Masculino(s): Sandro.
Variante(s): Zandra (*nórdico*).

SARA
Do hebraico *Sarah*, lit. "princesa", de *sarár* (ele governou), correlato ao acadiano *sharru* (príncipe) e *sharratu* (princesa). **Ver Sabrina** (2ª acepção).
Personal.: Sara Kalley, compositora bras.
Variante(s): Sara (*espanhol, italiano, francês, inglês, alemão, belga*); Sarah (*francês, inglês*); Zara (*russo*).

SARITA
Do espanhol *Sarita*, diminutivo de *Sara*. **Ver Sara.**
Personal.: Sarita Rodrigues, atriz bras.

SELENA
Na mitologia grega, divindade romana a quem eram consagradas as armas tomadas dos inimigos. Origina-se do grego *Seléno*, relativo a *sélas* (luz, brilho, flama), da raiz indo-europeia *swel* (queimar, queimar sem chama, queimar lentamente) através do latim *Selene*, lit. "a Lua".
Masculino(s): Seleno.

476   DICIONÁRIO DE NOMES

Variante(s): Selene (*português, espanhol, latim*); Selène (*italiano*); Séléne (*francês*).

SELMA
Hipocorístico de *Anselma*, e este, feminino de *Anselmo*. **Ver Anselmo.**
Personal.: Selma Duval, atriz.
Variante(s): Selma (*espanhol, italiano, francês, inglês, nórdico*).

SENI
Anagrama de Inês. **Ver Inês.**

SENIR
Nome de residência de origem geográfica. Do *hebraico,* outra denominação do Monte Hermon, cujas faias eram empregadas na fabricação de cobertas de navios de tiro, sign. "cota de malha". O nome aparece no *Cântico dos Cânticos*, de Salomão.

SHEILA
Do irlandês, tradução fonética de *Sile*, o mesmo que *Célia*. **Ver Célia.**
Personal.: Sheila Mattos, atriz.
Variante(s): Cheila (*português*); Sheilah, Sheilla, Shiela, Shielah (*inglês*); Shelagh (*irlandês*)

SHIRLEY
Nome de residência derivado de um antigo toponímico inglês, nas formas originais *Schyrelayg, Schirleg, Shireleye, Schirle, Sirelei, Shyrley, Shirley*, sign. "lugar pertencente a um condado". Surgiu como antropônimo em 1849, com a novela *Shirley*, de Charlotte Bronte. Os judeus adotaram este nome (e também *Sandra* e *Susana*) para substituir *Shayna*, que começa com a mesma letra.
Personal.: Shirley MacLaine, atriz.
Variante(s): Chirlei, Chirley, Sirlei (*português*); Shirley (*inglês*); Sisley (*inglês antigo*).

SIBÉLIA
Nome inventado, calcado em *Cibele, Sibele*. **Ver Cibele.**
Personal.: Sibélia di Primo, jornalista.

SIBILA
Do latim *Sibylla*, de *sibili* (sibilar), sign. "a sibilante". Por extensão, "profetisa". Entre os antigos gregos, era o nome dado às profetisas (oráculos), dentre as quais destacou-se Sibila de Cumes.

NOMES FEMININOS 477

Personal.: Sibylle de Mirabeau, romancista francesa.
Variante(s): Sibila (*espanhol*); Sibilla (*italiano*); Sibylle (*francês*); Sibley, Sibyl, Sybil (*inglês*); Sibella, Sibylla (*inglês, latim*); Sybille (*alemão*).

SIDÁLIA
O mesmo que *Acidália*. Ver Acidália.
Personal.: Sidália Sales, atriz.
Masculino(s): Sidálio.

SIDNEIA
Feminino de *Sidney*. Ver Sidney.

SILEIA
O mesmo que *Cileia*. Ver Cileia.

SILENA
Femininos de Sileno. Ver.Sileno.
Personal.: Silene de Medeiros, poetisa.
Variante(s): Cilene, Silene (*português*).

SILVANA
Feminino de *Silvano*. Ver Silvano.
Personal.: Silvana Lopes, atriz.
Variante(s): Silvana (*espanhol*); Silvàna (*italiano, francês*).

SÍLVIA
Feminino de *Sílvio*. Ver Sílvio.
Personal.: Sílvia Buarque, atriz.
Variante(s): Silvia (*espanhol*); Sìlvia (*italiano*); Silvie (*francês*); Silvi, Sylvia, Sylvie, Zilvia (*inglês*).

SILVINA
Feminino de *Silvino*. Ver Silvino.
Personal.: Silvina das Graças Pereira, atl. olímp. bras.

SIMONE
Do francês *Simone*, e este, feminino de *Simon* (Simão). Na Itália, nome comum a ambos os sexos. Ver Simão.
Personal.: Simone Spoladore, atriz.
Variante(s): Simóna (*espanhol*); Simòna, Simòne (*italiano*); Simone (*francês, inglês*).

SIRENA
Do grego *Seirén*, de *seirá*, através do latim *Siren, Sirenis*, sign. "liame; cadeia; laço". O latim originou o português *sereia*.
Variante(s): Serena (*espanhol*); Sirena (*italiano*).

SIRLEI
O mesmo que *Shirley*. Ver Shirley.

SOFIA

Do grego *Sophía*, através do latim *Sophia*, lit. "sabedoria". Personifica a Sabedoria Divina e também o Espírito Santo. É o Logos feminino dos gnósticos, que teria procriado os anjos superiores. Na Inglaterra, foi usado como nome cristão pela primeira vez no séc. XVII. Foi também um dos nomes preferidos das famílias reais alemãs, muito popular na Alemanha durante o séc. XVIII. *Sônia*, calcado no russo *Sony, Sonja*, é diminutivo de *Sofia*, Ver Sônia.
Personal.: Sofia Torres, atriz.
Variante(s): Sônia (*português*); Sofía (*espanhol, russo*); Sofîa (*italiano*); Sophie (*francês, inglês, alemão, nórdico*); Sophia (*inglês, latim*).

SOLANGE

Do francês, patronímico de *Solan, Soland*, e este, do latim *Solennis*, lit. "solene; imponente; majestosa". Foi nome da família de uma pastora decapitada no séc. IX, na localidade hoje denominada Sainte-Solange.
Personal.: Solange Couto, atriz.
Variante(s): Soulange (*francês*).

SÔNIA

Do russo *Sonja, Sonya*, diminutivos de *Sofia*. Ver Sofia.
Personal.: Sônia Delfino, cantora.
Variante(s): Sonia (*espanhol*); Sònia (*italiano*); Sonja (*nórdico, russo*); Sonya (*russo*).

SONJA

O mesmo que *Sônia*. Ver Sônia.

SORAIA

Do árabe *Thurayyah*, sign. "a luminosa; a brilhante". É também o nome árabe das Plêiades. Há em persa a palavra *zuhra'i*, com o mesmo significado, e também nome do planeta Vênus.
Personal.: Soraia Helayel, poetisa.
Variante(s): Soraya, Sura, Suraia, Suraya (*português*); Thurayyah (*árabe*); Zuhra, Zuhrai (*persa*).

STELA

O mesmo que *Estela*. Ver Estela.
Personal.: Stella Leonardos, escritora.

SUELI

Nome derivado do radical germânico *suel* (luz), sign. "a luminosa". Ver Lúcia.
Personal.: Suely Franco, atriz; Suely Brito de Miranda (Sula Miranda), cantora.
Variante(s): Suely (*português*).

NOMES FEMININOS 479

SULAMITA
Do hebraico *Shulamit*, o mesmo que *Salomé*. Ver Salomé.
Personal.: Shulamith Yaari, atriz.
Variante(s): Sulamith, Shulamith (*inglês*).

SURA
Nome com três étimos. 1) Do persa *Sara, Surah*, o mesmo que *Sara*. 2) Do sânscrito *sura*, palavra genérica para designar os deuses, o mesmo que devas. 3) Do persa *Zuhra*, de *zuhra'i*, o mesmo que *Soraia*, e também nome persa do planeta Vênus. Ver Sara.
Personal.: Sura Berniditchevsky, atriz brasileira.
Variante(s) da 1ª acepção: Soraia (*português*); Sara (*português, persa*); Sara, Surah (*persa*).
Variante(s) da 2ª acepção: Zuhra (*persa*).

SURAIA
O mesmo que *Soraia*. Ver Soraia.

SUSANA
Do hebraico *Shushannah*, lit. "lírio; açucena". Na Inglaterra, nome que surgiu no séc. XIII, mas só se tornou popular no séc. XVII, nas formas *Susanney, Shusa* e *S usanna*. Em Portugal, foi encontrado em documentos datados do séc. X. Os judeus adotam-no (e também *Sandra* e *Shirley*) para substituir *Shayna*, que começa com a mesma letra.
Personal.: Susana Vieira, atriz.
Variante(s): Açucena, Suzana (*português*); Susana (*espanhol*); Susanna (*italiano, inglês, alemão, nórdico*); Suzanne (*francês*); Susanne (*francês, alemão, nórdico*); Susan, Susannah Suzan, Suzanne (*inglês*).

SUSETE
Do francês *Suzette*, e este, diminutivo de *Suzanne* (Susana). Ver Susana.
Personal.: Suzete de Lima, poetisa
Variante(s): Suzette (*francês*)

T

TÁCIA
Feminino de *Tácio*. Ver Tácio.
Variante(s): Tássia (*português*).

TACIANA
Feminino de *Taciano*. Ver Táciano.
Personal.: Taciana Rey, atriz.
Variante(s): Tassiana, Tatiana (*português*).

TAINA
Do finlandês *Taina*, o mesmo que *Tânia*. Ver Tânia.
Variante(s): Tainá (*português*)

TAÍS
Do grego *Thais*, através do latim *Thais*, sign. "aquela que é contemplada com admiração" ou "aquela que é admirada por sua formosura". Nome moderno que surgiu com o romance homônimo de Anatole France, inspirado na vida de uma cortesã de grande beleza que viveu no Egito.
Personal.: Taís Araújo, Taís Belini, atrizes; Taísa Ferreira, repór-

ter; Taisiya Chenchik, atl. olímp. russa.
Variante(s): Taísa, Taíssa, Thaís, Thaísa (*português*); Thais (*inglês*); Taisiya (*russo*).

TÁLIA
Nome com dois étimos; 1)Do grego *Thalia*, cujo sentido inicial é o de "viço; exuberância da seiva", e depois, "abundância; festa". 2) Hipocorístico de *Natália*. Ver Tales e Natália.
Personal.: Talia Shire, Talia Balsam, atrizes.
Variante(s): Talía (*espanhol*); Tàlia (*italiano*); Thalie (*francês*); Talya (*inglês*); Thalia (*belga, latim*).

TALITA
Nome originário da expressão bíblica *Talita cumi* ("Menina, ergue-te"), em Marcos 5:41, sign. "menina; moça".
Personal.: Talita Miranda, atriz.
Variante(s): Thalita (*português, inglês*).

NOMES FEMININOS 481

TAMARA
Do hebraico *Thamar*, lit. "palmeira". De *Thamar* originou-se o substantivo *tamareira*, espécie de palmeira cultivada na África e Oriente Médio, cujo fruto, de polpa adocicada, é muito apreciado naquelas regiões. Nome muito popular na Rússia.
Personal.: Tamara Taxman, Tamara Dobson, atrizes.
Variante(s): Tamar (*português*); Tamara (*espanhol, russo*); Tamàra (*italiano*); Tamarash (*inglês*).

TÂNIA
Do russo *Tanya*, forma familiar de *Tatiana*. **Ver Tatiana.**
Personal.: Tânia Gomide, atriz.
Variante(s): Tania (*espanhol, italiano, francês*); Tanya (*inglês, russo*).

TANIRA
Nome de origem semítica, de uma raiz *tan* (brilho), sign. "a que brilha; brilhante; luminosa". Compare-se com o fenício *tanit* (o Sol). **Ver Lúcia e Guaraci.**
Personal.: Tanira Helayel, harpista bras.; Tanira Lebedeff. Repórter.

TARSILA
Feminino de *Tarsilo*. **Ver Tarsilo.**
Personal.: Tarsila do Amaral, pintora.

Variante(s): Tarcila (*português*); Társila (*espanhol*); Tarsilla (*italiano, francês, latim*).

TARSÍLIA
Feminino de *Tarsílio*. **Ver Tarsílio.**
Variante(s): Tarcília (*português*).

TÁSSIA
O mesmo que *Tácia*. **Ver Tácia.**
Personal.: Tássia Camargo, atriz.

TASSIANA
O mesmo que *Taciana*. **Ver Taciana.**

TASSILA
Diminutivo de *Tássia*. **Ver Tássia.**
Masculino(s): Tassilo.

TATIANA
Feminino de *Tatiano*. **Ver Tatiano e Tácia.**
Personal.: Tatiana Issa, atriz.
Variante(s): Tassiana (*português*); Tatiana (*espanhol*); Tatiàna, Taziàna (*italiano*); Tatyana (*inglês, russo*).

TECLA
Do latim eclesiástico *Thecla*, e este, do grego *thékla*, de *theókleia*, composto de *théos* (Deus) e *kleós* (glória), sign. "glória de Deus". Nome já encontrado no Brasil, apesar de excêntrico.

Personalidade(s)
Thekla Reuten, atriz; Tecla Marinescu, atl. olímp. romena.
Variante(s): Tecla (*espanhol, italiano*).

TELMA
Feminino de *Telmo*. Ver Telmo.
Personal.: Telma Reston, atriz.
Variante(s): Thelma (*inglês*).

TÊMIS
Do grego *Thémis*, de *títhemi*, sign. "a ordem eternamente estabelecida; a regra de toda a justiça; Lei Ancestral".
Personal.: Themis Ferreira, atriz.
Variante(s): Temis (*espanhol*); Teme, Tèmide (*italiano*); Thémis (*francês*).

TERCÍCORA
Do grego *Terpsichóre*, de *térpo* (encantar) e *chorós* (dança), sign. "a que encanta pela dança; dançarina encantadora".
Personal.: Tercícora Fabri, atriz.
Variante(s): Terpsícora, Terpsícore (*português*); Tersìcore (*italiano*); Tersicore (*francês*); Terpsichore (*latim*).

TERESA
Teresa, do grego *Therasia*, sign. "natural (habitante) de Tera". *Tera* é o nome de uma antiga ilha grega, que se origina de *ther* ("animal selvagem"). Nos países católicos, tornou-se popular graças à fama de Santa Teresa D'Ávila (1515-1582).
Personal.: Tereza Amayo, Tereza Rachel, Theresa Russell, atrizes; Therese Zenz, atl. olímp. alemã.
Variante(s): Tereza, Theresa (*português*); Thereza (*português, inglês*); Teresa (*espanhol, italiano, inglês*); Thérese (*francês*); Terese, Teressa (*inglês*).

TEREZINHA
Diminutivo de *Teresa*, também adotado como prenome. Ver Teresa.
Personal.: Terezinha Cubana, Terezinha Moreira, atrizes.

THAÍS
O mesmo que *Taís*. Ver Taís.
Personal.: Thaís de Andrade, atriz.

TIANA
Hipocorístico de *Tatiana* e *Sebastiana*. Ver Tatiana e Sebastiana.
Masculino(s): Tiano.
Variante(s): Tyana, Tyané (*francês*).

TICIANA
Feminino de *Ticiano*. Ver Ticiano.
Personal.: Ticiana Studart, atriz.
Variante(s): Ticiana (*espanhol*); Tiziana (*italiano*).

TINA
Diminutivo de nomes terminados em *tina*, como *Albertina*, *Clementina*, *Florentina* etc.
Personal.: Tina Turner, cantora americana.
Variante(s): Tina (*espanhol, italiano, francês, inglês*).

TIRZA
Do hebraico *Tirtzah*, lit. "agrado; deleite". Foi nome de uma cidade cananeia, famosa por sua beleza.
Masculino(s): Tirzo.

TOMÁSIA
Feminino de *Tomás*. Ver Tomás.
Variante(s): Tomasa (*espanhol*); Thomassia (*francês*).

TÔNIA
Hipocorístico de *Antônia*. Ver Antônia.
Personal.: Tônia Carrero, atriz.
Variante(s): Tonya (*inglês*); Tonje (*nórdico*).

TRÍCIA
Do inglês *Tricia*, hipocorístico de *Patricia*. Ver Patrícia.
Personal.: Tricia Smith, atl. olímp. americana.

TUILA
Feminização de *Twiller*. Nome já encontrado no Brasil. Ver Vantuil.
Personal.: Twyla Tharp, dançarina e coreógrafa americana
Variante(s): Tuyla (*português*); Twyla (*inglês*).

U

UIARA
O mesmo que *Iara*. Ver **Iara**.

UNA
Antigo nome irlandês calcado no latim *unus*, sign. "**única**". Na Irlanda substitui *Oonagh* e ainda hoje é um nome muito em voga naquele país. Na Inglaterra passou a ser adotado após a publicação de *Faerie Queene*, de Spenser.
Personal.: Una Merkel, atriz.
Variante(s): Oona (*irlandês*).

URÂNIA
Do grego *Ouranía*, de *ouránios*, através do latim *Urania*, sign. "**celeste; celestial**". Na mitologia grega, era a musa que presidia a astronomia.
Personal.: Urania Hauer, poetisa brasileira.

URSINA
Antropônimo originário do latim. Feminino de *Ursinus*, de *ursinus, a, um*, sign. "**(que diz respeito a um) urso**". Ver "urso" na seção Simbologia.

ÚRSULA
Antropônimo originário do latim *Ursula*, de *ursus, ursi*, sign. "**ursa**". O nome tornou-se popular na Inglaterra durante a Idade Média, em virtude da lenda "St.Úrsula e as Onze Mil Virgens". Após cair em desuso, ganhou força nos séculos XVII, XVII e XIX, tornando-se daí por diante cada vez mais frequente. Ver "urso" na seção Simbologia.
Personal.: Úrsula Garcia, poetisa; Ursula Andress, atriz; Urszula Kielan, atl. olímp. polonesa.
Variante(s): Ursola (*espanhol*); Orsola (*italiano*); Ursule (*francês*); Ursula (*inglês*).

URSULINA
Forma relativa de *Úrsula* sign. "**de (pertencente a; da natureza de) Úrsula**". Ver Úrsula.
Masculino(s): Ursulino

V

VALDETE
Diminutivo de *Valda*, e este, feminino de *Valdo*. **Ver Valdo.**

VALDIRA
Feminino de *Valdir*. **Ver Valdir.**
Variante(s): Waldira (*português*).

VALENTINA
Feminino de *Valentim*, *Valentino*. É um nome muito popular na Rússia. **Ver Valentim.**
Personal.: Valentina Godoy, atriz.
Variante(s): Valentina (*italiano, belga, russo, latim*); Valentine (*francês, inglês*).

VALÉRIA
Do latim *Valeria*, calcado em *valere* (ter saúde), sign. "saudável; cheia de saúde". A variante *Valèria* é muito comum na Itália, enquanto que, na França e na Inglaterra, ocorre com certa frequência nas variantes *Valérie* e *Valerie*, respectivamente.

Personal: Valéria Monteiro, atriz.
Masculino(s): Valério.
Variante(s): Valèria (*italiano*); Valérie (*francês*); Valerie (*inglês*).

VALQUÍRIA
Do nórdico antigo *Valkyrja*, de *valr* (mortos) e *kyrja* (eleger, escolher), sign. "a que elege (escolhe) os mortos". O primeiro elemento do nome é o mesmo encontrado na palavra *Valhala*. O segundo é correlato ao nórdico antigo *kjosa* e inglês antigo *ceosan*.
Personal.: Valkíria Moreira, Walkírya Alves, atrizes.
Variante(s): Valkiria, Walkíria, Walkírya, Walquíria (*português*); Valkyrie (*francês, inglês*); Valkyria (*inglês*).

VANA
Do italiano *Vana*, hipocorístico de *Giovanna* (Joana). **Ver Joana.**

VANDA
Do germânico *Wanda*, de *wanden*, *wenden* (voltar, volver), pri-

486   DICIONÁRIO DE NOMES

mitivamente significando "vândala", e depois, "**andarilha; peregrina**". É possível que o nome tenha se popularizado com Santa Vanda, padroeira dos vândalos ou peregrinos.
Personal: Vanda Lacerda, atriz.
Masculino(s): Vando.
Variante(s): Wanda (*português, espanhol, inglês*).

VANDERLEIA
Feminino de *Vanderlei, Vanderley*. Ver **Vanderlei**.
Personal.: Wanderléia Salim (Wanderléia), cantora.
Variante(s): Vanderlea, Wanderlea, Wanderleia, Wanderli (*português*).

VANESA
Do escandinavo *Vanesa*, nome que se refere à mulher dos mitológicos *Vanes*, sign. "**senhora**". Não confundir com *Vanessa*.

VANESSA
Anagrama de *Estther Vanhomrigh*, criado por Jonathan Swift para a sua obra *Cadenus and Vanessa. Van*, tirado do sobrenome, e *Essa*, abreviação de Estther. Tornou-se um nome cristão na Inglaterra, logo após a publicação da obra. Não confundir com *Vanesa*.

Personal.: Vanessa Lóes, Vanessa Redgrave, Vanessa Angel, atrizes.

VANI
Do inglês *Vanny, Vannie*, diminutivos de *Vanesa*. Ver **Vanesa**.
Variante(s): Vanny, Vannie (*inglês*).

VÂNIA
Do russo *Vanya, Vanja*, formas diminutivas de *Ivan*. No Brasil, é adotado como feminino. Ver **Ivan**.
Personal.: Vânia Alexandre; Vânia Dantas Leite, pianista.
Variante(s): Vanja, Vanya (*português, nórdico, russo*); Vania (*francês, inglês*).

VANICE
Hipocorístico de *Ivanice, Ivanise*. Ver **Ivanice**.
Personal.: Vanice de Camargo Alves, poetisa.
Variante(s): Vanise (*português*).

VANJA
O mesmo que *Vânia*. Ver **Vânia**.
Personal.: Vanja Orico, Vanja Freitas, atrizes.

VANORA
Do inglês antigo *Vannora*, o mesmo que *Genoveva*. Ver **Genoveva**.

VELMA
Do inglês *Welma*, diminutivo de *Wilhelmina* (Guilhérmina). **Ver** Guilhermina.
Personal.: Velma Dunn, atl. olímp. americana.
Variante(s): Velma, Welma (*inglês*).

VERA
Do latim *verus, vera, verum*, lit. **"verdadeira; sincera; franca"**. O nome remonta à época romana. Na Inglaterra, tornou-se popular durante o séc. XX, com as novelas *Moths* (1860) e *A Cigarette-Maker's Romance* (1890).
Personal.: Vera Brasil, cantora.
Variante(s): Vera (*espanhol, italiano, francês, inglês, eslavo*).

VERÔNICA
Transformação de *Berenice*, através das formas *Berenice, Beronice, Beronica, Veronica*. Nome que não é incomum na França, somente em fins do séc. XIX surgiu na Inglaterra.
Personal.: Veronica Hart, atriz.
Variante(s): Verónica (*espanhol*); Verònica (*italiano*); Veronique (*francês*); Veronica, Veronika (*inglês*).

VICÊNCIA
Feminino de *Vicêncio*, e este, o mesmo que *Vicente*. **Ver** Vicente.
Variante(s): Vicenta (*espanhol*); Vicenza (*italiano*); Vicence (*francês*).

VICENTINA
Feminino de *Vicentino*. **Ver** Vicentino.
Personal.: Vicentina de Paula Oliveira (Dalva de Oliveira), cantora; Vicentina de Carvalho, poetisa.

VILMA
Do inglês *Wilma*, diminutivo de *Wilhelmina* (Guilhermina). **Ver** Guilhermina.
Personal.: Vilma Guimarães Rosa, escritora; Wilma Guerreiro, atriz.
Variante(s): Velma (*português*); Vilma (*espanhol, italiano*).

VIOLA
Do latim *viola*, lit. **"violeta"**. O nome tornou-se conhecido e obteve certa popularidade com a heroína de *Twelfth Night*, de Shakespeare.
Personal.: Viola Diva, atriz; Viola Goretzki, atl. olímp. alemã.
Variante(s): Viola (*inglês, alemão*).

488 DICIONÁRIO DE NOMES

VIOLANTE
Nome documentado desde o séc. VIII, em Portugal surgiu em registros datados dos séculos XIII e XIV. Do germânico *Wioland, Wioland*, de *wiol* (riqueza, felicidade), anglo-saxão *weola*, inglês *weal* e *land* (terra, país), sign. "**felicidade (riqueza) de seu país**". Algumas fontes, sem muita convicção, dão-no como calcado em *Viola*, mas não foram encontrados registros que reforcem o fato.
Personal.: Violante Bivar, escritora bras.
Variante(s): Violante (*inglês*).

VIOLETA
Do francês antigo *Violete*, diminutivo de *viola*, lit. "**pequena violeta**". No séc. XVI, a variante *Violet* foi muito comum na Escócia; na Inglaterra, popularizou-se a partir do séc. XIX.
Personal.: Violeta Ferraz, Violet Brown, atrizes.
Variante(s): Violeta (*espanhol*); Violetta (*italiano*); Violette (*francês, inglês*); Violete (*espanhol, italiano*); Violet (*inglês, escocês, nórdico*).

VIRGÍLIA
Feminino de *Virgílio*. Ver Virgílio.

VIRGÍNIA
Do latim *Virginia*, derivado de *virgo, virginis*, lit. "**virgem**". Nome popularizado com o romance *Paulo e Virgínia*, escrito em 1786.
Personal.: Virgínia Lane, Virginya Keehne, Virginie Déjazet, atrizes.
Variante(s): Virginia (*espanhol, inglês, latim*); Virgìnia (*italiano*); Virginie (*francês, holandês*); Virginya (*inglês*).

VIRIDIANA
O mesmo que *Veridiana*, e este, feminino de *Veridiano*. Ver Veridiano.
Variante(s): Veridiana (*português*); Verdiana (*italiano*).

VIRNA
Nome associado ao latim *verna*, lit. "**da primavera; vernal**".
Personal.: Virna Cristine Dias, jogadora de vôlei da seleção bras. (1991 a 2004).
Variante(s): Verna (*português*); Virna (*nórdico*).

VITÓRIA
Do latim *victoria*, lit. "**vitória**". Nome de uma divindade mitológica, filha de Styx e Palas.
Personal.: Vitória B. de Martino (Marlene), cantora bras.

Variante(s): Vitoria (*espanhol*); Vittòria (*italiano*); Victoire (*francês*); Victoria (*inglês*); Viktoria (*alemão*).

VIVIANA
Feminino de *Viviano*. Na Inglaterra, a variante *Vivian* foi ini-cialmente usada pelo sexo masculino, tornando-se depois comum a ambos os sexos. Foi nome de uma fada do ciclo da Távola Redonda, cuja beleza representa o arquétipo espiritual buscado pelo sábio Merlin. Ver **Viviano.**

Personal.: Viviane Novaes, Vivianne Pasmanter, atrizes.

Variante(s): Bibiana (*português*); Viviane (*francês*); Vivien (*francês*); Vivienne (*francês, inglês*); Vivian, Viviann, Vivianne, Vyvian (*inglês*).

W

WALKÍRIA
O mesmo que *Valquíria*. Ver Valquíria.

WALQUÍRIA
O mesmo que *Valquíria*. Ver Valquíria.

WANDA
O mesmo que *Vanda*. Ver Vanda.

WANDERLEIA
O mesmo que *Vanderlea*. Ver Vanderleia.

WILMA
O mesmo que *Vilma*. Ver Vilma.

WILZA
Feminino adaptado de *Wilson*. Ver Wilson.
Personal.: Wilza Carla, atriz.
Variante(s): Wilsa (*português*).

X

XÊNIA
Do grego *xéne*, através do latim *Xenia*, lit. "estrangeira".
Personal.: Xênia Bier, atriz.
Variante(s): Xenia (*inglês, holandês*).

XIMENA
Nome calcado em *Ximenes*, sobrenome originário do espanhol antigo e patronímico de *Ximene*, o mesmo que *Ximon*, e este, modificação de *Simon* (Simão). Significa "filha de Simão". Ver Simão. Ver Ximenez.. Variante(s): Jiménez (*espanhol*). Jimena (*português*).

Y

YARA
O mesmo que *Iara*. **Ver Iara.**

YOLA
O mesmo que *Iola*. **Ver Iola.**

YOLANDA
O mesmo que *Iolanda*. **Ver Iolanda.**

Z

ZAÍRA
Nome com dois étimos. 1) Do árabe *Zahírah*, lit. "a que tem a pele (cor) brilhante". 2) Feminino de *Zair*, nome originário do árabe *zahir*, lit. "pequeno; delgado". Ver Zair.

ZAQUIA
Feminino de *Zaqueu*. Ver Zaqueu.
Personal.: Zaquia Jorge, atriz.

ZELDA
Do semítico, modificação de *Salida*, lit. "felicidade", adotado pelos judeus também como sobrenome, nas variantes *Selda*, *Selde*, *Seldin* e *Zeldin*.
Personal.: Zelda Harris, atriz.

ZELI
Aportuguesamento do francês *Zélie*, o mesmo que *Zélia*. Ver Zélia.
Personal.: Zeli de Almeida, atriz.
Variante(s): Zélie (*francês*).

ZÉLIA
Nome de étimo duvidoso. 1) Anagrama de *Eliza*. 2) Ou calcado em *zelo*, sign. "a que zela".
Personal.: Zélia Hoffman, Zélia Zamir, atrizes; Zélia Duncan, cantora.
Variante(s): Zília (*português*); Zèlia (*italiano*); Zélie (*francês*).

ZELITA
Diminutivo de *Zélia*. Ver Zélia.
Personal.: Zelita Correia, contista.

ZENAI
Hipocorístico de *Zenaida*, *Zenaide*, *Zenaíde*, *Zeneida*. Ver Zenaide.

ZENAIDE
Do grego *Zenais*, lit. "filha (parente, descendente) de Zeus".
Personal.: Zenaide Andréa, Zenaide Pereira, atrizes; Cenaida Uribe, atl. olímp. peruana; Zinaida Voronina, atl. olímp. russa.

494 DICIONÁRIO DE NOMES

Variante(s): Azenaida, Azenaide, Azenaíde, Zanaide, Zenaida, Zenaíde, Zeneida (*português*); Cenaida, Zenaida (*espanhol*); Zenàide (*italiano*); Zénéide (*francês*); Zinaida (*russo*); Zenais (*grego*).

ZENEIDA
O mesmo que *Zenaide*. Ver Zenaide.

ZENI
Anagrama de *Inez*. Ver Inês.
Personal.: Zeny Pereira, atriz.
Variante(s): Zeny (*português*).

ZILÁ
Nome de origem semítica, muito comum entre os ciganos. De *Tzilah*, lit. "a que dá sombra". Por extensão, "a que protege". Há um *zillah* de origem toponímica, derivado do indiano *dila* (pronúncia *zila*), hebraico *tzela*, sign. "pedaço de terra" que, entretanto, não tem ligação com o antropônimo.
Variante(s): Zilah (*português*); Zilla (*italiano*); Zila, Zilla, Zillah (*inglês*).

ZILDA
O mesmo que *Isilda*, e este, variante de *Isolda*. Ver Isolda.
Personal.: Zilda Cardoso, atriz.

ZÍLIA
O mesmo que *Zélia*. Ver Zélia.

ZOÉ
Do grego *zoe* (vida), sign. "a vivente". Os judeus alexandrinos adotaram-no para substituir *Eva*, do qual é a tradução. Foi transformado em nome cristão pelos gregos bizantinos.
Personal.: Zoe Caldwell, atriz.
Variante(s): Zoe (*espanhol, italiano, inglês*).

ZILMA
Do persa zilmat, *zulmat*, lit. "escuridão". Nome com que os persas designam o lugar sombrio na extremidade da Terra, onde supõem encontrar-se a Fonte da Vida.

ZORA
Nome com dois étimos. 1) Do árabe *zorah*, lit. "áurea; de ouro", que originou o hebraico *Zara*, *Zarah*, com o significado "que se eleva (como o Sol); nascente; levante". 2) No eslavo, calcado no árabe, significa "aurora".
Personal.: Zora Hurston, escritora inglesa.

ZORAIDA
Do árabe, diminutivo de *Zarádat* (argola), com o sentido metafórico de "mulher sedutora (cativante)".

Personal.: Zoraide Ketdi, atriz; Zoraida Bandeira Brasileiro, poetisa.
Variante(s): Zoraide (*português*); Zoraida (*espanhol*).

ZULEICA
Do árabe *Zuleikha*, lit. "roliça; gordinha".
Personal.: Zuleica Maria, atriz.
Variante(s): Zuleica (*espanhol*); Suleika (*alemão*); Zuleikha (*árabe*); Zulaikha.

ZULKA
Hipocorístico de *Zuleica*. **Ver** Zuleica.
Personal.: Zulka d'Albuquerque, poetisa.

ZULMIRA
1) Do germânico, sign. "**excelsa, sublime**". 2) Ou do árabe, modificação de *Zelmira*, lit. "**brilhante, fulgente**".
Personal.: Zulmira Aguiar, atriz.

Bibliografia

ADALZIRA Bittencourt. *Dicionário biobibliográfico de mulheres ilustres, notáveis e intelectuais do Brasil* (v. I, 1969, e v. II, 1970).

ADAM. *The Clans, Septs and Regiments of the Scottish Highlands*, 1970.

ADAMS, SHERMAN W. *Indian Names of Localities in Wethersfield*. The History of Ancient Wethersfield, Connecticut: Volume I: The History. Camden: Picton Press, 1995.

ALLEN, Morse S. *Connecticut Place Names*. Connecticut Antiquarian, 1963.

AMES, Winthrop. *What Shall we Name the Baby*. Nova York: Pocket Books, 1963.

ART EDITORA: ITAÚ CULTURAL, *Enciclopédia da música brasileira: erudita, folclórica, popular*. São Paulo: Edição Marcos Antonio Marcondes, 1998.

BAILEY, Alice. *Los Trabajos de Hercules*. Madri: Luiz Carcamo Editor, 1983.

BAIN. *The Clans and Tartans of Scotland, Personal Names: a Study of Some Continental Celtic formations*, 1967.

BALEZE, Guillaume Louis Gustave. *Dictionnaire des Nomes de Baptême*.

BARDSLEY, A. *Dictionary of English and Welsh Surnames*, 1901.

BASIL COTTLE. *Dictionary of Surnames Penguin Books*, 1977.

BENOIST, Luc. *O esoterismo*. São Paulo: Difusão Europeia do Livro, 1969.

BERLEWI, Marian. *Dictionnaire des Symboles* (4 Vol.) Edita: La Nuée Bleue.

BLACK. *Surnames of Scotland: their origin, meaning and history*, 1946.

BLACKER, Carmen & LOEWE, Michael. *Ancient Cosmologies*. Londres: George Allen & Unwin Ltda, 1975.

BLAVATSKY, Helena Petrovna. *Glosario teosófico*. Buenos Aires: Editorial Kier,1977.

BOND, C. LAWRENCE. *Native Names of New England Towns and Villages: Translating / 199 Names Derived from Native American Words*. Topsfield, Mass.: C.L. Bond, 1993.

BRADLEY, CYRUS SHERWOOD. *Indian Names of Fairfield*. s.l.: Greenfield Hill, 1923.

BRADLEY, H. *Middle-English Dicitonary*. Londres: Oxford University Press,1974.

498   DICIONÁRIO DE NOMES

BRANDÃO, Junito de Souza. *Mitologia grega.* Petrópolis: Vozes,1989.

BRUNNER. *Constantin The Universal Jewish Encyclopedia* (1940). (Originally Leopold Wertheimer), philosopher, b. Altona, Germany, 1862.

BUDGE, E. A. *Amulets and Superstition.* Nova York: Dover Publications Inc., 1978,

BUENO, Silveira. *Vocabulário Tupi-Guarani-Português.* São Paulo: Editora Gráfica Nagy, 1983.

BULFINCH. *The Age of Fable.* 1979.

BURGIO Alfonso, *Dizionario dei Nomi Proprio di Persona. Origine, Significato e Valore dei Nomi di Persona.* Hermes, 1992.

CLAUDE MERCIER. *Les Prénoms.* Marabout, 1979.

C.KAGANOFF, Benzioni, *A Dictionary Of Jewish Names And Their History,* Londres: Routledge e Kegan Paul, 1978.

CALVO, Stanislao Sanchez. *Los Nombres de Los Dioses.* Madri: Imprenta de Enrique de la Riva, 1884.

CAMPOS, Cyro de Moraes. *História do judaísmo antigo.* São Paulo: Edições Autores Reunidos, 1961.

CAROLUS, Egger. *Lexicon Nominum Virorum et Milierum.*

CASCORBI. *Die deutschen Familiennamen,* 1933.

CHAMBERS, Frank. *Proper Names in The Lyrics os the Troubadors,* 1987.

CHEVALIRER, JEAN; GHEERBRANT, ALAIN. *Diccionario de los Simbolos.* Espanha: Editorial Herder, 1988.

CLYMER, R. Swinburne. *Los Misterios de Osiris o La Iniciación del Antiguo Egipto.* Buenos Aires: Editorial Kier, 1976.

COTTLE, Basil. *The Penguim Dictionary of Surnames.* Londres: Penguim Books, 1978

CUNHA, Antônio Geraldo. *Dicionário histórico das palavras portuguesas de origem tupi.* São Paulo: Melhoramentos, 1982.

D'ALVEYDRE, Saint Yves. *El Arqueometro.* Luiz Carcamo Editor, 1978.

DAUZAT, Albert. *Dicitonnaire des nomes de familie et prenoms.* France, 1960.

DAUZAT, Albert. *Nouveau Dictionnaire Étymologique.* Paris: Larrousse.

DAVIDSON, Gustav. *A Dictionary of Angels.* Nova York: Free Press, 1967.

DELANEY, John J. *Dictionary Of Saints,* 1982.

D'HAUTERIVE, R. G. *Dictionnaire des racines des langues européennes.* Paris, 1958.

DIEL, Paul. *O simbolismo na mitologia grega.* São Paulo: Editorial Attar, 1991.

DOUGLAS-LITHGOW, R.A. *Dictionary of American Indian Place and Proper Names in New England.* Califórnia: Salem Press, 1909.

ÉDITIONS LAFFONT-BOMPIAN. *Dictionnaire des personages.* 1992.

BIBLIOGRAFIA 499

EKWALL, Eilert. *The Concise Oxford Dictionary of English-Place Names.* Oxford University Press, 1980.

ELLIS-DAVIDSON, Hilda R. *Gods and Myths of Northern Europe.* Harmondsworth: Penguin, 1964.

EVANS, Joan. *Magical Jewels.* Nova York: Dover Publications, 1976.

EVOLA, Julius. *El Misterio del Grial.* Barcelona: Plaza & Janes, 1975.

FELICE, Emidio de. *Dizionario dei Cognomi Italiani.* Ed. Ravenna, 1978.

FLOM, George T. "Modern Name-Giving in Sogn, Norway and the Pagan Belief in Soul-Transmigration". Scandinavian Studies 2:4 (March 1916)

FORSSNER, Thorvald. *Continental–Germanic Personal Names in England in Ol and Middle English Times.* 1916

FRANKLIN, Alfred. *Dictionnaire des Noms, Surnoms, et Pseudonymes de l'Histoire Littéraire du Moyen Âge* 1100 à 1530. Firmin - Didot et Cie, 1875·

GARAI, Jana. *The Book of Symbols.* Nova York: Fireside Book, 1973.

GASKELL, G.A. *Dictionary of All Scriptures and Myths.* Nova York: Avenel,1981.

GEIRR BASSI HARALDSSON. *The Old Norse Name.* Studia Marklandica I Olney, MD: Markland Medieval Militia. 1977.

GÓES, Carlos. *Dicionário de raízes e cognatos da língua portuguesa.* Rio Janeiro: Francisco Alves.

——. *Dicionário de afixos e desinências.* Rio de Janeiro: Francisco Alves, 1938.

GRANDSAIGNES - d'Hauterive, R. *Dictionnaire des racines des langues européennes.* Paris, 1949.

GUéNON, René. *Le symbolisme de la Croix.* Barcelona: Ediciones Obelisco, 1987.

HALE, Christopher J. "Modern Icelandic Personal Bynames". Scandinavian Studies (1981).

HANI, Jean. *O simbolismo no templo cristão.* Lisboa: Edições 70, 1998.

HANKS, Patrick e HODGES, Flavia. *A Dictionary of Surnames,* oxfor University Press, 1988.

HANKS, Patrick, HARDCASTLE, Kate e HODGES, Flavia. *Dictionary of First Names.* Oxford University Press, 1990.

JACKSON, J. B. A *Dictionary of Scripture Proper Names.* Nova Jersey: Loizeaux Brothers, 1957.

JOHN TRAIN. *Remarkable Names of Real People.* Nova York: Clarkson N. Potter, Inc, 1977

JUBAINVILLE, H.D'Arbois. *El Ciclo Mitológico Irlandés y la Mitologia Céltica.* Barcelona: Vision Libros,1981.

500   DICIONÁRIO DE NOMES

JÚNIOR, R. Magalhães, *Dicionário brasileiro de provérbios, locuções e ditos Curiosos*, Rio de Janeiro: Ed. Documentário, 1974.

KAGANOFF, Benzion. *A Dictionary os Jewish Names and Their History*. Londres: Routledge & Kegan Paul, 1978.

KAKOURI, Katerina. *Dionisiaka: Aspects os the popular Thracian Religion of Today*. Atenas, 1965.

KIRSCH, Bernard. *Las Racines Allemandes*. 1967.

KOLATCH, Alfred J. *Dictionary of First Names*. Nova York: Perigee Books, 1980.

LAFFONT, Robert. *3599 prénoms d'hier et d'Aujourd hui*. Paris: Éditions Roberft Lafont, 1979.

LAGNEAU, Philippe e ARBULEAU, Jean. *Dictionnaire des nomes de Famille et des prénoms*. Paris: Vernay-Arnaud de Vesgre, 1980.

LAMMAS, Maria. *Mitologia Geral*. Lisboa: Editorial Stampa, 1973.

LANDMAN, Isaac, Ed. *The Universal Jewish Encyclopedia*. Nova York, 1942.

LEXIKON, Herder. *Dicionário de símbolos*. São Paulo: Cultrix, 1997.

LIND, E.H. *Norsk-Isländska Dopnamn ock Fingerade Namn från Medeltiden*. (Uppsala & Leipzig: 1905-1915, sup. Oslo, Uppsala and Kobenhavn: 1931).

LUNA, Mario Roso de. *El Libro que Mata a la Muerte*. Buenos Aires: Editorial Glem, 1957.

———. *Wagner: Mitólogo y Ocultista*. Buenos Aires: Editorial Glem, 1958.

MACLEY, R. W. *El Simbolismo Francmasónico*. México: Editorial Diana, 1981.

MacLYSAGT, Eward. *Irish Families, Their Names, Arms and Origins*. I

MAGNE, Augusto. *Dicionário etimológico da língua latina*. Rio de Janeiro: INL, 1952.

MAYNADT, Josefina. Orfeo. B. *Costa-Amic*. México, 1967.

MICHAUD, G. *Message poétique du symbolisme*. Paris, 1949.

MOOK, Eugen. *Mitología Nórdica*. Barcelona: Editorial Labor, 1932.

MORGAN, T.J. e MORGAN, Pries. *Welsh Surnames*. Cardiff: University of Wales Press, 1992.

NASCENTES, Antenor. *Dicionário etimológico da língua portuguesa*. Rio de Janeiro: Francisco Alves, 1952.

OLIVEIRA, José Teixeira de. *Dicionário brasileiro de datas históricas*. Itatiaia: José Teixeira de Oliveira, 1992.

PENTIKAINEN, Juha. *The Nordic Dead-Child Tradition and Nordic Dead-Child Beings: A Study in Comparative Religion*. Helsinki: Academia Scientiarum Fennica, 1968.

PHILIPPE LAGNEAU e JEAN ARBULEAU. *Dictionnaire des noms de famille et des prénoms*. Athena & Idégraf, 1980.

PITTANO GIUSEPPE. *Dizionario dei Nomi Propri*. Ed. Fabbri, 2000.

QAZI, M. A. *What's in a Muslim Name*. Chicago: Kazi Publications, 1974.

BIBLIOGRAFIA   501

RAUCE, Elisabeth. *Contribution à la longuistique des nomes d'animaux en indo-européen.*

REANEY, P. H. e R. M. Wilson. *A Dictionary of English Surnames,* 3rd. edition, Penguin Books, 1977.

REANEY, P. H. e WILSON, R. M. *A Dictionary of British surnames,* Rouhedge,1976.

RIBEIRO, João. *Curiosidades verbais.* São Paulo: Melhoramentos, 1933.

RIOLS, Santini. *Dictionnaire des pierres et des parfums magiques.* Paris: Pierre Belfond, 1981.

SADOUL, Georges. *Dicionário dos cineastas.* Lisboa: Livros Horizonte, 1980.

SAUSSAYE. Chantepie de la. *História das religiões.* Lisboa: Editorial Inquérito, 1940.

SCHEFFER,Tassilo. *Mysteres et oracles helléniques.* Paris: Payot, 1943.

SCHURÉ, Édouard. *A evolução divina.* São Paulo: Ibrasa, 1982.

SEARLE, William George. *Onomasticon Anglo-Saxonicum: A List of Anglo-Saxon Proper Names From the Time of Beda to That of King John* (1987).

SIR M. MONIER-WILLIAMS. *Sanskrit-English Dictionary.* Oxford University Press, 1990.

SMITH, A. H. *Early Northern Nicknames and Surnames.* Saga-Book of the Viking Society (1934).

SORENSEN, John Kousgard. "Personal Names" in: *Medieval Scandinavia: An Encyclopedia.* Phillip Pulsiano et al., eds. Garland Reference Library of the Humanities 934. Nova York: Garland. 1993.

SPALDING, Tassilo O. *Deuses e heróis da antiguidade clássica.* São Paulo: Cultrix, 1974.

STEINGASS, S. *Persian English Dictionary.* Nova York: Routledge & Kegan Paul, 1957.

STRADELLI, E. *Vocabulários da língua geral português-nheêngatú.* Revista do Instituto Histórico e Geographico brasileiro, tomo 100, v. 158, 1929.

SWARTHY, S. *Tratado de mitologia.* Buenos Aires: Ed. Araujo, 1939.

THEODOR, Erwin. *A língua alemã.* São Paulo: Ed.Herder, 1963.

TIBÓN, Gutierre. *Diccionario Etimológico Comparado de Nombres Propios de Personas.* Madri, 1972.

WHITE, George Pawley. *Handbook of Cornish Surnames,* Hyperion Books, 1989. 2ª ed.

WILLIAMS, C. A. S. *Encyclopedia of Chinese Symbolism and Art Motives.* Nova York: Julian Press, 1960.

WILSON, R. M. e Reaney, Percy H. *Dictionary of English Surnames.* Oxford University Press, 1995.

WITHYCOMBE, E. G. *The Oxford Dictionary os English Christian Names.* Oxford University Press, 1977.

ZANIAH. *Diccionario Esotérico.* Buenos Aires: Editorial Kier, 1979.

ATENDIMENTO AO LEITOR E VENDAS DIRETAS

Você pode adquirir os títulos da BestBolso através do
Marketing Direto do Grupo Editorial Record.

- Telefone: (21) 2585-2002
  (de segunda a sexta-feira, das 8h30 às 18h)
- E-mail: mdireto@record.com.br
- Fax: (21) 2585-2010

Entre em contato conosco caso tenha alguma dúvida, precise de
informações ou queira se cadastrar para receber nossos
informativos de lançamentos e promoções.

Nossos sites:
www.edicoesbestbolso.com.br
www.record.com.br